PETER JOSEPH LENNÉ – DIE ENTWICKLUNG DES AUGES

Dokumentation des Fachbereichstages 1989
Fachbereich 14 – Landschaftsentwicklung – TU Berlin
herausgegeben von
Heinz-W. HALLMANN und Jürgen WENZEL

Berlin 1990

Danksagung

Für die Finanzierung von Tagung und Publikation danken wir herzlich dem Senator für Stadtentwicklung und Umweltschutz und dem Präsidenten der Technischen Universität Berlin. Für die Überlassung ihrer Räumlichkeiten bedanken wir uns bei der Akademie der Künste Berlin.

Herausgeber:	Technische Universität Berlin Fachbereich 14 – Landschaftsentwicklung Prof. H.-W. HALLMANN – Institut für Landschaftsbau Prof. J. WENZEL – Institut für Landschafts- und Freiraumplanung
Redaktion:	Dipl.-Ing. Dorothea FISCHER Prof. Heinz-W. HALLMANN Dipl.-Ing. Marion SIPPEL-BOLAND Prof. Jürgen WENZEL
Layout:	Theseus BAPPERT
Umschlag/Plakat:	Collage: Büste – Peter Joseph Lenné von Christian Daniel RAUCH, 1847 Gemälde – „Märkische Heide" von Anselm KIEFER, 1974 Entwurf: Theseus BAPPERT, Daniel SPRENGER, Jürgen WENZEL
Repros:	BRANDT/VEJMELKA, Berlin
Satz:	DARGE Fotosatz GmbH
ISBN:	3 7983 1352 0
Druck:	FELGENTREFF & GOEBEL, Berlin
Vertrieb:	Technische Universität Berlin Universitätsbibliothek – Abt. Publikationen Straße des 17. Juni 135 1000 Berlin 12

Berlin 1990

DIE ENTWICKLUNG DES AUGES ■ **EIN GARTENKÜNSTLER ALS STADTPLANER**

Abb. 1: Peter Joseph Lenné 1847, Gemälde von Franz KRÜGER

FACHBEREICHSTAG 1989

PETER

JOSEPH

LENNÉ

ZU

SEINEM

200.

GEBURTSTAG

FACHBEREICHSTAG 1989

INHALT

Teil 1 – Tagung:
PETER JOSEPH LENNÉ – DIE ENTWICKLUNG DES AUGES

- Prof. Dr. Manfred FRICKE,   1
  Präsident der Technischen Universität Berlin
  Begrüßung

- Markus RÖSLER,   7
  Student am Fachbereich 14 der TU Berlin
  Studentisches Statement zum Fachbereichstag 1989

- Prof. Jürgen WENZEL,   11
  TU Berlin, Institut für Landschafts- und Freiraumplanung
  Einführung

- Prof. Jürgen WENZEL,   13
  TU Berlin, Institut für Landschafts- und Freiraumplanung
  Selbstreflexion und geschichtliche Erfahrung

- Dipl.-Ing. Gerhard HAHN-HERSE,   19
  Landesamt für Umweltschutz Rheinland-Pfalz, Oppenheim
  Entwicklungslinien der Landschaftsplanung

- Prof. Hans LOIDL,   25
  TU Berlin, Institut für Landschafts- und Freiraumplanung
  Landschaftsplanung – keine Kunst?

- Prof. Dr. Norbert MILLER,   30
  TU Berlin, Institut für Kommunikations- und Geschichtswissenschaften
  Zum Wandel der ästhetischen Funktionen seit 1800

- Karl SCHWARZ,   51
  TU Berlin, Planungsreferent des Präsidenten
  Stadtlandschaft – die Entwicklung eines topos

- Prof. Dr. Martin SPERLICH,   62
  FU Berlin, Institut für Kunstgeschichte und Direktor a.D.
  der Staatlichen Schlösser und Gärten Berlin
  Über das Gehen im Garten

- Prof. Dr. Michael SEILER,   68
  FU Berlin, Institut für Kunstgeschichte und Verwaltung der Staatlichen Schlösser
  und Gärten Berlin, Dienststelle Pfaueninsel
  Der gefundene und der gebaute Gartenraum

- Dr. Hans-Walter LACK,   72
  Oberkustos Botanischer Garten und Botanisches Museum Berlin
  Peter Joseph Lenné und die Botaniker seiner Zeit

- Dipl.-Ing. Hermann SEIBERT,   77
  Senatsverwaltung für Stadtentwicklung und Umweltschutz, Berlin
  Naturschutz in Park und Landschaft – Überlebensideologie oder Sehnsucht nach dem verlorenen Paradies?

- Dipl.-Ing. Eike SCHMIDT, 82
Freier Landschaftsarchitekt, München
Denn die Verhältnisse, die sind nicht so – Kapitalismus, Bürokratie und Bürgerbeteiligung als Rahmenbedingungen für Planung

- Dr. Clemens Alexander WIMMER, 90
Gartenhistoriker, Berlin
Arbeitsweise und Arbeitsorganisation bei Lenné

- Prof. Heinz-W. HALLMANN, 96
TU Berlin, Institut für Landschaftsbau
Wie ein Architekt heute arbeitet

- Dr. Eva BÖRSCH-SUPAN, 102
Kunsthistorikerin, Berlin
Mit beschränkten Mitteln Großes leisten – Warum gelang das Lenné?

- Prof. Falk TRILLITZSCH, 109
TU Berlin, Institut für Landschafts- und Freiraumplanung
Der „kulturelle Verfall" in der Landschaftsarchitektur – Schlagwort oder Realität?

- Dipl.-Ing. Martin HEISIG, 126
Freier Landschaftsarchitekt, Berlin
Pflege des Parks als Teil der Gestaltung

- Dr. Detlef KARG, 131
Hauptkonservator am Institut für Denkmalpflege der DDR
Schlußwort zur Tagung

Die beiden weiteren Vorträge der Tagung – U. WALSER: Pflanzenverwendung in der Nachfolge Lennés und M. SCHÄFER: Der urheberrechtliche Schutz von Werken der Gartengestaltung – konnten nicht abgedruckt werden.

Teil 2 – Ausstellung:
PETER JOSEPH LENNÉ – EIN GARTENKÜNSTLER ALS STADTPLANER

- Einleitung 138
- Ideen zur Stadt 144
- Die Schmuck- und Grenzzüge Berlins 156
- Der Landwehrkanal 166
- Der Luisenstädtische Kanal 178
- Die Teilnehmer 193

Literatur 194

Bildnachweis 199

PETER JOSEPH LENNE

DIE ENTWICKLUNG DES AUGES

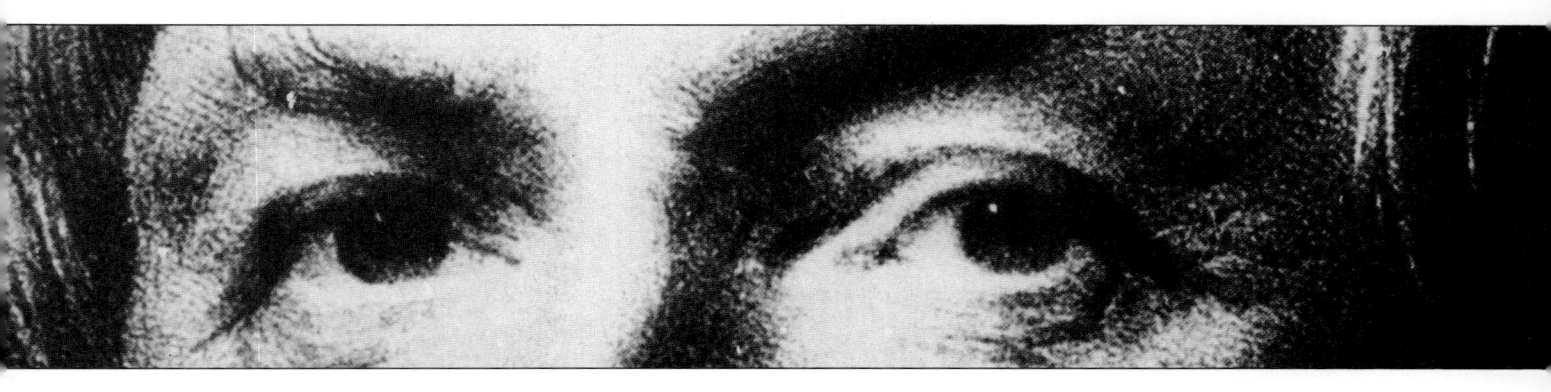

TAGUNG
der
TECHNISCHEN UNIVERSITÄT BERLIN
FACHBEREICH 14 – LANDSCHAFTSENTWICKLUNG
FACHBEREICHSTAG 1989
in der
AKADEMIE DER KÜNSTE BERLIN

Prof. Dr. Manfred FRICKE
Begrüßung

Meine sehr verehrten Damen und Herren,

die diesjährige Veranstaltung des Fachbereichs 14 - Landschaftsentwicklung - ist Peter Joseph Lenné gewidmet, vor allem der Aktualität seines Werkes. Für die Mitglieder der Technischen Universität Berlin ist Lenné insofern unmittelbar aktuell, als sich die Bauten des Stammgeländes unserer Hochschule nördlich und südlich der Straße des 17. Juni bis heute in ein Flächensystem einordnen, das Lenné selber auslegte und gestaltete. Unstrittig war er als einer der großen Vertreter preußisch-deutscher Kultur des 19. Jahrhunderts einer der Wegbereiter jener Verwissenschaftlichungen und Rationalisierungen, die seit dem späten 18. Jahrhundert allmählich alle Bereiche des Lebens erfaßten. Mit der Gründung der ersten Gärtnerlehranstalt in Deutschland - 1823 in Schöneberg - leitete er nur wenige Jahre nach Gründung der Friedrich-Wilhelm-Universität und der ersten technischen Ausbildungsstätten in Berlin die Institutionalisierung der Lehre für den Bereich der Gartenkultur ein. Die Gärten Potsdams bildeten zwar das wichtigste Arbeitsgebiet des „Generalhofgartendirektors" Lenné, wie er sich damals nannte, doch wandte er sich schon früh neuen Aufgaben zu. Seine großräumigen Planungen für den Gesamtraum Berlin-Potsdam dienten – im damaligen Sprachgebrauch – der Verschönerung. Heute könnte man sie als kühne Ansätze ressourcenschonender, naturnaher Flächennutzungsplanung bezeichnen. Ein Aspekt, der sehr nüchtern klingt. Aber dieser schlichte Anspruch, einfach etwas schön zu gestalten, ist auch eine gute Beschreibung dessen, was seinerzeit Zielsetzung war.

Für mich ist es eine beeindruckende Leistung, wie Lenné – etwa in der Parkanlage Glienicke – unauffällig und doch bemerkbar Bezüge zwischen Gestaltung, Geometrie, Sichtweite unter Einbeziehung der Natur mit einer künstlichen Landschaft hergestellt hat.

Ich möchte, um auf die heutige Situation zu sprechen zu kommen, daran erinnern, daß Aufgaben, die vor 150

Jahren noch von universellen Köpfen aufgegriffen und bearbeitet wurden, in unserer arbeitsteiligen Industriegesellschaft notwendigerweise durch Vertreter eines weit ausdifferenzierten Fächerkanons gelöst werden müssen. Dabei sind Interdisziplinarität sowie integrierende und querschnittsorientierte Ansätze gefragt. Aus der damaligen Aufgabe der Verschönerung ist inzwischen die der Umwelt und der sozialverträglichen Gestaltung der Industriegesellschaft geworden. Ein Imperativ, dem sich heute keine akademische Disziplin mehr entziehen kann.

Als Ende der 60er Jahre, Anfang der 70er Jahre auch an der Technischen Universität die Karten – wenn ich es so salopp sagen darf – neu gemischt wurden, hatten die damaligen Hochschulangehörigen, die sich für die Gründung des Fachbereiches Landschaftsentwicklung einsetzten, inzwischen eine Sensibilität für die Dringlichkeit einer interdisziplinären Auseinandersetzung mit der Umwelttechnik entwickelt. Sie entwarfen ein Fachbereichskonzept, das keine Parallele innerhalb unserer Universität aufwies. Die vier Institute, die gemeinsam für die Lehre im Studiengang Landschaftsgestaltung verantwortlich sind, repräsentieren im Kleinen die Universitas der Wissenschaft. Mehr grundlagenorientiert sind die Institute für Ökologie und Landschaftsökonomie, eher anwendungsorientiert die Institute für Landschaftsbau und Landschaftsplanung. Ziel der Berufungspolitik mußte es deshalb sein, Kollegen unterschiedlicher Basisqualifikation auszuwählen, bereit und fähig, in Lehre und Forschung die engen Grenzen der Ausgangsdisziplin zu überwinden.

Das Spektrum der heute am Fachbereich angesiedelten Fachgebiete reicht von der experimentellen Naturwissenschaft über Technologieentwicklung und künstlerische Gestaltung bis hin zur Wissenschaftstheorie. Die Arbeit in den einzelnen Fachgebieten ist auf eine große gemeinsame Thematik, nämlich den planvollen Umgang mit Boden, Wasser, Vegetation im Sinne einer Nachhaltigkeit, d. h. der langfristigen Nutzung dieser Naturresourcen ausgerichtet.

Der Fachbereich riskierte damals nicht nur das Wagnis eines Verbundes breit gestreuter Fachgebiete, neu war auch der Ansatz in der Lehre, die Komplexität der Thematik mit den Studierenden praxisnah in Projekten zu bewältigen. So mag es nicht verwundern, daß in den 70er Jahren auch viel Kritik und Skepsis hinsichtlich dieses Wagnisses zu beobachten war. Das erste Jahrzehnt des neuen Fachbereiches verlief daher durchaus sehr stürmisch, geprägt von heftigen Debatten und starkem studentischen Engagement.

Nunmehr existiert der Fachbereich Landschaftsentwicklung seit etwa zwei Jahrzehnten. Das ist eine kurze Zeit im Leben akademischer Institutionen, besonders dann, wenn sie sich neuen Aufgabenfeldern in Forschung und Lehre widmen, also nur wenig oder gar nicht an eine akademische Tradition als Institution anknüpfen können. Die Ausbildung eines inneren Konsensus unter den Kolleginnen und Kollegen einer neuen Fakultät, die Entwicklung von gemeinsamen, verbindlichen Grundfragen innerhalb einer scientific community, deren Angehörige unterschiedliche Professionalisierungen und Qualifikationsprofile einbringen, brauchen Zeit. Diese Anfangsprobleme sind aus meiner Sicht inzwischen weitgehend überwunden. Nach anfänglicher Zeit der Kontroversen und Turbulenzen läßt sich inzwischen eine erfreuliche Konsolidierung erkennen, ohne daß dies bedeuten muß, daß diese gewünschte Auseinandersetzung mit Lehr- und Forschungsinhalten zur Ruhe gekommen wäre.

Eine wichtige Erweiterung erfuhr der Fachbereich 1980 durch die Inkorporation des Institutes für Biologie, wodurch er inzwischen auch für einen wichtigen Bereich der Lehrerbildung mit verantwortlich ist. Diese institutionelle Verbindung thematisch verwandter Studiengänge enthält die Chance, besser als in anderen Universitäten die Umweltthematik in die Schulausbildung einzuführen.

Fragen der Umweltgestaltung, der Umweltbelastung und auch der Umweltzerstörung, der Umwelt- und Sozialverträglichkeit existierender und neuer Technologien werden inzwischen fast an jedem Fachbereich unserer Universität in Forschung und Lehre berücksichtigt. Das ist auch gut so. Wir haben auch einen eigenständigen Fachbereich Umwelttechnik. Der Fachbereich Umwelttechnik steht in enger Verbindung auch zu vielen Bereichen des Fachbereiches Landschaftsentwicklung, denn Umweltforschung und -gestaltung bedürfen einer besonderen Professionalisierung. Neben den traditionellen Aufgabengebieten der Freiraumgestaltung und des Naturschutzes umfaßt sie zunächst einmal die Wirkungsforschung. Diese ist als eine naturwissenschaftliche Grundlagenforschung an den Instituten für Ökologie und Biologie angesiedelt. Dabei steht die Aufgabe der wissenschaftlichen Politikberatung sowohl in grundlagenorientierter wie auch planungsmethodischer und juristischer Hinsicht im Vordergrund. Beispielhaft können hier die Arbeiten aus ihrem Fachbereich zur Entwicklung der Umweltverträglichkeitsprüfung genannt werden. So wichtig die technologische Nachsorge mit end-of-the-pipe-Maßnahmen ist, sie bedarf mehr denn je der Ergänzung durch vorbeugende Konzepte. Ein Element, das für die technischen Fachbereiche ebenso gilt. Denn auch dort können wir heute nicht mehr nur durch Nachkorrekturen, etwa durch das Anbringen von Filtern bei unveränderten technischen Prozessen, reagieren.

Stärker als bisher müssen die Fachvertreter der „harten Technologien" und die Ingenieure Projekte im Verbund mit denen der Planungs-, Wirtschafts- und Sozialwissenschaften bearbeiten. Dies geschieht in der Industrie heute schon häufiger als man gemeinhin annimmt. Dies vor allen Dingen deshalb, weil erkannt wurde, daß man neue Produkte, neue Verfahren überhaupt nur noch mittelfristig am Markt plazieren kann, wenn dieser Umweltaspekt offensiv, transparent und von vornherein kalkulierbar einbezogen wird. So stand der VDI-Ingenieurtag in Aachen 1989 unter der Überschrift „Technik und Umwelt", und es ist beachtlich, in welchem Maße sich die Industrie auf diese neue Entwicklungslinie einstellt.

Wir müssen unsere Absolventen hierauf vorbereiten. Für den Bereich der Landschaftsplanung gilt, daß ressourcenschonende Flächenplanung zu ergänzen ist durch die Erforschung und Steuerung stofflicher Kreisläufe. Die Bemühungen um den Wasser- und Bodenschutz gerade in unserer Stadt belegen die praktische Bedeutung dieser Perspektive.

Mit der Strukturplanung an der Universität gilt es, dieser Entwicklung Rechnung zu tragen, d. h. die Ausdifferenzierung im technischen Umweltschutz in der Landschaftsplanung, Architektur-, Stadt- und Regionalplanung muß gefördert werden, um den neuen Anforderungen unserer Gesellschaft in der Forschung und Lehre zu entsprechen. Wir müssen einerseits – wie bisher – die Eigenständigkeit der Studiengänge und der Studienabschlüsse für die Berufspraxis sicherstellen, andererseits müssen wir Bedingungen schaffen, die im Zuge der thematischen Spezialisierung bei gleichzeitigem Zwang zur Bearbeitung übergreifender Themenstellungen für die Studierenden und Mitarbeiter mehr Durchlässigkeit im Studienangebot zwischen benachbarten Studiengängen zulassen. Mit der Novellierung der Studien- und Prüfungsordnung können Sie zwar diesen Anforderungen z. T. entsprechen, andererseits ist der Studiengang Landschaftsplanung seit mehr als einem Jahrzehnt mit einem harten NC belegt. Dies ist zwar ein erfreulicher Beleg für die konstant hohe Nachfrage, bedeutet aber auch eine kontinuierliche hohe Belastung für Ihren Fachbereich. Wie kann hier Abhilfe geschaffen werden?

Es ist bekannt, daß die Ergänzungsausstattungen mit wissenschaftlichen Mitarbeitern gemäß des HEP II (Hochschulentwicklungsplan II) kapazitätswirksam sind. Erhöhen wir die personelle Ausstattung, weisen uns gleichzeitig die Verwaltungsgerichte nach, wieviele Studenten wir zusätzlich aufnehmen müssen. Die Zielsetzung einer Verbesserung der Qualität durch kleinere Arbeitsgruppen ist auf diesem Wege nicht erreichbar. Das ist eine Entwicklung, die mir große Sorgen bereitet. Wir müssen uns daher überlegen, ob wir andere Wege und Mechanismen finden, um zu einer Kompensation zu gelangen, so daß nicht jede zusätzliche Kapazität zur Erhöhung der Studentenzahlen führen muß. Wir werden beispielsweise prüfen, ob für die NC-Studiengänge eine gewisse Entlastung durch die Anhebung der NC-Werte möglich ist. Das ist eine durchaus mühsame Diskussion, weil sie ja auch bundesweit geführt werden muß. Wir werden überlegen, ob durch eine Verstärkung des technischen- und Verwaltungspersonals eine gewisse Entlastung möglich ist. Aber wir müssen abwarten, was die Haushaltsberatungen 1990 bringen, daß es finanziell nicht „rosig" aussieht, wissen Sie!

Ein anderes Thema: die Evaluierung der Leistungsfähigkeit der Fachbereiche. Zunächst einige allgemeine Ausführungen. Einer verfeinerten Evaluierung der Leistungsfähigkeit können sich weder die TU als Hochschule noch die einzelnen Fachbereiche entziehen. Ihr Fachbereich ist nach den vorliegenden Bewertungen heute im „oberen Mittelfeld" einzuordnen, wenn man das tabellarisch so vermerken darf. Wir haben uns immer dagegen verwehrt, solche Bilanzen, die wir im Interesse der Transparenz der Hochschule ziehen, umzumünzen in „Bundesligatabellen". Es kam oft das Gegenargument, daß man Wissenschaft nicht in dieser Weise rangordnungsmäßig behandeln kann. Ich sage umgekehrt, es ist wichtig, daß die Universität der Öffentlichkeit, dem Steuerzahler und der Politik sagt, was in dieser Hochschule geleistet wird, was in den Fachbereichen, in den Instituten geleistet wird, und man muß auch wissen, was nicht geleistet wird. Diese Art der Transparenz ist natürlich nur dadurch zu erzielen, daß man Daten erhebt und offenlegt und diese mit allen Vor- und Nachteilen auch wertet. Denn eines ist klar: sich nur dahinter zu verstecken, daß dies alles so nicht geht, genügt nicht. Die Entwicklung um uns herum geht weiter, und ich sage es auch an dieser Stelle pointiert: es gibt keinen Weg an dieser Transparenz vorbei. Man kann sich ihr für eine gewisse Zeit verweigern, dann werden die anderen um so schneller entsprechend weit vorn sein. Bislang ist die TU Berlin hier in einer guten Position. Die Volkswagenstiftung, die eine weltweite Bilanzierung dieser Transparenz im Hochschulsystem vornimmt, hat die TU Berlin als besonderes Beispiel einer deutschen Universität ausgewählt.

Ein Wort zu Ihren Studenten und Studentinnen. Nach wie vor kommen sie aus dem gesamten Bundesgebiet an Ihren Fachbereich. Eine zunehmende Regionalisierung, wie wir sie teilweise in anderen Fachgebieten haben, ist in Ihrer Studentenschaft erfreulicherweise nicht erkennbar. Wir möchten nicht, daß unsere Universität allein die Ausbildungsfunktion einer Stadt oder einer engeren Region wahrnimmt, wir möchten gerne einen regen Austausch von Menschen, Meinungen, Auffassungen über diese Region hinaus und das insbesondere auch in Richtung auf das Ausland.

Was die Studiendauer anlangt, ist der Fachbereich ein Fachbereich, der uns keinen Kummer macht. Viele technische Fachbereiche liegen ja leider mit den durchschnittlichen Studienzeiten weit über dem Bundesdurchschnitt. Auch die Zahl derer, die nach Abschluß des Studiums keine Anstellung finden, ist – so wurde mit glaubhaft versichert – gering. Neben dem angestammten Berufsfeld erschließen sich Ihren Absolventen offensichtlich auch andere neue Arbeitsbereiche, vor allen Dingen im Bereich des Umweltschutzes und dies offensichtlich auch in harter Konkurrenz mit den Absolventen anderer Studiengänge.

Einige Anmerkungen noch zur Forschung. Die jährliche Zahl der stipendiengeförderten Promotionen und Habilitationen hat steigende Tendenz. Das von Ihnen eingeworbene Drittmittelvolumen ist beachtlich, und dies obwohl Sie die besondere NC-Situation mit allen daraus resultierenden Problemen haben. Ihr Fachbereich verfügt heute über ein eindrucksvolles umweltanalytisches Potential, von der Wasser- und Bodenanalytik bis hin zur Waldschadensermittlung mit Hilfe der Fernerkundung. Ihre Publikationsreihe „Landschaftsentwicklung und Umweltforschung" ist die erfolgreichste wissenschaftliche Serie unserer Universität. Seit 1983 erschienen immerhin 60 Bände. Auch in der technischen Zusammenarbeit sind Sie seit Jahren erfolgreich tätig. Leider ist die Zahl der ausländischen Studierenden – nicht zuletzt wegen der NC-Situation – sehr begrenzt. Sie wissen alle, daß die Technische Universität Berlin diejenige Universität ist, die den größten Anteil ausländischer Studenten hat. Wir liegen bei etwa 17 %. Das sind pauschal gesprochen etwa 5000 ausländische Studenten aus 113 Ländern. Dies ist im Sinne der Internationalität der Wissenschaft der Ausbildung ein wichtiger Indikator.

Die Frauen machen etwa die Hälfte der Studierenden in Ihrem Fachbereich aus. Damit liegen sie, gemessen am Schnitt der Universität, weit vorn. Bedenken Sie, daß im Fachbereich Maschinenbau der Anteil der Frauen je nach Fachgebiet zwischen 2 % und 4 % liegt, trotz verstärkter Werbung und Beratungen in den Schulen. Ich hoffe, daß dies eines Tages so viel Erfolg zeitigt, daß man zumindest in die Nähe dieser Relationen kommt, die Ihr Fachbereich schon ausweisen kann. Allerdings muß man kritisch einschränken, daß von den 109 Promotionen, die seit 1970 am Fachbereich durchgeführt wurden, nur 17 von Frauen erstellt wurden. Bei den 18 Habilitationen war nur eine Frau beteiligt. Hier ist es wünschenswert, daß sich diese Relation verschiebt und verbessert.

Im gestalterischen Bereich möchte ich die Beiträge von Kollegen Ihres Fachbereichs erwähnen, die sich auf das würdevolle Gedenken der Opfer des nationalsozialistischen Terrors beziehen. Wir wissen alle, daß sich in diesem Jahr zum 50. Mal der Einmarsch der Truppen Hitler-Deutschlands in Polen jährt. Und die aktive Teilnahme von damaligen Vertretern der Landschaftsplanung an Himmler's Generalplan Ost – der sogenannten Neuordnung des deutschen Reichsgebietes im Osten – ist in Polen unvergessen. Die Opfer der Gewalt haben ein langes Gedächtnis, umso wichtiger ist daher heute die Pflege und der Ausbau gut nachbarschaftlicher Zusammenarbeit mit den Nachkommen derer, die damals unschuldig gelitten und noch heute an den Folgen zu tragen haben.

Mir ist bekannt, daß Ihr Fachbereich auch in dieser Hinsicht große Initiativen entfaltet hat. Und ich persönlich hatte dreimal die Gelegenheit, polnische Partneruniversitäten in Krakau, in Warschau zu besuchen. Wenn man Auschwitz sieht, wird einem das furchtbare Handeln dieser Zeit besonders deutlich. Ich erlebe es daher als sehr wohltuend und schön, daß sich Ihr Fachbereich auch in Polen engagiert, denn ich selbst bin sowohl betroffen, aber auch fasziniert gewesen von der inneren Größe unserer polnischen Freunde, wenn es darum ging, auch solche Themen offen anzusprechen: ohne falsches Pathos, ohne ein falsches Verzeihen. Zwischen der TU Berlin und den polnischen Universitäten besteht ein intensives Austauschprogramm, das nicht nur Professoren, Professorinnen, Wissenschaftliche Mitarbeiter einschließt, sondern vor allem auch die Studenten und Studentinnen. Und so kommt es, daß wir auch im Umweltsektor in einem Jahr Studenten aus Polen bei uns haben und unsere Studenten nach Polen gehen. Es werden gemeinsame Seminare veranstaltet, die auch in beiden Sprachen veröffentlicht werden. Ich bin sicher, daß sich daraus für heute und die Zukunft für diesen Fachbereich, wie für die gesamte Universität, weitere Fragestellungen ergeben, die wir in Zukunft vielleicht noch bewußter aufgreifen müssen als wir dies bisher getan haben.

Meine Damen und Herren, abschließend noch einmal zurück zu dem Anlaß und der Person, der Persönlichkeit, die das Hauptanliegen dieses Fachbereichstages Ihres Fachbereiches 14 heute ist. Wir wissen, daß Lenné im Jahreszyklus Ihres Fachbereiches insofern immer präsent ist, als Sie seit nunmehr fast einem Vierteljahrhundert federführend an der Verleihung des Lenné-Preises beteiligt sind, einem wichtigen Stimulans für die Nachwuchsförderung. Ich selbst konnte an der Verleihung dieser Preise im Schloß Charlottenburg wiederholt teilnehmen, und ich finde es schön, daß sich die Technische Universität Berlin zusammen mit der Senatsverwaltung für Stadtentwicklung und Umweltschutz weiterhin dieser Aufgabe widmet und so einen Beitrag leistet zu den Aufgabenstellungen, die vor uns liegen.

Wir haben das Lenné-Jubiläum 1989 bereits bei der Ehrung von Frau Gerda Gollwitzer angesprochen, die den Ehrendoktor der Technischen Universität Berlin auf Antrag Ihres Fachbereiches erhalten hat. Ich hatte die Freude, die Ehre und auch das Vergnügen, seinerzeit diese Ehrenpromotion vornehmen zu dürfen und war tief beeindruckt von der Persönlichkeit der Geehrten. Ich darf an dieser Stelle noch einmal dem Fachbereich, dem Fachbereichsrat zu dieser vorzüglichen Wahl gratulieren. Frau Gollwitzer betonte die Bedeutung einer institutionellen Verankerung der Gartendenkmalpflege in Berlin. Sie wissen sicher alle, daß gerade sie auf diesem Felde ausgesprochen engagiert und natürlich auch kompetent ist. Und es gibt in der Tat die Verpflichtung unserer Generation gegenüber Lenné auch hier wieder innovativ zu sein. Immerhin – er schuf die erste deutsche Ausbildungsstätte für sein Metier und beeinflußte mit dieser Gründung maßgeblich die Ausrichtung der städtischen Freiraumgestaltung in Mitteleuropa. 1929 – vor nunmehr 60 Jahren – geschah es wiederum in Berlin, daß erstmals mit einem Lehrstuhl für Gartengestaltung diese Ausbildung an einer Universität verankert wurde. Und früher als andere verwandte Institutionen, öffnete sie sich, wie gesagt, der breiten Thematik der Umwelt. Die Bemühung Ihres Fachbereiches um die Gründung eines Lenné-Instituts für Gartendenkmalpflege wird von der Leitung der Technischen Universität Berlin voll unterstützt. Frau Gollwitzer hat dies ja ebenfalls auf ihre Fahnen geschrieben, und ich hoffe nur, daß die gemeinsamen Initiativen, die von außen kommen, die aus Ihrem Fachbereich kommen und die von der Universitätsleitung kommen, ausreichen und genügend Impulse beinhalten, so daß wir bald eine solche Institutsgründung melden können. Natürlich bedarf dies auch der zusätzlichen materiellen Unterstützung von außen. Wenn wir dies erreichen könnten, wäre all den positiven Fakten ihres Fachbereichs, die ich soeben nannte, ein weiterer wichtiger Fakt hinzugefügt in Fortschreibung der bisher konsequenten Linie der Arbeit und der Politik Ihres Fachbereiches.

Abb. 3: Prof. Dr. M. Fricke

Markus RÖSLER
Studentisches Statement zum Fachbereichstag 1989

Neben dem 200. Geburtstag Lennés gibt es dieses Jahr noch ein anderes Jubiläum zu feiern. Es ist dies ein scheinbar kleines Jubiläum, es ist nur eine 10-Jahresfeier. „Klein, aber oho", meinen wir, Studentinnen und Studenten im Studiengang Landschaftsplanung.
Ach ja, welches Jubiläum eigentlich?

(Ein Transparent wird auf der Bühne ausgerollt und gezeigt):
JUBILÄUM 1979-1989 - 10 JAHRE KEIN ENTWICKLUNGSPLAN

Damit bin ich schon in medias res angelangt. Dabei ist uns wohlbekannt, daß es an unserem Fachbereich eine Strukturkommission gibt. Doch die Art und Weise, wie diese Kommission arbeitet, gefällt uns nicht. Seit Streikende im Februar 1989 hat sich nichts mehr getan und ganz generell wird an unserem Fachbereich zu wenig, manchmal offensichtlich gar nicht, über die weitere Zielrichtung geredet. Dabei gibt es in den Instituten, aus dem Streik heraus, in den Institutsdirektorien, beim Mittelbau und in studentischen Initiativen zahlreiche Ideen, Anregungen und Pläne. Was fehlt, ist eine öffentliche Diskussion, an der zielgerichtet alle Mitglieder unseres Fachbereiches beteiligt werden.

Und an dieser Stelle möchte ich die 1. Forderung benennen, die wir erheben: Noch 1989 soll ein außerordentlicher Fachbereichstag stattfinden, der sich ausschließlich mit den Möglichkeiten der weiteren Entwicklung unseres Fachbereichs beschäftigt und zu dem zum Erfahrungs- und Informationsaustausch auch Studentinnen bzw. Studenten der Landespflege-Fakultäten aus Weihenstephan, Kassel und Hannover einzuladen sind.

Die darin besprochenen Möglichkeiten und die sich daraus ergebende programmatische Diskussion soll öffentlich, auch über unsere studentische Zeitschrift „planlos" geführt werden.

Die 2. Forderung lautet, daß die Arbeit und insbesondere die Entscheidungen der zu bildenden Entwicklungsplan-Kommission (Strukturkommission) erst abgeschlossen werden dürfen, wenn das BerlHG, wie von der Senatorin versprochen, also noch 1989 neu verabschiedet ist.

Dabei muß leider festgestellt werden, daß in diesen Wochen eine halbe WM-Stelle (Wissenschaftliche Mitarbeiter) vergeben wurde (an Berthold Voß), im Rahmen derer unsere Stupo neu überarbeitet und innerhalb eines halben Jahres endgültig auf den Weg gebracht werden soll. Das bedeutet, daß die Stupo bereits zum Ende diesen Jahres beschlußfertig vorliegen soll. Wo doch logischerweise zuerst der grobe Rahmen (neuer Entwicklungsplan) und anschließend dann erst die Einzelheiten (Stupo) beschlossen werden sollten.

Themenstellung: Entwicklungsplan. Zwei Teile gibt es dabei anzusprechen:
1) Was bleibt neben dem erfreulichen Entwicklungsplan von 1979 an unerledigten Vorhaben des Jahres 1979?
2) Welche neuen Aufgaben und Problemstellungen sind heute, 1989, dazugekommen und zu bewältigen?

Teil 1: „Es war einmal ..." fängt jedes gute Märchen an und fast so komme ich mir vor, wenn ich einige Auszüge des Entwicklungsplanes von 1979 zitiere:

– „Vorrangiges Ziel bleibt ..., den Numerus clausus abzubauen" (S. 1). Bis heute nix passiert, im Gegenteil: 11 Wartesemester oder ein Abschluß von 2.1 sind heute nötig.

– „Dem FBR 14 liegt derzeit ein Entwurf einer Studien- bzw. Prüfungsordnung für ein Aufbaustudium „Ökologie" zur Beratung vor; er wird bis zum Ende der Amtsperiode 1979/1981 ein Konzept für ein Kontakt- und Aufbaustudium „Landschaftsplanung" beschließen und spätestens 1981 damit beginnen." (S. 55). 1989: Fehlanzeige.

– „Um das Zustandekommen sowie die Abstimmung der Inhalte und didaktischen Konzeptionen der einzelnen Lehrveranstaltungen für alle Angehörigen des FB transparenter zu machen, wird am Ende jedes Semesters ein fachbereichsöffentliches Kolloquium stattfinden, auf dem die an der Lehre Beteiligten die geplanten Lehrveranstaltungen des nächsten Semesters darstellen." (S. 31). 1989: Fehlanzeige.

– „Die Umsetzung der Ziele und Grundsätze ... Verbesserung der Qualität der Lehre durch ... Abstimmung der Lehre in gemeinsamen Lehrkonzepten." (S. 24). 1989: Fehlanzeige.

– Fachgebiete wie Humanökologie oder Historische Ökologie sollten eingerichtet werden (S. 50), wobei die Auflistung keinesfalls Anspruch auf Vollständigkeit erhebt!

Teil 2: Die heutigen Probleme lassen sich trennen in diejenigen, die fachbereichsintern gelöst werden können und diejenigen, bei denen die Universität als Ganzes gefragt ist. Zuerst zu letzterem, Herr Präsident! Sie werden jetzt auch hören, wie das auch von Ihnen angesprochene Transparent „Umweltschutz geht jeden an, Herr Präsident!" gemeint ist.

Umweltschutz, so unisono Ex-Umwelt - und Innenminister Zimmermann, so die privaten Naturschutzverbände, so auch Gorbatschow, sei nach der Friedenssicherung die zweitwichtigste Aufgabe der Menschheit. Das bedeutet doch eigentlich, daß auch nach unserer Universität unser Fachbereich (vielleicht zusammen mit den Umwelttechnikern) mindestens der zweitwichtigste sein müßte?!

Wobei ich kaum daran zu denken wage, daß es ja bei uns gar keinen Fachbereich gibt, der sich speziell mit der Friedenssicherung beschäftigt ...

Ich habe, Herr Präsident, aber durchaus nicht das Gefühl, als ob unserem Fachbereich innruniversitär eine derartige Bedeutung zukommen würde!

Wer eigentlich sind die Wissenschaftler, die an den Umweltverträglichkeitsprüfungen arbeiten, die in absehbarer Zeit wohl für fast jeden Eingriff in die Landschaft erstellt werden müssen? Wessen Kompetenz ist gefragt, wenn die derzeit in allen EG-Staaten heftig diskutierte und als zentrale Umwelt-Richtlinie verstandene „Richtlinie zum Schutz der natürlichen und naturnahen Lebensräume sowie der wildlebenden Tier- und Pflanzenwelt" (FFH-Richtlinie) in die Realität umgesetzt werden soll?

Und wer, wenn nicht wir Landschaftsplaner, ist zuständig, wenn es um das Gesetz geht, das Bundesumweltminister Töpfer derzeit als das wichtigste noch zu novellierende Umweltgesetz dieser Legislaturperiode bezeichnet: Das Bundesnaturschutzgesetz?

Und hier setzt unsere 3. Forderung an: Ganz nachdrücklich fordern wir, daß unserem Fachbereich innerhalb der TU mehr, wesentlich mehr Gewicht eingeräumt wird, als dies bisher der Fall war! Das heißt kurz und knapp mehr Räume, mehr Finanzmasse, mehr Personal.

Wir werden Sie, Herr Präsident, daran messen, wie stark Sie sich für die folgenden Punkte einsetzen:

1) Grundsätzliche Verbesserung der z. Zt. katastrophalen Raumsituation. (Evtl. eine Verlegung von der Franklinstraße in die Lentzeallee in das Gebäude, das z. Zt. noch von der Immissionsschutz- Abteilung der Senatorin für Stadtentwicklung und Umweltschutz belegt ist?)
Die Projektgruppen müssen z. T. Räume benutzen, in die sie kaum hineinpassen, wo z. T. unerträgliche Lärmbelästigungen existieren. Für neue Fachgebiete gibt es so gut wie keine räumlichen Möglichkeiten. Der einzige Raum für studentische Aktivitäten liegt an völlig anderer Stelle und in einem anderen Stockwerk als die restlichen Fachbereichsräume in der Franklinstraße...

2) Erhöhung des Curricularen Normwertes von 4,8 auf mindestens 5,2. Das kostet die Universität zwar Geld, doch ist dies für eine bessere Lehre unabdingbar.

3) Einstellung von ständigen hauptamtlichen Mitarbeitern/innen für alle Institutsbibliotheken.
Die derzeitige Situation ist skandalös. Die Bibliotheken sind länger geschlossen als geöffnet, z. T. aus Personalmangel vollständig für Studentinnen und Studenten gesperrt; ein systematischer Verleih ist so gut wie unmöglich. Wie sollen wir unsere Studienarbeiten erledigen, wenn die notwendige Literatur vor unseren Nasen, aber unerreichbar, lagert?

4) Gelder für nichtwissenschaftliche Mitarbeiter.
Die Studienberatung benötigt genau wie die Zeitschrift „planlos" Tutorinnen bzw. Tutoren; für die Umsetzung und ständige Begleitung der im Streik besonders aktiv bearbeiteten feministischen Fragestellungen gilt dies ebenso wie für die Unterstützung autonomer Projekte.

5) Und last not least: Die von Ihnen, Herr Präsident, angekündigte Aktion zur Bewertung der Lehre der Hochschullehrerinnen und Hochschullehrern gerade auch durch die studentische Seite.
Dies halten wir für eine außergewöhnlich gute Idee, wenn in allen Fachbereichen, also auch dem unserigen, gezielt und differenziert die Betroffenen, also wir, danach befragt werden. Wir freuen uns sowohl darauf, als auch auf die Gesichter einiger unserer Lehrenden. Denn Überraschungen sind da sicherlich zu erwarten...

Neben diesen gesamtuniversitären Punkten gibt es allerdings auch fachbereichsintern einiges zu klären und zu entscheiden, u. a. und ganz wesentlich auch die neue Stupo.
Konkret sind dies für unseren Fachbereich (beispielhaft) folgende Punkte:

1) Weiterführung des Projektstudiums während der gesamten Studiendauer mit mindestens 50% der Zeit, mit Betreuung aus verschiedenen Instituten - aber wie genau? Daß selbst unter den derzeit erschwerten Bedingungen gute Projekte laufen können, kann der in diesen Tagen erscheinenden Juni-Nummer der Zeitschrift „Natur und Landschaft" entnommen werden.

2) Art und Weise der Zusammenarbeit der Institute. Sie muß unbedingt ganz wesentlich verbessert werden; im Entwicklungsplan von 1979 sind einige gute, leider nicht realisierte Ansätze enthalten.

3) Zuweisung neuer Fachgebiete wie z. B. eines für Faunistik. In diesem Bereich herrscht, verglichen mit der Praxis in Büros, Behörden und Verbänden in unserer Ausbildung ein erschreckendes Defizit.

4) Die grundsätzliche Frage unserer Fachbereichsstruktur:
- Sollen wir mit den Biologen überhaupt unter einem Dach bleiben? Zusammenarbeit existiert sowieso keine.
- Soll der Fachbereich womöglich unterteilt werden? Entsprechende (Einzel-)Stimmen gibt es ja an unserem Fachbereich.
- Wie steht es mit dem Fachbereich Umwelttechnik? Teilübernahme durch uns? Veränderte Serviceleistungen?

Allerdings beißt sich hier irgendwo die Katze in den Schwanz: Einerseits müssen diese grundsätzlichen Entscheidungen getroffen werden, was erst 1990 realisiert werden kann, denn ein Entwicklungsplan in Absprache auch mit Mitgliedern anderer Landespflege-Fakultäten, die ja vergleichbare Debatten, aber aus anderen Strukturen heraus führen, kann und soll eben nicht hoppla-hopp übers Knie gebrochen werden (aber natürlich auch nicht verzögert, sondern noch 1990 vom Fachbereich beschlossen). Andererseits sitzt uns die neue Stupo im Nacken, die zahlreiche Entscheidungen vorwegnehmen würde. Es ergibt sich, wie schon vorher angedeutet, unsere 4. Forderung. Die Stupo darf erst verabschiedet werden, wenn ein neuer Entwicklungsplan für unseren Fachbereich auf dem Tisch liegt. Zuerst müssen die Entscheidungen über die Richtung beschlossen werden, dann erst sind ausdifferenzierte Einzelbeschlüsse, also Stupo-Inhalte sinnvoll.

Zum Schluß weisen wir noch darauf hin, daß wir uns nicht nur im Transparente-Aufhängen und Reden-Schwingen üben, sondern daß wir zum heutigen Fachbereichstag ein Flugblatt erstellt haben, in dem einige Punkte dieser Thematik genauer aufgegriffen sind und das nun an Sie alle verteilt wird.

Wir wünschen uns jedenfalls, daß in Zukunft in unserer „planlos" offen über den zukünftigen Entwicklungsplan und die zukünftige Struktur unseres Fachbereichs diskutiert wird: nicht nur durch uns Studenten, sondern durch alle Betroffenen, also auch Professoren, wissenschaftliche Mitarbeiter/innen sowie selbstverständlich auch Sie, Herr Fricke, als Präsident.

Abb. 4: Markus Rösler – Studentische Forderungen zum Fachbereichstag 1989

Prof. Jürgen WENZEL
Einführung

Der Fachbereich Landschaftsentwicklung der Technischen Universität Berlin widmet seinen Fachbereichstag 1989 Peter Joseph Lenné, dessen Geburtstag sich zum 200. Male jährt.

Jahrestage sind in der Regel Anlaß, das Werk eines mehr oder minder zu Unrecht Vergessenen wieder in das Bewußtsein zu rücken oder auch verblaßte Bedeutungen aufzufrischen. Nun ist eine derartige Wiederentdeckung im Falle Lennés eigentlich nicht dringlich. In den vergangenen Jahren wurde damit begonnen, seine Arbeiten zu dokumentieren und in Teilen zu restaurieren. Zu seinen Werken erschienen Aufsätze und Monographien, zum Beispiel zur Luisenstadt, zu Berlin-Kreuzberg, und erst 1985 ein repräsentativer Band über sein Leben und sein Werk.

Wenn jedoch nicht Lenné uns braucht, brauchen möglicherweise wir ihn? In Zeiten geistiger Umbrüche mit ihren Orientierungsproblemen gilt es, die sinnstiftenden Potentiale der Geschichte zu nutzen. Wir vermuten, daß Lenné gleichsam ein Katalysator sein könnte, der es uns ermöglicht, unsere Probleme besser auszuleuchten und unsere Lösungsansätze kritisch zu beurteilen.

Ziel der Tagung ist es also, eine Brücke zwischen Lenné und uns zu schlagen durch die Konfrontation aktueller fachlicher und berufspolitischer Probleme mit Auffassungen, Arbeitsbedingungen, Erfolgen, aber auch Mißerfolgen Lennés. Einige mögliche Diskussionspunkte seien nachfolgend skizziert.

– Lenné erweiterte den Aufgabenbereich der Landschaftsarchitekten, seine Berufsauffassung war expansiv. Die Landschaftspflege heute hat das Aufgabenfeld und die berufliche Zuständigkeit eingeschränkt auf Naturschutz, Freiraumerholung und einen angestrebten querschnittsorientierten Beitrag zu anderen Planungen. Sind wir durch diese „Konzentration" erfolgreicher geworden?

Lenné vereinigte in sich das naturwissenschaftliche Wissen seiner Zeit mit dem technischen und handwerklichen und verband es mit großem gestalterischen Können. Für ihn waren alle diese Komponenten unabdingbare Voraussetzung einer erfolgreichen Berufsausübung. Ist nicht die weitgehende Anpassung heute an die Naturwissenschaften mißlungen? Braucht eine Landschaftsplanung, die auf Umweltschutzplanung, das heißt auf Wasser-, Boden- und Vegetationsschutz reduziert wird, noch den Planer? Lehrt nicht die Praxis, daß die Naturwissenschaftler gut ohne Planer auskommen? Ist nicht gerade die Kombination der gesamten Komponenten das Spezifische des Berufes? Und wenn das so wäre, wie könnte eine neue Kultur der handwerklichen, technischen und ästhetischen Komponenten gefördert werden? Unter welchen Bedingungen ist ein derartiger generalistischer Ansatz heute möglich? Lenné war zu seiner Zeit ein anerkannter und einflußreicher Städtebauer. Der Einfluß der Landschaftsarchitekten auf die Entwicklung der Städte heute ist vergleichsweise sehr gering. Eine quantitative Grünordnung, die „Wohnumfeldverbesserung" - ein Begriff, den eine Zooverwaltung geprägt haben könnte -, und das Ausschmücken der Konsummeilen sind doch eher fragwürdige Beiträge zur Stadtentwicklung. Während die Stadt als komplexe Lebensform heute allgemein wieder positiv bewertet wird, scheint eine naturschützerisch orientierte Landschaftspflege sich durch ihren großstadtfeindlichen Tenor und ihre Eindimensionalität selbst zu blockieren.

- Welche realen Chancen hat der propagierte „ökologische Stadtumbau" wirklich? Ist nicht die Vermeidung die einzig wirkungsvolle ökologische Maßnahme und die Vorspiegelung anderer, zum Beispiel planerischer Möglichkeiten lediglich eine Entlastung der Wirtschaftslobby und der Politik?

Dem mit der Frühphase der Industrialisierung verbundenen sozialen Elend begegnete Lenné kompensatorisch durch ein großzügiges und differenziertes Freiraumangebot. Darüber hinaus hatte seine Arbeit eine emanzipatorische Dimension, basierend auf der Schillerschen Ästhetik. Auf die alle-gleich-machende Überlebensfrage der Gattung Mensch fixiert, hat die heutige Landschaftspflege eine sozial differenzierende Wahrnehmung weitgehend eingebüßt. Die Surrogate, mit denen sie diese Wahrnehmungsdefizite ausgleicht, sind fragwürdig: Es wird zum Beispiel nicht bemerkt, daß durch die Diffusion der Arbeitsgesellschaft der ohnehin diffuse Erholungsbegriff zunehmend an Bedeutung verliert; oder daß die Ermittlung notwendiger Umweltstimuli auf der Grundlage einer psychologischen Ästhetik nur eine weitere Normierungs- und Anpassungstechnik im sozialen Bereich darstellt;

oder daß die unverdrossen propagierte und von keinem Mißerfolg irritierte Partizipationsplanung kurzschlüssig naiv ist. Die Landschaftspflege heute paßt sich so umstandslos und platt der herrschenden Massenkultur an. Was hätte wohl Lenné zu unseren Bundesgartenschauen als wesentlichstem Beitrag zur Gartenkunst des 20. Jahrhunderts gesagt?

Lenné hat ein umfangreiches Werk hinterlassen. Es wurde von ihm sehr viel realisiert und noch mehr geplant. Nicht nur die Pläne sind sorgfältig erarbeitet, auch die Ausführung ist von großer Akkuratesse. Das setzt einen gut organisierten Bürobetrieb voraus mit vielen Helfern wie Entwerfern, Zeichnern, Bauleitern, ausführenden und pflegenden Gärtnern.

Unsere Anlagen stellen, mit Ausnahme der neuerdings gartendenkmalgepflegten, häufig einen eher traurigen Anblick dar (anonym, gleichförmig, ungepflegt.) Auch Lenné litt unter Geldmangel, auch Lenné arbeitete mitunter mit Arbeitslosen. Warum mißlingt uns heute eine angemessene Anlage und Unterhaltung? Die Anlagen Lennés sind gekennzeichnet durch einen hohen Qualitätsstandard der Bau- und Ausstattungselemente: Wege, Mauern, Treppen, Gitter, Tore, Kleinarchitektur, Bänke. Unsere Stadtplätze, -gärten und -parks - von Spielplätzen gar nicht zu reden - sind als standardisierte, industriell produzierte, TÜV-geprüfte nicht nur gleichförmig, nichtssagend, sondern häufig auch von abstoßender Häßlichkeit. Warum? Und, last but not least, was hätte Lenné zu unserem Umgang mit der Pflanze gesagt? Das Spektrum der Fragen zeigt, daß es um die verlorene kulturelle Dimension der Landschaftspflege geht. Um zu vermeiden, daß ausschließlich wieder Landschaftspfleger zu Landschaftspflegern über Landschaftspflege reden, wurden als Referenten für den Fachbereichstag auch Kunsthistoriker, Juristen, Stadtplaner und Naturwissenschaftler gewonnen.

Prof. Jürgen WENZEL
Selbstreflexion und geschichtliche Erfahrung

Wenn die Zelebration eines Klassikers nicht zur Totenmesse werden soll, gilt es, den klassischen Panzer, der ihn umgibt, das historische Klischee, zu durchstoßen. Es ist jedoch nicht leicht, die überkommene Sichtweise abzulegen; dies gelingt nur, wenn man bereit ist, sich selbst infrage zu stellen. Eine geglückte, geschichtliche Erfahrung ist stets verbunden mit dem Nachdenken über sich selbst. Historische Gegenstände gibt es ja nicht einfach, so Sloterdijk, sondern sie tauchen auf durch die Entwicklung des Auges (Sloterdijk, 1983, 708).

Dieser Zusammenhang zwischen Selbstreflektion und geschichtlicher Erfahrung, zwischen der Landschaftspflege heute und ihrem Gründer Lenné, soll uns heute und morgen beschäftigen.

Da die kleine Ausstellung hier im Foyer und die große Lenné-Ausstellung, die heute Abend mitzueröffnen wir eingeladen sind, hinreichend Gelegenheit bietet, Lennés Leben und Werke kennenzulernen, verzichte ich hier auf ihre Darstellung. Stattdessen möchte ich an zwei Beispielen die Aufgaben, Ziele und Arbeitsweise Lennés mit denen der heutigen Landschaftspflege vergleichen.

Die Landschaftspflege hat in den vergangenen Dezenien ihre fachpolitischen und theoretischen Anstrengungen konzentriert auf die existentiell dringliche Aufgabe der Sicherung der natürlichen Lebensgrundlagen der Gattung Mensch. Damit verbunden war, was man die positivistische Wende der Landschaftspfleger nennen könnte, ihr Bestreben, sich ausschließlich auf die Naturwissenschaften zu gründen. Alle anderen Aufgaben und Verfahrensweisen wurden ihr marginal. Auch die kulturellen Gegenstände der Landschaftspflege sollten also wissenschaftlich erforscht und technologisch in Form von Methoden und Standards aufbereitet werden. Konrad Buchwald dachte dabei an „die Wissenschaften von Menschen wie Psychologie, Verhaltensforschung, Soziologie, Humanökologie und Sozialmedizin" (Buchwald, 1974, 243). Deren Forschungsergebnisse sollten eine befriedigende psychische Umwelt sichern helfen.

Nun ist aber unsere Alltagswelt nicht die objektive Welt der Wissenschaften, sondern eine sinn- und zweckerfüllte Welt, in der wir Gegenstände personalisieren, z. B. einen heiteren Maienmorgen erleben. Subjektwelt und Objektwelt durchdringen hier einander. Wir wissen heute auch alle, daß es wissenschaftlich nicht korrekt ist, wenn wir sagen, daß die Sonne auf- und untergeht, aber wir erleben es dennoch so. Den Mythen der Alltagswelt ist wissenschaftlich nicht beizukommen. Wenn wir diese unsere Lebenswelt wissenschaftlich dekomponieren und wieder zusammensetzen, dann geht gerade das verloren, was sie zur Heimat macht. Die von Buchwald angeregte Erforschung von Umweltstimuli als Voraussetzung eines Begriffs von Heimat oder die Nohl'schen Polaritätsprofile taugen daher weder zur Produktion von Heimat noch zur Produktion einer emanzipatorischen Umwelt. Ästhetische Erfahrungen sind zwar nicht objektivierbar, daß heißt jedoch nicht, daß sie willkürlich sind. Die Majestät eines Gipfels, wie die des Großvenedigers, wird von allen Menschen empfunden, es entsteht der unwillkürliche Eindruck einer eigenen Wesensgestalt; diese Empfindung ist intersubjektiv - wir wissen es seit Kant. In der ästhetischen Erfahrung kann uns die Natur als Tremendum, das Furchterregende, Schreckliche, Erhabene, Majestätische wie auch als Fascinosum, das Beglückende, Entzückende, Beseeligende entgegentreten. Aus der entleerten Natur der Wissenschaft schlägt uns dagegen, nach Kolakowski, nur grenzenlose Gleichgültigkeit entgegen. Sie kann keine sinn- und zweckerfüllte Welt, in der der Mensch sich geborgen fühlt, schaffen. Gerade die Wissenschaft ist ja verantwortlich für die Entzauberung der Welt, ihre Seelenlosigkeit, für den beklemmenden Eindruck von Öde und Sinnlosigkeit menschlichen Daseins (Hübner, 1985, 375).

Um Mißverständnissen vorzubeugen: dies ist kein pauschales Votum gegen die Wissenschaft, sondern nur ein Votum gegen den Ausschließlichkeitsanspruch der scientistischen Landschaftspflege. Mit der heutigen nachpositivistischen Wissenschaftstheorie reflektiert Wissenschaft zudem selbst die Grenzen ihrer Welterfahrung. Ihren Alleinvertretungsanspruch als Instanz der Wahrheit und Prüfstein der Wirklichkeit hat sie aufgegeben. Die Umweltprobleme, die sie mitverursacht, sind ohne sie nicht lösbar; aber auch nicht durch sie allein. Dazu Stefan Summerer vom UBA:

Zitat:
„Jede anthropozentrische Umweltethik verbleibt innerhalb eines Subjektivismus, der die Natur immer schon in bezug auf vom Menschen gesetzte Zwecke instrumentalisiert hat. Solange die Grundhaltung nicht aufgebrochen wird, bleibt die Natur lediglich Material für das verfügbare Handeln, ist ihre Zerstörung unentrinnbar. Die Begrenzung des technischen Handlungsvermögens scheint nur möglich zu sein, wenn ein Naturverständnis aufgebaut wird, das die Natur grundsätzlich als von gleichem Rang erkennt und anerkennt. Natur darf nicht mehr nur Objekt von Betrachtung und Begierde sein, sondern als das Andere der Vernunft, immer auch - nicht nur - Alter ego." (Summerer, 1988, 42/43).

Das heißt, mit Grenz- und Schwellenwerten und Methoden, wie der UVP ist es allein nicht getan, ist die Umwelt nicht zu retten.

Der Berliner Naturschutz erhofft sich die Änderung der Grundeinstellung zur Natur, die Dr. Summerer fordert, durch das Erlebnis wild wachsender Stadtbrachen. Diese autochthone Natur soll die Bürger sensibilisieren. Jedoch die Argumentation beruht auf einem Zirkel, denn die Sensibilität wäre Voraussetzung für ein differenziertes Naturerlebnis und für den angestrebten moralischen Effekt. Alle Erfahrungen der vergangenen Jahre lehren doch, daß nicht Idyllen, sondern allenfalls spektakuläre Katastrophen die Massen sensibilisieren. Auch vor 200 Jahren war der Versuch, Natur als moralische Instanz auszugeben, nicht erfolgreich.

Kehren wir nach diesem Exkurs zu unserem Punkt „Kulturelle Aufgaben und Scientistische Landschaftspflege" zurück. Kultur, das ist jener Freiraum der Phantasie, der sich über die wenigen kreatürlichen, doch drängenden Bedürfnisse erhebt, und von dem der Fortbestand der Menschheit nicht als Gattungswesen, aber als politisches Gemeinschaftswesen abhängt. Denn, was wir heute erleben, das ist ja nicht nur ein Verlust an Umwelt, sondern - wenn auch nicht so augenscheinlich, - so doch nicht minder gravierend, ein Verlust an aufgeklärtem Bewußtsein. Hier wirken Konsumverführung, Bewußtseinsindustrie und Zerstreuungskultur unheilvoll zusammen. Die Vereinzelung und Vereinsamung durch die elektronischen Medien, der Verlust an sinnlicher Erfahrung und an Gedächtnis, die zunehmende Sprachlosigkeit, Beziehungsunfähigkeit und Intoleranz haben nach Johann Baptiste Metz zu einer „sekundären Unmündigkeit" geführt. Dieser schleichende, sanfte Tod der Mündigkeit geht umso erfolgreicher vonstatten, je mehr er nicht als Bedrohung und Unterdrückung, sondern als Vergnügen und Zerstreuung, erlebt wird. (Metz, J.B., 1988, 81 ff.). Der bestehende Anpassungsdruck an eine abstrakte, unanschauliche und unübersichtliche Welt führt so zu Dissoziationstendenzen und dem Anwachsen politischer Extreme.

Die Erfahrung im sozialen Raum der Stadt, die Auseinandersetzung mit Unbekanntem, ist noch immer ein wichtiges, wenn nicht das wichtigste Remedium gegen die zunehmende Weltfremdheit. Darum ist weniger die sentimentale Naturdemonstration und die Auffüllung der Stadt mit Phytomasse oder mit Zerstreuungsangeboten, sondern der Bau von sozialen Räumen eine bedeutende Aufgabe der Landschaftspflege; sie ist nicht minder wichtig wie die existentielle und sie ist kein vorwiegend wissenschaftliches Problem.

Lenné ist uns heute in erster Linie als der Schöpfer klassischer Parks bekannt, das war er aber nur unter anderem. Was für die Potsdamer und für die Berliner heute vertraute Heimat und Inbegriff preußischer Landschaft ist, das ist die von Lenné auf den Kopf gestellte märkische Heide. Für Berlin hat er nicht nur Parkanlagen umgestaltet - auch unter ökologischen, hydrologischen und klimatischen Gesichtspunkten - und Plätze erstmalig begrünt, sondern er hat Überlegungen zum Massengütertransport angestellt, zur Verbindung von Schienen- und Wasserstraßenverkehr, er hat Trassen für die verschiedenen Verkehrsarten festgelegt, für Kanäle, Eisenbahnlinien, Ring- und Verbindungsstraßen. Er hat Standorte für die bürgerlichen und staatlichen Infrastruktureinrichtungen, d.s. Bahnhöfe, Häfen, Depotplätze, Märkte, Fabriken, Kasernen, Kirchen und Gefängnisse vorgeschlagen. Er hat großzügige Erschließungssysteme für neue Stadtteile entwickelt, und er hat Objekte, wie Reitbahnen, Brücken usw. gebaut. Ihn haben sowohl Fragen der wirtschaftlichen Entwicklung Berlins, als auch Fragen der bürgerlichen und höfischen Repräsentation beschäftigt, kurzum, er hatte ein umfassendes Bild von der Stadt und ihrer wünschenswerten Entwicklung. Dieser Holismus Lennés ist nicht etwa einer noch rudimentären Arbeitsteilung geschuldet, sondern er ist für planerisches Arbeiten an kulturellen Gegenständen konstitutiv.

Der hohe künstlerische Anspruch Lennés darf nicht als Selbstverwirklichung und Geniestreben mißverstanden werden, dazu war Lenné viel zu ernsthaft und zu bescheiden. Er verband sich für ihn mit einem hohen ethischen und politischen Anspruch. Die preußischen Reformer der 1. Hälfte des 19. Jh.s waren stark beeinflußt von der Schillerschen Ästhetik. Angesichts der blutigen Phasen der französischen Revolution hatte Friedrich Schiller postuliert, daß erst eine umfassende, das hieß für ihn ästhetische Erziehung der Volksmassen, diese freiheits- und demokratiefähig machen müsse. Dieses ästhetische Erziehungsprogramm, dem u.a. auch Schinkel verpflichtet war, bescherte Preußen eine kulturelle Blüte, die wir heute bewundern und die nach der 48er Revolution in den 50er und 60er Jahren des 19. Jh.s endete. Das Bemühen um die Einbeziehung höherer, kultureller Intentionspole in die eigene Arbeit ist demnach für Lenné typisch. Was hätte unser Jubilar wohl zu der auf existentielle Fragen reduzierten Landschaftspflege von heute gesagt? Seine 1824 gegebene Antwort: „Bei allen Reformen weiß der menschliche Geist nur selten auf der rechten Grenze stehen zu bleiben, und gewöhnlich verfällt derselbe aus einem Extrem in das andere." (Verhandlungen des Vereins zur Förderung des Gartenbaus, Bd. I, 1824, 82).

Schlägt man in dem Handbuch für Planung, Gestaltung und Schutz der Umwelt nach, d.h. dem Werk, in dem die wissenschaftlichen Landschaftspfleger sich erstmalig umfassend darstellen, so findet man dort in dem Kapitel „Problematik und Lösungsversuche in Erholungsgebieten" folgende erstaunliche Aussage:

„es gibt keine geschlossene, inhaltlich einigermaßen befriedigende Freizeittheorie"; keines der vorhandenen Theoriekonzepte läßt sich unmittelbar für planerisches Handeln verwerten; Erholung ist Erhaltung und Wiederherstellung der Gesundheit; Gesundheit aber wird inhaltsleer durch die Formel der WHO definiert (Bechmann, 1980, 314 ff.). Mit anderen Worten, von diesen ihren wichtigen Gegenständen Freizeit und Erholung hat die wissenschaftlich orientierte Landschaftspflege keinen Begriff. So ist es denn auch nicht verwunderlich, daß sie praktisch jeden Aufenthalt im Freien, der nicht dem Gelderwerb dient, als Freizeit und als erholungswirksam ansieht. Die Restaurierung einer Bauernkate in Soltau als Freizeitwohnsitz, der kunsthistorisch motivierte Besuch von Herrenhausen, die Besteigung des Großvenedigers, der Bierausflug nach Kloster Andechs, das Fitnesstraining einer Feministinnengruppe im Tiergarten, d.h. die disparatesten Phänomene werden unter Freizeit und Erholung subsummiert. Fragt man nach deren Gemeinsamkeit, so läßt sich diese nur negativ bestimmen, es sind keine Arbeiten oder genauer keine Erwerbsarbeiten. Das mag für eine Gesellschaft, die sich durch Arbeit definiert, für die Industriegesellschaft ausreichen, nicht jedoch für eine Gesellschaft, in der die Arbeit zum Job wird, wie es z.B. in der Bundesrepublik etwa seit den 60er Jahren der Fall ist. Die Fülle der seitherigen Epochenbegriffe, wie Konsumgesellschaft, Jobholdergesellschaft, Informationsgesellschaft, postindustrielle Dienstleistungsgesellschaft usw. zeigt, daß die Arbeit ihre zeitliche Dominanz, ihren sinnstiftenden Charakter und ihre bewußtseinsprägende Rolle zunehmend eingebüßt hat, sie ist zum Job geworden. Damit ist Freizeit nicht mehr nur die arbeitsfreie Restzeit, in der man Versagungen der Arbeitswelt kompensiert, Erholung ist nicht mehr nur Regeneration der Arbeitskraft und Erhaltung von Gesundheit. Wenn es aber keinen gemeinsamen Nenner Arbeit mehr gibt, dann werden die Freizeittätigkeiten beliebig. Und in der Tat, beliebig sind die von mir aufgezählten Freizeitaktivitäten, und sie sind zudem noch untypisch, da sie Tätigkeiten von Minderheiten darstellen. Die Bevölkerungsmehrheit bevorzugt dagegen alle möglichen Formen der Zerstreuung.

Da der Landschaftspflege der hier skizzierte Sachverhalt entgangen ist, wird sie ihrem sozialen Anspruch immer weniger gerecht, sie wird zur öffentlichen Agentur der Zerstreuungskultur. Gartenschauen sind anschauliche Beispiele dieser Entwicklung - dem Dilemma entgeht sie übrigens auch nicht durch „Nutzerbeteiligung", denn die Nutzer wollen ja zerstreut und unterhalten werden. Im Unterhaltungsbereich steht die Landschaftspflege aber in einem aussichtslosen Konkurrenzverhältnis zu den übermächtigen Unterhaltungs-, Freizeit-, Sport- und Tourismusindustrien. An sie verliert sie zunehmend ihren Gegenstand. Die industrialisierte Freizeit und Erholung verbraucht nun Natur und Landschaft mindestens so sehr wie andere kapitalverwertenden Industrien auch. Alle Planerkonstrukte von „wahren Erholungsbedürfnissen" und „sanftem Tourismus" u.ä. sind bloße Rückzugsformen. Auch hier wird also der Gestaltungsauftrag der Landschaftspfleger durch den Schutzauftrag abgelöst. Den Gestaltungsauftrag kann man nun gewiß nicht dadurch erhalten, daß man Phantomen, wie den „wahren Freizeit- und Erholungsbedürfnissen" nachjagt, sondern nur, indem man den praktizierten Freizeit- und Erholungsbegriff generell infrage stellt.

Kommen wir noch einmal zu Lenné. Auch er verwendete den Begriff Erholung. Das Preußen seiner Zeit entwickelte sich stürmisch zu einer Industriegesellschaft, eine Entwicklung, die auch er förderte. Der Zusammenhang zwischen neuen Arbeitsformen und -bedingungen, den ungenügenden Regenerationsmöglichkeiten der Lebenswelt und der Notwendigkeit von Kompensationsangeboten im Freiraum, dieser Zusammenhang war ihm bekannt. Nach einem überlangen Arbeitstag sollten die Werktätigen ihre überbelegten Stuben in engen Wohnvierteln, in denen die offenen Abwasserrinnen einen Pesthauch verbreiteten, verlassen können, um auf den breiten Promenaden neuer weitläufiger Viertel oder in den neuen Parkanlagen am Stadtrand Luft zu schöpfen. Doch damit begnügte sich Lenné nicht, er sah die Bedeutung von Freizeit und Freiraum wesentlich komplexer. Statt von Erholung sprach er auch vorzugsweise vom Vergnügen des Publikums. Vergnügen bereiten nach Lenné zwei Formen der Begegnung, die Begegnung mit dem anderen Menschen und die Begegnung mit der Natur. In seinem Erläuterungsbericht zum 1. Tiergartenentwurf von 1819 beschreibt er beide Begegnungsformen. „...man verlangt in diesen Gärten das Vergnügen der Gesellschaft und den Anblick anderer Umhergehender zu genießen, man will sich sehen und finden und hierzu sind offene, breite, gerade und sich durchkreuzende Alleen nötig ... Die zwischen diesen Alleen gelegenen großen Waldpartien hingegen könnten sich in freundlichere, natürliche Waldpartien umwandeln lassen, wo man die Natur froh und frei genießen kann. ...Die Eindrücke sind viel angenehmer, die man auf Gängen empfindet, welche sich zwischen dichten, schattenreichen Pflanzungen an Rasen- und Wasserpartien hinschlängeln." (Pitz u. a., 1984, 66).

Die Naturbegegnung verweist Lenné auf die Parks im grünen Gürtel der Stadt. Die dort inszenierten Naturnachahmungen, man könnte von begehbaren Stereogemälden sprechen, sie sind das Schulungsfeld der Differentialität des bürgerlichen Subjekts. Die Lennéschen Raumkunstwerke in der Stadt sind dagegen als Behälter gesellschaftlicher Handlungen konzipiert. Es sind regelmäßige Anlagen, spärlich begrünt, in der Regel sind es Rasenflächen mit umschließenden Baumalleen; nur Verweilpunkte werden aufgeschmückt. Die spärliche Bepflanzung ist nicht etwa preußischer Schlichtheit oder Sparsamkeit geschuldet, sondern ihrer Funktion als Rahmen, denn das eigentliche Bezugsobjekt ist nicht die Natur, sondern der Mensch. Der Besucher wird auf den Mitbesucher verwiesen, die Natur ist lediglich Baumaterial und Verzierung. Der städtische Freiraum als sozialer Lern-, Begegnungs- und Erfahrungsraum hat im bürgerlichen Emanzipationsprozeß eine nicht unerhebliche Rolle gespielt. Der Zusammenhang zwischen Aufklärung und Freiraum war noch in den 20er Jahren unseres Jahrhunderts wohlbekannt.

Ich vermute, daß die Bezeichnung Grünplaner Lenné mißfallen hätte.

Was können wir heute von Lenné lernen? Da wir heute und morgen noch viele Antworten auf diese Frage erwarten dürfen, beschränke ich mich auf einige Stichworte. Wie Lenné sollen auch wir flexibel und dennoch beharrlich, ganzheitlich und dennoch differenziert, staatsloyal und dennoch aufklärerisch, pragmatisch und dennoch visionär arbeiten.

Literatur

BECHMANN, A.: Die Bewertung und Planung der Umwelt in: BUCHWALD/ENGELHARDT (Hrsg.). (Handbuch für Planung, Gestaltung und Schutz der Umwelt, Bd. 3) München, Wien, Zürich, 1980

BUCHWALD, K.: Heimat für eine Gesellschaft von heute und morgen. - Gedanken zur Aktualität des Heimatbegriffes in: Neues Archiv für Niedersachsen, 3/1974, Bd. 23

HÜBNER, K.: Die Wahrheit des Mythos. München, 1985

LENNÉ, P.J. in: Verhandlungen des Vereins zur Förderung des Gartenbaus, Bd. I, 1824

METZ, J.B.: Wider die zweite Unmündigkeit in: RÜSEN, J., LÄMMERT, E. u. GLOTZ, P. (Hrsg.) Die Zukunft der Aufklärung. Frankfurt/M., 1988

PITZ, H., HOFMANN, W., TOMISCH, J.: Berlin-W, Geschichte und Schicksal einer Stadtmitte, Bd. 1. Berlin, 1984

SLOTERDIJK. Kritik der zynischen Vernunft. Frankfurt/M., 1983

SUMMERER, St.: Umweltverträglichkeitsprüfung als Problem einer neuen Umweltethik in: anthos 3/88

Abb. 5: Prof. J. Wenzel

Gerhard HAHN-HERSE
Entwicklungslinien der Landschaftsplanung

Für einen Mann aus der Praxis ist auch bei großem Interesse an der Sache ein lückenloser historischer Abriß mit der Verfolgung aller Leitlinien nicht möglich. Dazu brauchte er wenigstens ein ganzes Forschungssemester - für Angehörige der Verwaltung ein Traum ohne Chance auf Erfüllung. Wenn ein Angehöriger der Verwaltung nach seiner Einschätzung gefragt wird, dann soll er aus den von ihm erlebten Realitäten heraus antworten. Das bedeutet, in der historischen Entwicklung die Strömungen kennzeichnen, die für die Beurteilung der heutigen Situation von Belang sind. Aus dieser Position werden Dinge zu sagen sein, die - gerade an diesem Ort - nicht bei jedermann Gefallen finden können.

Wichtig für eine wirklichkeitsnahe Darstellung und ihr Verständnis ist die Trennung in Ansprüche und Forderungen, die zu einem idealen Bild verwoben werden können, einerseits und das tatsächlich Erreichte und Erreichbare in der Realität Angewandte andererseits. Darüber hinaus ist darauf aufmerksam zu machen, daß vor des Referenten innerem Auge möglicherweise allzu häufig der ländliche Raum erscheint, und der Ballungsraum darüber leicht vernachlässigt wird. Mit anderen Worten: Landschaftsplanung findet vor allem außerhalb von Berlin statt.

Historischer Abriß
Es können vier Epochen unterschieden werden, von denen die erste vom Ende des 18. bis zum Beginn des 19. Jahrhunderts reicht. Ihr Leitbild war dem Namen nach die „freie Natur", tatsächlich aber ging es nicht um unberührte Urlandschaft, sondern um die gestaltete agrarische Kulturlandschaft als einem Ganzen aus Siedlungsflächen und Nichtsiedlungsflächen. Hirschfelds „Theorie der Gartenkunst" macht deutlich, daß die Landschaftsgestaltung seinerzeit eine Synthese war von Ästhetik, sozialem Auftrag und ökologischem, letzterer als „Ausschmückung der Fluren" allerdings beschränkt auf die Stützung der landwirtschaftlichen Produktion (Bodenschutz, Grenzziehung).

Hinzuzurechnen ist ein integrierender städtebaulich-raumordnerischer und hygienischer Auftrag, der heute als Immissionsschutz firmiert. Insbesondere Lennés Arbeiten machen dies deutlich. Auch bei einer engen Koppelung an die agrarische Nutzung gelten Lennés Werke als landschaftsökologische Pionierleistungen.

In der zweiten Epoche - sie umfaßt den Zeitraum von 1830/50 bis 1919 - setzen der Druck der Industrialisierung auf die Landschaft und die gesundheitlichen und sozialen Probleme neue Schwerpunkte. Die Lösungen sind jedoch bescheiden. Eine räumliche Ordnung, etwa durch die Gartenstadtbewegung, steht auf der einen Seite. Auf der anderen sucht man die Kompensation der Beeinträchtigung im Heimatschutz in Verbindung mit dem neu entstehenden Naturschutz. Dieser trägt bereits Züge, die uns an Diskussionen von heute erinnern. Es sei „eine Sache des Forschrittes, das Recht der Wildnis zu vertreten neben dem Recht des Ackerlandes" (Riehl, 1851, zit. n. Buchwald/Engelhardt). „Sanddünen, Moore, Heiden, die Felsen und Gletscherstriche, alle Wildnis und Wüstenei ist eine notwendige Ergänzung zu dem kultivierten Feldland".

Die Entwicklung kulminiert mit dem Vorschlag Mielkes (1907), eine „Landespflege" aufzubauen. Deren Aufgaben sollten sein:

„1. In den Großstädten und Residenzen: Parks, Spielplätze, Straßen- und Platzanlagen; Anlage eines Wald- und Wiesengürtels um die Städte; Gartenstädte.

2. Bei Kleinsiedlungen, kleineren Städten, Dörfern, Einzelhöfen, Kurorten und Sommerfrischen. In den Dörfern: Dorfanger, Kirchhof und Feldflur; vor allem bei Umlegungen, Eisenbahnbau, Landstraßen und Wasserstraßenbau.

3. Teilnahme an der Pflege und am Schutz seltener Bäume, Sträucher und Tiere; Erhaltung der Naturdenkmäler.

4. Lindern und Verschließen häßlicher Wunden im Landschaftsbild, die durch Steinbrüche, Ziegelbrennereien oder Bergbau hervorgerufen worden sind." (Mielke, zit. n. Däummel, 1961, S. 167)

Das ist weit weniger, als Lenné wollte und tat. Es gilt jedoch zu beachten, daß die Entwicklung eines eigenständigen Städtebaus Lennés Landschaftsgestaltung reduzieren müßte.

Insgesamt ist das Aufgabenspektrum relativ breit, ihm fehlt jedoch noch die eigenständige Stabilisierung der Ökosysteme, eigenständig, weil unabhängig von den anderen Disziplinen. In dieser Beziehung besteht Beschränkung auf die Mitwirkung oder Durchdringung.

Die dritte Epoche reicht von 1919 bis 1945. Daß man für den Beginn ein bestimmtes Jahr angeben kann, liegt an der Einführung der Naturschutzaufgaben in der Verfassung vom 11.08.1919. Dies ist jedoch Naturschutz im engeren Sinne, also überwiegend konservierend. In konsequenter Weiterführung, aber insbesondere geprägt von politischen Strömungen, entwickelt sich eine Auffassung, die der Landschaft die Funktion als Lebensraum und Lebensgrundlage des Menschen zuweist.

In keiner der vorhergehenden Epochen, und auch danach nicht, ist die Landschaftsgestaltung/-planung in dem Ausmaß von Ideologie und Politik bestimmt worden. Auch diejenigen, die sich seinerzeit durch spezielle fachliche Leistungen, wie z. B. im sogenannten Lebendbau, hervorgetan haben, sind mehr oder weniger treu den braunen Maximen gefolgt. Besonders fallen die Adepten der Volk-ohne-Raum-Idee auf, die mit ihren landschaftsgestalterischen Maßnahmen im Zuge der Neokolonisation des Ostens die „ostischen Fratzen" vertreiben wollten, die sie dort meinten, erkennen zu können. Getreu der Devise, man sollte sich in erster Linie den Namen derer merken, die Gutes geschaffen haben, verzichte man besser auf Zitate, weise aber auf die Bestrebungen zur totalen Ideologisierung hin, die auch den Hausgarten erfassen und dort jede „Romantik und Landhausnachahmerei" ausmerzen sollte.

Wesentliches Merkmal dieser Epoche ist die nach wie vor enge Verbindung der Landschaftsgestaltung mit anderen Nutzungen, mit der Landwirtschaft, vor allem aber auch mit dem Straßenbau, der mit Einführung der Autobahnen neue Dimensionen erhielt.

Auf 1945 wird der Beginn der vierten Epoche angesetzt, obwohl die politischen Vorzeichen andere sind, werden in der Sache zunächst dieselben Ziele verfolgt, und somit verbleibt insbesondere eine enge Verzahnung mit der Landwirtschaft (Landschaftsplan = Windschutz- oder Bodenschutzplan).

Mit der wachsenden Kenntnis von den Beziehungen und Wechselwirkungen der Wasserkreisläufe, der meterologischen und klimatischen Prozesse, zwischen lebender und nicht lebender Materie, entwickelt sich der Anspruch, diese Funktionen der Natur als sogenannte „natürliche Grundlagen" für menschliches Dasein anzuerkennen und bei allen Entscheidungen, die naturgrundlagenrelevant sind, angemessen zu berücksichtigen. Dies kulminiert in der Naturschutzgesetzgebung der siebziger Jahre und ihren zahlreichen fachlichen Fundierungen, die insbesondere fordern, die mittlerweile etablierte Raumordnung als gesamtintegrierende Aufgabe um die eigenständige, kontrapunktische aber teilintegrierende Landschaftsplanung auf allen Stufen des Systems raumbezogener Planungen zu ergänzen.

Diese Landschaftsplanung soll

- flächendeckend sein, den besiedelten und den nicht besiedelten Raum erfassen (wie bereits in den Epochen eins bis drei).

- Sie soll zwei Raumnutzungen vertreten, nämlich zum einen Schutz und Entwicklung der Tier- und Pflanzenwelt und ihrer Lebensräume (wie Epoche drei), und zum anderen eine freiraum- bzw. landschaftsbezogene Erholung.

- Sie soll schützen bzw. entwickeln:
die Vielfalt biologisch funktionsfähiger, unbelasteter Böden,
die Entlastungswirkung des Bioklimas und die Lärmfreiheit,
die naturraumspezifische Vielfalt von Arten und Lebensgemeinschaften der Tiere und Pflanzen,
natur- und kulturraumspezifische Landschaftsbilder.

Das heißt, diese Landschaftsplanung soll Schutz, Erhaltung und Entwicklung der Ökosysteme betreiben sowie die Gestaltung nach ästhetischen und funktionalen Kriterien, und sie soll die aus diesem Auftrag resultierenden Anforderungen in Gesamtplanungen und Fachplanungen einbringen.

Damit ist das beschrieben, was man als Landschaftsplanung im engeren Sinne bezeichnen kann, die allerdings, wie noch aufzuzeigen ist, auch eine gewisse Bandbreite besitzt.

Landschaftsplanung im weiteren Sinne bezieht die politische Dimension ein. Dazu folgender Versuch der Präzisierung:
Es liegt nahe, der Landschaftsplanung auch einen umfassenden politischen Auftrag zuzuweisen, schon weil sie in jedem Falle und von vornherein in politische Händel verstrickt ist. Hier stößt sie jedoch auf Grenzen. Landschaftsplanung extensiv auszulegen und von ihr zu erwarten, sie könne grundlegende gesellschaftspolitische Veränderungen herbeiführen, muß eine akademische Übung bleiben, denn die gegebene (Rechts-)Situation läßt dies nicht zu. Die Veränderung der Rechtssituation der Landschaftsplanung als Auftrag zuzusprechen, ist verfehlt. Dieser Auftrag ist ein umweltpolitischer. Als akademische Übung ist abzutun, die Ergebnisse pflanzensoziologischer Erhebungen mit den agrarsozialen Verhältnissen zu korrelieren, um dann zu verkünden, mittels Landschaftsplanung seien eben jene agrarsozialen Verhältnisse rigoros und durchgreifend zu ändern. Dies ist nicht einmal nur umweltpolitisch, sondern ausschließlich gesamtpolitisch regelbar.

Ein Seitenhieb ist bei dieser Gelegenheit unvermeidbar. Wo eigentlich sind die Verfechter derartiger Positionen, wenn es gilt, Planungsrecht, z. B. das Baugesetzbuch, das Raumordnungsgesetz oder das Bundesnaturschutzgesetz zu novellieren? Am Beispiel der Novellierung des Bundesnaturschutzgesetzes bleibt zu resümieren, daß von all den eigentlich zu erwartenden weitgehenden Forderungen nichts zu sehen war, so als ob man schmollend oder kalkulierend die Ökospielwiesen gar nicht erst in die Auseinandersetzungen einbezogen sehen wollte.

Zurück zu dem, was als Landschaftsplanung im engeren Sinne bezeichnet wurde und was unter den gegebenen und absehbaren Bedingungen realisierbar erscheint. Zunächst ist zu betonen, daß ein sachlich begründetes Erfordernis für eine raumbezogene Umweltvorsorgeplanung (= Landschaftsplanung) besteht, die als eigenständiger Widerpart zur räumlichen Gesamtplanung zu fungieren hat. Sie ist ökosystembezogen und unterscheidet sich darin von jeder anderen Planung, sie ist gestalterisch und teilt sich darin mit Hochbau und Städtebau, außerdem hat sie in dem Erholungsauftrag eine soziale Komponente.

Dies ist aber nur der mehr oder minder gut durch das Recht abgedeckte Auftrag. Wie sieht seine Erfüllung aus? Wer von den Beteiligten erinnert sich nicht gut an die hier in Berlin geführten Auseinandersetzungen, insbesondere um die im Jahre 1976 erschienene Schrift des seinerzeit für Naturschutz und Landschaftspflege zuständigen Bundesministers für Landwirtschaft „Inhalte und Verfahrensweisen der Landschaftsplanung". Mancher empfand den Streit damals als höchst überflüssig und realitätsfern. Dies wird durch die Praxis heute mehrfach bestätigt. Vielleicht mehr schlecht als recht, aber immerhin hatten einige Vertreter von Hochschulen (wenige) und Verwaltungen in der BML-Schrift zu Papier gebracht, wohin die Reise gehen sollte. Dies alles sollte nach Meinung der Kritiker viel zu wenig sein. Gemessen an dem, was wir heute, dreizehn Jahre danach erreicht haben, ist der Anforderungskatalog von damals immer noch die Verheißung des Paradieses. Und man mache sich einmal klar, was danach passiert ist. Die Verwaltungsvertreter, die zu der Verfassergruppe gehörten, haben fast allesamt auf das Backen kleinerer Brötchen umgestellt. Denn was man wollte, zeigte sich schon bald in den Ressortauseinandersetzungen als nicht realisierbar, geschweige denn einer Gemeinde gegenüber als durchsetzungsfähig. Daraus entstand die Rückbesinnung auf die sogenannten originären Aufgaben der Landschaftsplanung, die da lauten Arten- und Biotopschutz und - sofern diesem dadurch kein Schaden entsteht - naturorientierte Erholung.

Die Praxis der Landschaftsplanung heute und ihre rechtliche Fundierung
Werfen wir einen Blick auf die Landschaftsplanung, wie sie heute nach geltendem Recht betrieben wird. Den rechtlichen Bedingungen der einzelnen Bundesländer entsprechend hat sich die Landschaftsplanung völlig verschiedenartig entwickelt. Nach der Rechtsreform gibt es sowohl eigenständige und verbindliche Landschaftspläne, als auch solche, die ausschließlich Gutachtencharakter besitzen und darüber hinaus auch eine Landschaftsplanung, die ganz und gar in dem Gesamtplan aufgeht, nur dort also Spuren hinterlassen darf. Zwischen beiden Extremen gibt es weitere Formen, wie z. B. die in Rheinland-Pfalz, wo die Landschaftsplanung zweiphasig angelegt ist: weder kommunal, noch gesamt- oder fachplanerisch von außen beeinflußtes vorlaufendes Gutachten, sodann in Phase zwei die Kooperation mit der Gesamtplanung, die ihrerseits zur Übernahme von Inhalten verpflichtet ist, und im Falle der Abweichung von den landschaftsplanerischen Zielvorstellungen diese kenntlich machen und begründen muß.

Nach den Inhalten unterschieden werden die Extrema von einem Typ gebildet, der sich vorwiegend auf den Naturschutz im engeren Sinne beschränkt („originäre" Aufgabe!), angereichert durch eine auf Naturgenuß gerichtete Erholung. Der andere Typ ist der rheinland-pfälzische als, „Opas Landschaftsplanung" beschimpfte, der sich gar anmaßt, mittels der Landschaftsplanung die Gesamtplanung umweltverträglich zu gestalten. Aus Erfahrungen mit einem derzeit in Rheinland-Pfalz laufenden Projekt ist eine Anmerkung angebracht: Es hat den Anschein, als könne die Landschaftsplanung - im Rahmen ihrer materiellen Zuständigkeit - zu dem entwickelt werden können, was die Flächennutzungsplanung bisher kaum war, nämlich zu einem Gesamtplan. Beispiele sind vorhanden, in denen der F-Planer seine wenigen Vorstellungen in den Landschaftsplan integriert, nicht umgekehrt. Die Koordinierung hat dort im Zuge der Landschaftsplanung bereits stattgefunden.

Schlägt man nun den Bogen zurück zu dem, was andeutungsweise als Landschaftsgestaltung der Epoche zwei (Lenné) beschrieben wurde, so könnten diese Ansprüche generell mit den heutigen für deckungsgleich erklärt werden. Nur war die Erfüllung von Lennés Anforderungen damals leichter als die der unsrigen heute. Die Technisierung der Produktionsprozesse hat zu Inanspruchnahmen der Natur in einer Dimension geführt, die mit Landesverschönerung nicht mehr in den Griff zu bekommen sind. Schäden und Risiken sind mit der nach geltendem Recht möglichen Landschaftsplanung in vielen Fällen nicht, nicht allein oder nur unzureichend oder über lange Zeiträume abbaubar oder gar vermeidbar. Man denke nur an die drastisch verschärfte Hochwassergefahr am Rhein infolge des Ausbaus als Schiffahrtsstraße und der Ausdeichung. Wie kann der Verlust von 130 qkm noch 1955 vorhandenen natürlichen Rückhalteraumes ausgeglichen werden (allein auf der Strecke Basel bis Iffezheim, entsprechend 60% Verlust)? Nicht zuletzt deshalb wurden besondere Hoffnungen in eine Novellierung des Bundesnaturschutzrechtes gesetzt. Wie aber sieht nun der Stand der Gesetzgebung speziell in Sachen Landschaftsplanung aus?

Um die Lage beurteilen zu können, muß man sich zunächst ins Gedächtnis zurückrufen, daß vor zwei Jahren das Baugesetzbuch (BauGB) in Kraft trat. Damit erfolgte eine entscheidende Weichenstellung, weitgehend unbemerkt von betroffenen Berufsverbänden, Beiräten und Universitäten. Das Ergebnis:

- ein ursprünglich mit dem BBauG auf steuernde Planung angelegtes Rechtsinstrument hat die planungsfreien Räume vergrößert durch Reduzierung der Genehmigungspflicht für B-Pläne auf eine Anzeigepflicht, die „Erleichterungen" in § 34 nach dem bereits heute 50% des Baugeschehens im Innenbereich abgewickelt werden, „Erleichterungen" für das Bauen im Außenbereich (§ 35). Demgegenüber wurden die Anforderungen im Umweltschutz im Zuge der Bauleitpläne vermehrt, jedoch ohne BauGB und BNatSchG miteinander zu verzahnen.

- Das BauGB soll vom Ansatz her Bauen ermöglichen und nicht verhindern, wie oft erforderlich. Damit wird die Planungshoheit der Gemeinden nicht etwa gestärkt, sondern geschwächt.

Diejenigen, die seinerzeit der Entstehung des BauGB tatenlos zusahen, begründeten dies mit dem Hinweis auf eine zu erwartende gründliche Novellierung des BNatSchG. In der derzeitigen Novellierungsfassung sind von Belang:

- Verbesserung der §§ 4 bis 6, allerdings ohne die Verknüpfung mit Bauleit- und Regionalplanung unmißverständlich herzustellen. Die Regelung verlangt eine Landschaftsplanung als unverbindliches Gutachten, eines der Zugeständnisse an die rechtliche Zersplitterung in der Bundesrepublik. Dies könnte hingenommen werden, solange die Landschaftsplanung in die Zuständigkeit des Staates bzw. seiner Naturschutzverwaltung fiele. Dies ist jedoch nicht zu erwarten. Auch die gutachterliche Landschaftsplanung soll Sache der Gemeinden sein.

Gravierend ist auch die Änderung der Ziele im § 1.(1) (Die nachfolgenden Passagen entstammen einer Stellungnahme des Bundes Deutscher Landschaftsarchitekten (BDLA) zur Novellierung des BNatSchG vom Juni 1989)

Entbehrlich und gefährlich sind die Versuche, den anthropozentrischen Ansatz zu eliminieren. Gegen die Aufnahme einer Eigenwertklausel kann so lange nichts eingewendet werden, wie - auf einem zweiten Pfad - die Funktion von Natur und Landschaft als „natürliche Lebensgrundlagen" eindeutig und ohne Einschränkung erhalten bleibt. Die Neufassung der Ziele und Grundsätze ersetzt die angeblich utilitaristische Tendenz durch eine Ästhetisierung und Ethisierung, die zu erheblichen Rechtsunsicherheiten führen muß. Die Anknüpfung „...auch als Lebensgrundlage..." und der Einbezug der Nachwelt („künftige Generationen") bieten ideale Angriffspunkte, den Auftrag von Naturschutz und Landschaftspflege zu reduzieren und damit die Möglichkeit der Steuerung und Einflußnahme zu schwächen. Die „Auch"-Anknüpfung macht die Funktion als Lebensgrundlage zum Nebenzweck.

Aus den Erfahrungen mit der Landschaftsplanung ist hinzuzufügen: Schon weil Natur an sich - also durch den Menschen unbeeinflußt - kaum irgendwo in Mitteleuropa existiert und auch in absehbarer Zeit nicht entstehen wird, können keine wertneutralen, ausschließlich an der Funktionsfähigkeit natürlicher Systeme orientierten Maßstäbe entwickelt werden. Fachliche Entscheidungen, z. B. in den Beiträgen zur Gesamtplanung, sind unumgänglich und unaufschiebbar. Sind die bioklimatischen Verhältnisse, ist der Wasserhaushalt richtig ausgeprägt, funktionsfähig? Antworten können nur gegeben werden, wenn die menschlichen Einflüsse und die Ansprüche, z. B. auf die Trinkwasserversorgung einbezogen werden.

Die Maßstäbe müssen also notwendigerweise auch an den Bedürfnissen des Menschen orientiert und somit anthropozentrisch sein. Auch wenn man versuchen wollte, „Natur an sich" zu definieren, müßten die Definitionen allesamt anthropozentrisch ausfallen, da sich der Mensch nicht neben seine Umwelt stellen und sie wertneutral betrachten kann.

Der Ästhetisierung und Ethisierung unterliegt konsequenterweise auch die landschafts- bzw. freiraumbezogene Erholung. In der gültigen Fassung im § 1 noch wörtlich aufgeführt, erscheint sie in der novellierten Fassung nur noch in den Grundsätzen Nr. 10 und 12 des § 2. Dies fällt mit einer sachlichen und räumlichen Beschränkung der Erholung zusammen. Die nicht auf Naturgenuß gerichteten Erholungsaktivitäten im Siedlungsbereich sind nicht berücksichtigt. Damit fehlt wesentlichen Teilen der traditionellen Grünordnung überhaupt jede Begründung.

Fazit und Ausblick
Für die Beurteilung der heutigen Situation und den Blick in die Zukunft sind aus der Historie wesentlich:
- Von der sozialen Linie bleibt die freiraum-/landschaftsbezogene Erholung übrig.
- Die hygienische sollte als von der heutigen ökologischen erfaßt gelten unter Einschluß des Immissionsschutzes. Die ökologische Teilaufgabe expandierte von der agrarstützenden zur ökosystembezogenen.
- Als im großen und ganzen unverändert kann der gestalterische Auftrag betrachtet werden.

Von Belang sind ferner:
- die Entwicklung von der feudalen Landschaftsgestaltung zur staatlichen und kommunalen Pflichtaufgabe in einem demokratischen Föderalgebilde;
- der Anspruch auf aktive Steuerung durch Planung, wenngleich nur selten erfüllt. (Wann schon hat - von Ausnahmen abgesehen - die Landschaftsplanung eine offensive Rolle übernommen?);
- die enorme Vermehrung der zu bewältigenden Informationen, die das Fassungsvermögen einzelner menschlicher Gehirne übersteigt.

Als Zukunftsbild ist aus den vielfältigen negativen Entwicklungen abzuleiten:
- Landschaftsplanung als Aufgabe der Naturschutzverwaltung wird weiter auf den klassischen Naturschutz, also „im engeren Sinne" verengt. Dieser allerdings wird eine größere Anerkennung erhalten. (Die Eigenwertklausel im BNatSchG erhielt unter diesem Aspekt eine besondere Bedeutung.)
- Landschaftsplanung als raumbezogene Umweltvorsorgeplanung wird von der Gesamtplanung aufgesogen. Dies muß fatale Folgen haben, denn F- oder Regionalplanung produzieren selbst - mittelbar - Umweltbeeinträchtigungen. Wie können sie - unbefangen und sachgerecht - ihre eigene Umweltverträglichkeit beurteilen?
- Mit der Kompetenzübernahme durch die Gesamtplanung wird eine inhaltliche Entleerung beginnen, es sei denn, Gesamtplanung würde an Haupt und Gliedern genesen. Dies aber ist unwahrscheinlich.
- Wenn Gesamtplanung nicht funktioniert, wird das Prinzip Einzelfallentscheidung gestärkt. Ist Landschaftsplanung in die Gesamtplanung primärintegriert, unterliegt sie diesem Trend und verkürzt den Ökosystem- sowie den Nutzungsbezug. Damit werden starke Verluste an Transparenz und Mitwirkungsmöglichkeiten der Betroffenen bewirkt.
- Verlust an Öffentlichkeit, Verlust an Transparenz und inhaltliche Entleerung bedingen unter dem Strich eine Entpolitisierung der Landschaftplanung.

Bei aller herben Kritik, die an einer Überfrachtung des fachlichen Auftrages mit Umweltpolitik geübt wurde - auch Landschaftsplanung im beschriebenen engeren Sinne ist ein Stück Politik - eine Teilpolitik der Umweltpolitik, die dringend der Erhaltung bedarf.

Die Zukunftsprognose ist düster - zugegeben. Der Auftrag des Referenten konnte wohl kaum darin bestehen, ein visionäres Arkadien der Landschaftsplanung zu entwerfen, sondern verlangte vielmehr, auf die harten Realitäten hinzuweisen. Auch die Planungswelt ist weggegeben. Sich die Handlungsspielräume zu schaffen, die benötigt werden, um dem breiten querschnittsorientierten Auftrag gerecht zu werden, erscheint oft unmöglich.

Literatur
BUCHWALD/ENGELHARDT: Handbuch für Landschaftspflege und Naturschutz Bd. 1 München 1986
DÄUMMEL, G.: Über die Landschaftsverschönerung, Geisenheim 1961
GRÖNING, G. u. WOLSCHKE-BULMAHN, J. Ein Rückblick auf 100 Jahre DGGL, Schriftenreihe der Deutschen Gesellschaft für Gartenkunst und Landschaftspflege, Bd. 10, Berlin 1987

Abb. 6: Gerhard Hahn-Herse

Prof. Hans LOIDL
Landschaftsgestaltung - keine Kunst?

Ich möchte in der kommenden halben Stunde ein paar Gedanken loswerden über das Künstlerische in der Landschaftsgestaltung. Ich sage „loswerden", denn es sind Gedanken, die Sie sicher auch kennen, weil sie bei unserer praktischen Arbeit auftauchen und wir sie - eingepfercht in die Sachzwänge und vermeintlichen Sachzwänge des Alltäglichen - kaum verfolgen können, worauf sie dann uns zu verfolgen beginnen.

Welche Gedanken, welche Fragen meine ich:
Ist das auch wirklich gut, was ich da plane? Ist es schön? Und - ist es richtig, ist es wahr, stimmt es für den Ort und für die Bedürfnisse der Menschen, denen dieser Ort gelegentlicher oder regelmäßiger Aufenthalt werden soll?

Das sind nur ein paar Fragen, aber es sind die wichtigsten, weil ursprünglichsten.

Sich selbst und die eigene Arbeit derart zu befragen, führt natürlich in mehrerlei Hinsicht auf gefährliches „Glatteis". Wo sollen die Antworten herkommen? Wenn sie mehr als nur gutes Zureden für sich selbst sein sollen, sollten sie eine gewisse Objektivität, Allgemeingültigkeit haben. Da wird's aber sofort ziemlich schwierig.

Es ist ja gerade eine der besonderen Errungenschaften neuzeitlicher Rationalität, in deren Traditionsautomatik wir alle stehen, solche Fragen sorgfältig voneinander getrennt zu haben, so sorgfältig, daß ganz verschiedene Wissensgebiete, ja Wissenschaften dafür zuständig sind.

Für das „Gut-Sein" gäb's die Ethik. Sie hat sich selbst aber ausschließlich auf die Richtigkeit menschlichen Handelns reduziert. Auf die Frage nach der Güte einer Freiraumlösung oder eines Werkes der bildenden Kunst oder sonst irgend etwas sinnlich Erlebbaren hat sie keine Antwort.

Für das „Schön-Sein" gäb's die Ästhetik, seit der griechischen Antike und über Kant, Schiller, Hegel bis

Hartmann und Adorno (um nur ein paar zu nennen) eine leidenschaftlich gesetzte Disziplin, ein eher ver- als entwirrender Weg durch Weltauffassungen und Denkstile.

„Ist diese Welt schön und ihr Werkmeister gut, dann war offenbar sein Blick auf das Unvergängliche gerichtet" läßt Plato den Sokrates sagen. Das Schöne also das Unvergängliche, die Ideen, die hinter der konkreten Realität durchscheinen.

„Das Schöne" meint Kant, „erzeugt Wohlgefallen, aber ohne alles Interesse, d.h. in einer Betrachtungsweise, die von der Dienlichkeit absieht". Hier artikuliert sich bereits der weitere Weg der Ästhetik als einer Theorie des Geschmacksurteils, nicht von der Erfahrung des Schönen, sondern von seiner Beurteilung handelnd, also letzten Endes von der Einschätzung als Gegenstand des Kunsthandels und der gebildeten Konversation.

Bei Hegel hat sich die Schönheit vollends vom Gegenstand gelöst, ist ausschließlich ein Produkt des Geistes. Er begegnet gar nicht mehr, wie noch Kant, dem Schönen in der äußeren Natur.

Erst Mitte dieses Jahrhunderts hebt Adorno in seiner ästhetischen Theorie diesen „idealistischen Hochmut gegen die Natur" (wie er es nennt), wieder auf. „Was Hegel dem Naturschönen als Mangel vorrechnet" sagt Adorno, „das sich dem festen Begriff Entziehende, ist die Substanz des Schönen selbst". Und an anderer Stelle der berühmte und vielgedeutete Satz: „Das Naturschöne ist die Spur des Nichtidentischen an den Dingen im Banne universaler Identität". Adorno vollzieht damit zwar wieder die Wendung von der (künstlerisch) angeeigneten Natur zurück zum Schönen in der Natur selbst, aber er kann über sie nicht mehr sagen, sie ist die Gegenwelt, das andere „da draußen", jenseits der Zivilisation, der Stadt und der Leiden an der Gesellschaft, Naturschönheit als Synonym für das Unerreichbare. Adorno stößt die Türe wieder auf zu einer Erweiterung der Ästhetik über eine Theorie des Kunstwerks hinaus, wiederanknüpfend an Schiller und seinen utopischen Gehalt des Schönen, bleibt aber quasi in der Tür stehen.

Unsere Eingangsfragen, die nach dem „Guten" und dem „Schönen" in unserer Arbeit, bleiben also von den davon handelnden Theoriegebäuden her unbeantwortet, unbeantwortbar oder ihnen schlechterdings unverständlich.

Es bleibt noch die dritte Frage, die nach dem „Wahren", nach der Stimmigkeit. Nun - Wahrheit, so haben wir gelernt, ist Aufgabe der modernen Wissenschaft.

Wenden wir uns also den Lösungshilfen der Wissenschaft zu. Lassen Sie mich mit den Sozialwissenschaften beginnen und hier als Beispiel mit einer ihrer heute meistdiskutierten und gestalterisch spannendsten Anforderungen an die Freiraumlösung, die der Aneigenbarkeit.

Wir benötigen dazu nun einen etwas konkreteren Ort: Stellen Sie sich also einen Siedlungsfreiraum vor, einen eher größeren, zusammenhängenden Blockinnenbereich etwa, wie er für Wohnbauten der 50er/60er Jahre typisch wäre.

Was folgt hierfür aus der Anforderung Aneigenbarkeit?

Besonders gut aneigenbar ist ein privat genutzter Gartenteil. Ich kann dort graben und säen, jäten und pflanzen wie ich eben will und wenige werden mir dreinreden oder mich, ob meiner Taten verärgert, nicht mehr grüßen. Also lösen wir den Hoffreiraum in viele privat genutzte Kleingartenparzellen auf! Aber - gibt's da überhaupt genug Flächen für alle? Und - wo spielen die Kinder ihre Ballspiele, wo spielen sie verstecken, dürfen sie das hinter dem Hügelbeet des Nachbarn, zwischen den Tomaten, unter der Frühbeetfolie?

Nun - für Kinderspiel gibt's doch Verordnungen, Mindestflächen- und -ausstattungsansprüche, objektiviert und als gesellschaftlicher Konsens abgestimmt. Die legen wir also nun (wenigstens 4 m^2 je Wohnung hier in Berlin) zwischen die Kleingärten. Wenn wir sie nicht sofort möglichst hoch umzäunen, geschieht's als erste weitere Aneignungstat durch die Bewohner selbst, denn das Frühbeet verträgt Bälle noch weniger als Versteckspiel.

An dem Beispiel ließe sich noch saftig weiter „malen", halten wir aber an. Sie können sich die so entstehende Hoflösung sicher schon plastisch vorstellen - sie wird recht seltsam sein. Und niemand wird sie wirklich wollen, am wenigsten die vielleicht entwurfspartizipierenden Nutzer.

Also gehen wir anders daran: Aneignung soll überall möglich sein, aber ohne den friedenstiftenden Privatheitsanspruch. Jeder darf/soll überall individuell weiter gestalten und differenzieren. Das impliziert aber, sofern es nicht nur ein längerer Weg zur Hofparzellierung (siehe oben) sein soll, daß andere Nutzer diese Aneignungstaten und -ecken auch wieder verändern dürfen und werden. Also ein sicheres „Mord-und-Totschlag-Rezept" für den Hof. Eine starke Wahrheit enthielte diese Lösung allemal - eine recht bittere.

Die radikaleren Umsetzungen dieser Lösungsanforderung funktionieren also nicht; das war auch fast zu erwarten. Probieren wir also Mittelwege, die „goldenen": Einige hochindividualisierbare kleinere Einheiten (sprich: Mietergärten), dazu Kinderspiel, für das jetzt möglichst freiere und motivierendere Räumlichkeiten gefunden werden können und dann auch noch Raum für alle jene, deren Aneignungsdrang durch die realen Gegebenheiten der nur beschränkt verfügbaren Fläche und die Unvereinbarkeit der Wünsche beschränkt bleiben muß. Also eine „normale" Freiraumlösung.

Was bedeutet in ihr aber nun Aneignungspotential? Ist die Wiese aneigenbarer als der Rasen? Wahrscheinlich schon, denn die Lagerdellen im hohen Gras sind ziemlich lange sichtbar und die Nächsten werden sich nach Möglichkeit etwas davon entfernt in die „unberührte" Wiese legen wollen. Wenn wir allein diese minimale Aneignungsgeste des Sich-ins-hohe-Gras-Legens für 300-400 potentielle Nutzer eines Siedlungsfreiraums weiterdenken, gibt's die Wiese sicher nicht sehr lange, von den entstehenden, die Flächen zerstückelnden Spontanpfaden noch ganz abgesehen. Also doch den Rasen? Aber der „strahlt" bereits etwas ganz anderes aus als Aneignung, nämlich relative Unveränderbarkeit durch Nutzung. Das ist eben seine Qualität, dafür wurde er auch erfunden.

Die Leiden der Umsetzung nur dieses einen, sicher sehr wahren und richtigen Kriteriums sind damit aber noch lange nicht erschöpfend beschrieben, sie beginnen eben erst. Ist der Rasen aneigenbarer als der Tennenbelag oder gar der Pflasterbelag? Wohl doch, denn er ist nutzungs-, also veränderungs- also tatsensibler als die Letzteren! Wenngleich so ein mühsam aus dem Pflaster gestochertes Kleinsteinhäufchen durchaus ein deutliches Veränderungszeichen setzen könnte, anregend, weiter zu graben - und wer's nicht sieht, der stolpert immerhin drüber. Ähnliche Chancen bietet der Rasen weniger.

Bei den Bäumen ist es umgekehrt. Ein ordentlicher, toter Pfahl setzt sich der Veränderung vehement entgegen. Erst Feuer bewirkt deutliche Zeichen. Beim jungen Baum geht das leichter. Ein paar rasche Schnitte in die Rinde, rundum geführt, und er stirbt schnell - und setzt damit ein sehr deutliches Individualisierungszeichen.

Soweit also einige Umsetzungsprobleme eines interessanten und sicher wahren, richtigen sozialwissenschaftlichen Qualitätskriteriums.

Aber wir haben ja auch andere engagierte wissenschaftliche Disziplinen, die wir zur Richtigkeit unser Hoflösung befragen können:
Versuchen wir's mit der Ökologie - vielleicht liefert sie eindeutige Lösungshilfen im Sinne eines erleichternden „So-und- nicht-anders-muß-es-sein" für den Entwurf unseres Hofes.

Nehmen wir wieder ein komplexes, wichtiges und inzwischen weitgehend unbestrittenes Wertkriterium wie z. B. „Naturschutz in der Stadt", d. h. Schaffung von Refugien für die aussterbende Kleintier- und Pflanzenvielfalt der Landschaft als Kriterium der Güte der Freiraumlösung:

In Einzelelemente umgesetzt, könnte es für unseren Hof u. a. heißen: Langgraswiesen, Hochstaudenränder, einheimische Baumvegetation, unberührte Einheiten als Flucht- und Brutreviere, sonnenexponierte vielfältig besiedelbare Steinschlichtungen, Trockenmauern usw. Das Problem der Langgraswiesen kennen wir bereits: Auf beschränkter Fläche und bei hohem Nutzungsdruck steht sie den Bedürfnissen und vor allem den Folgen einigermaßen „freier" Freiraumnutzung geradezu diametral entgegen - Auszäunung des Menschen wäre die einzige Lösung.

Einheimische Bäume? Sie sind durchwegs Waldbäume, werden in aller Regel 20-30 m hoch und um sie in ihrer Naturschutzfunktion maximal einzusetzen, wäre unser Hof damit mehr oder weniger aufzuforsten. Mit sonnigen Liege- und Spielwiesen verträgt sich dies flächenmäßig nur im großen Stadtpark oder Stadtwald. Ob es aber richtig wäre, nach 20-30 Jahren, wenn die Bäume vor den Fenstern entsprechend entwickelt sind, bis zum 3. Obergeschoß auch zu Mittag in der Küche Kunstlicht zu brauchen? Ferner: Faunistisch/artenschutzmäßig besonders interessant werden unsere Waldbäume im Alter - und im Absterben. Ob es richtig wäre, Windbrüche im Hof zuzulassen (von den gegenwärtigen rechtlichen Rahmenbedingungen noch ganz abgesehen)?

Was bleibt, sind Steinschlichtungen und Trockenmauern, auch gestalterisch sehr reizvolle Elemente. Wie sollten sie liegen, um möglichst hohe Randeffekte zu erzielen; sie müßten dazu wohl in Windungen oder Streifen vielfach durch den Hof laufen, alle anderen Nutzungen ausschließend oder stark dominierend? Werden sie nur irgendwo „eben-auch-mal" eingesetzt, bleibt nicht viel mehr als ein modisches Alibi von der ökologischen Wahrheit.

Gesucht sind also ortsspezifische Gestaltungsmöglichkeiten, die sich mit den anderen Anforderungen gemeinsam optimieren lassen - darauf gibt die Ökologie keine Antworten - wie sollte sie auch?

Meine Damen und Herren, wir könnten dieses Spiel noch fast beliebig weiterspielen, auch in anderen Nutzungseinheiten als unserem Hof, mit anderen Elementen und weiteren, unbestrittenen, grundlagenwissenschaftlichen Wahrheiten. Was ich aber sagen will, scheint mir bereits genügend deutlich geworden zu sein:

Die Umsetzung von qualitativen und quantitativen Anforderungen der bezugnehmenden Grundlagenwissenschaften funktioniert leider nicht als räumliche Aneinanderreihung ihrer Forschungsergebnisse, sondern bedarf des Gestaltgebens, einer spezifischen (und erlernbaren) Arbeitsweise, die sich von jener der Naturwissenschaft unterscheidet. Sie nimmt aber auf sie Bezug, wie etwa auch ein Hochbauarchitekt gut beraten ist, auf den Statiker, den Betonchemiker oder den Heizungstechniker Bezug zu nehmen; dennoch entwerfen diese nur sehr selten selbst Häuser - sehr zum Wohle der Bewohner übrigens. Diese spezifische Arbeitsweise des Gestalt-Gebens, des Entwerfens bedient sich dazu traditionell bestimmter Denkhilfen und Zeichensprachen, um die komplexen und divergierenden Anforderungen an den Ort überhaupt räumlich umsetzbar strukturieren zu können. Es ist die Sprache des Grundrisses, des Schnitts, der Detailpläne, also der Flächen, Linien und Punkte. Diese Zeichen sind nicht Inhalt, sondern Mittel des Lösungsdenkens - wie auch Buchstaben des Typenrades der Schreibmaschine nicht das Gedicht sind. Entwurfliches Zeichnen ist Denken (das aber nur nebenbei, wenngleich aus leider immer wieder gegebenem Anlaß).

Andere Denkhilfen (Modell, CAD, CAM, Fotomontage, Holografie) kommen heute schon oder mögen künftig hinzukommen, können das räumlich-entwurfliche Denken unterstützen oder seine präsentationsfähigen Ergebnisse beschleunigen, es erscheint mir aber müßig, auf Rezepturen zu hoffen, die uns vor der schwierigen und „schmerzhaften" Aufgabe beschützen könnten, immer wieder mit Hilfe eigener Werthaltung und subjektiver Urteile Anforderungsbündel aus qualitativen und quantitativen Daten unterschiedlich hoher Unsicherheit lösungsfähig zu strukturieren und dann in Gestalt umzusetzen.

Da Gestalt immer Zukünftiges wesentlich mitbetrifft, wird's dazu wohl immer „mehr Unbekannte" als verfügbare „Gleichungen" geben. Wichtig ist dabei, diese persönlichen Werthaltungen und Lösungs-vorurteile nicht im privaten Stübchen „zu kochen" oder verschämt hinter einer pseudowissenschaftlichen Datenphalanx zu verbergen, sondern sie als persönlichen „In-Put" (Ziele, Bestrebungen, Hoffnungen, Ängste, Zu- und Abneigungen) vor sich und den Planungsbetroffenen möglichst ehrlich und anschaulich darzulegen - und damit oft auch partizipatorische Einflußnahme überhaupt erst zu evozieren.

Ich möchte Ihnen zuletzt gerne über eine viel weitergehende künstlerische Perspektive kurz berichten, die mich sehr beeindruckt und die zum Weiterdenken anregt. Auch spannt sie einen ungewöhnlichen Bogen aus einer möglichen Zukunft ästhetischer Forschung zurück in die Vergangenheit und damit auch zu unserem heutigen Anlaß der Veranstaltung.

In einem sehr lesenswerten Aufsatz[1] skizziert der Philosoph Gernot Böhme Grundzüge einer neuen Naturästhetik, deren Wurzeln er nicht in den Strudeln des Hauptstromes neuzeitlichen Ästhetikdiskurses, sondern in der Theorie des Landschaftsgartens, insbesondere in der altehrwürdigen „Theorie der Gartenkunst" von Hirschfeld ortet. Er zeigt anhand einer Reihe von Hirschfeld-Orginalzitaten auf, daß die Theorie des Landschaftsgartens, jedenfalls an ihren Ursprüngen, die Natur, die jeweilige Szene nach Charakteren zu begreifen suchte, worunter objektive, anhand der wichtigen Elemente beschreibbare Gefühlsqualitäten gemeint sind, die durch bewußte Komposition erzeugt werden können.

Damit wird etwas zum ästhetischen Thema, das in der übrigen Ästhetik verpönt war und ist, etwas, das „zu Herzen geht". Schönheit also als die Stimmung einer Umwelteinheit oder als ihre „Atmosphäre", wie Böhme es nennt. Das weist für ihn aus der Vergangenheit in eine künftige, noch zu entwickelnde neue Ästhetik, die „systematisch mit den Befindlichkeiten von Menschen in Umgebungen" (Böhme) zu tun haben wird. Zur Zeit werden Umweltgefüge einerseits, soweit es den Menschen betrifft, psychologisch-medizinisch zu beschreiben versucht, andererseits, was ihre Naturanteile angeht, ökologisch (im eng. Wortsinn) untersucht. Schönheit ist in beiden Fällen eine Art Dekor, je „wissenschaftlicher" die Abhandlungen, desto verschämter verschwiegen, eine Beigabe, jedenfalls aber keine eigene Dimension.

Ästhetik als Teil einer neuen Naturphilosophie wird sich mit dem „Sichbefinden in Umwelten" zu befassen haben, dem Menschen „sich selbst systematisch wieder zur Besinnung bringen, seine eigene Natürlichkeit und Leiblichkeit wieder in sein Selbst- bewußt-sein zu integrieren" (Böhme). Und an anderer Stelle: „Es zeigt sich, daß die destruktive Beziehung zur äußeren Natur, wie sie in Naturwissenschaft, Technik und industrieller Wissenschaftsform der Moderne enthalten ist, ihre Entsprechung in der Beziehung zur eigenen Natur, die wir selbst sind, zum menschlichen Leib hat. Die Ästhetik, auf die wir uns zubewegen, könnte man eine Theorie der Atmosphären nennen".

Solche Ästhetik hätte als „neue Wahrnehmungstheorie" eben damit zu tun, daß man sich „durch Umgebungen und Gegenstände effektiv betroffen fühlt bzw. sich jeweils in Umgebungen oder in Anwesenheit bestimmter Gegenstände in charakteristischer Weise be-findet" (Böhme). Es geht ihm nicht mehr um eine geschmackliche Beurteilung oder eine moralische Wertung von

Natürlichkeit oder sonst ein distanziertes Zur-Kenntnis-Nehmen, sondern um eine systematische Analyse der leiblich-sinnlichen Erfahrungen, die der Mensch macht, der in einer bestimmten Umweltgegebenheit sich befindet, wohnt, arbeitet, ruht, sich ergeht.

Böhme sagte dazu noch: „Insoferne also die ästhetischen Qualitäten von Umweltgefügen die Befindlichkeit und leibliche Disposition von Menschen mitbestimmen, die in ihnen leben, kann man diese Qualitäten im weiteren Sinne auch als Nahrung bezeichnen."

Schönheit als Nahrung des Gefühls, der Gestimmtheit - meine Damen und Herren, eine beeindruckende und nach-denkens-werte Perspektive, die mit neuer Bewußt-heit zu Ende dieses Jahrhunderts wieder zurückführen könnte zu uraltem Wissen der Menschheit, zum Bewußt-sein, daß wir Menschen nur Filter sind, Filter im Strom der Elemente, der beständig durch uns hindurchströmt und durch den Lebensprozeß sich eigentlich erhält.

Ich danke fürs Zuhören.

(1) H. TIMM (Hg.) „Wie grün darf die Zukunft sein", Gütersloh 1987, G. BÖHME „Anthropologie in pragmatischer Hinsicht", Frankfurt 1987

Abb. 7: Prof. H. Loidl

before
Abb. 8: Humphry REPTON: Hare Street Cottage and improvement
after

Prof. Dr. Norbert MILLER
Der poetische Garten und die Goethe-Zeit - Zum Wandel der ästhetischen Funktionen des Parks seit 1800

Die Frage nach der Veränderung der ästhetischen Auffassung dessen, was ein Park oder eine durchgestaltete Landschaft vor 1800 und nach 1800 bedeutet habe, bringt den Gast aus einer anderen Disziplin in nicht geringe Verlegenheit. Interdisziplinarität hin oder her - der Kulturhistoriker versteht von den praktischen Problemen der Landschaftsplanung und der gärtnerischen Gestaltung von Anlagen zu wenig, als daß er seine historischen Einsichten mit den auf die Gegenwart gerichteten Überlegungen so recht zu einem Ausgleich bringen könnte. Deshalb greife ich, in aller Vorläufigkeit meiner Anmerkungen zur Goethezeit, den Hinweis auf Christian Cay Lorenz Hirschfelds „Theorie der Gartenkunst" (1779 ff.) mit Entzücken auf. Wenn Gernot Böhme in seiner neuen Naturästhetik auf dessen Schema verweist, die jeweilige Gartenszene nach Charakteren zu begreifen, so versucht er damit einen in der philosophischen Ästhetik weithin verpönten Zusammenhang zu beschreiben, bei dem bestimmte Gefühlsqualitäten einer bestimmten Typologie des Landschaftsgartens zugeordnet sind. Zunächst hatte Hirschfeld freilich das Charakteristische allgemeiner noch aufgefaßt, als das Besondere eines Gartens, das durch das Klima, durch die Lage an einem Bergrücken oder in einem Flußtal, nach den Jahres- und Tageszeiten oder nach dem Stand der Besitzer bestimmt wird. Aber die von Böhme angesprochene, der zeitgenössischen Erfahrungsseelenkunde entnommene Unterscheidung der Gärten nach dem Charakter der Gegend zielt genau auf die Verbindung von Ich und Landschaft, wie ihn der hilfsweise beigeholte Begriff des Charakters ausdrückt. Hirschfeld trennt - in der sprachlichen Unbestimmtheit der Popularaufklärung, der er ebenso anhängt wie sein Schweizer Freund, der Ästhetiker Johann Georg Sulzer - fünf Arten des Gartens voneinander:
I) angenehmer, muntrer, heitrer Garten
II) sanftmelancholischer Garten
III) romantischer Garten
VI) feyerlicher Garten
V) Gärten, die aus einer Zusammensetzung dieser verschiedenen Charaktere bestehen

Auf den Landschaftsgarten wird da die Temperamentenlehre übertragen. Wie das 18. Jahrhundert versuchte, diese mit den differenzierteren, moralischen „Charakteren" des Theophrast und seiner spanischen und französischen Nachahmer zu verbinden, wie es also in der Instrumental- und Klaviermusik Charakterstücke gibt, aus denen sich einmal ein „redendes Prinzip" für die Welt der Töne ergeben soll, wie es in der Druckgraphik Daniel Chodowieckis (und seines Vorbilds William Hogarth) eine neue Ikonographie des bürgerlichen Empfindens und Handelns „nach Charakteren" gibt, wie auf dem Theater und im Ballett nach neuen Ausdrucksformen gesucht wird, um Veranlagung und Affekt aufeinander abzustimmen und wie Lavaters Physiognomik danach strebt, „zur Beförderung der Menschenkenntnis und der Menschenliebe" die geprägten Charaktere der Menschen systematisch nach den Schädelformen zu erfassen und daraus zugleich auf die Sensibilität der Individuen zurückzuschließen, so hat auch der Gartentheoretiker Hirschfeld seine Parkanlagen in wenige, affektiv besetzte Charaktere aufgeteilt, die nun vom Architekten und vom Besucher die Eigenschaften in sich aufnehmen müssen, in denen beide sich später wiederfinden wollen. So wird der „sanftmelancholische Garten" in Aussichten auf weidenbestandene Flußufer schwelgen, in Rousseau-Inseln mit antikisierenden Grabstellen, in Freundschaftstempeln, in Erinnerungshainen für bukolische Dichter etc.. Der Charakter des Gartens und der einsame Spaziergänger sind miteinander vereint in der gleichen Stimmung, in der Atmosphäre. Ob eine neue Ästhetik, wie Gernot Böhme in seinem Aufsatz fordert, die „systematisch mit den Befindlichkeiten von Menschen in Umgebungen" zu tun hat, sinnvoll auf Hirschfeld oder die Ästhetik des späten 18. Jahrhunderts allgemein zurückgeführt werden kann, mag dahingestellt bleiben. Sicher ist, daß die letzten Jahre die Feinfühligkeit für den Zusammenhang zwischen Subjekt und Umwelt gesteigert haben, daß eine neue Kultur des Auges sich entfaltet hat, die das Ich und seine Außenwelt als eine Einheit begreifen will. Sicher ist auch, daß das neue Streben nach Objektivierung solcher Sachverhalte eine Affinität im Objektivierungsstreben der Spätaufklärung in ihrem Umgang mit seelischen Phänomenen besitzt. Auf der anderen Seite gehören Hirschfelds Ideen zu Gartencharakteren (besonders die zur Ausbildung eines gemischten Charakters in der Landschaftskunst) in jene große Bewegung der Subjektivierung, die nach 1750 die Künste erfaßt hat und die von empfindsamen Schulmeistern und Haustöchtern wie von leidenden Abelards und Werthers das Ergießen der eigenen Seele in die wahlverwandte der Natur forderte, die vom Gärtner daraufhin zuzurichten war. Die Sensibilität des 18. und die neue Sensibilität des 20. Jahrhunderts mögen einander nicht ganz entsprechen. Dennoch könnten die nachstehenden Ausführungen zum Funktionswandel des Gartens in der Goethe-Zeit und ihren Folgen zum Thema der Tagung passen.

I.
Wenn ein reisender Enthusiast um die Zeit, als Peter Joseph Lenné" noch ein kleiner Junge war, sagen wir um das Jahr 1800, in der Mongolfiere Deutschland überflogen hatte, um wie Jean Pauls Luftschiffer Giannozzo aus dem Überschwang der Himmelfahrt nach dem irdischen Paradies Ausschau zu halten, hätte er - vielleicht nach kurzem Zaudern - wie dieser zwischen den mitteldeutschen Parklandschaften wählen müssen, die wie ein über die frühen Landschaften seiner Kindheit verteiltes Eden die Phantasie des Dichters als Erinnerung umstanden:

„Um 12 Uhr sank ich in Fantaisie bei Baireuth zum Essen nieder. Blühendes, tönendes, schattendes Tal! - Wiege der Frühlingsträume! Geisterinsel des Mondlichts! Und deine Eltern, die Berge, die in dich hereinblicken, sind so reizend wie ihr Kind in seinem Kranz. Fort von der Lust zu der Lust!
Um 6 Uhr sank ich im Seifersdorfer Tale zum Goutieren nieder. Es war schon ein Josaphats-Tal von Schatten; das Abendlicht lief als vergoldetes Leistenwerk um die Berge. Stilles, reifes Tal! du umschließest, wie ein geschmückter bräutlicher Busen, mit Blumen und Hügeln das Herz eng und süß, und es pocht feuriger im schönen Gefängnis. Fort, fort, der Südost fliegt gerade über Wörlitz.
Mit der Sonne sank ich da in den wechselnden Garten, dessen Aussichten wieder Gärten sind. Da war mir, als gehe die Sonne eben auf; alle Tempel blitzten wie von Morgenlicht - erfrischender Tau überquoll den Boden, und die Morgenlieder der Lerchen flogen umher. - Lange, sonnentrunkne Perspektiven liefen wie glänzende Rennbahnen der Jugend, wie Himmelswege der Hoffnung hin - das goldne Alter des Tags, der Morgen, schien meinem schönen Wahne umzukehren. Ach, kein Morgen und keine Jugend stehet von Toten auf ohne eine Nacht. Die langgegliederten Schatten standen wie angelandete Geister der Nacht an den Ufern und überfielen bald die verlassene Welt. Aber ich sehnte mich nach meiner Sonne zurück und stieg wieder auf, um ihr nachzusehen, wie sie hinter die letzten Gebürge fällt."

Als der junge Jean Paul in Bayreuth die Gärten der Eremitage und des Schlosses Fantaisie kennenlernte, waren diese von der Markgräfin Wilhelmine umgestalteten Landschaftsgärten mit ihrem reichen Skulpturenschmuck, ihren Bassins und Wasserspielen, ihren Pavillons und Mooshütten, bereits im englischen Geschmack so umgestaltet, daß die Spannung zwischen der freigestalteten Landschaft und dem strengen Regelwerk der Planung die Einbildungskraft des jungen

Tagträumers heftig bewegen konnte. In der Reise seines Spiegelbilds Siebenkäs-Leibgeber, der wiederum mit Giannozzo, dem großen Hans, identisch ist, nach Bayreuth hatte Jean Paul schon früher die Erinnerung an seine Begegnung mit der Stadt und ihren Schloßgärten wachgerufen. Das waldreiche Seifersdorfer Tal bei Dresden hatte nach 1781 der Graf Hans Moritz von Brühl in einen empfindsamen, alle Stimmungslagen im Betrachter evozierenden Landschaftsgarten nach englischem Vorbild verwandelt. Einzelne Tempel und Ruinen, die Hütte des Mönchs Lorenzo und der Altar der Wahrheit waren hier entlang dem Flußlauf der Röder zu einem Garten sprechender Naturszenen ausgestaltet, die Jean Paul bei seinem ersten Dresden-Besuch bereits tief bewegt hatten. Aus W. G. Beckers Prachtwerk: „Das Seifersdorfer Thal mit 40 Kupfern" (Leipzig 1792) hatte er später die Erinnerung belebt und den Park zum Schauplatz einer Episode in seinen „Flegeljahren" (1803-4) gemacht, die wiederum aus der eigenen Erinnerung ausstaffiert wurde. Hatte sich Gianozzo hier mit den letzten Sonnenstrahlen in den schattigen Hain einer ganz modernen, aus englischem Geist und aus der neuen Naturgestimmtheit der Werther-Zeit geschaffenen Parklandschaft niedergelassen, so galt dem Luftschiffer doch immer noch jener Zaubergarten als der vollkommenste, ganz aus der Poesie erwachsene Park, den viele Jahre früher bereits Friedrich Wilhelm von Erdmannsdorf um das Wörlitzer Schloß des Fürsten von Dessau angelegt hatte. Das erste Werk dieser Art, das aus umfassender und tief eindringender Kenntnis der englischen Gartenkunst erwachsen war, hatte die atmosphärelose Gegend der Elbauen in eine überall gleich makellose Kunstlandschaft umgestaltet, die Gloriietten und Lusthäuser, die antiken Prospekte und die gotischen Gemäuer malerisch zu Landschaftsbildern gruppiert, die Wanderwege von einer Überraschung zur anderen führend, eine Unendlichkeit im Kleinen, eine in sich geschlossene Gegenwelt zur prosaischen Wirklichkeit. Nach 1790 hatte sich der Garten durch neue Anlagen um ein Mehrfaches erweitert, und zugleich waren wie ein vielfaches Echo rings um Wörlitz andere, aus gleicher Gesinnung entworfene Gärten emporgewachsen. Die Unvergleichlichkeit der englischen Vorbilder, ihre fast nicht begrenzte Erstreckung inmitten einer reichen, selbst parkähnlichen Landschaft, ihre vielfältige, einem günstigen Klima zu verdankende Vegetation, ihre mit dem Reichtum europäischer Nabobs der Situation abgetrotzte Einheitlichkeit des Programms, kannte Jean Paul nur aus Reiseberichten und aus übersetzten Parkbeschreibungen. Aber in den Naturvisionen seiner Vorstellungswelt nahmen die von ihm bewunderten Gartenanlagen zwischen Bayreuth und Dresden die Traumdimensionen und die Verklärungszustände an, auf die hin zumindest eine Reihe der englischen Gärten angelegt waren. Die Aura des Mongolfieren-Flugs, die vom Luftschiffer auf die von ihm enthusiastisch gepriesene Paradies-Welt des Parks überströmt, ist freilich Jean Pauls Eigentum. Die menschliche Brust zur camera oscura der Außenwelt zu machen, diese so durch das Zugleich von Wahrnehmung und Empfindung scharf abzubilden und zu verwandeln, war nicht so sehr die Maxime als die Voraussetzung seiner dithyrambischen Naturdichtung. Es gibt den zu unterschiedlichen Zeiten, aus unterschiedlichen Zwecken errichteten Gärten einen einheitlichen Grundzug des Poetischen und Wunderbaren, der über die Naturfassung des mittleren 18. Jahrhunderts weit hinausgeht. Da seine schrankenlose Phantasie jedoch in der Empfindsamkeit dieser Epoche ihren Ursprung hat, bleibt die lyrische Überhöhung des Gesehenen in einer bestimmbaren Nähe zu den Theorien der Landschaft, die diese Gärten angelegt haben.

Jean Pauls Romanwelt, diese in sich verschlungene Kette reizvoll zwischen den Bergen und Hügeln Mitteldeutschlands gelegener Duodez-Staaten ist eine Welt der Parklandschaften: Die Scheerauer Molukken, die Insel der Vereinigung, das Maiental und der Park von Flachsenfingen, der zwischen Tartarus und Elysium gebannte Garten von Lilar im Fürstentum Haar-Haar, der fürstliche Kurgarten in Bad Maulbronn - sie alle bilden als Natur-Enklaven in den Residenzstädten und als verklärte Kunstlandschaften in der Idylle die emphatisch herausgehobenen Orte, an denen das befreite Ich im Überschwang seiner Empfindungen der höheren Natur begegnen kann, der zweiten Wirklichkeit in der ersten. Die Dorf- und Kinderwelt zwischen den Hecken und Wiesen wächst rings an diese Parklandschaft heran. Der große Fluß verbindet die Miniatur-Gegenden untereinander. Und ganz von ferne spielen die Träume von englischen Gärten, von den Schönheiten der Borromeischen Inseln und von den Wundern der Umgebung Roms und Neapels in dieses Vollglück der Beschränkung hinein. Kein deutscher Dichter des 18. Jahrhunderts hat leidenschaftlicher als Jean Paul den Landschaftsgarten gepriesen. Für niemanden wie für ihn war die Übersteigerung der Natur zum Garten, war die Durchdringung von Außenwelt und Innenwelt so sehr die Voraussetzung seines poetischen Weltmodells. Die außerordentliche Rolle, die während der zweiten Hälfte des 18. Jahrhunderts für Deutschland der Landschaftsgarten gewonnen hatte, wird vom größten Landschaftsdichter in seinem erzählerischen Werk wie in einer späten Summe gespiegelt und gerechtfertigt. Zwischen 1779 und 1785 hatte Christian Cay Lorenz Hirschfeld die fünf Bände seiner „Theorie der Gartenkunst" erscheinen lassen. Vorbereitet durch seine anakreontische Prosahymne: „Das Landleben" (Frankfurt und Leipzig 1768) und durch seine reizvollen, in einer an Salomon Gessner geschulten Sprache verfaßten „Anmerkungen über die Landhäuser und die Gartenkunst" von 1773, stellt das Werk des geist- und kenntnisreichen Spätaufklärers den bedeutendsten deutschen Beitrag zur europäischen Diskussion um den Landschaftsgarten dar. Es hat die Natur- und Landschaftsauffassung der Goethe-Zeit erst möglich gemacht und ist bis weit ins 19. Jahrhundert im ganzen wie in vielen Einzelheiten wirksam geblieben. Mehr noch: keine der zahlreichen Schriften und der leidenschaftlich umkämpften Programme in England und Frankreich vor dem 19. Jahrhundert hat den gleichen enzyklopädischen Charakter wie Hirschfelds „Theorie der Gartenkunst", ohne daß darüber der theoretische Weitblick und die sichere Urteilsfähigkeit verloren gingen. Wie J. G. Sulzers „Allgemeine Theorie der schönen Künste" deren Grundzüge fast gleichzeitig und aus ähnlicher philosophischer Haltung entstand und die ihrerseits den Versuch unternahm, auch die Gartenkunst in das System der aufgeklärten Künste zu integrieren, entwirft auch dieses große Werk, neben dem genialischen Kult des Subjekts und der freien Ungebundenheit seiner Ausdrucksformen, eine aus reichster Anschauung, genauester Schulung in der zeitgenössischen, vor allem englischen Philosophie und einer ruhigen Bürgergewißheit eine Grundlegung der Gartenkunst, die Empfindsamkeit und natürliche Ordnung zu einem Ganzen vereinigen will. Hirschfeld war ein avancierter Vertreter der zweiten, nach dem englischen Sensualismus orientierten Aufklärergeneration, und er war ein glänzender, feinfühliger Schriftsteller. Beides ließ ihn für die Generation nach ihm von äußerstem Einfluß sein, auch wenn deren stürmische Anfänge der abgewogenen Sensibilität seines Denkens widerstrebten. In Hirschfelds Theorie wird aus der Entwicklung des französischen Parks hin zu einem natürlichen Landschaftsgarten das systematische und empirische Resümee gezogen. Zugleich können seine Maxime, vor allem die einer Bindung jedes Gartens an seine Individualität, an das ihm durch das Klima, die Lage, die Jahreszeiten und vor allem die Funktion vorgegebene Charakteristische seiner Erscheinung, durch die Offenheit in der Anlage des Buchs für die Zeit zwischen 1780 und 1820 und deren Idee einer dichterischen, einer durch Stimmung und Erinnerung beseelten Natur mächtigen Einfluß gewinnen. Die Vielfalt seiner Gartentypen - aus dem Abstand eher verwirrend, wie ein untauglicher Versuch, alle Entwicklungslinien des Jahrhunderts in eine numerische Hierarchie zu bringen - war für sein Publikum die eigentliche Voraussetzung der Wirksamkeit. Das Charakteristische wird zum Hauptkriterium, da sich daran die Besonderheit der schöpferischen Umgestaltung der Natur ebenso fassen ließ wie der Rousseausche Traum von einer Landschaft, in der Natur und Ich im Ausnahmeaugenblick zusammenkommen. Diese leichte Anwendbarkeit (bei lebhafter Stimulierung der Einbildungskraft) machte nun nicht nur Hirschfelds Glück bei den Zeitgenossen. Sie sorgte auch dafür, daß in den leger gefaßten Grenzen des Natürlichen die Gedanken über die im Park sich spiegelnde Naturauffassung so weit differieren konnten wie Jean Pauls Landschaftsvisionen oder Goethes Konzeption eines aus der Wirklichkeit dem ästhetischen Empfinden anverwandelten Gartens. Die Parkanlagen in den „Wahlverwandtschaften" und in Jean Pauls knapp ein Jahrzehnt älteren Landschaftsgärten haben die gleiche Wurzel, so sehr beide Denkentwürfe an anderen aktuellen Programmen dingfest gemacht sind.

II.

In seinem Aufsatz: „Die Wahlverwandtschaften als tragischer Roman" (1940) hat Kurt May als Erster das Verhältnis der Akteure in Goethes Roman zu der sie umgebenden und teilweise von ihnen gestalteten Landschaft näher bestimmt.: „Die Menschen halten sich zunächst im Umkreis von Schloß und Park und Dorf, in der Nähe des Schlosses, das die Väter gebaut haben mit ‚Vernunft', geschützt vor den Winden nah allen täglichen Bedürfnissen. Mit dem Erwachen der ‚Natur' im Innern wächst der Drang, sich ins Freie, ins Weite der Landschaft und eben dorthin, wo sie die menschliche Hand sich noch nicht dienstbar gemacht hat, zu bewegen. Mit den Wanderungen der Liebenden immer weiter weg vom Sitz der Ordnung, des Nutzens und der künstlerischen Schönheit verändert die Landschaft langsam ihr Gesicht. …Landschaft und Menschen wachsen ineinander, zusammen mit dem Wachstum der Leidenschaften."

Die zahlreichen Deutungen des Romans haben, wenn sie ihre Aufmerksamkeit den gärtnerischen Bemühungen der wahlverwandten Freunde zukehrten, Goethes Beschreibungen der Anlagen und der alles einschließenden, freien, ungebundenen Natur in diesen Vorgang des Ineinanderwachsens von Landschaft und Menschen eingefügt. Goethe gibt in den ersten Kapiteln des Romans eine so genaue, durch alle Einzelbemerkungen kohärente Schilderung der von Eduard und Charlotte vorgefundenen Situation und der von ihnen unternommenen Wandlungen der Landschaftsgestaltung, daß sich daraus ganz zwanglos der Dreischritt von der Geborgenheit im Herkommen, im Umkreis von Schloß, Park und Dorf, über die veränderten und neuen Anlagen, die nicht mehr im älteren Schloßgarten orientiert sind, zur wilden Natur zu ergeben scheint. Das Spiel mit dem natürlichen Garten, durch den zuerst die Leidenschaften als die innere Natur aufgeweckt werden, vermittelt zwischen Ordnung und Unordnung, zwischen Zivilisation und Natur. Daß die Gärtner aus Liebe, daß die Schloßherrin und ihre Helfer das Vorbild für ihre Gestaltung in englischen Stichwerken suchen, stimmt genau zu diesem Grundgedanken des Romans. Da landläufig die Differenz zwischen dem französischen

Park und dem englischen Landschaftsgarten als Fortschritt von der zeremoniellen Kunstwelt des absolutistischen Hofs zur freieren Natürlichkeit des aufgeklärten Bürgertums gedeutet wurde und wird, springt das Besondere der von Goethe beschriebenen Anlage nicht gleich in die Augen. Wie nimmt sich der Park aus, den Charlotte nach ihrer Wiederbegegnung mit Eduard neu zu gestalten sucht? Was hat es mit den Verbesserungen ihrer Gedanken auf sich, die aus gleicher Gesinnung, aber mit größerer praktischer Erfahrung, der Hauptmann für den weiteren Ausbau angibt? Goethes Meisterschaft, die Gartenlandschaft aus der Handlung zu entfalten, wurde schon von den ersten Lesern zu Recht gerühmt. Mit der szenischen Einführung der Figuren geht die Erschließung des Handlungsraums einher. Das gleiche Motiv der Wiederanknüpfung, der verwandelnden Rückkehr zum Vertrauten, wird hier wie dort angeschlagen. Fügt man die einzelnen Schilderungen und Hinweise zu einer Parkbeschreibung zusammen, erkennt jeder aufmerksame Leser rasch, daß Goethe nicht nur eine genaue Vorstellung der Landschaft und des Gartens, sondern wohl einen „sorgfältigen, reinlich gezeichneten Plan", wie ihn im Roman der Hauptmann vor den befreundeten Landschaftsgärtnern ausbreitet, beim Schreiben vor Augen hatte. Das Schloßgelände fällt in Terrassen in die Tiefe des „beschränkten Tals" nieder. Oben öffnet sich das Schloß mit zwei Flügeln gegen dieses Tal. Von dort fällt der Schloßberg „in einen vorspringenden Winkel herunter; das Dorf ist ziemlich regelmäßig im Halbzirkel gegenüber gebaut; dazwischen fließt der Bach". Die Terrassenanlage des formalen Gartens ist durch die geographische Situation beinahe zwangsläufig vorgegeben, wie sich auch das Halbrund des Dorfs als Prospekt von selbst dem Verlauf des Bachs angleicht, der hier im Bogen dem vorspringenden Schloßhügel ausweicht. Von der Baumschule beim Schloß macht sich zu Anfang der Baron Eduard auf den Weg, um seine Frau drüben in den neuen Anlagen aufzusuchen: „Dieser stieg nun die Terrasse hinunter, musterte im Vorbeigehen Gewächshäuser und Treibebeete, bis er ans Wasser, dann über einen Steg an den Ort kam, wo sich der Pfad nach den neuen Anlagen in zwei Arme teilte. Den einen, der über den Kirchhof ziemlich gerade nach der Felswand hinging, ließ er liegen, um den andern einzuschlagen, der sich links weiter durch anmutiges Gebüsch sachte hinaufwand; da, wo beide zusammentrafen, setzte er sich für einen Augenblick auf einer wohlangebrachten Bank nieder, betrat sodann den eigentlichen Stieg und sah sich durch allerlei Treppen und Absätze auf dem schmalen, bald mehr bald weniger steilen Wege endlich zur Mooshütte geleitet. - An der Türe empfing Charlotte ihren Gemahl und ließ ihn dergestalt niedersitzen, daß er durch Tür und Fenster die verschiedenen Bilder, welche die Landschaft gleichsam im Rahmen zeigten, auf einen Blick übersehen konnte."

Mit unaufdringlicher Bestimmtheit hat Goethe auf diesen Anfangsseiten des Romans den engeren Raum des Geschehens geschildert. Den Weg Eduards entlang wird Einzelheit an Einzelheit gereiht. Der Leser nimmt im Weiterschreiten die zwei Wege wahr, die vom Schloß über den Bach nach den beiden Dorfausgängen führen. Er bleibt auf dem linken, der in zwei Armen zu den neuen Anlagen hinaufführt, während der rechte steiler durch das Gebüsch nach oben strebt. Erst an der Mooshütte, bei der die Wege sich wieder treffen, wo sich auch die wiedervereinten Liebenden dort für den Leser zum zweitenmal beggenen, wird aus dem Wanderweg der geschlossene Überblick gewonnen. Das vom Fenster gerahmte Landschaftsgemälde fügt den zurückgelegten Weg ins Bild. Das aber muß nicht beschrieben werden; denn der Gärtner hat diesen Rückblick auf Dorf, Bach, Gärten und Schloß schon eine Seite vorher - als Erinnerungsbild - von der anderen Seite aus dem Baron gegeben: „Die Mooshütte wird heute fertig, die sie an der Felswand, dem Schlosse gegenüber, gebaut hat. Alles ist recht schön geworden und muß Euer Gnaden gefallen. Man hat einen vortrefflichen Ausblick: unten das Dorf, ein wenig rechter Hand die Kirche, über deren Turmspitze man fast hinwegsieht, gegenüber das Schloß und die Gärten." Die Mooshütte, point de vue vom Schloß aus, wird selbst zum Ausgangspunkt, von dem her erst die Wirklichkeit zum schönen Bild sich ordnet. Der Rahmen verwandelt Schloßberg und Dorf-Amphitheater in den höheren Zusammenhang der Landschaftskunst. Nach den ästhetischen Vorstellungen des späteren 18. Jahrhunderts entspricht ein solches Verfahren der Blickrahmung der nach 1780 allgemein durchgesetzten, in England zuerst formulierten Forderung nach dem picturesque, nach dem malerischen oder künstlerischen Interesse, das jeder Landschaft innewohnen müsse und das der Künstler durch seinen Genius zur Anschauung erwecken könne. Diderots Kunstauffassung mag sich früh schon mit der englischen Vision des Landschaftsgartens als Wiederherstellung des irdischen Paradieses durch die Kunst verbunden haben. Jedenfalls war nach 1780, als der englische Pädagoge und Historiker William Gilpin (1724-1804) die ersten Bände seiner Naturschilderungen aus England und Schottland vorlegte, alle mit zauberhaften, wenn schon naiven Aquatinta-Radierungen und mit pedantischen Winken zur malerischen Wahrnehmung reich versehen, The Picturesque das Losungswort, in dem sich der Naturenthusiasmus und der Kult des empfindenden Ich weltweit finden konnten. Goethe steht nach Herkommen und Neigung den Franzosen näher als den Engländern. Auch in den „Wahlverwandtschaften" spürt jeder Leser die Rousseau-Nähe auf der einen Seite, den Umgang mit der Landschaftswahrnehmung Josephe Vernets und Jakob Philipp Hackerts auf der anderen. Daher liegt es nahe, die zeitliche Affinität zu den beiden

Hauptwerken einer pittoresken Ästhetik in England nicht zu überanstrengen. Er hat Uvedale Price's: „Essays on the Picturesque, as compared with the Sublime and the Beautiful, and on the Use of studying pictures, for the Purpose of Improving real Landscape" (London 1794-98) und auch die ästhestischen Grundsätze des Landschaftsgenusses in den Schriften des großen Richard Payne Knight (1750-1824), dem Lehrgedicht: „The Landscape" (1794) und vor allem die eben damals erschienene Abhandlung: „An Analytical Enquiry into the Principles of Taste" (1805) nicht zu Rate gezogen. Jedenfalls ist die Lektüre keines dieser Werke, die sich zwar in der Weimarer Hofbibliothek, aber nicht unter Goethes eigenen Büchern befinden, für die Entstehungszeit der „Wahlverwandtschaften" nachweisbar. Andererseits lebte seit geraumer Zeit der englische Kaufmann Charles Gore in Weimar und in Goethes engster Umgebung. Dieser hatte in jungen Jahren seine Kavaliersreise durch das Königreich beider Sizilien zusammen mit dem Maler Hackert und Richard Payne Knight gemacht. Gerade in den Jahren, da die „Wahlverwandtschaften" ausgearbeitet wurden, war Goethe mit der Vorbereitung zur Biographie Hackerts beschäftigt, und es ist kaum denkbar, daß über den Gesprächen, welche die Übersetzung und Einbeziehung des Sizilischen Tagebuchs von Knight veranlaßte, die Rede nicht auf die Frage der modernen englischen Landschaftskunst gekommen sein sollte. Schließlich war Gore in allen Fragen englischer Kultur ein Weimarer Orakel. So lange man in der Literaturkritik sich einig war, daß Goethe mit seiner Parkdarstellung den Gegensatz zwischen formell-französischem und ungebunden-englischem Garten nur im allgemeinen bezeichnen wollte - als Raumsymbole für den inneren Gegensatz zwischen Ordnung und Schrankenlosigkeit, zwischen Sicherheit und Gefahr -, brauchte niemand genauer der ästhetischen Besonderheit dieses Gartens oder seiner Vorbilder nachzugehen. Auch der später im Roman gegebene Hinweis auf „die englischen Parkbeschreibungen mit Kupfern!", die im 6. Kapitel den Freunden zur Abendunterhaltung dienen, schien nichts zu unterstreichen, als den ohnehin erkennbaren englischen Charakter der Neuen Anlagen. Goethe hatte aber, wie sich zeigen läßt, durchaus einen bestimmten und ganz modernen Typus des Landschaftsgartens vor Augen. Seine Beschreibungen und seine Winke auf die Quellen der Gartenkonzeption sind für das Verständnis wichtig.

Bleiben wir zunächst bei der Beschreibung der Parkanlagen: Vom Mooshäuschen führt ein Pfad „über Felsen, durch Busch und Gesträuch zur letzten Höhe, die zwar keine Fläche, doch fortlaufende, fruchtbare Rücken bildete. Dorf und Schloß hinterwärts waren nicht mehr zu sehen. In der Tiefe erblickte man ausgebreitete Teiche, drüben bewachsene Hügel, an denen sie sich hinzogen, endlich steile Felsen, welche senkrecht den letzten Wasserspiegel entschieden begrenzten und ihre bedeutenden Formen auf der Oberfläche desselben abbildeten. Dort in der Schlucht, wo ein starker Bach den Teichen zufiel, lag eine Mühle halb versteckt, die mit ihren Umgebungen als ein freundliches Ruheplätzchen erschien. Mannigfaltig wechselten im ganzen Halbkreis, den man übersah, Tiefen und Höhen, Büsche und Wälder, deren erstes Grün für die Folge den füllereichsten Anblick versprach. Auch einzelne Baumgruppen hielten an mancher Stelle das Auge fest. Besonders zeichnete zu den Füßen der schauenden Freunde sich eine Masse Pappeln und Platanen zunächst an dem Rande des mittleren Teiches vorteilhaft aus. Sie stand in ihrem besten Wachstum, frisch, gesund, empor und in die Breite strebend." Auffallend zunächst der Blickwechsel: wenn man sich von der Schloßansicht aus dem Fenster der Mooshütte wieder dem Aufstieg zuwendet - und die räumliche Unbestimmtheit dieser Passage entspricht bei Goethe ganz bewußt der Unbestimmtheit dieses unbequemen und unsicheren Wegstücks nach der Höhe -, dann gewinnt man das überraschende Panorama der Neuen Anlagen in der Gegenrichtung. Wir sehen mit Charlotte, dem Hauptmann und Eduard von einem hochgelegenen Punkt aus über flach abfallendes, ruhig sich hinbreitendes Gelände in die reich differenzierte Busch- und Felsenlandschaft um die in der Tiefe gelegenen, ausgebreiteten Teiche. Wieder ist es ein betretbares Landschaftsbild, das wir gewahren. Nur ist es nicht wie das frühere eng gerahmt durch ein Fenster, sondern es öffnet sich der Blick spontan ins Freie und Weite. Die Baumgruppen im Mittelgrund, die ineinander übergehenden Wasserflächen vor den Hügeln, die den Horizont begrenzen, die Idylle um die halb versteckte Mühle als einzige Staffage des Bildes - das will als reine Naturszenerie aufgefaßt sein, als ein ins Deutsche oder Niederländische übersetztes Gemälde im hohen Stil, wie ihn Claude Lorrain und Gaspar Dughet im 17. und 18. Jahrhundert als Ideal in klassisch-römischer Umgebung vorgegeben hatten: Der Kontrast ist vollständig durchgeführt, mit einer Folgerichtigkeit freilich, die auch der englischen Gartentradition fremd ist; denn die Wirkung der Neuen Anlagen beruht ja gerade darin, daß der Betrachter in eine ganz neue Welt eintritt und die frühere aus dem Blick verliert. Der englische Garten und der formale sind nicht einmal durch eine Blickbeziehung miteinander verbunden. Später im Roman wird dann an der höchsten Stelle auf Ottiliens Vorschlag hin das Haus gebaut mit der beschriebenen „Aussicht auf die Teiche, nach der Mühle, auf die Höhen, in die Gebirge, nach dem Lande zu". Damit trennt sich dann (in wunderlich wundersamer Spiegelung der Anfangsverhältnisse durch die Entgegensetzung von Ottiliens der Weite ausgesetztem Haus und Charlottes Mooshütte) die Welt der neuen Wahlverwandtschaften sinnfällig von den alten. Die moralische Konnotation dieses doppelten Gartens braucht uns nicht zu beschäftigen. Daß Goethe dem Endlosen und Regellosen der modischen Gartenliebhaberei aus England im Innersten mißtraute, weiß jeder Leser seines Romans. Wichtig aber ist, daß er nicht beliebig den Garten à l'Anglaise, den reinen Landschaftsgarten, der seine Form der Natur gewissermaßen nur durch deren Interpretation abgewinnt, mit den vorgefundenen älteren Parkterrassen kombiniert, sondern daß er sich sehr genau mit einem bestimmten Typus des Landschaftsgartens auseinandersetzt. Rekapituliert man die von ihm gegebene Beschreibung der Situation, so läßt sich dieser Typus, ohne auf Vorbilder zu achten, so charakterisieren: wir haben eine aus deutschen Verhältnissen erwachsene Situation vor uns. Da ist das alte Schloß der Familie mit zugehöriger Grundherrschaft. Das Schloß hat mit seinem Alter auch seine Rabatten und Hecken, seine früher einmal geordneten Terrassen im französischen Geschmack beibehalten, die auch der neue Grundherr nur zu verbessern, aber nicht radikal zu ändern versuchen kann. Wir haben in der Enge des Bachtals die Gutsherrschaft mit Dorf und Kirche, an deren Lage man wiederum nur vereinzelte Retuschen vornehmen, die man aber nicht wegbringen kann, wie es das im Überschwang von Macht und Kunstleidenschaft in den largeren Verhältnissen Englands während des 18. Jahrhunderts gelegentlich gegeben hat. Während dort die neue Konzeption des Gartens oft auf Meilen hin der Landschaft aufgeprägt wurde, wobei ganze Dorfschaften umzusiedeln waren, und wo Kirchtürme nur noch übrig blieben, um als ferner point de vue zu dienen - Oliver Goldsmith hat das in „The Deserted Village" (1770) eindringlich beschrieben -, mußte hier alles Vorfindliche, einschließlich des Dorfs, des Kirchhofs und der Wegstrecken um das Bachbett mitbenutzt werden, um doch eine Art vielfältiges Landschaftsbild zu erzielen, das aber nur für das Empfinden adaptiert, was in der Wirklichkeit zwingend vorgegeben ist. Wir haben davon völlig abgetrennt, als einen eigenen Garten, das Naturpanorama jenseits des Hügels, jene Neuen Anlagen als in sich geschlossene Grenzenlosigkeit des englischen Landschaftsgartens. Für die Umgestaltung im älteren Park stehe als Beispiel die Neuordnung der Grabsteine auf dem Kirchhof, die aus ihrer selbstverständlichen Anlage befreit und zu einem empfindsamen Memento Mori für den feinnervigen Betrachter umgedeutet werden. Paolo Chiarini hat über diese sonderbare Szene ausführlich gesprochen. Er hat dabei eindringlich gezeigt, wie die willkürliche Umgruppierung der Monumente auf dem Friedhof symbolisch auf die Landschaftsplaner Charlotte und Eduard zurückwirkt. Und jeder Leser erinnert sich an die theatralische Geste der Rührung, mit der Eduard hier vor ihrer unwiderruflichen Entfremdung seiner Frau noch einmal, aber unter falschen Voraussetzungen, näher kommt. Das Beispiel für die Gartenkunst bei den Neuen Anlagen ist die Behandlung der halb versteckten Mühle, die in dieser sonst von den gewohnten Tempeln, Pavillons und gotischen Ruinen freigehaltenen Landschaft das Element menschlicher Tätigkeit repräsentieren muß: die Mühle gibt als Idylle in der abbrevierten Wiederherstellung der schönen Natur dem Garten einen Fokus. Sie sorgt für die künstlerische Geschlossenheit des Bilds.

Eduard ist es, der bei den Abendgesprächen den Freunden vorschlägt, bei ihren Versuchen, den weiteren Ausbau des Landschaftsgartens aus dem Dilettantismus von Charlottens ersten Anfängen in ein vollgültiges Kunstgebilde zu überführen, auf die englischen Parkbeschreibungen hinweist. Goethe gibt eine sehr präzise Schilderung dieser Beschreibung: „Nach dieser Verabredung wurden die Bücher aufgeschlagen, worin man jedesmal den Grundriß der Gegend und ihre landschaftliche Ansicht in ihrem ersten, rohen Naturzustande gezeichnet sah, sodann auf andern Blättern die Veränderung vorgestellt fand, welche die Kunst daran vorgenommen, um alles das bestehende Gute zu nutzen und zu steigern. Hiervon war der Übergang zur eigenen Besitzung, zur eigenen Umgebung und zu dem, was man daran ausbilden könnte, sehr leicht." Der Hinweis auf die Anordnung der Stiche nach dem Prinzip des Vorher-Nachher läßt ein Mißverständnis nicht zu. Goethe spielt auf die „Observations on the Theory and Practise of Landscape Gardening" (London 1803) des größten, seit 1780 praktizierenden Landschaftsarchitekten der Zeit, Humphry Repton (1752-1818) an. Auf die kleinteiligen Verhältnisse des 19. Jahrhunderts übertragen - und zwar mit voller Bewußtheit übertragen - folgt Goethes Konzept dem Gedanken Humphry Reptons, der Landschaftsgarten gewinne seine Vollkommenheit je individuell durch die Verbesserung der vorgegebenen Situation. To improve the situation, to improve nature - das sind die Schlagworte, unter die der versatile Landschaftsplaner die Vielfalt seiner Gärten gestellt hat. Für seine Klienten fertigte Repton Red Books an, sorgfältig beschriebene und mit kolorierten Zeichnungen ausgestattete Entwurfsammlungen, in denen er dem Auftraggeber die Ausgangslage zeichnerisch vor Augen führt, um sie dann durch die wiederum gezeichneten Verbesserungen auf einem darunterliegenden Blatt zu verdrängen. Der Herr von Welt sieht den durch Zäune abgetrennten elenden Garten, der sich zwischen die eigene Veranda, die Dorfstraße und die umgebende Hügellandschaft drängt. Er ärgert sich über das Wirtshausschild, das in seinen empfindsamen Prospekt hereinhängt und über die Würste im angrenzenden Metzgerladen. Oder man sieht, wie ein in Lumpen gehüllter Bettler auf besonders verkrüppelte Weise vom Weg auf den Rasen hereinschaut. Dann klappt man die Landschaftsvedute zur Seite und, siehe da, Humphry Reptons herrliche Parklandschaft ersteht in all ihrer Vollkommenheit. Ein wunderbar aufgesprossener Akazienbaum verdeckt die Würste, ein zierliches Beet mit üppig wuchernden Blumen überdeckt die verrufene Stelle, an der man den Bettler vermutlich eingegraben hat, und dahinter zieht sich eine zauberhafte, eine verklärte Landschaft hin. Denn wie das Häßliche auf dem Vorher-Blatt zur Karikatur überzogen wird, so wird das Schöne auf dem Nachher-Blatt ebenfalls über das Maß hinausgeführt. Humphry Repton hat viele solche Red Books angefertigt. Er hat die schön aquarellierten Blätter, die in allem Schematismus und aller naiv- pragmatischen Kürzelmanier zu den schönsten Landschaftsdarstellungen des frühen 19. Jahrhunderts gehören, durch scharfsinnige Anmerkungen zum Charakteristischen des jeweiligen Parks ergänzt. Die schönsten Beispiele hat er in den Sammlungen seiner Ansichten zur Gartenkunst später gebündelt und durch den Kupferstich verbreiten lassen. Galt er anfangs seinen Gegnern als bloßer Nachahmer des herrschenden Landschaftsideals, so konnte er durch seine prachtvoll illustrierten Theorien die Originalität seines Umgangs mit der domestizierten Natur unter Beweis stellen. Drei Eigentümlichkeiten sind es, die Humphry Reptons Gartenauffassung auszeichnen. Sie seien vorab genannt, ohne ihr Verhältnis zur Tradition der englischen Gartenkunst näher zu bestimmen. War es dort, grosso modo gesprochen, um den Grundsatz gegangen, daß die Landschaft eine innere Voraussetzung zur Vollkommenheit besitzen müsse, eine capability des Schönen, die der Architekt durch seinen Genius sichtbar werden lasse, so hat Humphry Repton diese Auffassung generalisiert und dabei freilich auch in ihrer ursprünglichen Großartigkeit simplifiziert. Für ihn ist jede Landschaft geeignet, um aus ihr durch geistreiche Benutzung ihrer charakteristischen Züge einen Landschaftsgarten zu erschaffen. Das weicht von der landläufigen Auffassung der Zeit darin grundsätzlich ab, daß nicht jeder Garten der gleichen Vision einer totalen Landschaft unterworfen wird, die sich in ihm als Einheit über der Vielfalt der Erscheinungen zu erkennen gibt, sondern daß der Traum vom Park und die Wirklichkeit in ein reizvolles Spiegelverhältnis zueinander treten. Das wiederum heißt, daß er mit jeder individuellen Gestaltung die besondere Situation vor Ort berücksichtigt, die geographische Lage und die Besitzverhältnisse, die vorfindlichen Bauten und Verkehrswege, aber auch die geschichtlichen Erinnerungen eines überkommen Besitzes. Und das heißt darüber hinaus, daß er auf eine einheitliche, jeden Widerstand brechende Durchbildung der Parklandschaft verzichtet. Wie in den „Wahlverwandtschaften" können so die zur Herrschaft gehörenden Dörfer und Gehöfte, die Kapellen und freistehenden Türme in den Landschaftsgarten zwanglos eingebunden werden. Dann aber bedarf es auch nicht mehr der geschlossenen Unendlichkeit des natürlichen Paradieses. Stattdessen können sich einzelne Gartenanlagen gegeneinander abgrenzen, können sich Rosengärten oder Seewanderungen wie im Geheimen vor dem suchenden Blick des Betrachters beiseite stehlen. Daß die Neuen Anlagen bei Goethe, obwohl sie auf den Kontrast zum umgestalteten älteren Park ausgerichtet sind, mit ihm keinerlei Blickverbindung mehr erlauben, ist ein sicheres Indiz für Goethes Anlehnung an die Theorien Humphry Reptons. Wie ein Kürzel seines Umgangs mit der Gartenkunst hat denn auch der englische Architekt die Blumenrabatten zwischen dem Schloß und dem Park, die bei Capability Brown verpönt waren, in vorsichtiger Verwendung, wieder zugelassen. Ja, er schreibt ausdrücklich: „Kleine Blumengärten können, in schicklichem Rahmen, durchaus geometrisch und künstlerisch sein". Kein Zweifel kann bestehen, daß Goethe für seinen Roman sich an diesem modernen Konzept orientiert hat. Der Landschaftsgarten in den „Wahlverwandtschaften" ist nicht einfach ein englischer Park als Erweiterung eines älteren französischen, sondern es ist ein Landschaftsgarten, wie ihn sein englischer Zeitgenosse aus Pragmatismus und aus einem poetisch-künstlerischen Empfinden für die Atmosphäre einer Landschaft unmittelbar vor der Niederschrift des Romans zuerst in einem theoretischen Werk verteidigt hatte. Tief in der eigenen deutschen Landschaftskunst denkend, hat Goethe sich den offenen Blick für die modernen Möglichkeiten und Gefahren des gärtnerischen Umgangs mit der Natur freigehalten. Da Goethe aber für die innere Analogie zwischen den Wahlverwandtschaften seiner Figuren und der Spannung in den ästhetischen Tendenzen der von ihnen unternommenen Landschaftsveränderungen in die Formel von Ordnung und Drang ins Freie faßte, ließ sich die genauere, für das Verständnis des Romans aber notwendige Lokalisierung dieses vom Hauptmann erwogenen Plans leicht übersehen. Auch mochte man leicht annehmen, die ruhige Weiterführung des englischen Landschaftsgartens genüge einfach dem Herkommen der Zeit.

Ganz anders die Landschaftsvision Jean Pauls. Altmodischer oder romantischer? Alle seine Romane sind von Naturschilderungen durchwoben. Wegrain-Idyllen und überwucherte Pfarrgärten, herrschaftliche und fürstliche Parklandschaften, malerische Fernsichten und vom Mondlicht überglänzte Waldstücke wechseln sich in seinen Erzählungen ab. Zwischen den humoristischen und satirischen Erzählungen und den ineinander verschmolzenen Weltsystemen seiner italienischen und deutschen Romane gibt es da kaum einen Unterschied. Wie eingangs schon angedeutet, ist für die ekstatische Außenwahrnehmung Jean Pauls der Landschaftsgarten, weil in ihm die künstlerische Deutung oder Perspektivierung der Natur durch den Menschen die Einbildungskraft stimuliert, das Sinnbild für den Gleichklang oder Mißklang zwischen dem Menschen und der Schöpfung. Alle Werke aus dem Jahrzehnt zwischen der „Unsichtbaren Loge" von 1793 und dem provisorischen Ende der „Flegeljahre" 1805 - aus dem Jahrzehnt also, in dem der aufgeklärte Mystiker seinen epischen Sonnenkreis gegen den Weimarer Klassizismus entwarf - sind um herrliche, großgedachte, malerisch erträumte Parkanlagen gruppiert. Alle Höhepunkte hat der Dichter in solche Gärten verlegt, deren emphatische Beschwörung des Schönen, des Rührenden oder des Unheimlichen Verweise auf andere und auf höhere Galaxien wecken. In den drei höfischen Staatsromanen, außer der „Unsichtbaren Loge", im „Hesperus" und im „Titan", ist diese pittoreske Umgestaltung der Natur wie selbstverständlich vorgegeben. Daß er im Fragment der „Biographischen Belustigungen" (1796) die ganze Rahmenerzählung in den Kopf einer Riesin, will sagen in das Aussichtzimmer, das im Kopf einer gegossenen Monumentalstatue über einem Schloßpark untergebracht ist, hineinverlegt, gehört in den gleichen, italienischen Zusammenhang.

Aber auch die Besuche in der Eremitage und in der Fantaisie aus dem „Siebenkäs" 1797 oder im Seifersdorfer Tal aus den „Flegeljahren", ja sogar die Höhlen- und Gartenszenen aus dem niederländischen Genre seiner Spätwerke halten seine Idee, daß nichts die Unendlichkeit im Endlichen so eindringlich spiegle wie ein Park, mit Leidenschaft aufrecht. Als Beispiel diene jener berühmte Landschaftsgarten von Lilar, der im „Titan" auf verwunschene Weise die Residenzstadt Pestitz durchlagerte. Denkt man an das - immanent immer wirksame Schema von Klassik und Romantik, so wirkt Jean Pauls melodramatische Vision fortschrittlicher, kühner, dichterischer und unwirklicher als die Goethes. An keiner Stelle ist je romantisches Landschaftsempfinden so sprachgewaltig, so imaginationsträchtig beschworen worden wie bei Jean Paul, der doch den Romantikern so skeptisch gegenüberstand. Zehn Jahre älter ist Jean Pauls Garten als der in den „Wahlverwandtschaften". Da die Anschauung für Goethe und den Voigtländer Pfarrerssohn in etwa die gleiche war, lassen sich die krassen Unterschiede entweder nur als Differenzen des Charakters beschreiben oder, wie es hier versucht wird, als dichterische Reaktion auf aktuelle Entwürfe zu einer Ästhetik der Landschaft. Der Garten Lilar zerfällt - der Leser wird sich erinnern - in zwei schroff entgegengesetzte Teilbereiche, die gewissermaßen übereinander geordnet sind und den Residenzberg der Stadt ausmachen. Es ist ein fürstlicher, aber einigermaßen öffentlich zugänglicher Park, der in Tartarus und Elysium zerfällt als ein vertikal angeordneter, die Jenseits- Gegensätze im Diesseits zusammengreifender Riesengarten. Dazu läßt sich Jean Paul einleitend so vernehmen:

„Lilar ist nicht", so heißt es im 43. Zykel, „wie so viele Fürstengärten, ein herausgerissenes Blatt aus Hirschfeld - ein toter Landschafts-Figurant und Vexier- und Miniaturpark - ein schon an jeden Hofe aufgesetztes und abgegriffenes Schaugericht von Ruinen, Wildnissen und Waldhäusern: sondern Lilar ist das Naturspiel und bukolische Gedicht der romantischen und zuweilen gaukelhaften Phantasie der alten Fürsten. Wir kommen bald insgesamt hinter dem Helden hinein, aber nur ins Elysium; der Tartarus ist ganz etwas anders und Lilars zweiter Teil. Die Absonderung der Kontraste lob ich noch mehr wie alles; ich wollte schon längst in einen bessern Garten gehen, als die gewöhnlichen chamäleontischen sind, wo man Sina und Italien, Lust- und Gebeinhaus, Einsiedelei und Palast, Armut und Reichtum (wie in den Städten und Herzen der Inhaber) auf einem Teller reicht und wo man den Tag und die Nacht ohne Aurora, ohne Mitteltinte nebeneinander aufstellt. Lilar hingegen, wo das Elysium seinen frohen Namen durch verknüpfte Lustlager und Lusthaine rechtfertigt, wie der Tatarus seinen düstern durch einsame überhüllte Schrecken, das ist mir recht aus der Brust gehoben." -

Kein Zweifel, daß Jean Paul mit dieser Parklandschaft, an deren Künstlichkeit er in diesem Abriß einer Gartenkunst-Ästhetik ausdrücklich festhält, ein Modell seiner eigenen Weltordnung geschaffen hat, mit dem schmerzlichen Schwelgen in den düstern Bildern des Vergehens und Verwesens, in dem Spiel mit der befreienden Wirkung des Schreckens, im Nachvollzug der immer gleichen Überraschung des aus dem Dunklen ins Licht- Tretens, in den unendlich variierten Verwandlungen des Empfindens und in den immer erneuerten Paradies-Erfahrungen, die hier im Irdischen des Gartens vorgenommen werden. Das alles ist an Lilar zunächst einmal aus Jean Pauls Imagination gestaltet. Da für ihn seit frühesten Tagen der Lebenskreis um das Ich, sei es die Schulstube des Idyllikers oder der Fürstenhof, sei es die vergnügte Beschränkung oder die Sehnsucht nach Unendlichkeit, die Eintagsfliegenwelt darstellt vor dem Hintergrund einer zweiten, höheren Wirklichkeit, kann in seiner Romanwelt jede von der Erkenntnis berührte Gestalt die Indizien für diese Stufenleiter der Wesen und Welten des Blicks in der Abbreviatur wahrnehmen: seine Humoristen sehen sich, wenn sie gerührt den Zeidlern, alten Jungfern und kindischen Jugendgreisen zuschauen, ihre eigene Existenz von der Höhe eines Mongolfierenflugs aus. Da andererseits Jean Paul immer das innere Erleben seiner Helden an das sinnbildlich- spektakuläre äußere Ergeignis gebunden hat - den Tod des Freundes an den Feuerschein eines vorbeiziehenden, nächtlichen Grabkondukts, das Erwachen vom Scheintod an den mitternächtlichen Schlag der Uhr, die Liebesgewißheit an das Adagio eines Konzerts von Stamitz -, da er auch das Eintauchen in die Wunder der Natur von der leidenschaftlichen Entgrenzung des Sehens und Fühlens vorbereiten läßt, ist für ihn der fürstliche Park, in dem jede Wirkung arrangiert und künstlich vorweggenommen ist, kein Widerspruch in seiner Natur- und Unendlichkeitsauffassung. Im Gegenteil: der sprechende Garten ist, nach seinem Verweischarakter und nach seiner poetischen Überhebung über die Wirklichkeit, der Inbegriff dessen, was der empfindsamen Seele die Kunst und die Natur von den Geheimnissen des höheren Lebens vermelden können. Nach diesem Modell hat Jean Paul alle seine Gartenlandschaften geschaffen, aber keine ist so bewußt und vollkommen dem eigenen Inneren nachgestaltet wie der Park von Lilar. In den Tiefen hat er die Grotten und die verschatteten Wege, die öden Wiesen und die schwarzen Gewässer in einen modernen Tartarus verwandelt, in landschaftliche Metaphern jener Endzeit-Vision, wie sie ihn seit dem Novembertraum von 1789, in der „der Komet einer anderen Wirklichkeit zu nahe an ihm vorübergezogen war", unablässig verfolgten. Und darüber löste sich für den träumenden Wanderer, wenn er aus dem Labyrinth des Schreckens ans Licht trat, das Chaos ins Paradies auf, in die Haine des Flötentals, in die verborgenen Einsiedeleien und in elysische Gefilde. Und auch dieser Schritt aus der Nacht in eine neue Welt, hundertfach variiert in seinen Romanen und Erzählungen, ist eine auf Rousseau zurückgehende Traummetapher für Jean Pauls Innenwelt.

Lilar ist also zunächst eine Schöpfung aus Jean Pauls Imagination. Aber der Park ist doch nicht einfach eine Erfindung des Dichters, für die er beliebig Einzelzüge des älteren französischen Parks mit den empfindsamen Meditations- Anstößen im Geiste von Hirschfelds Gartenkunst kombinierte. Auch Jean Paul hält hier, so sehr die Jugendeindrücke aus Bayreuth und Dessau seine Einbildungskraft geprägt hatten, an einer rezenten und vorübergehend sehr einflußreichen Vorstellung des Landschaftsgartens fest, nämlich an der eines Gartens der Kontraste, der durch heftige Einwirkung auf die Phantasie des Betrachters diesen überwältigen und wie durch eine Katharsis befreien soll. Landschaftsgärten, die so das Gefühl unmittelbar ansprechen, die so den Dichter im Alltagsmenschen zu wecken suchen, konnte es in Deutschland vor dem Ende des Jahrhunderts überhaupt nicht, in England nicht vor dem letzten Drittel des Säkulums geben. Der Garten der Kontraste war ästhetisch undenkbar vor der nachdrücklichen Wiedereinführung des Sublimen oder Erhabenen als eines eigenen, dem Schönen entgegengesetzten Reichs der Kunst. Erst Edmund Burkes Überlegungen zur Eigengesetzlichkeit des Sublimen, das immer - anders als das Schöne - unmittelbar an die Wirkung auf den Betroffenen gebunden ist, öffneten hier vorübergehend der Gartenkunst eine neue Dimension: der Garten des Schreckens, der schauerliche Park, die erhabene Landschaft - in unterschiedlichen Schattierungen wird da von den Theoretikern und Gartenarchitekten nach 1760 der Versuch unternommen, die Natur auf den Wahrnehmungseffekt hin zu appretieren. In der Wirkung auf den Betrachter soll sich dabei die Subjektivität des Schöpfers im Überraschungsaugenblick vollständig aussprechen. Was der Dichter Jean Paul im Roman beschreibt, ist der Idee und der Durchführung nach das gleiche, was die großen englischen Landschaftsgestalter dieser Schule von Charles Hamilton bis zu William Beckford auch getan haben. Nur daß sie dem Ausdruck ihrer Weltstimmung weitgedehnte Besitzungen dienstbar machten. Das theoretische Konzept des schauerlichen Gartens entwarf 1772 in England ausgerechnet der Architekt und Kunstkenner, der wie kein zweiter in seinen Bauten auf klassizistische Strenge achtete: Sir William Chambers (1723-1796). In jungen Jahren hatte er, noch ehe die grand tour ihn nach Rom und in den Bannkreis des Neoklassizismus führte, zwei Reisen nach China unternommen, von denen er für den künstlerischen Umgang mit Gärten eine Fülle von Anregungen mitbrachte. Hatte er sich in seinen frühen „Designs of Chinese Buildings, Furniture, Dresses, etc." (1757) noch mit dem Rokoko-Verweis auf die schöne Unregelmäßigkeit der chinesischen Anlagen begnügt, so stand seine Unterscheidung der fernöstlichen Gärten in „den gefälligen, den schauerlichen und den überraschenden" Park bereits deutlich im Zeichen Edmund Burkes. Nur unter dem Eindruck von dessen Schilderungen ließ der arrogante Regelkenner seiner Phantasie die Zügel schießen und schwelgte in abenteuerlichen, architektonisches Gelingen uneinholbar vorwegnehmenden Schilderungen chinesischer Kunstlandschaften. Immerhin gaben die Proben dieses Geschmacks in seiner Umgestaltung der Gärten von Kew - darunter die noch heute erhaltene, ihrer Phantastik aber weitgehend beraubte Pagode - einen sehr farbigen Abglanz dieser Visionen. Die angeblichen Originale dieser Szenen des Schreckens stellt er in der „Description" so dar:

„Die Gebäude liegen in Ruinen; oder sie sind halb vom Feuer zerstört oder von tobenden Wassermassen weggerissen; nichts ist ganz außer ein paar ärmlichen, verstreut in den Bergen liegenden Hütten, die gleichzeitig dazu dienen, auf die Existenz und das Elend der Bewohner aufmerksam zu machen. Fledermäuse, Eulen, Geier und alle möglichen Greifvögel flattern durch die Haine, Wölfe, Tiger und Schakale heulen in den Wäldern; halbverhungerte Tiere durchstreifen die Ebenen; Galgen, Räder, Kreuze und andere Folterwerkzeuge sind von den Straßen aus sichtbar."

Man erkennt, daß in diesen zur Nachahmung vorgestellten Schilderungen der gänzliche Bruch mit der herrschenden englischen Gartenkunst und ihrem Ideal der totalen Landschaft vollzogen ist. Wenn Chambers auf die weiten Blicke und auf die geschlossene Paradies-Natur zugunsten aufstörender Augenblicksbilder oder jäher Effekte verzichten will, nur weil diese die träge Einbildungskraft aus der Ruhe aufstören, dann wollte er damit nicht die früher erlaubte Auflockerung des Gartens durch die Chinoiserie wiederbeleben, sondern stattdessen die Innerlichkeit des Ausnahme-Individuums in genialem Zugriff nach außen. Nichts anderes war es, was neben und nach ihm Charles Hamilton in seinem heute fast zerstörten Park in Painshill und was dessen Neffe William Beckford in der Wunderwelt des Parks von Fonthill Abbey bewegte. Der Zusammenhang dieser Gärten des Schauers und der Poetisierung der Landschaft am Ausgang des 18. Jahrhunderts wird später zu erörtern sein. Hier muß der Hinweis genügen, daß Jean Pauls erdachter Garten aus Tartarus und Elysium im „Titan" weder ein spielerischer Rückgriff auf ältere Vorstellungen der Gartenkunst darstellt, noch eine freie, aller Anschauung entratenden Metapher seiner Weltvorstellung bildet. Wie eng die von ihm geschaffenen Szenen des befreienden Schreckens und der Eden-Entgrenzung sind, läßt sich an zwei Zitaten zeigen, die hier zu einer geschlossenen Darstellung der vertikal geordneten Landschaft kontaminiert werden. Nach 11 Uhr nachts enteilt Albano dem Maskengedränge des Festes, um zum erstenmal nach der Kinderzeit den Freund Roquairol wieder an seine Brust zu drücken. Die beiden haben sich in melancholischer Schwärmerei verabredet, in der Tiefe des Tartarus einander zu begegnen: „Als er an den Scheideweg kam, der durch die Schloßruinen in den Tartarus führt: sah er sich nach dem Zauberhaine um, auf dessen gewundner Brücke ihm Leben und Freudenlieder begegnet waren; alles war stumm darin, und nur ein langer grauer Raubvogel (wahrscheinlich ein papierner Drache) drehte sich darüber hin und her.

Er kam durch das alte Schloß in einen abgesägten Baumgarten, gleichsam ein Baumkirchhof; dann in einen bleichen Wald voll abgeschälter Maienbäume, die alle mit verblühten Bändern und erblaßten Fahnen gegen das Elysium sahen; - ein verdorrter Lusthain so vieler Freudentage. Einige Windmühlen griffen mit langen Schattenarmen dazwischen, um immer zu fassen und zu schwinden.

Ungestüm lief Albano eine von Überhängen verfinsterte Treppe hinab und kam auf ein altes Schlachtfeld - eine dunkle Wüste mit einer schwarzen Mauer, nur von weißen Gipsköpfen durchbrochen, die in der Ecke standen, als wollten sie versinken oder aufstehen - ein Turm voll blinder Tore und blinder Fenster stand in der Mitte, und die einsame Uhr darin sprach mit sich selber und wollte mit der hin- und hergeführten eisernen Rute die immer wieder zusammenrinnende Welle der Zeit auseinanderteilen - sie schlug drei Viertel auf 12 Uhr, und tief im Walde murmelte der Widerhall wie im Schlafe und sagte noch einmal leise den entfliegenden Menschen die fliegende Zeit. Der Weg umlief im ewigen Kreise ohne Pforte die Gottesackermauer; Albano mußte, nach der Nachricht, eine Stelle an ihr suchen, wo es unter ihm brausete und schwankte.

Endlich trat er auf einen mit ihm sinkenden Stein, da fiel ein Ausschnitt der Mauer um, und ein verstrickter Wald aus Baumklumpen, deren Stämme sich in Buschwerk einwickelten, war vor jeden Strahl des Mondes gewälzt. Als er unter der Pforte sich umsah, hing über der schattigen Treppe ein bleicher Kopf gleich einer Büste des Mordfeldes und ging ohne Körper herab, und die verbluteten Toten schienen aufzuwachen und ihm nachzulaufen - der kalte Höllenstein des Schauders zog sein Herz zusammen; er stand; - der Leichenkopf schwebte unbeweglich über der letzten Staffel.
...
Er floh und stürzte durch immer dichtere Zweige endlich hinaus in einen freien Garten und in den Glanz des Mondes; - hier, ach hier als er den heiligen unsterblichen Himmel und die reichen Sterne im Norden wieder schimmern sah, die nie auf- und untergehen, den Pol-Stern und Friedrichs Ehre, die Bären und den Drachen und den Wagen und Kassiopeja, die ihm mild wie mit den hellen winkenden Augen ewiger Geister anblickte; da fragte der Geist sich selber: Wer kann mich ergreifen, ich bin ein Geist unter Geistern; und der Mut der Unsterblichkeit schlug wieder in der warmen Brust. -

Aber welcher sonderbare Garten! Große und kleine blumenlose Beete voll Rosmarin, Raute und Taxus zerstückten ihn - ein Kreis von Trauerbirken umgab wie ein Leichengefolge gesenkt den stummen Platz - unter dem Garten murmelte der begrabne Bach - und in der Mitte stand ein weißer Altar, neben welchem ein Mensch lag.

Albano wurde gestärkt durch die gemeine Kleidung und durch den Handwerksbündel, worauf der Schäfer ausruhte; er trat ganz dicht an ihn und las die goldne Inschrift des Altars: Nimm mein letztes Opfer, Allgütiger! - Das Herz des Fürsten sollte hier zur Asche werden im Altare."

Die beschaulichen Ruhebänke und die stillen Terrassen, an denen im Seifersdorfer Tal oder im Weimarer Park der Besucher innehält, um vom Sessel der Freundschaft aus oder an der Urne mit dem Schmetterling über die poetischen Merksprüche nachzusinnen, sind hier ins Gespenstische verschoben: die ruhende Gestalt, in der Albano den ersehnten Freund vermutet, erweist sich als die Statue auf dem Altar, unter dem das Herz des Fürsten, zu Asche verbrannt, beigesetzt ist.

Barocke Vanitas-Symbole, unmittelbar zu Herzen gehende Bilder des Grauens und eine finstere Ikonographie der Bäume und Sträucher weben zwischen den Laubengängen und Höhlen am Pestitzer Schloßberg eine Unterweltslandschaft, in der jede aufgeregte Erinnerung und jede Ahnung zeichenhaft vorweggenommen und in den Alptraum verwandelt wird. Ist der herabschwebende Leichenkopf ohne Körper ein Teil des inszenierten Grauens oder ein Teil der Albano umgebenden Intrige? Ist der Weg, der im ewigen Kreise ohne Pforte die Gottesackermauer umläuft, ein vom Gartenarchitekten entworfenes Pendant zu dem nach der Höhe führenden Serpentinenberg des Elysiums, an dem Albano früher einen seligen Augenblick verbracht hat, oder erscheint er nur in dessen Phantasie als ein Zerrbild früheren Glücks? Sicher ist nur, daß die von Jean Paul erdachte und wie eine Art Geisterbahn aufgebaute Parklandschaft des Tartarus eine extreme Umsetzung des schauerlichen Gartens ist, dessen Ähnlichkeit in England William Chambers zwanzig Jahre zuvor entworfen hat. Kein englischer und kein deutscher Landschaftsgarten, so sehr sie oft mit Staffagen überhäuft sein mochten, hat das Spiel mit dem Grauen so weit getrieben wie Jean Paul in seinem imaginären Park. In keinem auch wurde Edmund Burkes Satz: „Das Entsetzen ist, manchmal deutlich erkennbar, manchmal eher verborgen, wirklich immer und überall das beherrschende Prinzip des Erhabenen", so konsequent in Landschaftsanschauung umgesetzt wie hier, wo die Gefährdung des Ichs ganz in Burkes Sinn zu seiner Befreiung dienen kann. Nicht dienen muß; denn in Jean Pauls allbezüglicher Metaphorik bleiben die „einkräftigen", die von ihrer Maßlosigkeit bedrohten Existenzen, wie Titanen, im Tartarus am Fuß der Berge Ossa und Olymp begraben. Wer aber, ungefährdet durch diese Schicht der Vorbestimmung, nächtlich ins Elysium aufsteigt, der erlebt die Wunder der anderen Wirklichkeit in der Umdeutung der ersten. So heißt es im 51. Zykel:

„Jetzt stand er in einer Talrinne vor Lilar glühend und bange, das aber ein sonderbarer runder Wald aus Laubengängen noch versteckte. Der Wald wuchs in der Mitte zu einem blühenden Berge auf, den breite Sonnenblumen, Fruchtschnüre von Kirschen und blinkende Silberpappeln und Rosenbäume in so künstlicher Verschränkung einhüllten und umliefen, daß er vor den malerischen Irrlichtern des Mondes ein einziger ungeheurer Kesselbaum voll Früchte und Blüten zu sein schien. Albano wollte seinen Wipfel besteigen, gleichsam die Sternwarte des unten ausgebreiteten Himmels oder Lilars; er fand endlich am Walde einen offnen Laubengang.

Die Lauben drehten ihn in Schraubengängen in eine immer tiefere Nacht hinein, durch welche nicht der Mond, sondern nur die stummen Blitze brechen konnten, von denen der warme Himmel ohne Wolken überschwoll. Der Berg hob die Zauberkreise immer kleiner aus den Blättern in die Blüten hinauf - zwei nackte Kinder hatten unter Myrten die Arme liebkosend einander um die zugeneigten Köpfe gelegt, es waren die Statuen von Amor und Psyche - Rosennachtfalter leckten mit kurzen Zungen den Honigtau von den Blättern ab, und die Johanniswürmchen, gleichsam abgesprungene Funken der Abendglut, wehten wie Goldfaden um die Rosenbüsche - er stieg zwischen Gipfeln und Wurzeln hinter dem aromatischen Treppengeländer gen Himmel, aber die kleine, mit ihm herumlaufende Spiralallee verhing die Sterne mit purpurnen Nachtviolen und die tiefen Gärten mit Orangegipfeln - endlich sprang er von der obersten Sprosse seiner Jakobsleiter mit allen Sinnen in einen unbedeckten lebendigen Himmel hinaus; ein lichter Berggipfel, nur von Blumenkelchen bunt-gesäumt, empfing ihn und wiegte ihn unter den Sternen, und ein weißer Altar leuchtete hell neben ihm im Mondlichte. - - Aber schaue hinunter, feuriger Mensch mit deinem frischen Herzen voll Jugend, auf das herrliche unermeßliche Zauber-Lilar! Eine dämmernde zweite Welt, wie leise Töne sie uns malen, ein offner Morgentraum dehnt sich vor dir mit hohen Triumphtoren, mit lispelnden Irrgängen, mit glückseligen Inseln aus - der helle Schnee des gesunknen Mondes liegt nur noch auf den Hainen und Triumphbogen und auf dem Silberstaube der Springwasser, und die aus allen Wassern und Tälern quellende Nacht schwimmt über die elysischen Felder des himmlischen Schattenreichs, in welchem dem irdischen Gedächtnisse die unbekannten Gestalten wie hiesige Otaheiti-Ufer, Hirtenländer, daphnische Haine und Pappelinseln erscheinen - seltsame Lichter schweifen durch das dunkle Laub, und alles ist zauberisch-verworren."

Waren im Tartarus Lesefrüchte aus der englischen Gartenkunst und Bayreuther Erinnerungen verschmolzen - hier vielleicht der sonst von ihm nicht erwähnte Felsengarten von Sanspareil bei Zwernitz, in dem die Markgräfin Wilhelmine ganz früh bereits den malerischen Reiz von Wald und Fels nur durch Benennung und durch ein paar überraschende Bauten zu einem sublimen Garten der Wunder frei umgestaltet hatte -, so steht hinter dem Elysium die anverwandelte Tradition der englischen Landschaftsgärten des frühen 18. Jahrhunderts mit ihren gewundenen Wegen durch Tempeltäler, mit ihren Gefilden der Seeligen und ihren harmonischen Heiligtümern an blinkenden Teichen und Bächen. Und diese Tradition wiederum gewinnt für Jean Paul die Anschauungskraft des Wirklichen aus der Bayreuther Eremitage, aus dem Musenberg, aus den Serpentinenwegen zwischen den Eremitenhäuschen jenseits des Schlosses und aus den engen schmalen

Talwegen entlang den Wasserspielen. Der Leseeindruck, bei Jean Paul zugleich einem unzeitgemäßen und einem die Zukunft vorwegnehmenden Gartenkonzept zu begegnen, bestätigt sich. Aber dieses sperrige Gedankenspiel erweist sich bei näherem Zusehen eben doch als Auseinandersetzung mit der modernen Weiterentwicklung der Landschaftsgestaltung: Clemens Brentano, Ludwig Tieck und E.T.A. Hoffmann sind ihm darin begeistert nachgefolgt.

Das Illusionsmoment gehörte bei Jean Paul zur Voraussetzung seiner imaginären Wirklichkeit: er spielt mit dem Erwartungsbruch, er forciert das Umkippen des Augenblicks, er überdehnt die Spannungsbögen, alles zu dem gleichen Zweck, um nämlich in der Gegenbewegung die höhere Illusion und das reflektierte Gefühl der Unendlichkeit freizusetzen. So verfährt er in den Romanen bei jedem Aufenthalt in der Natur. Der Illusionsbruch macht sichtbar, wie die Schleier einer höheren Aura die gewohnte Welt umschweben. Wie genau bedacht diese Landschaftsträume aus Stimmungs-Versatzstücken waren, zeigt jede Formulierung aus den Parkschilderungen von Lilar. In der Trunkenheit der Beschreibung entwirft der Dichter, empfindsame Distanz einnehmend, eine Ästhetik der erhabenen Seelenlandschaft in nuce, ein ganzes Netz anspielungsgesättigter Stichworte, wie es an Tiefe und Eindringlichkeit kaum einer der Theoretiker dieser Kunst zu denken vermocht hat. Wie reich und lebendig ist nicht der Dithyrambus auf den Landschaftsgarten der Villa Gregoriana in Tivoli, das nie gesehene Urbild aller sublimen Naturdarstellungen seit dem 17. Jahrhundert. Albano eilt, von seiner Liebe zu Linda gegen jede äußere Schönheit blind geworden, von der Stadt Tivoli nach der großen Kaskade. Es „glitten die Felsen der bevölkerten Landschaft und der runde Vestas-Tempel und die ineinanderfließenden Täler vom römischen Tore an bis zum Tempel, diese glänzenden Reihen glitten nur als Traum- und Wasserbilder vor dem Herzen vorüber, worin eine Geliebte lebendig blühte und mit der Fülle einer Welt eine Welt verdrängte". Dann begegnet er der Geliebten und der Schwester, stumm im Getöse des Wasserfalls. Was Claude Lorrain und Piranesi im Bild beschworen hatten, was seit Joseph Addisons aufgeklärtem Rede-Feuer alle Reiseschriftsteller in dichterische Furor versetzt hatte, findet sich dann in Albanos entzücktem Rundblick zusammengedrängt:

„Sie hatten sich nicht gehört und standen, schmachtend nach ihren Lauten, umrungen von fünf Donnern, mit weinenden Augen voll Liebe und Freude voreinander. Heilige Stelle, wo schon so viele tausend Herzen heilig brannten und selig weinten und sagen mußten: das Leben ist groß! - Heiter und fest glänzt in der Sonne oben die Stadt über dem Wasser-Krater dahin - stolz schauet Vestas zerrissener Tempel, mit Mandelblüte bekränzt, von seinem Felsen auf die Strudel nieder, die an ihm graben - und ihm gegenüber spielt der strudelnde Anio alles auf einmal vor, was Himmel und Erde Großes hat, den Regenbogen, den ewigen Blitz und Donner, Regen, Nebel und Erdbeben."

Eine vollständige Poetik des landschaftlich Erhabenen, eingefangen in die verallgemeinernde Anrufung des heiligen Orts und in die lyrische Ekstase Albanos, durch dessen Empfinden hindurch Jean Paul das ferne Wunder anschaut.

Erst in den letzten Werken schwindet dem Romancier die Kraft, der skeptischen Illusionsaufhebung die Zuversicht auf die Unsterblichkeit der Seele entgegenzuhalten. Da späht er scharf in die Wahnvorstellungen seiner Helden hinein. Da hebt er selbst von seinen Mechanismen der Verzauberung das verhüllende Tuch hinweg. Und damit gewinnen zugleich, wie die Figuren und wie die Handlungen dieser Charakterstücke, auch die Landschaftsbeschreibungen ein neues Maß an Besonderheit, an nüchterner Anschaulichkeit, wie es den im Grunde immer gleichen Seelenlandschaften seiner früheren Parks abging. Goethes Garten in den „Wahlverwandtschaften" genügt auf modernste Weise Hirschfelds Forderung nach dem Charakteristischen, das jede Parklandschaft auszeichnen müsse. Die molukkischen Inseln und Lilar sind in höherem Sinn vertauschbar, sind Teile eines dem Ich unterworfenen, aber unendlichen Gartens des Schauers und der Überraschung. Anders die letzten, von der Ernüchterung kalt und silbrig gewordenen Natur- und Gartenbeschreibungen im „Leben Fibels" oder im „Komet": gerade dort enthüllt sich die Künstlichkeit des appretierten Parks als Wahngebilde, das ganz dem Aberwitz des jugendlichen Schwärmers und Helden in diesem Buch korrespondiert. Und in „Dr. Katzenbergers Badereise" beschört der Dichter noch einmal das ganze Arsenal seiner Sprache, um die so wachgerufene Illusion einer magischen Parkwirklichkeit im nächsten Augenblick aufzuheben. Fortführung und Entlarvung seines Prinzips des Verwandlungs-Moments:

„Endlich tat sich ihr das Schattenreich auf, mit einer schimmernden Sternendecke und mit Hügeln, Felsen, Grotten und Höhlen in der Höhle. Alles schien eine Unterwelt zu bedeuten; der Volksstrom, den sie so lange draußen im Taglichte in die Tür einfluten sah, schien hier, wie ein Menschengeschlecht in Gräbern, ganz vertropft zu sein; und bald erschien auf den Hügeln da ein Schatte, bald kam aus den langen Gängen dort einer her.... Jetzt ungestört ging sie unter den andern Lichtschatten herum - sie kam vor eine kleine Bergschloß-Ruine - dann vor ein Schiefer-Häuschen, bloß aus Schiefern voll Schiefer-Abdrücke gemacht - dann tönte auf den entfernten unterirdischen Alpen zuweilen ein Alphorn durch Höhlungen hindurch - sie kam an einen Bach, in welchem die unterirdischen Lampen zum zweiten Male unterirdisch widerglänzten - dann an einen kleinen See, worin eine abgespiegelte Gestalt gegen den umgekehrten Himmel hinunterhing; es war die Bildsäule der Fürstin-Mutter, die ihr Sohn dicht neben ihrem Grabe aufgestellt.... Auf einmal tönte von einem blasenden Musikchore auf einem fernen Felsen das Lied herüber: Wie sie so sanft ruhn! Als jetzt dem Musikchore ein zweites, in tiefe Ferne gelegt, antwortete als ein Echo: - so hielten beide Glückliche das leisere Tönen noch für das alte laute, weil die Saiten ihres Herzens darin mitklangen. Und als Theoda heraustrat vor den Glanz des brennenden Gewölbes, wie anders erschien es ihr nun! Eine Unterwelt lag vor ihr, aber eine elysische; unter der weiten Beleuchtung flimmerten selber die Wasserfälle in den Grotten und die Wassersprünge in den Seen - überall auf den Hügeln, in den Gängen wandelten selige Schatten, und auf den fernen Widerklängen schienen die fernen Gestalten zu schweben - alle Menschen schienen einander wiederzufinden, und die Töne sprachen das aus, was sie entzückte - das Leben hatte ein weißes Brautkleid angezogen - wie in einem vom Mondschein glimmenden Abendtau und in Lindenduft und Sonnen-Nachröte schienen der seligen Theoda die weißgekleideten Mädchen zu gehen, und sie liebte sie alle von Herzen - und sie hielt alle Zuschauer für so gut und warm, daß sie öffentlich wie vor einem Altare hätte dem Geliebten die Hand geben können. -

In dieser Minute ließ der Fürst eine heimliche, nach dem Abendhimmel gerichtete Eichenpforte des Höhlen-Bergs aufreißen und ließ die Abendsonne wie einen goldnen Blitz durch die ganze Unterwelt schlagen und mit einer Feuersäule durch sie lodern. Ach Gott, ist dies wahr, sehen Sie es auch? sagte Theoda zu ihm, welche glaubte, sie erblicke nur ihr innres Entzücken in das äußere Glänzen ausgebrochen und ihr Gesichte vorspielend, da gleichsam die goldne Achse des Sonnenwagens in der Nachtwelt ruhte und mit dem Glanz-Morgen, den er ewig mitbringt, die Lichter auslöschte und die Höhen und die Wasser übergoldete - da der ferne Mond-Tempel wie ein Sonnen-Tempel glühte - da die bleiche Bildsäule am See sich in lebendigem Rosenlichte badete und auseinanderblühte - da das angezündete Frührot des Lebens an der einsamen Abend-Welt plötzlich einen bevölkerten Lustgarten voll wandelnder Menschen aufdeckte. -

Und doch, Theoda, ist dein Irrtum keiner! Was sind denn Berge und Lichter und Fluren ohne ein liebendes Herz und ein geliebtes? Nur wir beseelen und entseelen den Leib der Welt. Ist ein Garten eine engere Landschaft, so ist Liebe nur ein verkleinertes All; in jeder Freudenträne wohnt die große Sonne rund und licht und in Farben eingefaßt."

Die Gartenkunst in Deutschland folgte dem englischen Vorbild zunächst mit der auf dem Kontinent üblichen Verzögerung von zwanzig Jahren. Nach 1770 aber stehen die neugeschaffenen Landschaftsgärten im Zeichen der Empfindsamkeit und eines säkularisierten Pietismus. Die Naturversenkung des Ichs, die Spiegelung innerer Ausnahmezustände in der befreundeten und mitfühlenden Szenerie, die Empfindungen auf dem Lande als wiederholbarer „Durchbruchs-Augenblick", analog zu den Momenten mystischer Selbstentgrenzung, kurz, die religiöse Emphase hinter der neuen Naturwahrnehmung gab der englischen Mode in der Parkgestaltung einen Zug ins Dichterische, der den Vorbildern nicht in gleichem Maße eigen war. Wenn Heinrich Christian Boie (1744-1806), der Mittelpunkt des Göttinger Hainbundes und seit 1770 Herausgeber des ersten „Musenalmanachs", nach dem unerwarteten Tod seiner lange umworbenen Gattin alle Leidenschaft in der Auszierung eines zu ihrem Andenken unternommenen Gartens übertrug, dann spricht sich - in den engen bürgerlichen Möglichkeiten Dithmarschens - der gleiche schwärmerische Zug aus, der in Dresden zu der viel größer dimensionierten Gartenschöpfung des Seifersdorfer Tals geführt hatte. Die Entwicklung des deutschen Landschaftsgartens - seit 1765 nutzten der Fürst von Anhalt-Dessau und sein Baumeister Friedrich Wilhelm von Erdmannsdorff (1736-1800) ihre Reiseerfahrungen aus England und Frankreich für die Schöpfung von Schloß und Park in Dessau - bis in die Zeit des vollendeten landschaftlichen Gartenstils um 1800 kann hier nicht einmal skizziert werden: Hirschfelds Theorie hatte da die nachhaltigste Wirkung. Das kluge und maßvolle Abwägen der Tradition, die sichere Anschauung eines natürlichen Gartens als Ideal und der bestimmte Umriß der Schilderungen ließen Hirschfelds Werk, das noch ganz vom Schwung der deutschen Popular-Aufklärung getragen war, bis tief ins 19. Jahrhundert zum unentbehrlichen Ratgeber werden. Wohl hatte der Theoretiker sich in seiner Forderung nach Poetisierung der Landschaft an William Shenstone angeschlossen, weil er dessen einfältig-zielstrebige Auffassung, nur der poetische Gedanke könne die Naturschönheit noch adeln, bequem und anwendbar fand. Entsprechend duldete er, wie Jacques Delille oder Girardin, der größte französische Gartentheoretiker und der Architekt des vollkommensten Landschaftsgartens in Frankreich, die Interpretation der Szenerie durch Gartengebäude, wofern diese dem Bild eine stimmige Idee für einfühlsame Seelen hinzufügten. Aber in seinem Innersten wollte Hirschfeld für den Park ohne solche Gedankenstützen auskommen. Er mißbilligte das Inszenierte in den erhabenen Gärten nach William Chambers' Muster. Er wollte, daß die Natur zu jedem aufnahmebereiten Ich durch sich selbst spreche, daß die Aufgabe des Architekten vor allem in der pfleglichen Herausstellung des Schönen und des

Charakteristischen bestehe. Damit gab er der deutschen Landschaftsauffassung die Richtung zum landschaftlichen Gartenstil vor, die dann in den Parks um Weimar, um Dresden und Leipzig zur Ausprägung des Englischen Gartens in Deutschland führten. Für sie konnte nur Capability Brown als Vorbild maßgeblich sein und was an Entwicklungen in seiner Idee der totalen Landschaft erwachsen war. Am Beispiel Friedrich Ludwig von Sckells (1750- 1823) ließe sich die Herausbildung des klassischen Landschaftsgartens am deutlichsten zeigen: der im Geist Hirschfelds und der englischen Gartentheorie erzogene Gartenarchitekt hatte unter Kurfürst Karl Theodor die künstlerische Oberaufsicht über die sprechenden Gärten von Schwetzingen, die noch ganz dem älteren Schema des reich mit Zitaten staffierten Parks folgen, ehe er nach 1806 mit der Gestaltung des Englischen Gartens in München begann, dem bis dahin nie durchgeführten Konzept eines abseits der Residenz gelegenen Erholungs- und Volksparks und die dort erprobte Lösung eines einheitlich aufgefaßten, aber in sich vielgestaltigen Ganzen der schönen Natur übertrug Sckell auf die in ihren Achsen und in ihren Parterres regelmäßige Barockanlage der königlichen Sommerresidenz von Nymphenburg. Es ließe sich zeigen, wie kenntnisreich und wie originell der deutsche England-Verehrer die Anregungen von Lancelot Brown und Humphry Repton für seinen gewissermaßen winckelmannischen Naturentwurf zu nutzen wußte. Analog dazu wäre - in engerer Anbindung an die ästhetischen Grundsätze des Weimarer Kunstprogramms - die Weiterwirkung von Humphry Reptons Gartentheorie in den herrlich weitgreifenden Landschaftsplanungen Peter Joseph Lennés darzustellen, jenes weitverzweigte Netz selbständiger, aber verwandter Gärten rund um Potsdam, die durch heimliche und offene Blickverbindungen zu einer verzauberten Insellandschaft entlang den märkischen Seen verwandelt werden sollten, so als hätte Friedrichs II. Jugendtraum von Kythera in der Mark unversehens romantische Urstände gefeiert. Hinter den weltgeschichtlichen Erdbeben und Stürmen der Jahrhundertwende blieb in der Gartenkunst wie in den anderen Künsten die Goethezeit als ein Kontinuum fast unversehrt bewahrt: Die Schattierungsgegensätze, die entschlossenen, aber unausgesprochenen Weiterentwicklungen der Gartenkunst werden von neoklassizistischen und romantischen Naturauffassungen viel nachhaltiger geprägt als von den politischen Notwendigkeiten oder vom Geist der Opportunität. Die Geschichte des deutschen Gartens zwischen 1790 und 1830 ist ein Teil der Geschichte der Goetheschen Kunstperiode, und eben nicht ein Teil der Geschichte zwischen Revolution und Restauration. Auch das Vordringen des Volkspark-Gedankens hängt nur indirekt mit den bürgerlichen Nationalbewegungen vor den Freiheitskriegen zusammen. Er ist von Hirschfeld aus aufgeklärtem Humanitätsempfinden geprägt und über viele Jahrzehnte hin in seinem Geist weiterverfolgt worden.

Für unsere Fragmente zum Funktionswandel des Landschaftsgartens nach 1800 müssen wir uns auf kursorische Bemerkungen zu Hermann von Pückler-Muskaus „Anmerkungen über Landschaftsgärtnerei" von 1835, Summe seiner theoretischen und praktischen Anstrengungen auf diesem Kunstgebiet, und auf wenige Winke über Adalbert Stifters „Nachsommer" (1860) beschränken. Beides führt die Eingangsüberlegungen zum Charakteristischen als einer bestimmenden Kategorie der Gartenkunst weiter. „Du weißt"., schrieb Hermann Pückler am Weihnachtsabend 1825 an seine Frau Lucie: „daß ich den Plan habe, über Landschaftsgärtnerei eine kleine Broschüre herauszubringen, mit einem Atlas verbunden, der den Plan des Muskauer Parkes und die schönsten Aussichten enthält, in der Repton'schen Manier, wie es war und ist ... Obgleich alles nur so kurz als möglich gefaßt, und nichts gesagt ist, als was zur Sache gehört und also das Ganze nicht mehr als 50 bis 60 gedruckte Seiten enthalten wird, so bin ich doch überzeugt, daß es sehr großen Nutzen stiften wird, und wesentlich dazu beitragen kann, den reicheren Teil der Nation zu mehr Geschmack und Schönheitssinn zu erwecken, als sie bisher zeigten." Zehn Jahre arbeitete Pückler damals bereits an der Verwandlung seiner Muskauer Grundherrschaft in einen Landschaftsgarten, der einer seit 1814 sich neu konsolidierenden Nation als Muster dienen sollte. Wie die großen Gartenarchitekten vor ihm orientierte auch er sich an England. Auf seiner skandalumwitterten Englandreise 1811 hatte er - von Goethe früh auf die Schönheiten Weimarer und Dessauer Anlagen aufmerksam gemacht - alle berühmten Parklandschaften studiert und doch, wie im Fall des für ihn nicht zugänglichen Fonthill Abbey, von fern her bewundert. Nach 1815 begann er dann mit Leidenschaft und unbeirrbarem Sachverstand die Neugestaltung seines angestammten Besitzes in Muskau. Die Schriften Humphry Reptons hat er zwar erst 1820 zu studieren begonnen. Vermutlich waren es die gleichen 1803 erschienenen „Observations on the Theory and Practice of Landscape Gardening", die schon Goethe für seine erzählerischen Zwecke benutzt hatte. Aber mit Reptons Neuerungen in der Gartenkunst hatte er sich bereits in England vertraut gemacht; denn 1817 hatte er Reptons Sohn John Adey als Berater nach Muskau kommen lassen. Von Anfang an steht Pücklers Vision seiner Muskauer Welt - und das beinahe unvermeidbar - im Zeichen von Humphry Reptons Gartenkunst einer nachgebesserten Wirklichkeit. Die Ausgangssituation für einen grenzenlos gedachten, einen totalen Landschaftsgarten war ungünstig. Wenn auch in größeren Dimensionen, waren es doch die gleichen, durch Herkommen und gewerblichen Alltag bestimmten

Verhältnisse wie bei Goethes reichem Baron Eduard. Das Zentrum bildete das alte und das neue Schloß nahe der kleinen Mediatstadt Muskau. „Das Schloß selbst umgaben, jenseits der Gräben und Festungswerke, später mit einigen neueren pseudoenglischen Anlagen in der von mir angegebenen beliebten Manier unseres Vaterlandes versehen, zugleich aber auch einige ausgezeichnet schöne und weite Linden-Alleen, welche jedoch ein unvernünftiger Gärtner theilweise geköpft hatte, um ein daneben stehendes, schlecht angelegtes Orangeriehaus vor dem etwanigen Umbrechen so großer Bäume zu schützen ... Den übrigen Theil der Fläche nahmen traurig kahle Aecker ein, von denen die meisten den Städtern gehörten. Die Flussufer prangten indess überall mit einer Menge der schönsten Eichen und anderer hoch aufgeschossener Bäume". Die aus massiv gebauten Häusern am Bergrand aufgerichtete Stadt, die Silhouette durch „mehrere ansehnliche Kirchen und Türme und eine gewisse allgemeine Nettigkeit" ausgezeichnet, schien Pückler als malerisches Pendant zu den Schloßanlagen für seine Zwecke durchaus verwendbar. Was aber war aus dem Gegensatz des Dorfes Berg mit einer der ältesten Kirchenruinen in der Lausitz und dem am Südende des Städtchens in romantischer Schluchtenlandschaft gelegenen Alaunbergwerk für den Landschaftsgärtner zu gewinnen? Für Capability Brown hätte es nur die eine Lösung gegeben, das Schloß zu einer baulichen Einheit zu verbinden, die älteren Terrassen und Gartenversuche zu beseitigen und, jenseits der Stadt und den größeren Ortschaften eine freie Landschaft neu zu erschaffen. In ihr hätten selbstverständlich einzelne Gehöfte, Ansiedlungen oder gar Gewerbebetriebe beseitigt werden müssen. Selbst die Kirchenruine und die alten Alleen hätten da schwerlich ihren Ort behalten. Auch Humphry Repton wäre wohl, bei sorgsamster Schonung des Bestehenden, an einer solchen Herausforderung seiner Begabung für die improvements der Landschaft an dieser Aufgabe verzweifelt: ein Dorf in seine Parkwelt einzubeziehen, neben der Kirche auch ein malerisches Wirtshaus nach einiger Bauverbesserung gelten zu lassen, das Disparate eines Besitzes im Nebeneinander der Gartenanlagen zur Geltung zu bringen - das war selbstverständliche Voraussetzung seines künstlerischen Glaubensbekenntnisses. Aber auch das jeder Schönheit Widerstrebende von Handel und Gewerbe, Bergwerk und Fabrik, in die vollkommene Natur einzubeziehen, der alles Nachdenken des Gartenarchitekten verpflichtet war, das mußte jeden Verfechter des reinen englischen Gartenstils zutiefst treffen. Hier trennt sich dann auch Pücklers Gartentheorie von seinen englischen Vorbildern und trifft sich mit den praktischen Ergänzungen seines Berliner Rivalen Peter Joseph Lenné, der bei seinen Plänen in der preußischen Hauptstadt und in der Verwandlung der Potsdamer Seenlandschaft zwangsläufig vor ähnliche Probleme gestellt war. Vielleicht war Goethes nüchterner Enthusiasmus für das Bestehende und Eintreten für die Unantastbarkeit gewachsener Strukturen, wie sich beides in seiner skeptischen Behandlung der Gartenpläne aus den „Wahlverwandtschaften" zeigt, Ausdruck einer anderen Natur- und Gartenauffassung, die in Deutschland seit Hirschfeld das Verhältnis von Ich und Natur als dichterisch-symbolisches neu zu bestimmen suchte: schon Hirschfeld spricht nebenher von den Anforderungen, welche die Alltäglichkeit an den Landschaftsarchitekten stellt. Er macht sich über die Grenzen zwischen der Welt der Wirklichkeit und dem Freiraum des Gartens Gedanken. Nach ihm waren es dann nicht so sehr die Gartengestalter wie Jussow oder Sckell, sondern die Dichter, die der Vorstellung vom Naturschönen, wie es sich im Park am reinsten ausdrücke, mit einer neuen Eindringlichkeit andere und vielleicht tiefere Dimensionen gaben. Auffallend und daher keines Beweises bedürftig, wie oft in den Gedichten und in den emphatischen Landschaftsschilderungen Clemens Brentanos oder Eichendorffs rauchende Schornsteine oder die Klänge eines Walzwerks durch die magisch überhöhte Natur zum entzückenden Wanderer oder Leser herübergrüßen. Gewiß, die Industrialisierung war in Deutschland zu wenig fortgeschritten, um in ihrer zerstörerischen Auswirkung auch nur geahnt zu werden. Wenn darum vereinzelte Schlote aus dem Waldesdickicht sich heraushoben, brauchte niemand an Schweiß und Arbeit, an Lärm und Gestank denken. So befand sich Pückler in kunstgesinnter Umgebung, wenn er zwischen dem Alaunbergwerk und der romantischen Felsenschlucht keine ästhetische Barriere errichtete, wie es die pragmatischeren und viel weiter industrialisierten Engländer gleichzeitig getan hätten. Entscheidend für die Nobilitierung von Handel und Wandel, von Industrie und Gewerbe, war aber - von Goethes pantheistischer Verklärung der Bergwerksgegend von Ilmenau zum Ardennerwald aus Shakespeares bekannter Komödie bis herauf zur erschreckten Wahrnehmung in Adalbert Stifters „Hochwald", daß selbst die Kriegs- und Brandspuren aus weitester Entfernung Teil der ewigen Natur werden können - die leidenschaftlich beschworene Idee von der geschichtlichen Spur, die der Mensch in der ihm vorgegebenen Schöpfung zieht und an der erst die mythische Bedeutungsschicht der Natur erkenntlich werden kann. Zeitlosigkeit und Geschichte, das Ewige und der Augenblick, das wahrnehmende Ich und die ihm gleichgültig und schweigend begegnende Natur verschmelzen da ineinander. Wenn Hermann von Pückler, ganz auf Humphry Repton fußend, für den Park in Muskau wie für jeden Park einen einheitlichen Grundgedanken fordert, so trennt sich mit ihm die deutsche von der englischen Gartentheorie an dem Punkt, wo er die Landschaft der Historie unterwirft, wo er das Naturschöne des Gartens erst aus der rückblickenden Wahrnehmung erschafft. Er folgt in allen Neuerungen dem von ihm bewunderten Engländer. Er entwirft einen pleasure ground vor dem Schloß als Ausgangssituation für einen Adelsgarten. Er gruppiert in sich zentrierte Teillandschaften um Wasserläufe oder aufgestaute Seen. Er sorgt durch Blickverbindungen für eine dichte Organisation der Einzelheiten. Aber die Forderung nach dem gliedernden Gedanken einer künstlerischen Schöpfung, die er im ersten Abschnitt seiner allgemeinen „Andeutungen über Landschaftsgärtnerei" von jeder Garten-Anlage forderte, ist in keinem englischen Park vor ihm verwirklicht worden. Mit der prosaischen Überdeutlichkeit eines Reiseführers detailliert Pückler denn auch die Aufgaben seines Landschaftsgartens, um diese Idee scharf genug herauszustellen:

„Nachdem ich mich also mit dem geschilderten Lokal und den Möglichkeiten der Ausführung meiner Gedanken hinlänglich bekannt gemacht hatte, beschloss ich, ausser den schon bestehenden Gärten, das Ganze Flussgebiet mit seinen angrenzenden Plateaus und Hügelreihen, Fasanerie, Feldflur, Vorwerk, Mühle, Alaunbergwerk u.s.w., von den letzten Schluchten des sich im Süden abdachenden Bergrückens an, bis zu den Dörfern Köbeln und Braunsdorf auf der Nordseite (alles zusammen nahe an 4000 Morgen Landes) zum Park auszudehnen, und durch Hinzunahme des, sich hinter der Stadt fortziehenden, Abhangs, nebst einem Theil des darauf liegenden Dorfes Berg, die Stadt selbst durch den Park so zu umschliessen, dass sie künftig mit ihrer Flur nur einen Theil desselben ausmachen solle. Da sie eine mir bisher unterthänige, und noch immer abhängende Mediatstadt ist, so gewann ihre Hinzuziehung zu den projektirten Ganzen eine historische Bedeutung; denn die Hauptidee, welche ich der Fassung des ganzen Planes zum Grunde legte, war eben keine andere als die, ein sinniges Bild des Lebens unserer Familie, oder vaterländischer Aristokratie, wie sie sich eben hier vorzugsweise ausgebildet, auf eine solche Weise darzustellen, dass sich diese Idee im Gemüth des Beschauers, so zu sagen, von selbst entwickeln müsse. Hierzu war nur nöthig, dass das schon Gegebene benutzt, hervorgehoben und in demselben Sinne bereichert, die Lokalität und ihrer Geschichte aber nirgends Gewalt angethan würde."

Apotheose des Krautjunkerwesens? Pückler hat seiner leitenden Idee, die hier in aller Ausführlichkeit zitiert war, um die Nuancen nicht zu verzerren, durch eine ironische Pointe gegen die Liberalen abgesichert: sie möchten doch, in ihrem tugendhaft-ingrimmigen Pochen auf Freiheit - „Euer ist jetzt das Geld und die Macht - lasst dem armen ausgedienten Adel seine Poesie, das Einzige, was ihm übrig bleibt. Ehrt das schwache Alter, Spartaner!" - der historisch gewachsenen Kaste des Adels ihre höhere, ästhetische Gesittung, ihre athenische Kunstsinnigkeit als Pfand für die Zukunft überlassen. Das lag ganz im Zug der Zeit, war Teil der allgemeinen Restauration, in der die Weimarer Kunstperiode und das wiederhergestellte Ancien Régime jenen unausgesprochenen Bund eingingen, den die jüngere Generation des Bürgertums so heftig befehden sollte. In der Entwicklung der Gartenkunst freilich mußte dieser Rückgriff auf die Familiengeschichte Hermann von Pückers als eine weit über Humphry Repton und seine deutschen Nachfolger hinausgehende Neuerung erscheinen. Das Charakteristische - in Muskau wurde es zum erstenmal konsequent mit der gewachsenen Besonderheit des Ortes gleichgesetzt. Mitnichten entsprach diese Deutung des Charakteristischen einer bloßen Umbenennung für das Vorgefundene, als ob hier ein gartenkünstlerischer Monsieur Jourdin unversehens gemerkt hätte, daß Prosa sei, was er immer schon gesprochen habe. Im Gegenteil: um seiner Idee eines Landschaftsgartens als eines geschichtlichen Panoramas zu genügen, mußte Pückler Sisyphus-Anstrengungen unternehmen, deren Ausmaße und Kosten selbst die reichsten englischen Adligen hätten bleich werden lassen. So war das alte Schloß seiner mächtigen Befestigungen zu entkleiden. So waren die Burggräben aufzufüllen und in den pleasure ground einzubeziehen. So war vor dem Schloß die alte Straße umzulenken und das Gelände in einen künstlichen See zu verwandeln. Und noch auf dem kahlen Höhenzug im Süden mußte der Landschaftsplaner eine Allee abholzen und die Straße entfernen, die dort den Ausblick ästhetisch verunglimpfte. Mit sicherem Blick für das Machbare, aber zugleich aus einer dichterischen Imagination, wie sie wenigen Gartenarchitekten seiner Generation gegeben war, schuf er aus dem sorgsam bewahrten Canevas seiner Muskauer Besitzungen einen der schönsten und malerischsten Landschaftsgärten Europas.

Als der junge Heinrich in Adalbert Stifters „Nachsommer" bei seiner zögerlichen Annäherung an die Alpen im höher gelegenen Vorland zuerst auf das Rosenhaus des Freiherrn von Riesach stößt, muß dieser Augenblick nach der inneren Chronologie der Zeitlosigkeit dieses Romans in etwa mit dem übereinstimmen, als Hermann von Pückler-Muskau schuldenhalber sich von seinem Tagtraum trennte, um in dem benachbarten Branitz im verkleinerten Maßstab einer ferme ornée, eines gärtnerisch ausgestalteten Landsitzes, noch einmal die Grundsätze seiner Landschaftsgärtnerei zu überprüfen. Wir befinden uns, im Rückblick der fünfziger Jahre über die Revolution von 1848 in die Welt des Biedermeier, im kaiserlich-königlichen Oberösterreich des Jahres 1845. Das heißt in der Phase, als der erfolgreiche Verfasser von Taschenbuch-Erzählungen und Studien zum erstenmal die Geschichte von dem quiesziertern Hausmeister aufzuschreiben begann, der sein kleines

Besitztum in eine geschlossene Welt bürgerlich-natürlicher Vollkommenheit verwandelt hatte. Im Roman ist aus dem Hausmeister bekanntlich der adlige Politiker Riesach geworden, der erst nach seinem Abschied vom tätigen Leben in der großen Welt hier in der privaten Sphäre seines Hauses in seiner Liegenschaft den Ausgleich zwischen Bildung, Wissenschaft und Natur erreichen kann. Die durch Kunst umgestaltete, aber in ihren Gesetzmäßigkeiten belassene Landschaft des Gartens spielt in Stifters Roman eine entscheidende Rolle. Eine größere als die pedantisch-reichhaltige Sphäre des Rosenhauses selbst oder die vielfältigen Wirklichkeiten der Natur- und Menschenerkenntnis, die Heinrichs Lebensweg zu Nathalie bestimmen. Das wohlgeordnete Haus und seine Sammlungen bleiben im Bereich der gebildeten Humanität der Zeit: selbst die lebendige Vollkommenheit der griechischen Statuen belebt sich erst unter den Blitzen des Gewitters, Pygmalions Geschöpf tritt erst durch die Gunst des beseelten Augenblicks ins Leben. Und die Wanderungen ins Gebirge, die Erforschung der Pflanzen und Gesteine, die Einsicht in das innere Wachstum der Schöpfung, den Menschen wie den Dingen gleichermaßen vorgeschrieben, alle diese Erprobungen von Adalbert Stifters sanftem Gesetz bestätigen nur, in der heftigsten Anspannung aller Kräfte, eine allgemeine Maxime am jeweiligen Einzelgegenstand. In den Gärten aber durchdringen sich natürliche Gesetzmäßigkeit, die der Mensch durch lange und genaue Betrachtung sich angeeignet hat, und Gestaltungswillen des Ich, das pfleglich in das Wirken der Natur eingreift. In der Gartenkultur spiegelt sich für Adalbert Stifter am sinnfälligsten das Wechselverhältnis von Schöpfung und Geschöpf, von Dauer und Augenblick, von großen und kleinen Dingen. Alles Geschehen im Roman ist deshalb mit dem Garten eng verbunden: die tragische Wendung der Liebe zwischen Riesach und Mathilde vollzieht sich im Garten der Familie Makloden, der für den Freiherrn später das Vorbild zum Rosenhausgarten wird. Dieser selbst ist, komplementär zum Rosenhaus selbst, die eigentliche Welt des Nachsommers, Teil der umgebenden Realität des Landlebens und zugleich irdisches Paradies. Im herrschaftlicheren Park des Sternenhofs, in der Nymphengrotte, wird dann das fragile Gleichgewicht des Glücks zwischen Nathalie und Heinrich wiederhergestellt. In einem emphatisch zurückgenommenen Moment, wie er der gemessenen Alltäglichkeit des Rosenhauses nicht zukommen konnte! Während die Anlagen des Sternenhofs - mit der zwischen Ahornen gelegenen Fontäne im Hof, mit den waldähnlichen Baumgruppen hinter dem Obst- und Gemüsegarten, mit der Grotte im künstlichen Dickicht und dem nach Süden zu gelegenen pleasure ground - den Vorstellungen des englischen Gartens um oder kurz nach 1800 entsprechen, ist der Rosenhausgarten so betont auf den Ausgleich der Nützlichkeit und bürgerlicher Bequemlichkeit hin angelegt, daß er wie ein gezielter Gegenentwurf zu aller adligen Landschaftskunst wirken muß. Bei seinem ersten Spaziergang bemerkt Heinrich, daß der rückwärts um das Haus herum sich erstreckende Garten bedeutend weit in die Tiefe geht: „Es war da eine weitläufige Anlage von Obstbäumen, die aber hinlänglich Raum ließen, daß fruchtbare oder auch nur zum Blühen bestimmte Gesträuche dazwischen stehen konnten, und daß Gemüse und Blumen vollständig zu gedeihen vermochten. Die Blumen standen teils in eigenen Beeten, teils liefen sie als Einfriedung hin, teils befanden sie sich auf eigenen Plätzen, wo sie sich schön darstellten. Mich empfinden von je her solche Gärten mit dem Gefühle der Häuslichkeit und Nützlichkeit, während die anderen einerseits mit keiner Frucht auf das Haus denken, und andererseits wahrhaftig auch kein Wald sind." Vor den aufgezogenen Gewitterwolken, in denen Riesach keine Gefahr für die Ordnung der Dinge sieht, sind wohl die Fernblicke verhüllt, Aber auch so gewinnt der Leser, während er hinter Heinrich durch den Garten wandert, den ruhigen Eindruck einer unverrückbaren Vollkommenheit in der schönen Zweckerfüllung. Am Gewächshaus vorbei gehen der Hausherr und sein Gast durch den sacht ansteigenden Blumengarten, der immer wieder durch Hecken in Abteilungen gegliedert wird, bis sie über den steiler ansteigenden Rasengrund auf den höchsten Punkt des Gartens gelangen, an dem ein sehr großer Kirschbaum die Aussicht markiert: „Um den Stamm des Baumes lief eine Holzbank, die vier Tischchen nach den vier Weltgegenden vor sich hatte, daß man hier ausruhen, die Gegend besehen, oder lesen und schreiben konnte. Man sah an dieser Stelle fast nach allen Richtungen des Himmels ... Man mußte an heiteren Tagen von hier aus die ganze Gebirgskette im Süden sehen, jetzt aber war nichts davon zu erblicken; denn alles floß in eine einzige Gewittermasse zusammen. Gegen Mitternacht erschien ein freundlicher Höhenzug, hinter welchem nach meiner Schätzung das Städtchen Landegg liegen mußte." Sie schließen das Pförtchen in der starken Planke auf, die Garten und Felder von einander trennt; und kommen auf einem von glührotem Mohn gesäumten Pfad zwischen dem Getreide zur Felderrast, dem zweiten Aussichtspunkt des Gartens: „Wir setzten uns auf die Bank unter der Esche, so daß wir gegen Mittag schauten. Ich seh den Garten, wie einen grünen Schoß unter mir liegen. - An seinem Ende sah ich die weiße mitternächtliche Mauer des Hauses, und über der weißen Mauer das freundliche rote Dach. Von dem Gewächshause war nur das Dach und der Schornstein ersichtlich. - Weiter hin gegen Mittag war das Land und das Gebirge kaum zu erkennen wegen des blauen Wolkenschattens und des blauen Wolkenduftes. Gegen Morgen stand der weiße Turm vom Rohrberg, und gegen Abend war Getreide an Getreide, zuerst auf unserem Hügel, dann jenseits desselben auf dem nächsten Hügel, und so fort, soweit die Hügel sichtbar waren. Dazwischen zeigten sich weiße Meierhöfe und andere einzelne Häuser oder Gruppen von Häusern. Nach der Sitte des Landes gingen Zeilen von Obstbäumen zwischen den Getreidefeldern dahin, und in der Nähe von Häusern oder Dörfern standen diese Bäume dichter, gleichsam wie in Wäldchen beisammen."

Mit Pücklers Landschaftsgärtnerei hat die des Freiherrn von Riesach nur zwei Grundsätze gemeinsam: Der Garten fällt als räumliche Einheit mit dem Besitz zusammen, auf dessen eigentümliche Beschaffenheit alle Kunst Rücksicht zu nehmen hat. Das ist das eine. Und da die Grenzen der eigenen Liegenschaften an die der Nachbarn stoßen, hat sich auch der herausgehoben, gärtnerisch überformte Besitz mit seiner engeren und weiteren Umgebung ins Benehmen zu setzen. Nicht nur der Fernblick auf die Horizonte, die an jeder Stelle ins Bild einbezogen sind, auch der nahsichtige Vergleich mit der Umgebung muß in sich stimmig sein. Beide Grundsätze stammen bereits von Humphry Repton her, während sie für Lancelot Brown untolerierbar wären. In beiden prägt sich, freilich unterschiedlich stark, das innere Abrücken des Landschaftsplaners vom Prinzip einer Malerei im Raum aus: Pückler verwandelt unmerklich die Landschaftsvedute ins Historien-Gemälde, Adalbert Stifter, der Landschaftsmaler, unterstellt die Kunstvollkommenheit des Gartens seiner idealen Erfüllung der natürlichen und häuslichen Zwecke. Darin aber geht er entschlossen über alle klassische Dignität hinaus, wie diese dem englischen Garten bis ans Ende des Jahrhunderts zu eigen blieb. Er will das Charakteristische des Gartens ausschließlich darin erblicken, daß in ihm jede Pflanze, jede Frucht, jede Gerätschaft, aber auch die bestimmte Bodenbeschaffenheit oder die herausgehobene Lage nach ihren eigensten Wesen vollständig zur Wirkung gebracht wird. Das gilt nicht nur für den Garten, wird aber in seiner Pflege und Förderung am deutlichsten sichtbar. Unmißverständlich die Polemik gegen Pückler-Muskau in der behaglichen Genremalerei, die den natürlichen Garten als bürgerliche Häuslichkeit schildert, die das Nebeneinander von Obstbäumen und Sträuchern von ihrem Wohlgedeihen und nicht von ihrer malerischen Wirkung abhängig macht, die jeden Zug ins Parkähnliche durch Hecken und Zäune verstellt und die den Lobpreis der schönen Natur durch den Lobpreis der Gemüsebeete und Getreidefelder ersetzt. In Stifters Rosenhausgarten ist die Entwicklung des Charakteristischen in der Gartenkunst an ihr Ende gelangt. So radikal, daß der Verfasser selbst sich gezwungen sah, für die Festtagsszene der Liebesbegegnung zwischen Heinrich und Nathalie im Sternenhofgarten eine schlößliche Ausweichmöglichkeit zu schaffen! Was in Goethes „Wahlverwandtschaften" als eine Möglichkeit der Selbstdomestizierung skeptisch erprobt wurde: das Nachstellen und Erkunden innerer Unrast in der engeren und freieren Ordnung des Parks, scheint hier in Stifters „Nachsommer"-Landschaft zu einer unentrinnbaren, jede nicht organisch sich entwickelnde Subjektivität zerstörenden Naturordnung der Dinge übersteigert. Zugleich aber hat diese Utopie, wie Adalbert Stifter lange vor seinen Kritikern und Bewunderern wußte, alle Fährlichkeiten und Ängste aus Goethes unheimlichsten Roman in sich aufgenommen. Das Dämonische im Menschen, durch Erziehung gebändigt, ahnt hinter den Regularitäten von Tages- und Jahreszeiten, von Blühen und Welken, die gleichen unbändigen Kräfte am Werk. Nur einmal hat Riesach dieser Dämonie in sich nachgegeben, um nun mit ehernem Willen sich und der Natur das gleiche Gesetz abzunötigen. Aber in der Heftigkeit seiner Reaktionen, im Abschießen der Schädlinge und in der Ausrottung des Unbrauchbaren in seiner Welt der selbstverständlichen und der höheren Zwecke, lauert die gleiche Panik vor dem Absturz ins Chaos. Das Beharren auf der Geborgenheit, die jeden Schritt ins Ungewisse mehrfach abzusichern zwingt, und die Einfriedung des künstlichen Paradieses aus der umgebenden Wirklichkeit, mit der es das gleiche Gesetz zu teilen vorgibt, durch ein ganzes System von Hecken und Zäunen, machen den Leser inbeirrbar auf die Gefahren aufmerksam, die im Buch geleugnet werden. Wenn Friedrich Nietzsche als einer der ersten die heilende Wirkung pries, die von Stifters „Nachsommer" in einer verworrenen Zeit ausgehe, so war er sich der heroischen und beinahe närrischen Anspannung bewußt, die eine solche Schöpfung für den Autor wie für den Leser erforderte. Daß die Zäune Schutz böten gegen das Dionysische, war nicht die geringste Faszination, die von dieser wunderlich großartigen Vision einer zeitlos gewordenen Wirklichkeit im Garten ausging.

Anmerkung:
Mein Vortrag, aus der Situation des Colloquiums improvisiert, stützte sich auf eine umfangreiche Studie zum Verhältnis der deutschen Literatur und der deutschen Gartenkunst zu den Landschaftsauffassungen des späteren 18. Jahrhunderts. Ohne dem Gedankengang des Vortrags im einzelnen zu entsprechen, sind die hier vorgelegten Fragmente so angeordnet, daß sie der Abfolge der einzelnen vorgetragenen Teile entsprechen. Auf Quellenverweise zu den nicht schwer zugänglichen Texten wurde verzichtet.

Abb. 9: Prof. Dr. N. Miller

Karl SCHWARZ
Stadtlandschaft – Entwicklung eines Topos

Meine Damen und Herren,

„Stadtlandschaft - Entwicklung eines Topos" - Sie haben mich eingeladen als einen Außenseiter Ihres Faches - ich bin von Hause aus Jurist. Ich denke daher, daß Sie von mir nicht eine auf die Entwicklung Ihrer Disziplin/Disziplinen bezogene systematische Darstellung erwarten - eine Längsschnittbetrachtung der Entwicklung von Städtebau, Landschaftsarchitektur oder Architekturtheorie im Hinblick auf Rolle und Bedeutung oder auch nach Maßgabe der normativen Kriterien des Begriffes Stadtlandschaft etwa.

Wenn ich für das Thema ihrer Tagung eine Kompetenz mitbringen sollte, so ist es die des Liebhabers, und der darf sich - wegen seiner sehr subjektiven Beziehung zur Sache - auch eine etwas subjektiv- willkürliche Art der Darstellung herausnehmen. Wenn er der Wissenschaft nützlich sein kann, so ohnehin mehr als Fragesteller und Anreger, denn als Systematiker.

Also statt der systematischen Geschichtsdarstellung Schlaglichter - zur Pointierung derjenigen Fragestellungen, die den Liebhaber der Stadt, dieser Stadt Berlin insbesondere, letztlich allein interessieren: Wie geht es weiter? Wie soll es weitergehen? Was bedeuten uns die Zeugnisse der Anstrengungen von gestern und vorgestern für die Auseinandersetzung mit den Fragestellungen von heute und morgen? Was bedeutet uns in diesem Zusammenhang Lenné und was ein Begriff wie Stadtlandschaft?

Ich möchte zu diesen Fragen hinführen, kaum Antworten versuchend. Und ich möchte sie beziehen nicht nur auf den begrifflichen Topos „Stadtlandschaft", sondern - als Liebhaber verpflichtet dem konkreten Objekt der Begierde - auf einen realen Ort der Auseinandersetzung hier und heute in Berlin, einen „Topos", an dem sich allerdings die mit dem Begriff der Stadtlandschaft angedeutete Problemstellung in der Vergangenheit verdeutlicht hat und heute noch verdeutlicht: Den Tiergartenraum bzw. den nach heutigem

Berliner Planungsjargon sogenannten „zentralen Bereich".

„Stadtlandschaft" - für einen Berliner ein vertrackter Begriff, ein provozierender Begriff, unlöslich verknüpft mit dem Namen eines großen Mannes der Nachkriegszeit, den wir verehren und der diesen Begriff formuliert hat im Sinne einer Leitidee für das Unternehmen des städtebaulichen Neubeginns dieser Stadt nach 1945, ein Unternehmen, dessen Resultate uns so wenig zu befriedigen vermögen: Hans Scharoun, erster Nachkriegs-Stadtbaurat im noch ungeteilten Berlin. Als er im Weißen Saal des (noch existierenden) Schlosses 1946 die Ausstellung „Berlin baut auf" eröffnete, in der die Ergebnisse des von ihm geleiteten Planungskollektivs vorgestellt wurden, sprach er von der großen Chance, die die „mechanische Auflockerung" der Stadt durch die Bomben eröffnet habe, die Chance der Neugestaltung der Stadt zur „Stadtlandschaft unter Berücksichtigung der natürlichen geographischen Gegebenheiten". Das Urstromtal der Spree ist Orientierung der großen Autostraßen; die isolierten, wenn auch in Parallelisierung räumlich einander zugeordneten „Bänder" des Arbeitens (gedacht als Industrie), des Wohnens und der Erholung; die „grüne Mitte: mit den freigestellten Baudenkmälern - den nicht sehr vielen, die der Erhaltung für wert befunden wurden: Das alles fungiert unter diesem Leitbild „Stadtlandschaft".

Der Assoziatonsgehalt des Wortes „Landschaft" auf der einen Seite, die Idee der Band-Stadt, Ausgeburt technokratischer Omnipotenz auf der anderen Seite, wie sollte das zusammenhalten? Was war der eigentliche Begriff, der hinter dem Worte stand? Gab es einen solchen Begriff überhaupt? Wurde das Wort nicht vielleicht eingesetzt wegen der Unbestimmtheit seiner Bedeutung, dem suggestiv Schillernden, das ihm anhaftet? Wurde es nicht gehandhabt als ideologischer Begriff par excellence, als Begriff, der der Manipulation keinen Widerstand leistet?

Der Ansatz des Planungskollektivs Scharouns konnte sich nicht durchsetzen. Aber es ist doch nicht so, daß er ohne Folgen geblieben wäre und als ob Scharoun im folgenden keine Möglichkeiten eröffnet worden wären, seine Ideen von Stadtlandschaft zumindest partiell umzusetzen. Und so dürfen und müssen wir dann feststellen: „Stadtlandschaft" - das ist offenbar ein Leitbegriff, der zu vielem taugt: Zur Überhöhung des „tangentialen Schwunges" von Stadtautobahnen; zur Rechtfertigung eines exemplarischen Siedlungsbreis, eines Stückes zerstörter Landschaft und realer Nicht-Stadt, als das sich das von Scharoun geplante Charlottenburg- Nord darstellt; zur Konzeption eines vom Stadtraum abgehängten, nur über Autostraßen erschlossenen Kultur-Forums.

In Ansehung dieser realisierten Umsetzungen der Idee darf man sagen: „Stadtlandschaft" - das ist jedenfalls kein unproblematischer Begriff.

Wo kommt er her? Welche Geschichte hat er? Jedenfalls nicht die eines eingeführten Topos maßgeblicher Auseinandersetzungen auf dem Felde von Stadtplanung und Architektur der vorangegangenen 150 Jahre. Er mag verwandt worden sein als schmückende oder erklärende Metapher in diesem oder jenem Zusammenhang. Daß er in dem Zeitraum etwa seit Lenné die maßgeblichen Auseinandersetzungen strukturiert hätte, läßt sich nicht behaupten.

Lenné selber, auf dessen Tätigkeit als Stadtplaner der Begriff wie von ihm erfunden zu passen scheint, hat ihn m. W. nicht verwandt. Lenné spricht von Gärten und von Landschaft, und die Prinzipien, die er für ihre Gestaltung formuliert und praktiziert hat, wirken ganz offenkundig fort in seinen Entscheidungen für einen planerischen Aufriß der Stadt. Aber mir ist keine Formulierung bekannt, in der dieser Begriff, diese Metapher „Stadtlandschaft" auftaucht im Sinne eines expliziten Leitbildes, einer theoriebildenden Orientierung.

Dafür kennen wir allerdings und immerhin von seinem Freunde - dem kongenialen Schinkel - die nahezu gleichlautende Formulierung von der „landschaftlichen Bauweise". Schinkel hat sie erläutert in dem Satz: „Jede Konstruktion sei rein, vollständig und in sich abgeschlossen. Ist sie mit einer anderen von einer anderen Natur verbunden, so sei diese gleichfalls in sich abgeschlossen und finde nur den bequemsten Ort, Lage, Winkel, sich der ersteren anzuschließen." Werner Hegemann hat in seinem Buch vom „Steinernen Berlin" dieses „Hauptprinzip" Schinkels als einen Satz bezeichnet, der „die Bankrotterklärung der Stadtbaukunst genannt werden kann". Schinkel habe die Bauten der Innenstadt „nicht durch die Einheitlichkeit der Formen, sondern durch romantische Baumassen zusammenfassen" wollen. Ergebnis sei gewesen die „romantische Verwilderung des Städtebaus; jeder baut von innen nach außen und kümmert sich nicht mehr um den Nachbarn!"

Wir kennen ähnlich lautende Kritiken an Scharoun, aber Scharoun figuriert doch in den geläufigen Polemiken als ein Gegenpol zu Schinkel? Es ist offenbar alles kompliziert.

Wie immer man inhaltlich zu Hegemanns Kritik steht, es ist jedenfalls eine Kritik, die den Begriff des „Landschaftlichen" als einer Leitidee des Städtebaus ernstnimmt. Und es steht auch außer Frage, daß diese Kritik, wenn sie denn treffen sollte, auch Lenné treffen würde. Die Ablehnung barocker Einheitlichkeit geschlossener

Fassaden, das Operieren mit offenen Räumen, Raumerschließungen über optische Beziehungen einzelner Objekte auf große Distanzen und ohne Vermittlung durch Geometrie - das sind auch Prinzipien der Garten- und Landschaftskunst Lennés und seiner hieraus entwickelten Stadtplanung, einer Planung, die mit Wasserläufen, Boulevards und Grünanlagen sowie weitläufigen Sichtbeziehungen und nicht mit geschlossenen Platzwänden und hierarchischen Raumfolgen arbeitete - malerisch, wenn man so will, und insofern romantisch.

Auf Schinkel und Lenné folgten Hobrecht und die Spekulation. Daß ihnen eine ästhetische Metapher wie „Stadtlandschaft" kein Leitbild sein konnte, versteht sich. Ebenso allerdings, daß sie und ihre Zeit den Begriff auch nicht im Sinne eines Gegenbildes annehmen konnte, an dem sich abarbeitend die eigene Theorie sich hätte entwickeln können. Hobrecht war zwar Tiefbauingenieur, aber er war kein Rudolf Schwedler. Er hat sich nicht nur - idyllisierende - Gedanken zum inneren Funktionieren der Mietskasernen als Sozialorganismus gemacht. Auch ästhetische Wirkungen waren ihm durchaus ein Anliegen. Zur Bepflanzung der Straßen fertigte er Studien in Auseinandersetzungen mit englischen Beispielen. Seine im Straßenraster freigehaltenen „leeren Löcher" - wie man polemisch formuliert hat - waren konzipiert als Schmuckplätze. Und wenn man an Platzfolgen wie etwa: Zionskirchplatz - Arkonaplatz - Venetaplatz denkt, so kann man dieser Konzeption nicht jeden Erfolg absprechen. Wahrscheinlich empfand sich Hobrecht durchaus in einer Kontinuität zu Lenné stehend. Jedenfalls hat er ja eine Reihe seiner Ideen in einem formalen Sinne aufgenommen. Stichworte: Die „Schmuck- und Grenzboulevards" Lennés und Hobrechts „Generalszug" im Süden; der Straßenzug Seestraße/Bornholmer Straße im Norden. Aber natürlich war das Ganze dem inneren Geist nach das Gegenteil von Lenné, war Formalismus, Schematismus, produzierte eben jenes „Steinerne Berlin", von dem uns zu befreien Inhalt des Versprechens der „Stadtlandschaft" war, wie es uns Scharoun gab.

Die Kritik an diesem „Steinernen Berlin" im besonderen wie an der Stadt des industriellen Zeitalters überhaupt setzte schon sehr früh ein: Nehmen wir jene Kritik am Chaos der schematisch produzierten Stadt, der es um Wiedergewinnung von „Stadtbaukunst" ging, um ein Wiederanknüpfen an räumliche Leitbilder der vorindustriellen Stadt, denken wir also etwa an Camillo Sitte und an das, was dieser Denkrichtung an architektonischen und stadträumlichen Realisierung zugerechnet werden kann - also an die Periode, die Julius Posener die der Wilhelminischen Reform genannt hat - so finden wir manches Motiv, das dem Leitbild einer „landschaftlichen Bauweise" im Sinne Schinkels, eines Städtebaus nach Maßgabe der Grundsätze der Landschaftsgärtnerei zu entsprechen scheint: Die Akzentuierung des Ästhetischen als Problem der exakten Proportionen, der genauen Zuordnung und Aufeinanderbezogenheit von Baukörpern im Sinne des erwähnten Schinkelschen Bauprinzips; den Sinn für das Malerische; das Verständnis der Entwurfsaufgabe als Aufgabe der Ergänzung, des Hinzufügens anstelle des Entwurfes von Megastrukturen. „Aus Belegenheiten Gelegenheiten machen" - formulierte Julius Posener einmal. Aber der Begriff der Stadtlandschaft kann als Leitidee hier schon deshalb nicht figurieren, weil im Zentrum der Betrachtung die Stadt als das „Kunstwerk aus Stein" steht, das es u. a. auch zu verteidigen gilt gegen die sich zur gleichen Zeit formulierenden Ambitionen der Grünflächenplaner und natürlich auch der Anhänger der Gartenstadt. Sitte geht dabei soweit, daß er etwa Alleen als ein wesentliches Gestaltungsmittel für die Stadt ausdrücklich ablehnt. Erst recht das „sanitäre Grün". Es mag sein Recht haben, aber es hat mit Stadtbaukunst im Sinne Sittes nichts zu tun. Wenn er vom sparsamen Einsatz des „dekorativen Grüns" spricht, von der Bedeutung, die einem einzelnen Baum in der Ecke eines Platzes im Hinblick auf die ästhetische Wirkung zukommen kann - im Gegensatz etwa zu einem ganzen Hain von Bäumen -, so kann man meinen, einen Landschaftsgärtner sprechen zu hören. Aber vergegenwärtigt man sich der Spezifik seines Interesses - die Verengung der Betrachtung auf das ästhetische Detailproblem und vergleicht dies mit den weitgespannten gesellschaftlichen Bezügen in den Überlegungen Lennés, so ist ohne weiteres klar, daß und warum er sich mit einer derart weitgreifenden Metapher wie der der „Stadtlandschaft" auch dann nicht hätte identifizieren können, wenn sie als Herausforderung an ihn herangetragen worden wäre.

Die Gartenstadtbewegung formulierte eine Kritik an der entstandenen Großstadt, die mit dem Thema, das im Begriff der „Stadtlandschaft" angeschlagen wird, zumindest Formales gemeinsam hat: „Wie entsetzlich nüchtern ist schon der Stadtplan. Man sieht es dem elenden Geschöpf an, daß er von Zirkel und Reißschiene aus Pflichtgefühl und nicht aus Liebe gezeugt wurde. Und die Häuser? Öde Zuchthausfassaden reihen sich in den Arbeitervierteln endlos nebeneinander und in jedem dieser häßlichen Kästen ist eine Unzahl von Familien in unzureichenden Räumen untergebracht, die Sittlichkeit und Gesundheit ernstlich gefährden und zu alledem einen großen Teil des kärglichen Verdienstes verschlingen." Das war der Pionier der deutschen Gartenstadtbewegung Hans Kampffmeyer. Der erste Teil dieses Zitates könnte zur Not verstanden werden als Plädoyer für eine Stadtplanung und Stadtbaukunst im Sinne der Idee „landschaftlicher Bauweise". Der zweite Teil ist jedoch auf das anders gelegte Anliegen der neuen Bewegung orientiert. Es geht nicht oder jedenfalls nicht in erster Linie um Ästhetik und Stadtbaukunst, sondern um Hygiene und Ökonomie. Es geht überhaupt nicht um die Umgestaltung der alten Städte, sondern um die Schaffung eines neuen Siedlungsmodells. Da die Realisierung dieses Modells auf die Organisation eines neuen Verhältnisses Stadt-Land hinauslaufen würde, könnte man meinen, daß dieser Ansatz dem Begriff der Stadtlandschaft zwangsläufig Aktualität hätte geben müssen. Aber eben nur im Sinne der Frage der Verhältnisse von Stadt und Land, und in diesem Sinne wurde die Stadtlandschaft der Sache nach, nicht dem Begriffe nach, auch thematisiert: Als organisatorisches Problem, als ökonomisches Problem, als Verkehrsproblem. Das ist nicht das Thema des auf die Stadt selbst bezogenen Begriffs „Stadtlandschaft" im Sinne Scharouns. Das Bekenntnis zur „großen Stadt" gehörte zu jener Rede im Weißen Saal des Schlosses.

Ab 1910 die sich allmählich formulierende Moderne, ihre Kanonisierung findend in der Charta von Athen. Ästhetische Fragen treten nunmehr zunehmend nicht nur in den Hintergrund, werden vielmehr programmatisch als irrelevant ausgeschlossen.

Nicht sofort allerdings, nicht schon 1910, als noch Monumentalstädte am Lehrter Bahnhof geplant wurden. Aber schon damals standen im Vordergrund die funktionalen Gesichtspunkte des Städtebaus: Die Fragen der Bauklassen- und Freiflächenverteilung, des Grünflächenplans, der Stadt- und Verkehrstechnik und eine Systembetrachtung - wie wir heute sagen würden -, die sich orientiert an den Bedürfnissen industrieller Dynamik. Stichworte zu letzterem: Massenteilungsplan Mächlers und seine Idee der Nord-Süd-Achse als Verkehrsschiene. Da sind wir schon recht nahe bei Scharoun. Aber obwohl Mächler ja eine enthusiastische metaphernreiche Sprache liebte - der Begriff der „Stadtlandschaft" kommt auch bei ihm m. W. nicht vor. Sein Denken war konzentrisch. Wenn es metaphernhafte Analogien bemühte, dann bezogen sie sich eher auf den menschlichen Organismus und nicht auf den flächigen Assoziationszusammenhang der „Landschaft".

Je mehr es dann u. a. mit der Gründung von CIAM auf die Charta von Athen zulief, um so aussichtsloser wurde es für die Karriere eines Begriffes wie „Stadtlandschaft". Die ästhetischen Fragen und die Fragen des öffentlichen Raumes, des Monumentalen, waren die beiden Fragenkomplexe, die von Corbusier ausdrücklich von der Themenliste der CIAM-Kongresse gestrichen wurden. „Stadt ist kein Garten", war eine Formulierung, sondern ein „System von Funktionen", die es zu optimieren gilt. Daß diese Funktionen dann in einem immer engeren Sinne verstanden wurden, sie immer weiter reduziert wurden auf die Vorstellungen, die sich der „gesunde Menschenverstand" von der Aufgabe macht, die einer Stadt zukommt, von den Bedürfnissen, die sie zu befriedigen hat - den sozialen, den kulturellen und den metaphysischen -, das ergab die Tragik dieser Moderne. Daß ihr die „Stadtlandschaft" kein Bezugspunkt in irgendeinem tieferen Sinne sein konnte, versteht sich.

Die Moderne war allerdings kein einheitlicher Strom. Es gab Sonderentwicklungen. In gewissem Sinne waren die Architekten des „Neuen Bauens", die Architekten des „Ringes" - unter ihnen Scharoun - Vertreter einer solchen Sonderentwicklung. Der Gemeinschaftsbau - sozial wie als Architektur -, die kristalline Stadtkrone - das waren Themen, die an ihrem Anfang standen, und in denen sich die Suche nach einer neuen Gesellschaft vermittels auch einer neuen Architektur ausdrückte. „Gemeinschaftsbau", „Lebensform", „organisches Bauen" - in diesem Zusammenhang mußte dem Nachdenken über die Landschaft als einem Analogon zur Stadt neue Bedeutung zukommen. Nicht notwendig als eine Metapher für die Aufgabe des Städtebaus umfassend, aber doch als praktische Herausforderung für die konkrete Bauaufgabe: „Da alles, was in der Landschaft selbst ein geschaffenes ist, in dem das Leben die Gestalt bewirkt und nicht die Geometrie, so kann die besorgte Frage des Liebhabers der Landschaft, ob nicht die Werke des neuen Bauens die Landschaft störten, damit beantwortet werden, daß - wenn die Werke des neuen Bauens gebaut sind nach dem Gesetz, nach dem die Landschaft selbst gebaut ist, kein Widerspruch bestehen kann. Sie werden ihr sogar enger verbunden sein als irgendein Bau vergangener Architekturepochen geometrischer Abstammung. Dies heißt also, die Architektur und ihren Gestaltzwang zu überwinden und im Geiste der Organik zu bauen. Und der verlangt, daß man sich der Gestaltidee einer Landschaft einordnet, daß man ihre Gestaltqualität beachte und sich im übrigen auch taktvoll in ihr bewege. Auch die Landschaft hat ihr Wesen." Das war Hugo Häring.

Ob das Autobahnsystem und die industrielle Band-Stadt Scharouns im Urstromtal der Spree nun als solch „taktvoller" Umgang mit den natürlichen Gegebenheiten begriffen werden kann, sei dahingestellt. Aber daß von diesen Worten Hugo Härings eine Brücke führt zu Scharouns Instrumentalisierung des Begriffes Stadtlandschaft 1946, steht außer Frage.

Obwohl dieser Begriff „Stadtlandschaft" in der Präsentation des beabsichtigten städtebaulichen Neubeginns 1946 eine zentrale Bedeutung im Sinne der Überhöhung und der Vermittlung von Identifikation hatte und in diesem Sinne auch später, als es dann wirklich um die Stadtautobahn des Herrn Schwedler ging, benutzt wurde, hat Scharoun m. W. ihn auch im folgenden nicht weiter erläutert, weder konkretisiert noch revidiert. Gelegentliche Bemerkungen aus dem Kreise der Mitglieder seines Kollektivs gehen kaum über sehr allgemeine Aussagen hinaus. Wenn man in der Philharmonie die gelungene Umsetzung des von Scharoun Gemeinten in einem Einzelbauwerk, im Innenraum insbesondere, sehen will - bleibt festzustellen: Eine stadträumliche Realisierung seiner Idee, die uns heute überzeugen könnte, gibt es nicht. Ob das Kulturforum entsprechendes hätte leisten können, hätte Scharoun es zu Ende bauen dürfen, darf jedenfalls bezweifelt werden.

Fassen wir die jüngste Entwicklung der Diskussion zum Thema Städtebau und Stadtbaukunst ins Auge, so läßt sich ein gewisses Come-back des Begriffes feststellen, was angesichts der Wiederentdeckung von Ästhetik, Gestalt (und Gestaltung) als wesentlichen Momenten der Stadt nicht verwundern kann. In Aldo Rossis Buch „Die Stadt" wird er mehrfach angewandt. Aber doch sehr unspezifisch, zum Zwecke einer sehr allgemeinen Charakterisierung der Phänomene des Ästhetischen einerseits, der „Offenheit" der Stadt andererseits. Die Betonung der „Offenheit", der Vieldimensionalität, ist der Punkt, an dem Rossi über Camillo Sitte hinausgeht, auf den er sich im übrigen beruft. Dies führt ihn mit gewisser Zwangsläufigkeit zum Begriff der „Stadtlandschaft", allerdings ohne daß sich aus ihm eine bestimmte Gestaltungsaufgabe ergäbe.

Aldo Rossis Entwurf für ein „Deutsches Historisches Museum" im Spreebogen ist ein zentraler Gegenstand der aktuellen Diskussion um die Gestaltung des „zentralen Bereiches" von Berlin. Der andere große Problem-Ort in diesem Raume - das Kulturforum - wurde bereits erwähnt. Damit wären wir bereits bei dem konkreten stadträumlichen Topos, auf dessen Probleme unter der Fragestellung der Aktualität Lennés und der Aktualität des Begriffes der „Stadtlandschaft" ich einzugehen versprach. Bevor dies möglich ist, muß jedoch die Auseinandersetzung mit dem Begriff der „Stadtlandschaft" noch in einer anderen Dimension erfolgen:

Ich hoffe, dargetan zu haben, daß die Stadtlandschaft mitnichten das Fahnenwort der letzten 150 Jahre Stadtplanungs-Diskussion war. Mitnichten ein zentraler Topos, auf dessen Grunde gekämpft wurde. Die angedeuteten Beziehungen einer jeden der aufeinanderfolgenden Bewegungen zu unterschiedlichen Momenten aus dem Assoziationszusammenhang des Begriffes, legt jedoch die Frage nahe, ob mit ihm nicht ein verbindendes untergründiges Thema angeschlagen ist, das sich durch diese Auseinandersetzungen zieht im Sinne etwa eines Sehnsuchtsbildes, das allen Anstrengungen gemeinsam ist, so unterschiedlich die konkreten Bemühungen, ihm nahezukommen, auch immer sind. Wenn man dies für die Vergangenheit verneinen wollte - im Hinblick darauf, daß die Sehnsuchtsbilder auch in der letzten Verallgemeinerung zu verschieden gewesen seien, um in einem ästhetisierenden Begriff wie dem der Landschaft eine Vereinigung finden zu können, so bliebe doch die Frage, ob für uns Heutige - wie 1946 für Scharoun - der Begriff diese Bedeutung als Chiffre einer Sehnsucht haben kann.

Ein Sehnsuchtsbild, das ist die Beschwörung eines Zustandes erfüllter Sehnsucht. Das letzte Ziel einer sich im Begriff der „Landschaft" artikulierenden Sehnsucht lautet: Heimat, ein Ort, an dem Freiheit und Bindungen die Balance finden, wo man aufgehoben ist, bei sich zu Hause. Der Begriff der Stadtlandschaft suggeriert, daß dieses Ziel erreichbar ist vermittels (auch) eines ästhetischen Programms in Analogie zu Qualitäten der Landschaft.

Was ist Landschaft? Jedenfalls Natur und Natur ist entweder (mit Rousseau) die Quelle des Guten und Richtigen an sich, oder (mit Kant) doch die Projektionsfläche unserer Vorstellungen vom Guten und Richtigen. Wie immer: Wenn wir von Landschaft sprechen, Landschaft denken, meinen wir nicht „Gegend", und wir meinen nicht die „rohe Natur". Wir meinen ein Bild, das („natürliche"?) Harmonie vermittelt und das sich uns öffnet, freundlich und einladend, zur Tätigkeit in Harmonie animierend.

Versuchen wir die einzelnen Momente des entsprechenden Gestaltbildes zu isolieren:

Da ist die „Weite" der Landschaft. Das Ineinandergreifende, Ineinanderübergehende, Changierende ihrer Flächen, Töne, Gestaltungen. Als Gegenbild zur Enge und wechselseitigen Begrenztheit menschlicher Konstruktionen. Dies so formulierend, fühlt man sich erinnert an den „Grundsatz c" der Landschaftsplanung in Lennés Anmerkungen zur Gartenkunst: „Verbergung der Grenzen aller miteinander verbundenen Partien". Hinsichtlich der Übertragbarkeit dieses landschaftlichen Kriteriums auf die Stadt drängen sich allerdings auch Zweifel auf. Diese Art von „Weite" ist der ästhetische Eindruck, den die Stadt zu vermitteln vermag aus der Vogelperspektive. In diesem Sinne hat die Literaturwissenschaft das Auftauchen des Topos „Stadtlandschaft" im Roman des 19. Jahrhunderts fixiert. Insbesondere im französischen Roman. All diese Blicke von irgendwelchem Kirchturm oder vom Montmartre auf die ausgebreitet daliegende Stadt Paris - ist solcher Genuß der Stadt als Landschaft ihr nicht eigentlich wesensfremd, Ausdruck elitärer Distanz? Es führt dies zu weit. Aber ich möchte doch sagen: Ich denke nein. es ist eine Form der Annäherung, der Identifikation, sicherlich aus der Distanz, aber dennoch ein großes, ein wichtiges Gefühl. In der Art der Wahrnehmung spiegelt sich auch der spezifische Charakter der Stadt, ihre Individualität. Balzacs Helden schauen auf das da liegende Paris wie auf ein lebendiges Wesen, das sie zum Kampf herausfordern. „Er schwor, diese Stadt zu erobern" - dieses individuell erlebte Wesen -, und er meinte mit ihm alles, was er an Leben denken konnte. Daß man Berlin so nicht erleben, wahrnehmen kann, wurde schon sehr frühzeitig festgestellt. Erinnert sei an den berühmten Spruch F. v. Raumers 1833: „Berlin ist das Land, Paris die Stadt, London die Welt." In diesem Sinne spielt das Stichwort „Stadtlandschaft" übrigens in gegenwärtigen Auseinandersetzungen, insbesondere in den Argumentationen der Politiker, eine gewisse Rolle: Daß Berlin „dezentral", „fragmentarisch", „kollagiert", eben „landschaftlich" sei, wird gelegentlich geltend gemacht, wo es darum geht, sich komplexeren Gestaltungsaufgaben zu entziehen.

Neben der „Weite" die „Tiefe" der Landschaft: Ihre unendliche Vielfalt, das sich Aufblättern immer neuer Details in jedem Detail. Es ist dies das Gegenbild zum eindimensionalen Schematismus verplanter Ordnung. Darf man die „Kühnheit und Mannigfaltigkeit der Massenbildungen" als die Belegstelle für ein entsprechendes Prinzip der Landschaftsgestaltung aus den „Grundsätzen" Lennés zitieren? Jedenfalls, sein Prinzip des Einstreuens kleiner gärtnerischer Inseln in die Landschaft ebenso wie sein Nebeneinanderstellen, sich Überlagernlassen von Stilprinzipien und von historischen Schichten sind der Idee der Vielfalt und Mannigfaltigkeit, der „Tiefe" verpflichtet. Daß auch das Eindringen in die Tiefe der Stadt malerisch, landschaftlich erfahren werden kann, zeigt wiederum die Literatur. Döblin, der mit Berlin-Alexanderplatz die Stadtbetrachtung aus der Turmperspektive weit hinter sich gelassen hat, sich bemüht hat, einzudringen auch in das Geflecht der ökonomischen und technischen Zusammenhänge der Stadt, der formuliert hatte „Berlin ist größtenteils unsichtbar" - er gibt im gleichen Aufsatz eine Impression wie folgt: „Aber man fahre einmal von Süden oder Westen in dieses Steinmeer hinein, etwa spät abends, und erlebe mit offenem Herzen den erschütternden Anblick dieser Stadt. Man wird erfahren, es ist wahrhaft eine moderne Stadt, eine großartige Stadt, eine Siedlung heutiger Menschen. Die Straßen sind mäßig beleuchtet, man fliegt von Bahnhof zu Bahnhof. Man ist schon lange im Stadtbereich Berlin, aber noch immer gliedert sich nichts. Nur neue Straßen, Hauptstraßen, Nebenstraßen. Da ein helles Licht, das muß ein Kino sein. Plötzlich ein Lichtwirbel, aber wie belanglos in diesem Dunkel. Auf den Bahnhöfen nüchterne eilige Menschen und wieder Straßenzüge, Mietskasernen, Schornsteine, Brücken. Die Monotonie der wahrhaft großen Wesen. Das Kleine ist klug, klein, hübsch, abwechslungsreich, graziös …" Ich denke, es ist dies ein (Stadt-)Landschaftsgemälde, impressionistisch, Lesser Ury …

„Weite", „Tiefe" - das sind im engeren Sinne ästhetische Kategorien. „Offenheit" - das ist gleichzeitig eine soziale Kategorie. Offenheit - das Gegenbild zur Bedrängnis, zum Ausschluß auch. Offenheit bezieht sich auf die Bedürfnisse des Lebens, des biologischen Lebens - Licht, Luft und Sonne -, aber es meint eben auch Offenheit gegenüber den Bedürfnissen des tätigen Menschen, so er sich einfügt in die Bedingungen der Natur. Worin liegt das Eigentümliche der englischen Gartenanlage nach Lenné? Unter anderem in der „Vereinigung dessen, was die schöne Natur, die Örtlichkeit darbietet, mit demjenigen, was die Kunst dazugetan hat, zu weit ausgebreiteten, sich gegenseitig belebenden Landschaftsgemälden". Und nochmals wird dieser Gedanke betont mit dem Hinweis auf die notwendige Sorgfalt, „das Zweckmäßige mit dem Schönen zu verbinden". In der Übertragung des Gedankens auf die Probleme der Stadt drängt sich die Metapher vom „Dickicht der Städte" auf, Metapher des „verwilderten Gartens".

Am Moment der „Offenheit" teil hat der Aspekt des „Zwanglosen", „Natürlichen" in Kontrastierung zum Gegenbild der Manier, der Mode, des Formalismus. Die Aufgabe, die sich hieraus für eine Landschaftsgestaltung ergibt, ist die des Verhältnisses von Kunst und Natur. Und Lenné apostrophiert sie in seinen „Grundsätzen" mit Begriffen wie den von der anzustrebenden außerordentlichen „Eleganz und Sauberkeit". Überträgt man diesen Gedanken auf die Stadtlandschaft, so fallen einem ebenso wie beim Stichwort „Offenheit" in der Tat die subtilen Bemühungen eines Camillo Sitte um die Ergründung von Proportionen und Wirkungen ein. Aber auch das Bemühen um Rekonstruktion - in Analogisierung - historischer Stadt in Entwürfen von Aldo Rossi oder Hollein - um nur zwei Protagonisten der Postmoderne zu benennen, die eine Rolle spielen für die Weiterentwicklung desjenigen Bereiches, auf den ich nun gleich zu sprechen kommen möchte. Sie fallen einem ein im Hinblick auf ihren prinzipiellen Impetus. Die Auseinandersetzung mit den konkreten Lösungsvorschlägen für den konkreten Ort ist ein anderes Thema.

„Weite", „Tiefe", „Offenheit", „Zwanglosigkeit". Ein letztes Moment sei erwähnt, das mit all dem zu tun hat und das von unmittelbarer Bedeutung ist für das Selbstverständnis des Entwerfens - als Architekt wie als Stadtplaner: Landschaft ist Natur. Sie entsteht und entwickelt sich in einem Prozeß „organischen" (also langsamen und komplexen) Wachstums und nicht in Umsetzung von Megastrukturen, die von außen an sie herangetragen werden. Vielleicht liegt hier der tiefste Punkt der Übereinstimmung zwischen Schinkel und Lenné und die nächstliegendste wie die größte Provokation im Leitbild der „Stadtlandschaft": Eben jenes zitierte Hauptprinzip Schinkels für ein landschaftliches Bauen - das Ausgehen vom Vorhandenen; das taktile Ergänzen; das Sichvorantasten von einem Baukörper zum anderen; das sich umfassende Einlassen auf die Spezifik des Ortes. Das alles ist Landschaftsgärtnerei und es ist das Gegenteil allen modernen Planens und Bauens bis heute. Von den Architekten und Planern, die durch nichts und niemanden zu bewegen sind, den konkreten Ort, für den sie bauen, zur Kenntnis zu nehmen, sprach Jane Jacobs in ihrem berühmten Buch vom Leben und Sterben der amerikanischen Städte. „Aus Belegenheiten Gelegenheiten machen" - das war die Formulierung Julius Posners. Welche Forderung wäre aktueller!

Ich hoffe, hiermit das Assoziationsspektrum des Begriffes Landschaft ebenso dargetan zu haben, wie seine Beziehung zur Realität und Problematik der Stadt. Wenn ich nun versuchen möchte, etwas konkreter zu fragen, was aus dieser so facettenreichen Metapher nun für unsere Probleme heute folgt, und wenn ich dies tun werde am Beispiel der Planungsprobleme des „zentralen Bereiches" in Berlin, so möchte ich die zuletzt zitierte Mahnung Jane Jacobs ernstnehmen. Es geht also nicht ohne eine Reflexion der Eigentümlichkeit dieses Stadtraumes auch in der historischen Dimension. Da Sie Experten sind, darf ich mich insoweit allerdings kurzfassen:

Der Tiergarten - Lenné gab ihm die Gestalt, die er im wesentlichen behalten hat bis zu den Zerstörungen im Zweiten Weltkrieg. Schon in seinem ersten Plan spricht Lenné vom Tiergarten als „Volksgarten betrachtet", der verschiedenartigen Geschmack der „Lustwandelnden" zu befriedigen hat, und in dem neben der Naturschönheit Denkmäler zu den Menschen sprechen sollten, denn „nirgendwo ist das Herz und die Einbildungskraft für Eindrücke, welche Denkmäler dieser Art auf unser Gemüt machen, so empfänglich als in der Natur."

Natur und Kunst, Gartenkunst und Baukunst (Denkmalkunst) - der Tiergarten sowohl „Volksgarten" wie „Nationaldenkmal". Die Umstände zwingen Lenné - er akzeptiert es -, die Planungen in kleinen Proportionen - verteilt über Jahrzehnte - zu entwickeln und umzusetzen. Er realisiert sie nach Maßgabe jener Prinzipien, die schon erwähnt wurden: Keine Purifizierung, Überlagerung, Vielfalt, Weite und Tiefe.

Ende der 30er Jahre - parallel zur Arbeit am Tiergarten - die großen städtebaulilchen Entwurfsprojekte: Köpenicker Feld und vor allen Dingen der nördliche Tiergartenrand, das jenseits der Spree angrenzende Gelände der ehemaligen Pulvermühlen in Moabit. 1840 die Zusammenfassung der diversen städtebaulichen Projekte für Berlin in seinem großen Plan der „Schmuck- und Grenzzüge" für Berlin mit den vielzitierten Erläuterungen der sozialen, kulturellen und ästhetischen Bedürfnisse, denen genüge zu tun es gelte, denn „je weiter ein Volk in seiner Kultur und in seinem Wohlstande fortschreitet, desto mannigfaltiger werden auch seine sinnlichen und geistigen Bedürfnisse."

Das Pulvermühlengelände wurde von ihm gewissermaßen entdeckt. Der Fiskus wollte verkaufen, Lenné verwies auf das außerordentliche Entwicklungspotential dieses Raumes, auch hier wieder soziale Aspekte in den Vordergrund rückend. Das Gelände wurde nicht verkauft. Es folgen die diversen Planungen von Lenné und Schinkel, die dann 1843 zum definitiven Bebauungsplan führen. Es ist der vierte Lennés für dieses Terrain. Die Idee des großen „Marsfeldes" in der Sichtachse von Invalidenhaus und geplantem Zellengefängnis, die Öffnung des Tiergarteraumes über die Spree hinweg in großem Maßstab durch Sichtachsen und punktuelle Bebauung ist weitgehend zunichte gemacht durch unterschiedlich motivierte Eingriffe (Militärfiskus, Eisenbahn). Dennoch, die Bedeutung dieses Raumes ist jetzt festgeschrieben. Er ist fortan das „Gelenk", das „Scharnier" im Stadtkörper zwischen der „alten Stadt" jenseits der noch immer bestehenden Stadtmauer und der im Westen und Nordwesten wachsenden neuen Stadt; ist der Ort, an dem sich die alte Berliner Dynamik der Doppelstadt neu inszeniert.

Im Verlauf des 19. Jahrhunderts wird dieser nordwestliche Planungsraum ausgefüllt und ausgeschmückt - wie teilweise auch der Tiergarten, wie - in etwas anderer Weise - der südliche Randbereich: Im Norden Reichstag und Siegessäule; jenseits der Spree die Bahnhöfe und die Kasernen; im Tiergarten die Siegesalee und an seinem südlichen Rand das sich im Abstand von etwa 40 Jahren erneuernde und immer dichter werdende Tiergartenviertel. Zerstörung des Werkes Lennés? Veränderung jedenfalls. Aber wie erlebte Gräfin Melusine in Fontanes „Stechlin" die „Stadtlandschaft" im Spreebogen am Kronprinzenufer" …„Ich sehe schon, Baronin, Sie führen den ganzen Lennéstraßenstolz ins Gefecht. Ihre Lennéstraße, nun ja, wenn es sein muß, aber was haben Sie da groß? Sie haben den Lessing ganz und den Goethe halb, und um beides will ich Sie beneiden und Ihnen auch die Spreewaldammen in Rechnung stellen. Aber die Lennéstraßenwelt ist geschlossen, ist zu. Sie hat keinen Blick ins Weite, kein Wasser, das fließt, keinen Verkehr, der flutet. Wenn ich in unserer Nische sitze, die lange Reihe der herankommenden Stadtbahnwagons vor mir, nicht zu nahe und nicht zu weit, und ich sehe dabei, wie das Abendrot den Lokomotivenrauch durchglüht und in dem Filigranwerk des Ausstellungsparktürmchens schimmert, was will Ihre grüne Tiergartenwelt dagegen?" Liest sich das nicht wie eine Explikation dessen, was „Stadtlandschaft" sein kann? Oder der Blick Waldemars in Fontanes „Stiene" zurück auf das Gartenlokal an der Spree - ich verzichte auf das ausführliche Zitat, es endet: „Er konnte sich nicht losreißen von dem allen und prägte es sich ein, als ob er ein bestimmtes Gefühl habe, daß er es nicht wiedersehen werde. Glück, wer will sagen, was du bist und wo du bist? In Sorent, mit dem Blick auf Capri, war ich elend und unglücklich, und hier bin ich glücklich gewesen. Und nun ging er weiter flußabwärts bis an die Moabiter Brücke …"

Die Beseitigung der kleinteiligen Welt Lennés, die Vertreibung des Gedankens der Stadtlandschaft wurde vorbereitet 1910 und fand ihre Gipfelung in den Planungen der Nazis: Die nekrophile Großform gegen alles, was hier als Qualität des Leitbildes „Landschaft" beschworen wurde. Das Haus des Fremdenverkehrs am „Runden Platz" wurde teilerrichtet. Es stand da noch nach 1945 als ausgebrannte Ruine in der nunmehrigen Trümmerlandschaft; es wurde abgerissen in Verbindung mit den ersten Spatenstichen für Scharouns Kulturforum Ende der 50er Jahre.

Lange vorher - unmittelbar nach 45 - war eine Auseinandersetzung geführt worden um die Zukunft des Tiergartens. Diesmal wirklich an einer Frontlinie mitten durch den begrifflichen Topos „Stadtlandschaft". Eine Auseinandersetzung allerdings, in der Lenné wenig Chancen hatte: Da die Wiederherstellung des „Lenné-Tiergartens" ein „Schildbürgerstreich" wäre, war bei allen Unterschieden der Positionen doch im wesentlichen gemeinsame Meinung. Wie sagte Pniower, einer der Protagonisten der Diskussion? „Weder die Flucht in verschwommenen Naturalismus, in eine nachgemogelte Auenlandschaft, noch ein spießiger Schönheitspark würde der lebendigen Tradition des Tiergartens gerecht werden. Der neue Tiergarten muß wieder Volkspark sein, klarer noch seinem eigentlichen Zweck der Massenerholung entsprechend als bisher."

Massenerholung gegen Schönheit, Funktionswerte gegen ästhetische Werte - wir wissen heute, glauben zu wissen, daß das nicht aufgeht. Die Differenzen bezogen sich auf Nutzungstypologie mit gestalterischen Konsequenzen sowie unterschiedliche gestalterische Leitbilder. Für Lingner aus dem Planungskollektiv Scharouns hatten auch hier natürliche Gegebenheiten der Spreegliederung besonderen Vorrang. Pniower stellte die Bedürfnisse der Massenerholung - von der Volkshalle über den Zirkus zu den Restaurant-Terrassen in den Vordergund.

Einig war man sich jedoch auch darin, daß der Tiergarten erweitert werden müsse.

Diese Erweiterung wurde - wenn auch nicht in Vollzug entschiedener Planung - so doch im Ergebnis der Abrißpolitik teilweise realisiert: In Gestalt neuer Grünflächen im Norden. Im Süden durch Wachsen dessen, was man dann die „Brachen" genannt hat.

Seit nunmehr 10 Jahren ist dieser ganze Raum, der Tiergarten und seine nördlichen und südlichen Randbereiche, Gegenstand planerischer Anstrengungen und Ambitionen. Bereits 1981 hat im Rahmen einer Anhörung der Internationalen Bauausstellung (IBA) der amerikanische Architekturtheoretiker Colin Rowe ein Motiv auf die Formel gebracht: Es gehe in diesem Raum um das „Äquivalent zum Brandenburger Tor" in unserer Zeit; will sagen: Um die Idee des öffentlichen Raumes und des Monuments.

Im Zuge einer Neubesinnung der Stadt auf ihre Realität als Halbstadt im Rahmen einer immer noch vorhandenen und erlebbaren Gesamtstadt wurde die historische und aktuelle Scharnierfunktion dieses Raumes wiederentdeckt: Es ist der Raum, in dem die Realität der Doppelstadt sowohl in ihrer historisch-stadträumlichen Genese wie in ihrer heutigen Zuspitzung erfahren werden kann. Der letzte Senator für Stadtentwicklung hat die auf diese Realität bezogene Zielsetzung auf die Formel gebracht, es gehe um eine „Umorientierung der Stadtentwicklung gegenläufig zum historischen Zuge nach Westen. Wieder zurück in Richtung Osten!"

Das neu aktivierte historische Bewußtsein hat die Erinnerungsqualität des Raumes aktualisiert. Mit dem Gelände des ehemaligen Prinz-Albrecht-Palais, der Gestapo-Zentrale, ist die Frage des stadträumlichen Umganges mit dem Problem der historischen Kontinuität ganz grundsätzlich gestellt worden.

Daß gegenüber dem Reichstag ein Deutsches Historisches Museum zu bauen sei, war Erkenntnis und Entscheidung auf höchster Politikerebene - durchgesetzt gegen die hartnäckige Uneinsichtigkeit unterschiedlichsten Sachverstandes.

Aus dem alternativen Milieu wurden gegen alle hier nur angedeuteten baulichen Ambitionen die Interessen der tatsächlichen Nutzer der in Frage stehenden Räume geltend gemacht im Sinne der Leitidee einer „grünen Mitte" in Analogie zum Central Park, New York.

Die eigentliche grüne Mitte des Raumes - der Tiergarten selbst - erfuhr in den letzten Jahren unter Berufung auf Lenné eine gestalterische Bearbeitung im Sinne einer Reaktivierung seiner Qualitäten als Gartenkunstwerk. Das Versprechen, daß der damit verbundene Einzug an bisherigen Freizeitpotentialen am Rande des Tiergartens kompensiert werde, ist vergessen jedesmal, wenn größere bauliche Ambitionen sich mit diesen Randbereichen verbinden (siehe Museum).

Für den nördlichen Raum jenseits der Spree hat noch der letzte Senat sowohl ein Wohnungsbauprogramm wie die Idee einer Bundesgartenschau entwickelt mit der Zielsetzung der Verknüpfung von Stadt, Garten- und Parkanlagen - ein echtes Modellprojekt im Hinblick auf die Programmatik „Stadtlandschaft". Ob es den neuen Prioritäten, die von der Wohnungsfrage formuliert werden, standhalten wird, darf als offen angesehen werden.

Soviel zur Geschichte und zum aktuellen Problemstand. Was bringt die Idee der Stadtlandschaft, wie sie hier entwickelt wurde und wie sie bezogen wurde auf Prinzipien stadtplanerischen Verhaltens seit Schinkel und Lenné für die hier angedeuteten Entscheidungssituationen?

Einiges ergibt sich unmittelbar aus dem zum Assoziationsgehalt des Begriffes Landschaft Ausgeführten. Stichworte: Prozessualer planerischer Ansatz; Nutzungsvielfalt; Vertrauen in die ästhetischen Bedürfnisse auch der einfachen Menschen; Offenheit als Teilhabe versus Repräsentation und Ostentation …

Die Frage soll jedoch grundsätzlicher gestellt werden. Was bedeutet im ganz Prinzipiellen Lenné für uns heute? Vielleicht ist es produktiv, zu fragen, was es denn sein könnte, das ein vielfach variiertes Urteil über Lenné rechtfertigt, er sei der letzte große Stadtplaner in Deutschland und in diesem Jahrhundert gewesen. Was ist es, was bei ihm „letztmals" auftrat, sich ereignete? Es ist ja nicht so, daß er als letzter den Versuch einer ästhetischen Harmonisierung der Stadtgestalt gemacht hätte. Es ist auch nicht so, daß er als letzter Planungsaufgaben in großem Maßstab übertragen erhalten hätte. Aber ich denke, er war der Letzte, bei dem im Mittelpunkt der planerischen Bemühungen eine mit der Zeitsituation voll in Übereinstimmung befindliche umfassende Sicht der Bedürfnisse des Menschen - und nicht nur als Privat-Mensch, sondern auch als Bürger, als politisches Subjekt - stand. Er konnte mit seinen Gärten und Parkanlagen Räume konzipieren, die dem Sehnsuchtsbild nach Heimat entsprachen oder jedenfalls entgegenkamen, weil die Menschen seiner Zeit sich über die Natur als Individuen, auch als öffentliche Individuen, erlebten. „Gärten, Freiheitsbäume, republikanische Wälder, heilige Berge und Tugendparks der Französischen Revolution" - so ist ein schöner Bildband überschrieben, der soeben unter der Oberüberschrift „Die Versöhnung mit der Natur" erschienen ist.

In der schönen, wenn auch von Bearbeitung zeugenden landschaftlichen Natur fand der sich emanzipierende Bürger ein Spiegelbild seiner gesellschaftlichen Bestrebungen, seine Befreiung von den Mächten der Hierarchie. Und in der Anschauung der Natur, in der Kultivierung des Auges, seiner Fähigkeiten zu beobachten und sich zu vertiefen, fand er die Möglichkeit der Selbstbestätigung, Alternative zum unwürdigen Ehrgeiz der Teilhabe an den Spielen der alten Macht.

Naturbezogener Sensualismus und „Gewerbefleiß" schlossen sich noch nicht aus, konnten in der Idee der gestalteten Landschaft, ja der „Stadtlandschaft", auf die Möglichkeit der Versöhnung vertrauen. Dies hat Gartenschöpfungen von zeitloser Schönheit hervorgebracht und es hat uns immerhin fragmentarische Momente im Gestaltbild der Stadt hinterlassen, von denen wir zehren. Aber das ist so nicht wiederholbar, nicht fortsetzbar. Ich kann das, was sich geändert hat - nicht auf der materiellen, auf der geistigen Ebene -, nur versuchen anzudeuten:

Unser Problem ist nicht mehr das der Emanzipation der Gesellschaft gegenüber dem Staat, sondern eher umgekehrt das des Wiederfindens des Staates als Dimension der Öffentlichkeit gegenüber der Gesellschaft. Stichwort: „Äquivalent zum Brandenburger Tor". Das Medium, in dem wir vorrangig um unsere Identität ringen, ist nicht mehr die Natur, sondern die Zeit als Geschichte. Gegen die Tugend des Gewerbefleißes beginnen wir in Ansehung der globalen Konsequenzen die Tugend der Langsamkeit zumindest zu denken im Begriff einer wie immer vermittelten Askese: Nicht alles tun, was man tun kann, einhalten. Und wenn wir wieder empfänglich sind für Ästhetik, so ist doch unser Vertrauen in fertige Bilder, Genre-Bilder, aufs Tiefste erschüttert. Eine Bundesgartenschau traditioneller Prägung goutieren wir kennerisch, aber bewegen tut sie nichts und niemanden.

Was folgt hieraus praktisch? Bezogen auf den zentralen Bereich? Nur einige Andeutungen, wie die Frontlinien der Diskussion vielleicht verlaufen sollten:

Wenn das Äquivalent zum Brandenburger Tor in Frage steht, Wiedergewinnung der Idee des Öffentlichen am Beispiel der Bauaufgabe „Monument" - so fragt sich etwa, ob nicht vor der Bauaufgabe eines neuen Forums der Republik am Reichstag die Bauaufgabe eines Holocaust- Monuments auf dem Gelände des Prinz-Albrecht-Palais ansteht.

Wenn die Geschichte die große intellektuelle Ressource unserer Zeit ist, dann geht es um Authentizität und es geht um die ganze Geschichte, auch die jüngste, und dann fragt sich, ob die eigentliche Qualität dieses zentralen Bereichs nicht die seiner Leere ist.

Wenn die Tugend der Langsamkeit ansteht, dann steht auch an, einmal zu demonstrieren, daß man es sich versagen kann, ein Filetstück zu verzehren, daß man sich Zeit lassen kann, darüber zu befinden, ob und was an einem Ort gebaut werden soll.

Wenn wir die Wahrheit hinter den Bildern suchen, dann ist unser größter Feind die Inszenierung.

Vielleicht meinen Sie, das seien immer noch sehr allgemeine Sentenzen, aber aus jeder folgt für die aktuelle Diskussion etwas durchaus Praktisches. Ich denke, wenn wir uns an diesen Grundsätzen orientieren, nutzen wir das Beispiel Lennés in seiner grundsätzlichen Dimension: Die Stadt entwickeln in der Kontinuität des Vorhandenen, als Lebensraum des ganzen Menschen - des privaten und des öffentlichen -

Abb. 10: Karl Schwarz

F A C H B E R E I C H S T A G   1 9 8 9

P E T E R

J O S E P H

L E N N É

Z U

S E I N E M

2 0 0.

G E B U R T S T A G

Abb. 11: Das feine optische Spiel, das nur in der Bewegung, im Gehen wahrgenommen werden kann: Nähert man sich im Pleasure Ground des Schlosses Klein-Glienicke dem Kasino von der Großen Neugierde her, so wird man vom Weg mittig auf die Treppe, die zur Pergola hinaufführt, geleitet – nicht aber mittig auf die Pergola selbst. Hier verschiebt sich mit jedem Schritt der Näherung die effektvolle Schrägansicht der Pfeilerreihen

Abb. 12: zur Kontrolle die Ansicht von der Mittelachse der Pergola aus – der Standpunkt befindet sich jetzt deutlich links der Mittelachse der Treppe

Prof. Dr. Martin SPERLICH
Über das Gehen im Garten

Was ich zu sagen habe, ist etwas sehr einfaches, und ich bin damit einverstanden, es auch trivial zu nennen:

Der Garten ist ein Raumkunstwerk und wird im Gehen, vermittels des Gehens, wahrgenommen.

Gewiß, zunächst scheint das Auge das Hauptsinneswerkzeug zu sein, genauer freilich gesagt, unsere beiden Augen, das räumliche Sehen, und natürlich sind alle fünf Sinne im Garten beteiligt: Wir riechen die Pflanzen, hören Springquell, Brunnen und Wasserfall, wir fühlen den Wechsel von Sonnenwärme und Schattenkühle und wir schmecken die Früchte.

Ein Gemälde wird mit den Augen wahrgenommen, und nur manchmal spielt das Taktile, der Reiz pastoser Oberfläche, das Farbrelief mit, freilich nicht durch das Betasten, sondern synästhetisch, wir „sehen" auch Glätte und Rauhigkeit, obwohl das ertastbare Qualitäten sind, und bei der Skulptur wird das Tastgefühl, auch wenn wir die Plastik nicht berühren, als Erfahrungswert über das Auge affiziert.

Blinde, recht geschult, können Skulpturen gültig wahrnehmen und blinde Bildhauer können Werke schaffen, denen man den Sinnesmangel des Künstlers nicht ansieht, er wird freilich bei den perspektivischen Tiefenwerten des Reliefs scheitern, da dieses die Erfahrung tiefenräumlichen binokolaren Sehens voraussetzt(1).

Der Garten wie die Architektur sind räumliche Gebilde, zu deren Wahrnehmung die „klassischen" fünf Sinne nicht ausreichen, diese sind ja auch seit der Antike tradierte Kategorien, die für die Sinnesphysiologie längst nicht mehr ausreichen. Goethe hat einmal gesagt, einen wohlgeformten Raum müsse man auch mit geschlossenen Augen erkennen können und wir wissen, daß Blinde durch ihr Körper- und Raumgefühl wohl am Erlebnis des Landschaftsgartens teilhaben.

Unser Raumsinn ist nicht in einem einzigen Organ lokalisierbar, unser räumliches Sehen kann nur zustande kommen durch das im inneren Ohr, im Labyrinth, lokalisierte stato-akustische Organ, das uns das Gefühl von „oben" und „unten", die Empfindung des Fallens und Steigens vermittelt, dieses Organ dient also der Einstellung des Körpers auf das Schwerefeld der Erde, unser Sehvorgang ist mit diesem Körpergefühl, mit allen unseren Bewegungen unablässig verknüpft(2).

Marilene Putscher bezeichnet die fünf Sinne als ein einheitliches Organ, eben den „Raumsinn"(3), und Johannes von Allesch sagt in der „Wahrnehmung des Raumes als Psychologischer Vorgang": (auch der Mensch) „ist von vornherein für den Raum eingerichtet, in seiner Planung auf den Raum abgestellt und nur als ein Gesamtvorgang im Raum begreiflich. Er erwacht als Raumwesen zum Bewußtsein. Gerichtetsein ist ein Urzustand, Richtungsimpulse haben ist ein Urvorgang. Der Richtungsraum in Verbindung mit dem Körperschema ist der Urraum(4)."

Der Kunsthistoriker Heinz Ladendorf sagt in: „Der Raum: Wandlung der Wahrnehmung durch die Kunst(5)."

„Nicht nur das Sehen ist an der Wahrnehmung des Raumes beteiligt, sondern verschiedenste Sinne, deren Gesamtheit man als Raumsinn bezeichnen kann. Das Körpergefühl mit den Zügen von Symmetrie, Axialität und Aufrechtgehen des Menschen hat einen großen Anteil. Sein Gleichgewichtssinn und Richtungssinn wird in verschiedener Weise angeregt und setzt sich mit dem Raum auseinander. Sein Kraftsinn mit allen seinen Unterscheidungsmöglichkeiten ist indirekt mitbetroffen von Schwere und Leichtigkeit, von Lastendem, von Enge und Weite. Das Tastgefühl vereinigt seine Erfahrungen und Erwartungen mit dem Sehergebnis; Der Hautsinn, der Ebenes und Rundes, Glattes und Rauhes unterscheidet, überträgt die Auffassungsmöglichkeiten des Nachsinnens: man tastet den Raum mit den Augen ab. Hall und Nachhall beschäftigen das Gehör, das zur Raumerfassung beiträgt, wie auch der Geruch eine jeweils verschiedene Qualität der Räumlichkeit aufnimmt(5a)."

„Die Sinnesorgane des Menschen verändern ihren Bau nicht, auch ihr physiologisches Funktionieren bleibt unverändert. Aber die Sinnesempfindungen des frei beweglichen Gesamtsinnesorgans, das der Mensch ist, wechseln durchaus, sie zeigen Verfeinerungen und Differenzierungen, bis dann auf einer neuen Stufe eine neue Einfachheit gesetzt wird, in der die bisherigen Wahrnehmungsergebnisse mit aufgehoben sind(5b)."

„Das Muskelgefühl des Leibes stellt sich nicht nur auf Druck und Bedrohung ein, es kann im Nahverhältnis Reaktionen zustande bringen oder vorbereiten, es kann auch im weiteren Abstand räumlichen Qualitäten antworten und sich unwillkürlich auf sie einstellen. Daß der Mensch gegenüber neu auftretenden räumlichen Gegebenheiten plötzlich einmal tief einatmet, daß er nach einer Vergewisserung über Zusammenhänge, die er dann übersieht, gemächlich ausatmet, ist keine bloß physische Reaktion. Man fühlt auch mit dem Zwerchfell und der rippengepanzerten Brustmuskulatur(5c)."

So wie eine gotische Kathedrale ein anderes Körpergefühl hervorruft als die Enfilade eines barocken Schlosses, so werden auch Gärten verschiedener zeitlicher Prägung auf verschiedene Weise begangen, sie prägen ihren Stil unseren Füßen ein.

Der unbelehrte heutige Besucher von Versailles sucht von der Terrasse aus geradewegs zum Apollobassin und zum Kanal zu gelangen, weil er unter dem Autobahnsyndrom seiner eigenen Zeit ohne Zeitverlust ans Ziel gelangen will, aber Sie kennen alle die Gartenführungen Ludwigs XIV.(6), die ich so kurz wir möglich in Erinnerung bringen will.

Der König, sein eigener kenntnisreicher Gartenkustode, hat seine Gartenführungen, drei im wesentlichen gleiche, auch handschriftlich aufgezeichnet, wir dürfen sie als authentische Gebrauchsanweisungen für den klassischen französischen Garten ansehen.

Man geht, aus der Schloßmitte kommend, geradewegs über die Terrasse in Richtung der Hauptachse, blickt herab zum Latonabassin und die Achse entlang bis über den Kanal hinweg, nimmt dann zurückblickend das Schloß aus der Nähe wahr, schreitet die Terrasse entlang, das Bassin und die Statuen betrachtend, geht die Treppe der hundert Stufen herab zur Orangerie und durch das Orangenhaus hindurch zu den Quartieren des Parterres um in der Hauptachse über den Latonabrunnen erneut das Schloß aus anderer Situation, von unten und aus größerer Entfernung zu sehen, sodann verläßt man die Hauptachse sogleich, um die Quartiere der linken Gartenseite zu durchstreifen und trifft die Hauptachse nur noch einmal am Apollobassin, das Schloß nun aus weitester Entfernung betrachtend. Niemals wird diese schnurgerade Achse entlanggegangen und auch die langen geraden Nebenachsen werden möglichst vermieden, sie werden nur entlanggesehen, zu den Blickpunkten, zumeist Brunnen, hin, sogleich taucht man wieder in die Heckenquartiere ein, fast immer im rechten Winkel oder in 45 Grad abknickend.

Wichtig für uns ist, daß die Wege, gerade die nicht begangenen, Blickachsen sind. Diese Art zu gehen setzt voraus, daß der Gartenplan gekannt und erinnert wird, daß man immer weiß, an welcher Stelle des Grundplanes man sich befindet, so wie es die barocke Architekturtheorie auch vom Besucher eines Schlosses verlangt.

Am Beispiel der ebenfalls authentischen Gartenführungen Pücklers in Muskau von 1834(7) kann man den grundsätzlichen Unterschied des Gehens gut ablesen, ich beschränke mich auf die erste, nur dem Fußgänger mögliche Tour, die wie die in Versailles unserem spontanen Gehen, ehe wir belehrt worden sind, gleichermaßen höchst ungewöhnlich erscheint.

Wir treten mit Pückler aus dem neuen Schloß in den Hof der Dreiflügelanlage, den cour d'honneur zu nennen unangemessen scheinen will, weil er mit Orangerie besetzt ist, auch durchschreiten wir diesen Hof nicht in Richtung der Freitreppe, wie man vermuten möchte, sondern gehen durch die Gesellschaftsräume des rechten Flügels hindurch und beim Gewächshaus herauskommend in den Garten, umrunden im Uhrzeigersinn das Schloß und passieren unterirdisch durch einen Tunnel die Rampe, um, entgegen dem Uhrzeiger, die südliche Gartenpartie zu durchmessen, dann, zunächst die Rampe herauf und wieder hinuntersteigend, umrunden wir den Blauen- und den Herrengarten - ich gehe hier nicht auf die uns gebotenen Sensationen ein, sondern komme zu dem, was mir hier am wichtigsten erscheint: Die vierzig Fuß breite Treppe mit ihren 15 Granitstufen in der Hauptachse des Schlosses mit ihren großen Pferdeskulpturen und der optischen Aufforderung sie hinabzusteigen zu den angebotenen Sichtpunkten, dem Bowlinggreen, der „colossalen Ariadne", den fernen Bergen und das Burggebiet.

Die Suggestion dieser äußerst aufwendigen Treppe zum Hinabsteigen wird sogleich aufgehoben durch die vier Blumenteppiche, die gleichsam eine optische Schranke bilden. Dieser irritierende Widerspruch zwischen Aufforderung und Verweigerung bildet ein retardierendes Moment äußerster Verwirrung. Wir gehen ja auch mit unseren Augen unseren Schritten voraus und werden hier angezogen und angehalten zugleich, ein maneristischer - wohl auch snobistischer Effekt, der unserem zielgerichteten Gehen die naive Selbstverständlichkeit nimmt.

Georg Simmel hat in seinem kulturphilosophischen Essay über den Henkel die griechische Vasenform eines Wassergefäßes, der Hydria, in einer mir analog erscheinenden Weise dargestellt(8).

Das bauchige Gefäß hat drei Henkel, zwei waagerechte an der Schulter zum Heben und Tragen und einen senkrechten am Hals zum Kippen. Simmel bemerkt nun, daß die in sich geschlossene Form eines Gefäßes sich mit dem Henkel dem „Aussen", dem Benutzer, zuwendet und die Handhabung, den Bewegungsweg des Armes in der sinnlichen Vorstellung vorwegnimmt. Bei einem und auch bei zwei Henkeln ist diese Bewegung in der Anschauung klar, aber bei den drei Henkeln der Hydria, die gleichzeitig zwei Bewegungsrichtungen gegensätzlicher Art - Heben und Kippen - vorgeben, entsteht das Gefühl der Verwirrung, der Ungewißheit, welche körperliche Aktionen mit diesen Signalen aufgerufen werden soll.

Ich glaube nicht, daß Pücklers „Hindernisbeet" eine Fehlplanung ist, sondern ein paranoides Infragestellen unseres naiven Bewegungszwanges, wir werden vor die verwirrende Wahl zweier Bewegungsrichtungen gestellt, müssen die zwingendere als die nicht mögliche und die unscheinbare als die richtige nehmen, eine zum Bedenken der Entscheidung zwingende Pause.

Pückler beschreibt in seinen „Andeutungen über Landschaftsgärtnerei" von 1834 die Bewegungsunterschiede der Gartenstile so (9):

„Die Gartenkunst der Alten, welche im 15. Jahrhundert in Italien, durch das Studium der classischen Schriftsteller, und vorzüglich durch die Beschreibungen, welche Plinius von seinen Villen uns hinterlassen hat, wieder in Anwendung gekommen ist, und aus welcher später hin die sogenannte französische Gartenkunst in einer kältern, weniger gemüthlichen Form hervorging, verdient hierbei große Berücksichtigung. Diese reiche und prächtige Kunst, welche ein Hervorschreiten der Architektur aus dem Hause in den Garten genannt werden könnte, wie die englische ein Herantreten der Landschaft bis vor unsere Thür - möchte also zu dem erwähnten Zweck am passendsten angewendet werden ... ein Schritt nur seitwärts in den Wald getan, und verschwunden, wie durch einen Zauberschlag, sind Schloß und Gärten, um der ungestörtesten Einsamkeit und der Wildnis einer erhabenen Natur wieder Platz zu machen, bis später vielleicht eine Biegung des Weges unerwartet eine Aussicht öffnet, wo in weiter Ferne das Werk der Kunst aus den düstern Tannen von neuem in der glühenden Abendsonne Strahl hervorblitzt ..."

Wenn in der Frühzeit des Landschaftsgartens geschlängelte Wege noch in naiven Kurvaturen im Sinne Hogarthscher Schönheitslinien von 1753 gezeichnet werden, so wächst diesen „stummen Führern" immer mehr künstlerisches Ingenium zu. Der Vergleich Lennéscher Wegeführungen mit Regieanweisungen und Kamerafahrten durch Michael Seiler ist ein glücklich gewähltes Bild, so anachronistisch es erscheinen mag.

Wesentliche Impulse erhält die Wegeführung und damit unser Gehen durch die Schinkelschen Rekonstruktionen der Pliniusvillen.

Die jedem Gebildeten seit der Renaissance bekannten Beschreibungen, die Plinius der Jüngere (61-113?)

seinen Freunden von seinen Villen Laurentinum bei Ostia und Tuscum im Apeninn am Oberlauf des Tiber mitteilte, haben die Architekten seit jeher zu Rekonstruktionen gereizt, wobei ihnen freilich immer die Architekturvorstellung der eigenen Zeit dominierend einfloß (10).

Vergleichsweise vorsichtig löste sich der Engländer Robert Castell mit seinen Rekonstruktionen beider Villen von 1728, also zu Beginn des englischen Landschaftsgartens, von manchen bis dahin üblichen Vorstellungen (10a).

Die architektonisch vage Beschreibung von Tuscum, noch ungenauer als die laurentinische, läßt viele Ausdeutungsmöglichkeiten zu, wichtig ist mir hier vor allem Eines:

Der Zugang zur Villa ist nicht frontal, der Besucher kommt schräg von der Seite her, geht die Säulenfront mit dem vorgelagerten Schrägbeet, das mit aus Buchs geschnittenen Tierfiguren geziert ist, entlang und betritt die Villa nicht in der Mitte des Portikus, sondern an dessen Ende.

So auch, aber noch näher am Text, die Schinkelsche Rekonstruktion. Das Gebäude wird schräg angegangen, erscheint also in beträchtlicher Verkürzung und ohne auffällige Portalarchitektur (11).

Die Schrägansicht - Übereckansicht - der Architektur als ein künstlerisches Prinzip hat übrigens schon Guido Hauck, Professor an der Technsichen Hochschule in Charlottenburg 1879 in seiner überaus scharfsinnigen Untersuchung „Die subjektive Perspektive und die horizontalen Curvaturen des dorischen Styls(12)" behauptet; dort heißt es im Kapitel „Die perspektivische Schrägsicht": „Ich glaube nicht, daß er (der Hellene) die Schrägsicht in ihrer malerischen Wirkung irgendwie mißachtet oder gar vernachlässigt hat: ... Beim Parthenon namentlich war die Schrägansicht von ganz besonderer Wichtigkeit. Wenn der Besucher der Akropolis aus den Propyläen heraustrat, strahlte ihm der herrliche Bau in wirkungsvollster Schrägansicht entgegen."

Wer sich Glienicke auf „legitime" Weise nähert, nämlich über den Drive, der einige hundert Meter vor dem heute zumeist als Eingang in den Schloßbezirk dienenden Greifentor der alten Reichsstraße 1 abzweigt, kommt nicht auf ein scheinbares Schloßportal zu, sondern schräg auf den rechten Flügel, der ursprünglich gar keine Eingangstür hatte, sondern nur eine breite Öffnung zum Blumenhof.

Diese Öffnung ist beiderseits mit Pergolen besetzt, einer kurzen, die an den Kavalierflügel gelehnt ist und dieser gegenüber eine, die dreimal abknickend den Blumenhof umzieht. Diese führt zu dem wenig auffälligen Portal. Der Unkundige muß zögernd und suchend zum Eingang vordringen, allenfalls signalisiert das farbige Wandfeld über der kurzen Pergola, die einzige Buntfarbigkeit der sonst einheitlich gelb gestrichenen Mauer, dem Besucher, daß er von dieser Öffnung angezogen werden soll.

Als der Prinz Carl durch Persius der Pergola eine Ädikula vorlegen ließ und damit die Eingangssituation derb vergröberte, zeigte er damit, daß er die Bauidee Schinkels - nicht Schloß, sondern Pliniusvilla - nicht verstanden hatte. Schinkel hatte auch den vorhandenen Flügel des Vorgängerbaus um zwei Achsen gekürzt, um aus dem Blumenhof heraus in breitem Winkel den Landschaftspark wahrnehmen zu können, nach dem Kriege wurde wegen der Nutzung des Baus als Hotelbetrieb der Flügel wieder auf die alte Länge gebracht; es ist vorgesehen, diese entstellende Veränderung zu beseitigen, ob aber die Denkmalpflege es wagen darf, auch die Ädikula zu entfernen, das wird von der dann gerade gültigen Maxime dieses Faches abhängen, die ja von Generation zu Generation zu wechseln pflegt. Wenn man den Typus des Baues, seine geistige Idee, eben die Schinkels, wiedergewinnen will, müßte es freilich geschehen.

Es ist hier nicht die Zeit, die Lennéschen Wege im Pleasureground mit allen ihren Verschränkungen, mit den Gesichtslinien, den Fernsichten und den wie beiläufig vorgestellten Motiven nachzugehen, eine einzige Beobachtung, kaum wahrnehmbar und nur zufällig wahrgenommen, ist das Ziel meiner Bemerkungen.

Die Große Neugierde, 1938 durch den Speerschen Straßenbau verschoben und entstellt, ist, freilich an diesem falschen Platz, wiederhergestellt. Bei der Versetzung hatte man statt des geometrischen Kegelstupfes einen amorphen Hügel gebildet und statt der beiden schmalen radialen Treppen eine einzige breite gebaut, nun aber nicht mehr auf die offenen Interkolumnen, sondern auf eine Mauer zielend. In der Schinkelschen Form wurde der Weg, von der Kleinen Neugierde herkommend, durch die linke Treppe zum Monopteros heraufgeführt, der im Umgang einen Rundblick über den Pleasureground, nach Babelsberg, die Potsdamer Stadtsilhouette und den Pfingstberg gab, die zweite Treppe führte dann auf den Weg zum Kasino.

Als Michael Seiler bei der Wiederherstellung des Weges dessen genauen Verlauf ermittelte, konnte man eine überaus fesselnde Beobachtung machen.

Der Weg führt genau mittig auf die zur Pergola

hinaufführende Treppe, nicht aber mittig zur Pergola selbst, die vielmehr in leichter, aber äußerst effektvoller Schrägsicht erscheint, sodaß die rechte Pfeilerreihe fast ganz hinter dem vorderen Pfeiler verschwindet, die linke aber in der rhythmischen Verkürzung der Tiefenabstände zu größter plastischer Wirkung gebracht wird.

Dieses optische Spiel, das immer nur in der eigenen Bewegung, im Gehen, wahrgenommen werden kann, wiederholt sich mit anderen Mitteln bei der anderen Pergola. Im Rückblick war übrigens hier einst die Große Neugierde sichtbar, gleichsam den zurückgelegten Weg rekapitulierend.

In der Achse der östlichen Pergola erscheint, ursprünglich noch eindrucksvoller hinter einer Brunnenschale mit senkrechtem jet d'eau der von Persius erbaute Wasserturm beim Gärtner- und Maschinenhaus. Visiert man ihn genau in der Mittelachse der Pergola an, so erscheint er aus der Visierlinie nach rechts gerückt, tritt man aber einen Schritt zur Seite, um ihn mittig wahrzunehmen, so tritt wieder jener perspektivische Effekt der Pfeilerabfolge ein, den wir soeben bei der anderen Pergola beobachten konnten.

Die Bilder, die uns geboten werden, werden uns durch den unspürbaren Zwang unseres vom Künstler gegängelten Gehens eingeprägt. Gehen muß wie Lesen gelernt werden.

Anmerkungen

1. Ludwig MÜNZ und Viktor LÖWENFELD. Plastische Arbeiten Blinder. Brünn, 1944
2. Franz Bruno HOFMANN. Die Lehre vom Raumsinn des Auges. Berlin 1920
3. Marilene PUTSCHER. Das Gefühl: Sinnengebrauch und Geschichte. in: Marilene Putscher (Hrsg.): Die fünf Sinne. Beiträge zu einer medizinischen Psychologie S. 147 ff. München 1978
4. G. Johannes von ALLESCH. Die Wahrnehmung des Raumes als psychologischer Vorgang. in: Die Gestalt, Abhandlungen zu einer allgemeinen Morphologie. Herausgegeben von Wilhelm PINDER/Wilhelm TROLL/Lothar WOLF. Heft 3, Leipzig 1941, S. 1-44, hier S. 17
5. Heinz LADENDORF. Der Raum. Die Wandlung der Wahrnehmung durch die Kunst. PUTSCHER (Hrsg.) wie Anm. 3, S. 161-178
5a. Ebenda S. 161
5b. Ebenda S. 162
5c. Ebenda S. 174
6. Simone HOOG. Louis XIV manière de montrer les jardins de Versailles. Paris 1982
7. Fürst Hermann von PÜCKLER-MUSKAU. Andeutungen über Landschaftsgärtnerei. Stuttgart 1834, S. 186-266
8. Georg SIMMEL. Der Henkel. In: Philosophische Kultur 1911
9. PÜCKLER. Wie Anm. 7, S. 25 f.
10. Marianne FISCHER. Die frühen Rekonstruktionen der Landhäuser Plinius des Jüngeren. Diss. Berlin 1962.
10a. Ebenda S. 91 ff.
11. Martin SPERLICH. Nicht Schloß, sondern Villa. In: Schloß Glienicke. Bewohner, Künstler, Parklandschaft. Ausst. Kat. Verwaltung der Staatlichen Schlösser und Gärten Berlin. Berlin 1987 S. 27-31
12. Guido HAUCK. Die subjektive Perspektive und die horizontalen Curvaturen des dorischen Styls. Eine perspektivisch-ästhetische Studie. Stuttgart 1879, S. 105

Abb. 13: Prof. Dr. M. Sperlich

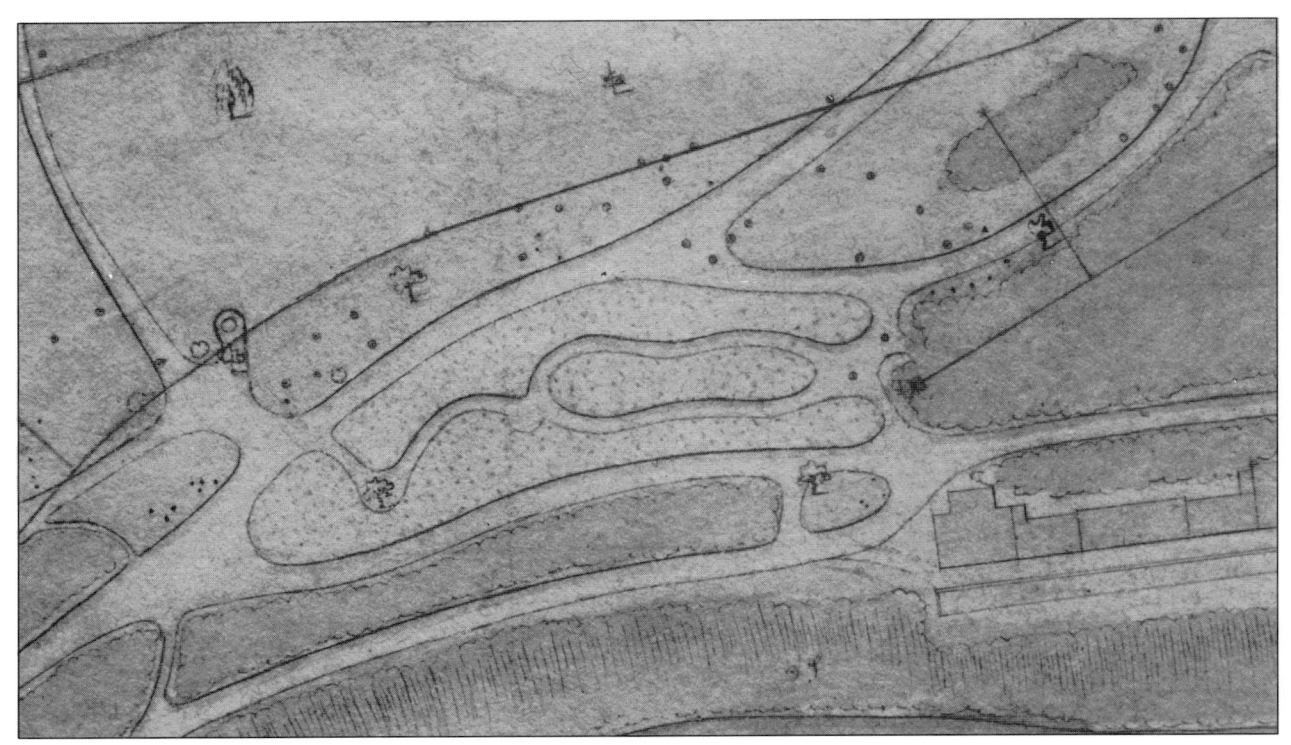

Abb. 14: Lennés Rosengarten auf der Pfaueninsel; Ausschnitt aus dem Plan von Gustav Meyer, 1840/45

Abb. 15: Grabungsprofil des südlichen Rosengartenweges; 1988; zu erkennen sind von links nach rechts: Rosengarteneinfassung von 1821 aus Feldsteinen mit anschließendem Weg aus einem Lehm-Kies-Gemisch aus derselben Zeit; tw. überlagernder Weg aus Backsteinschutt von 1871; tw. überlagernder Weg aus Hartsteinschotter von 1974. Durch den Vegetationsdruck wurde der Weg bei den Erneuerungen stets weiter nach Süden gerückt.

Prof. Dr. Michael SEILER
Der gefundene und gebaute Gartenraum

Zunächst muß ich etwas zur Wahl des unbeholfen klingenden Titels, der vollständig lauten müßte: „Der gefundene und gebaute Gartenraum bei Lenné" erläutern. Mit gefundener Gartenraum ist der durch Natur und Geschichte vorgegebene Raum eines Gartens gemeint. Ich habe absichtlich das Wort vorgefunden vermieden und gefunden gewählt, um damit den äußerst wichtigen Vorgang des Entdeckens der Qualitäten des Gartenraumes durch den Gartenkünstler auszudrücken.

Am 1. Januar 1827 schrieb Fürst Pückler an seine geschiedene Gemahlin aus Chester über einen Besuch des Schlosses und Garten Eaten Hall: „... es ist mir völlig unbegreiflich, wie Herr Lenné, dessen Verdiensten um die Verschönerung seines Vaterlandes man alle Gerechtigkeit widerfahren lassen muß, in den Annalen des Berliner Gartenvereins diesem Park vor allem, die er gesehen, den Vorzug geben kann, worüber sich die englischen Kritiker auch etwas lustig gemacht haben. Herr Lenné ahmte vor dem Neuen Palais in Potsdam den hiesigen Blumengarten nach. Ich hätte mir, ich gestehe es, an seiner Stelle ein anderes Muster gewählt, doch paßt dieser Stil allerdings vor dem dortigen Palais weit besser als vor einer gotischen Burg." Etwas weiter unten heißt es dann: „Eine Menge affröse gotische Tempelchen verunstalten den Pleasureground, der überdies, so wie der Park, keine schönen Bäume hat, indem der Boden ungünstig ist und die Anlage überall nicht alt zu sein scheint. Die Gegend ist indes recht leidlich, obwohl nicht sehr pittoresk und zu flach." (1) Pückler hat Recht, über keinen englischen Garten hat Lenné in seinem Bericht so ausführlich berichtet, wie bei Eaten Hall, jedoch nicht über die Blumenbeete am Schloß, die den Fürsten interessierten, sondern über eine großartige räumliche Konzeption. Doch hören wir besser Lenné selbst: „Eins der interessantesten Beispiele von demjenigen, was der Reichthum, und der einmal auf Gegenstände dieser Art geleiteten Neigung vermag, ist dasjenige, was der letztgenannte Lord (Grosvenor) gegeben hat. Eaton Hall ist 3 englische Meilen von Chester, wo er einen Theil des

Jahres verlebt, belegen. Um sich die Reise nach seinem Landgute angenehm zu machen, und gewissermaßen in Chester und Eaten Hall zugleich zu Hause zu seyn, hat er einen großen Theil der zwischen beiden Orten belegenen Landstücke an sich gebracht, und dieselben durch einen nicht weit von den Thoren der Stadt anhebenden Park verbunden. Den Eingang zum letztern verkündet ein prachtvolles gothisches Gitterthor; der Eindruck, welchen dasselbe hervorbringt, und die freundliche Pförtnerwohnung (Lodge) machen sogleich von dem, was man zu erwarten hat, einen günstigen Begriff. In großen Zügen windet sich der schön geebnete Fahrweg zwischen breiten Rasenbändern durch den Park; die geschlossenen Pflanzungen schließen sich bald an diesen Weg an, bald ziehen sie sich in mannigfaltigen Umrissen, und tiefen Einbuchten von demselben zurück. Hier und da vermehren einzelne Bäume, und lichte Baumgruppen die Anmuth dieses Weges. Das Terrain steigt nur allmälig; die lichteren Baumgruppen öffnen sich nun häufiger, und zur Linken erblickt man die anmuthigsten Wiesengründe, durch welche sich ein kleiner Fluß durchwindet; zur Rechten erheben sich mehrere mit Buschwerk bepflanzte Hügel, welche die großen fruchtbaren Ebenen höchst malerisch unterbrechen. Immer höher steigt das wellenförmige Terrain; mehrere Standpunkte erregen die Aufmerksamkeit auf die umgebende Landschaft, die nun mit jedem Schritte merkwürdiger wird. Man erblickt gegen Norden die nahe Stadt Chester, mit dem großen aus rothen Sandsteinen erbauten Damm; gegen Westen eine reizende Feldflur mit Vorgebirge, über welche sich die höheren Gebirge von Wallis mit ihren grotesken Formen erheben, und den Horisont schließen. Die Gegend hat in der That einen großartigen Charakter. Unter ähnlichen, hier und da etwas veränderten Gesichtspunkten, wandert man den großen Hauptweg fort. Ein für die umliegenden Dorfschaften notwendiger Verbindungsweg durchschneidet jetzt den Park. Lord Grosvenor wußte aus diesem Umstande, welcher Manchem (durch die Theilung des Parkes in zwei Hälften) als ein unbesiegbares Hinderniß erscheinen mußte, für seine Anlage Vortheile zu ziehen.

Er ließ den felsigen Boden durchbrechen, und führte den Weg, in eine Tiefe von 20 Fuß, versenkt durch diese künstliche Felsenschlucht; die Abhänge längs dem Wege sind so schroff und steil, daß jeder Versuch, in den Park zu steigen, unmöglich wird. Der große Fahrweg des Parks führt über eine Wölbung von Felsensteinen, über diesen unterirdischen Weg, ohne daß man diese künstliche Vorrichtung gewahrt, fort; und an mehreren Stellen vermehrt der Blick in die felsigte Tiefe längs den durch Anpflanzungen theilweise belebten schroffen Abhängen, wesentlich den Reiz und die Mannigfaltigkeit der Anlage. Ein offenes gothisches Portal, schön und kunstvoll ausgeführt, überrascht jetzt den Blick des Umherwandelnden, und bereitet ihn auf die Nähe und die Pracht des Schlosses vor. Die Anlage gewinnt nun ein geschmückteres Ansehen; die Rasenplätze sind ausgedehnter und zierlicher gehalten; die Pflanzungen ausgewählter, und gegen die Beschädigung der zahlreich hier weidenden Damhirsche, durch eiserne Einhegungen gesichert. Endlich erblickt man durch die dunklen Baummassen das Schloß, in einer Pracht und Größe, die man wahrhaft königlich, und für einen Privatmann fast zu übermüthig nennen möchte.

Ich vermag die Aeußerung des Gedankens nicht zu unterdrücken, der sich meiner bei dem Anblick dieser Anlagen bemächtigte, daß nämlich die besuchtesten Verbindungswege in der Umgebung der Königl. Residenzen Berlin und Potsdam einer ähnlichen Ausschmnückung, wenn auch keinesweges nach jenen Ideen, doch in jenem Sinne würdig sind." (2)

Lenné war fasziniert von dem dort demonstrierten Umgang mit dem Raum und der Bewegung darin. Er hatte dabei kaum auf die von Pückler bemerkten schlecht wachsenden Gehölze geachtet. Lenné verstand es, wie sein Nachfolger Jühlke sagte: „Meisterhaft wie selten einer die Bodenformation zu individualisieren und dabei in schwungvoller malerischer Konzeption der lokalen Physiognomik der Gruppierungen in Form und Farbe einen Ausdruck zu verleihen." (3) Lenné hat sich von Anbeginn seiner Tätigkeit durch die künstlerische Fähigkeit, aus der jeweiligen vorgefundenen Situation ein äußerst vielschichtiges spannungsreiches Raumkunstwerk zu entwickeln, ausgezeichnet. Eine landschaftliche Bildhauerarbeit, die allerdings eine Umkehrung der herkömmlichen Bildhauerei bedeutet, nämlich nicht die Betrachtung der sich entgegenwölbenden in Form, sondern das Begehen einer Hohlform. Die Plastik des Gartens ist nicht insgesamt oder in mehr oder minder großen Partien zu übersehen, sondern muß durch die Bewegung auf den dazu modellierten Regielinien, den Wegen, erschlossen werden. Nur die Bewegung in dieser Hohlform, die natürlich Aspekte der Vorstellung herkömmlicher Plastik erhält in Form von Solitären und Gruppen, erschließt eine Lennésche Garten- Individualität. Die Entwicklungsgeschichte der Bewegung im Garten hat ja soeben mein verehrter Lehrer Sperlich in großartigen Zügen dargelegt. Diese Verfeinerung des Raumverständnisses ist für den künstlerischen Entwicklungsstand Lennés, der dem Vorschlag im Volkspark Magdeburg einem Gebäude die Form eines Rundtempels zu geben entschuldigend hinzufügte: „Wir haben bei der Bezeichnung dieses Gebäudes als Tempel diesen Ausdruck nur deshalb beibehalten, weil dadurch die Form sogleich angegeben wird, welche sich für ein solches Gebäude am besten paßt, keinesweges aber um die Spielerei nachzuahmen, welche man in den ästhetischen

Anlagen damit zu treiben pflegt, daß man, auf geringem Raum, ein Universum aller Zeiten und Zonen zu schaffen sucht." (4) Kein Universum der Zitate mehr, sondern ein Universum von Variationen an Raumbildung. Es ist nur zu konsequent, aber sollte ganz deutlich hervorgehoben werden, Lenné hat, soweit mir bekannt, niemals einen allgemeinen Musterplan eines Gartens gezeichnet. Alle seine Entwürfe beziehen sich auf einen bestimmten Ort. Die Versuchung für den Garteningenieur, den Potsdamer Hofgärtnern so eine Art Masterplan vorzulegen, wäre ja nicht gering gewesen, doch, wie ich glaube, völlig gegen die künstlerische Grundüberzeugung Lennés. Dies gilt es besonders hervorzuheben, angesichts der Meinung, Lenné sei ein Schüler Gabriel Thouins.

Die Interpretation Lennéschen Raumverständnisses kann eigentlich nur aus der jeweiligen Gartenindividualität erfolgen. Die Richtigkeit dieser Vorgehensweise bestätigt sich an einer seiner wenigen Erläuterungstexte zu einer Gartenanlage, ich meine den 1826 veröffentlichten Aufsatz „Über die Anlage eines Volksgartens bei der Stadt Magdeburg". Da heißt es, ich zitiere: „Die Grundideen meines Planes sind folgende: der Magdeburger soll in diesem Volksgarten nicht nur die allgemeine Freude einer geschmückten Natur genießen; er soll in demselben zugleich ein konzentriertes Bild von den Vorzügen seiner eigentümlichen Lage, und in dieser Individualität jene Freuden um so viel dankbarer empfangen und genießen." (5) Also keine Landschaftsform und Naturschönheit allgemein sondern ganz individuell auf diesen Ort bezogen. Bemerkenswert ist die Vokabel, die Lenné für das räumliche Einbeziehen der Umgebung benutzt: „Die glänzenden Bilder, welche der Fluß und die Stadt darbieten, mußten der Anlage vor allem angeeignet werden." Einen Satz später schreibt er: „Ihr wurde so der Strom in der größtmöglichsten Ausdehung angeeignet, und der von der anderen Seite der Anhöhe daherfließende Bach wurde benutzt, diese Verbindung noch inniger zu machen." (6) Über seine Vorgehensweise bei der Bearbeitung der Erdoberfläche sei zitiert: „Im Übrigen ist wegen der inneren Einrichtung des Hauptkörpers der Anlage noch zu bemerken, daß die Oberfläche des Bodens noch mannigfaltiger Nachhülfe bedarf. Die gefällige Wellenform der Bodenoberfläche gehört zu ebenso wesentlichen Erfordernissen einer schönen Anlage, als die mannigfaltigen Schwingungen und Umrisse der Wege und der sie umgebenden Pflanzungen. Die Hauptumrisse des Terrains sind recht glücklich. Wie sie aber veredelt werden sollen, geben die über dem Nivellementsprofile gezogenen Linien." (7) Zur räumlichen Behandlung des Wassers schreibt Lenné: „Man wird diesen Teichen die gefälligsten Formen geben und einerseits ihre Endpunkte durch die Pflanzungen verstecken, andererseits aber die letzteren wieder mehr zurücktreten lassen, um ihre Wasserspiegel in ihren größten Ausdehnungen unverhüllt zu zeigen, und dieselben durch die sie umschlingenden Wiesenflächen scheinbar zu erweitern."

Das bisher durch Textstellen Angedeutete wurde im Anschluß mittels zweier Dia-Serien über den Rosengarten und seine Verbindung zur Schloßwiese und den Luisentempelweg auf der Pfaueninsel demonstriert. Die Bilder zeigten, wie Lenné in Zusammenarbeit mit Ferdinand Fintelmann aus der Anschauung des vorgefundenen Terrains und der bedeutenden alten Bäume ein ganz auf Bewegung im Raum abgestimmtes Gartenkunstwerk schuf, das, weil vom ständig prüfenden Auge im Gelände geformt, keiner Detailplanungen auf dem Papier bedurfte. Der gartendenkmalpflegerisch forschende Spaten bringt dabei die kaum merklichen Verbesserungen des Bodenmodells und die entscheidende Wirkung einer spannungsreichen Wegeführung zum Bewußtsein.

Literatur / Zitate:
(1) Hermann von PÜCKLER-MUSKAU, Briefe eines Verstorbenen, Band II, Neuausgabe Berlin (Ost), 1987, S. 210, 213
(2) Peter Joseph LENNÉ, Allgemeine Bemerkungen über die britischen Parks und Gärten, in: Verhandlungen des Vereins zur Beförderung des Gartenbaus in den königlich preußischen Staaten, I. Band 1824, S. 85-86
(3) Ferdinand JÜHLKE, Die königliche Landesbaumschule und Gärtnerlehranstalt zu Potsdam, Berlin 1872, S. 22
(4) Peter Joseph LENNÉ, Über die Anlage eines Volksgartens bei der Stadt Magdeburg, in: Verhandlungen des Vereins zur Beförderung des Gartenbaus in den königlich preußischen Staaten, II. Band, Berlin 1826, S. 157
(5) Ebenda, S. 148-149
(6) Ebenda, S. 151
(7) Ebenda, S. 157-158

Abb. 16: Prof. Dr. M. Seiler

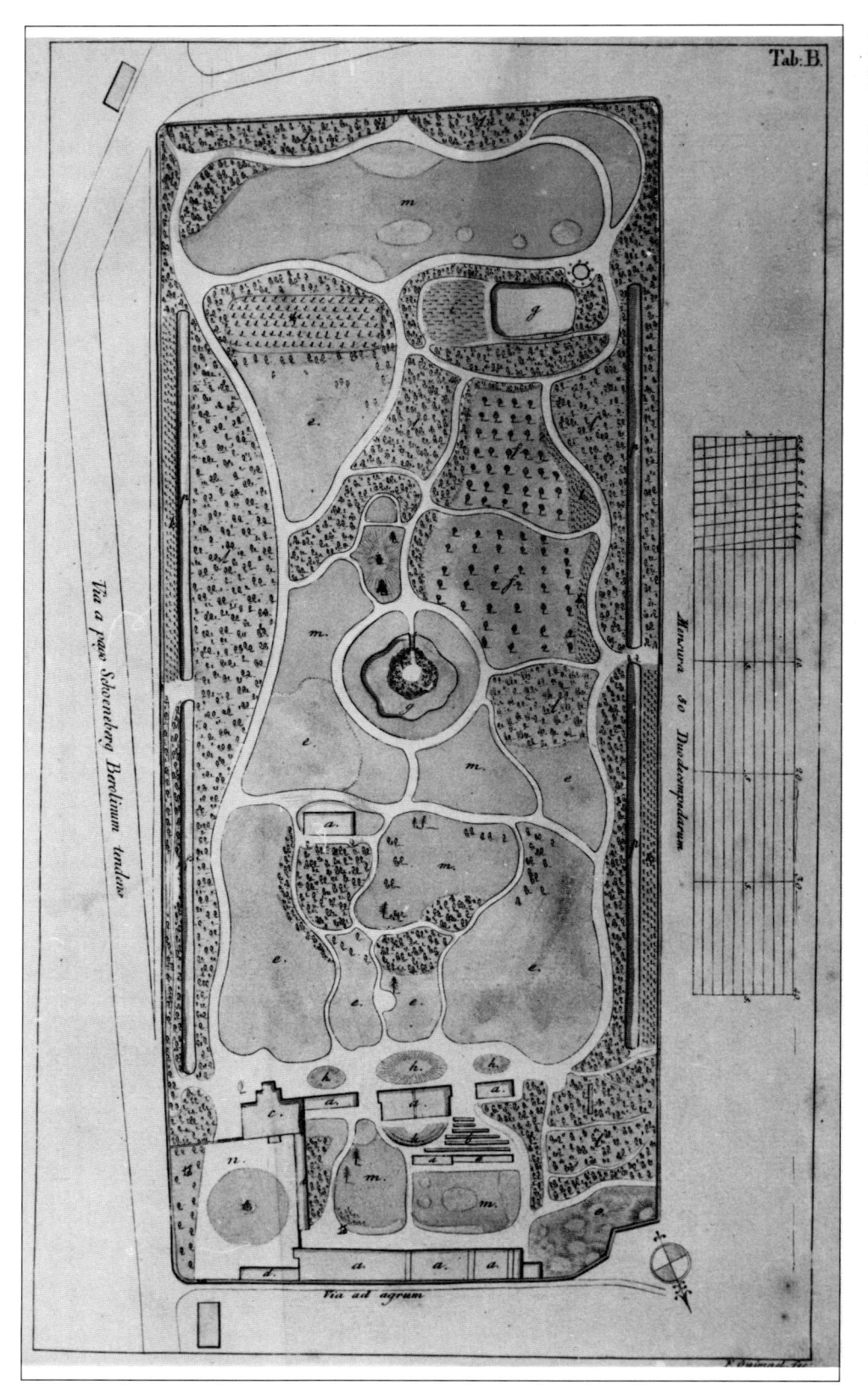

Abb. 17: Zustand des Königlichen Botanischen Gartens in Schöneberg bei Berlin um 1815.

Original: handkolorierter Kupferstich aus Willdenoir, C. L., Markes Berolinensis, Berlin, 1803-1816.

Dr. Hans Walter LACK
Peter Joseph Lenné und die Botaniker seiner Zeit

Lassen Sie mich mit einer Apologie meines Themas beginnen; zwei Elemente sind klar - Lenné, dem dieser Fachbereichstag gewidmet ist, und „seine Zeit", also die Zeitspanne zwischen etwas 1810 und 1860.

Was aber heißt „Botaniker"? Nun, Botaniker sind allgemein gesprochen jene Wissenschaftler, die sich mit Pflanzen beschäftigen. Wir wollen aber Botaniker nicht in diesem weiten Sinn verstehen, sondern im engeren Sinne als Systematiker oder Taxonom. Das ist ein Wissenschaftler, der sich mit der Mannigfaltigkeit der Pflanzenwelt in Raum und Zeit beschäftigt, er beschreibt Pflanzen, ordnet sie, benennt sie. Nicht etwa die Beziehungen der Pflanze zu ihrer Umwelt, das was wir heute Ökologie nennen, interessieren, noch das Zusammenleben der Pflanzen, die Vegetationskunde, oder das Funktionieren der Pflanzen, die Pflanzenphysiologie. Auch die Gestaltung eines Raumes durch Pflanzen - also Gartenbau, Landwirtschaft, Landschaftsgestaltung - zählt nicht zu den Arbeitsgebieten des systematisch arbeitenden Botanikers. Er liefert aber viele Grundlagen, auf denen andere Disziplinen aufbauen können.

Lenné war kein Taxonom, er war aber mit den grundlegenden Aspekten der systematischen Botanik vertraut, und er kannte nachweislich einige systematisch arbeitende Botaniker - sicher nicht viele, und sie spielen ohne Zweifel nur eine untergeordnete Rolle in seinem Leben. Die Gestaltung eines Gartens, Parks, einer Landschaft ist ja etwas Grundverschiedenes vom Studium der Mannigfaltigkeit der Pflanzenwelt. Daher behandelt dieser Beitrag nur eine kleine, nicht sonderlich bedeutende Facette von Leben und Werk des Peter Joseph Lenné. Studiert man die Register der beiden neuen Biographien von Harri Günther und Heinz Ohff, findet man nur wenige Namen systematisch arbeitender Botaniker; gleiches gilt für den eben erschienenen von Florian v. Buttlar herausgegebenen Band „Peter Joseph Lenné Volkspark und Arkadien". Ich werde auf diese Namen eingehen, darüber hinaus aber auch das Umfeld skizzieren, gleichsam die systematisch botanische Umgebung, in der sich Lenné bewegt hat. Dabei bin ich mir durchaus der Tatsache bewußt, daß manches im Bereich der Vermutung bleibt.

Auch gilt es, Grenzen zu ziehen; ich will mich beschränken auf die systematisch arbeitenden Botaniker und ihre Umfelder in zwei Städten: in Wien und in Potsdam - Berlin; nur in diesen Städten war Lenné längere Zeit beschäftigt - in Wien etwa drei Jahre, in Potsdam - Berlin ein halbes Jahrhundert lang. Wie viele Garten- und Landschaftsgestalter hat Lenné Reisen unternommen - mehrfach im deutschsprachigen Raum, aber schon sehr früh nach Frankreich, im Alter von 22 Jahren besuchte Lenné Paris zum ersten Mal, später mit 33 Jahren ging er nach England, mit 48 Jahren nochmals nach Paris, und schließlich zweimal, mit 55 und 58 Jahren, nach Italien. Aber das waren vergleichsweise kurze Begegnungen, auf die hier nicht eingegangen werden soll.

Die bis heute grundlegenden Konzepte und Arbeitsmittel des systematischen Botanikers wurden in der Spätrenaissance entwickelt; es sind gleichsam fünf Säulen, auf die sich die systematische Botanik bis heute stützt. In Berührung mit diesen fünf Säulen kam Lenné erstmals in Paris, näher kennengelernt hat er sie aber erst in Wien. Welche sind nun diese fünf Säulen?

1. ein Herbar, also eine Sammlung toter, gepreßter und getrockneter Pflanzen

2. ein botanisches Museum, also eine Sammlung von ebenfalls toten pflanzlichen Objekten, die sich nicht pressen und trocknen lassen - also Früchten in Alkohol, Pflanzenfasern, Koniferenzapfen, Pflanzenmodellen

3. ein Florilegium, eine Sammlung wissenschaftlich exakter Pflanzenabbildungen, meist Zeichnungen und Gouachen

4. ein botanischer Garten, also eine Sammlung lebender Pflanzen, die auf Dauer in Kultur gehalten werden und

5. eine Lehrkanzel, waren und sind doch viele systematisch arbeitende Botaniker auch mit Lehraufgaben betraut.

Hier interessiert vor allem Punkt 4, der botanische Garten, denn Ziel Lennés in Wien war ein Bekannter seines Vaters, der k.k. Garten-Direktor Franz Boos. Er war Direktor über die kaiserlichen Gärten in Schönbrunn bei Wien und in Laxenburg, sowie über den kaiserlichen Hof-Burggarten in Wien. Darüber hinaus war Boos auch Direktor des „holländischen Gartens", am westlichen Rand der Anlagen von Schönbrunn gelegen, und der zweite botanische Garten im Wiener Raum.

Was kennzeichnet einen botanischen Garten? Es ist immer ein öffentlicher und beschrifteter Garten, d. h. die Namensschilder sind ein wesentliches Element jedes botanischen Gartens. Auch die Zielsetzung ist klar festgelegt - auf Forschung und Lehre, also Wissensgewinn und Wissensvermittlung, alles andere ist sekundär. Schön, im Sinne von publikumswirksam und attraktiv, muß deshalb ein botanischer Garten nicht notwendigerweise sein. Es gilt, einen Überblick über die Mannigfaltigkeit der Pflanzenwelt zu geben, Ästhetik spielt keine dominierende Rolle, es herrscht also eine Konzeption, die grundsätzlich von Lennés Vorstellungen abweicht.

Wien, Herbst 1812; als der 23jährige Lenné an der Donau eintrifft, hatte im großen Ringen um Europa Napoleon soeben den Feldzug gegen Rußland verloren; die Alliierten atmeten auf, auch Kaiser Franz I. von Österreich, 44 Jahre alt, der als Franz II. letzter Kaiser des Heiligen Römischen Reichs gewesen war. Wie kein anderer mir bekannter Souverän hatte Franz I. ausgeprägte botanische Neigungen, man nannte ihn auch „Blumenkaiser" und in zwei der großartigsten kaiserlichen Gartenanlagen war Lenné tätig - in Schönbrunn und in Laxenburg. Man kann sich vorstellen, daß er während der Wiener Jahre auch die anderen Säulen näher kennenlernte, nachweisbar ist sein Kontakt zu Jacquin.

Als erste Säule existierte in Wien das fünf Jahre zuvor von Kaiser Franz I. gegründete „Botanische Hofkabinett", den Grundstock bildete ein auf sein Betreiben angelegtes Herbar von Pflanzen aus den Glashäusern von Schönbrunn; aus dieser Institution entwickelte sich schrittweise die heutige botanische Abteilung des Naturhistorischen Museums Wien, mit etwa vier Millionen Herbarexemplaren eine der größten Sammlungen Europas; sie enthält auch Teile des Herbars Jacquin.

Elemente eines botanischen Museums bestanden bereits in einer umfangreichen Sammlung von Wachsmodellen, die in jahrzehntelanger Arbeit im Auftrag von Kaiser Franz I. hergestellt wurden und die große Sammlung von Kakteen und Sukkulenten in den kaiserlichen Glashäusern dokumentieren sollten; bedauerlicherweise ist diese Sammlung heute verschollen. Kaiser Franz I. schuf auch die Stelle eines Hofbotanikmalers und errichtete einen Lehrstuhl für Blumenmalerei an der kaiserlichen Akademie der Bildenden Künste. Jahrzehntelang ließ er die vergängliche Pracht seiner Glashäuser in lebensgroßen Wasserfarbenmalereien festhalten, ein mehrere Tausend Blatt umfassendes Florilegium, heute an der Österreichischen Nationalbibliothek, entstand so in Wien. Manche Blätter haben vier rostige Löcher an den vier Ecken, hier hatte sie Kaiser Franz I. - wohl mit Reißnägeln - an die

Wand befestigt; mit wissenschaftlichen Namen versehen wurde diese Sammlung durch Jacquin und andere systematisch arbeitende Botaniker.

Zwei botanische Gärten existierten in diesen Jahren in Wien und standen in höchster Blüte - der botanische Garten der Universität am Rennweg in der ungarischen Vorstadt und der holländische Garten in Schönbrunn. Direktor des botanischen Gartens am Rennweg war Joseph Franz Baron von Jacquin, Direktor des holländischen Gartens der schon erwähnte Franz Boos, als botanischer Berater in Schönbrunn hatte jahrelang Nikolaus Joseph Baron von Jacquin, der Vater von Joseph Franz, gewirkt. Einen Lehrstuhl für Botanik an der Universität Wien gab es seit Maria Theresia; Joseph Franz Jacquin hatte ihn in der Zeit von Lennés Tätigkeit in Schönbrunn und Laxenburg inne, mit ihm stand Lenné in Kontakt. Ob er den damals 85jährigen Nikolaus Joseph kennenlernte, ist ungewiß, wohl aber ist anzunehmen, daß er dessen berühmte, reich illustrierte botanische Prachtwerke „Hortus Botanicus Vindobonensis" [„Der Wiener Botanische Garten"] und „Plantarum rariorum horti caesarei schoenbrunnensis descriptiones" [„Beschreibungen der selteneren Pflanzen des kaiserlichen Gartens von Schönbrunn"] in Wien eingesehen hat. Warum dieses Interesse von Kaiser Franz I. an systematischer Botanik? Wie alle Habsburger hatte auch er ein Handwerk gelernt, und zwar das Gärtnerhandwerk. Sein Gärtnerwerkzeug - in Mahagoni gearbeitet, handgeschmiedet - ist heute noch im Bundesmobiliendepot erhalten. Und über den kaiserlichen Hof-Burggarten berichtet ein Zeitzeuge „Se. Majestät besitzt zunächst an der Burg auf der Bastey in einem kleinen Garten, der unmittelbar an sein Kabinett anstößt, und in welchen er sich ungesehen begeben kann, einen fürwahr kaiserlichen Schatz an den herrlichsten Fettpflanzen sowohl in Bezug auf Kostbarkeit und Seltenheit einzelner Arten. Ost- und westindische Affen leben hier unter den Gewächsen ihres Vaterlandes so froh und glücklich wie in ihrer Heimat."

Auch diesen Garten könnte Lenné kennengelernt haben. Hinweis darauf ist die Liste der Ehrenmitglieder und korrespondierenden Mitglieder des „Vereins zur Beförderung des Gartenbaus in den königlich preußischen Staaten", kurz „Verein mit dem langen Namen" genannt, gegründet zehn Jahre später in Berlin, wobei sich Lenné als eine der treibenden Kräfte erweisen sollte. Hier finden wir Franz Boos, Josef Franz Baron von Jacquin, Franz Antoine der Jüngere, Hofgärtner im Kaiserlichen Hof-Burggarten, und zwei Gärtner - Joseph Dieffenbach vom botanischen Garten am Rennweg und Heinrich Wilhelm Schott, aus Schönbrunn, der an der Brautfahrt von Erzherzogin Leopoldine nach Rio de Janeiro teilgenommen und umfangreiche lebende Pflanzensammlungen an die kaiserlichen Gärten in und um Wien gesendet hatte. Unter den Vätern des Vereins mit dem langen Namen hatte wohl niemand so gute Kontakte zu Wien wie Lenné.

Nun Potsdam - Berlin, 1816, wohin der Beutepreuße Lenné siebenundzwanzigjährig zog. In manchem ähnlich Wien, in manchem verschieden. Der Königliche Botanische Garten in Schöneberg bei Berlin war wesentlich älter als der botanische Garten am Rennweg, eben erst aus der Obhut der königlichen Akademie der Wissenschaften entlassen und der erst vier Jahre alten Friedrich-Wilhelms-Universität unterstellt. Jünger war das königliche Herbar, es war erst ein Jahr vor Lennés Ankunft in Potsdam gegründet worden. Elemente für ein botanisches Museum fehlten hingegen ebenso wie ein Florilegium. Der wesentliche Unterschied zwischen Berlin und Wien lag jedoch an der Spitze: hatte Kaiser Franz I. ein persönliches Interesse an wissenschaftlich orientierten Pflanzensammlungen, galt dies für die Könige Friedrich Wilhelm III., Friedrich Wilhelm IV. und Wilhelm I. von Preußen nicht, oder nur in der allgemeinen Form eines Interesses an Gartenbau und Landschaftsgestaltung, wie dies ja von vielen Souveränen bekannt ist.

Wer waren nun die bedeutenden systematisch arbeitenden Botaniker in Berlin? Als Lenné in Potsdam seine Tätigkeit aufnahm, war Carl Ludwig Willdenow, der erste ordentliche Professor für Botanik an der Friedrich-Wilhelms-Universität und Direktor des Königlichen Botanischen Gartens in Schöneberg, bereits vier Jahre tot; Alexander Baron von Humboldt und Carl Sigismund Kunth lebten noch in Paris, Adelbert von Chamisso war auf Weltreise auf dem russischen Schiff „Rurik", Diedrich Franz von Schlechtendal noch Student. Einzig Heinrich Friedrich Link, Nachfolger Willdenows an der Friedrich-Wilhelms-Universität und am Königlichen Botanischen Garten, lebte bereits in Berlin, auch er Beutepreuße und erst ein Jahr zuvor aus Breslau berufen.

Ohne Zweifel müssen enge Kontakte zwischen Link und Lenné existiert haben; beide waren jahrzehntelang im Vorstand des Vereins mit dem langen Namen tätig, sie waren wesentlich am Aufbau der Königlichen Gärtnerlehranstalt beteiligt, einer Institution, die sich ja in ihren ersten Jahrzehnten in unmittelbarer Nähe zum Königlichen Botanischen Garten befand. Lenné wurde auch durch Link im Gattungsnamen Lennea verewigt, einem nordamerikanischen Baum aus der Familie der Leguminosae. Veröffentlicht wurde dieser Name in der „Icones plantarum rariorum horti botanici regii berolinensis" [„Abbildungen der selteneren Pflanzen des Königlichen Botanischen Gartens in Berlin"] - aber welch ein Gegensatz zu Jacquins Prachtwerken, welch karges Format, welch einfache Druckqualität, hier hatten die reichen Mittel aus der Privatschatulle des Souveräns gefehlt.

Während aber die systematische Botanik in Wien eher verblühte, vor allem nach dem Tode des botanophilen Kaiser Franz I., erlebte Lenné, aus seiner etwas distanzierten Potsdamer Sicht, das schrittweise Aufblühen in Berlin - mit Schlechtendal und Chamisso wurden zwei ausgezeichnete Kustoden an den Königlichen Botanischen Garten verpflichtet, Johann Klotzsch folgte, der die wohl berühmteste in Berlin erstmals beschriebene Pflanze - Euphorbia pulcherrima, den Weihnachtsstern - der Wissenschaft bekannt machte. Humboldt kehrte heim, ebenso der für systematische Botanik noch wichtigere Kunth, der in sechzehnjähriger Arbeit die süd- und mittelamerikanischen Pflanzen von Humboldts großer Expedition bearbeitet hatte. Er wurde Vizedirektor des Königlichen Botanischen Gartens, ordentlicher Professor an der Friedrich- Wilhelms-Universität und Direktor der Königlichen Gärtnerlehranstalt. Aus Jena kam Carl Koch, bekannt durch seine beiden Kaukasus-Expeditionen, nach Berlin, er stieg zum Vizedirektor des Königlichen Botanischen Gartens auf, wurde zum Präsidenten des Vereins mit dem langen Namen gewählt und stand als Dendrologe Lenné wohl am nächsten; von ihm stammt auch der bekannte Nachruf auf Lenné, der in den Verhandlungen des Vereins zur Beförderung des Gartenbaus in den königlichen preußischen Staaten veröffentlicht wurde. Lenné erlebte noch die Ablösung Links in seinen beiden Positionen durch den aus Karlsruhe berufenen Alexander Braun, unter dessen Direktion der Königlich Botanische Garten flächenmäßig erheblich erweitert wurde und einen weiteren Aufschwung erfuhr - das erste Victoria-Haus wurde erbaut, das große Palmenhaus folgte.

Dies waren die systematisch-botanischen Umfelder in Wien und Berlin, wie sie sich Lenné während seiner Schaffenszeit darboten. Aber es waren eben nur Umfelder, nicht mehr; Lenné war kein systematisch tätiger Botaniker, was am deutlichsten an seinem Bericht über den königlichen Garten von Kew bei London zu ersehen ist: Nicht der vielberühmte botanische Garten mit der damals größten Sammlung an Pfanzen aus Australien und vielen Raritäten aus aller Welt wurde erwähnt, sondern die Pagode und verschiedenen Tempelbauten. Es liegt daher für mich eine tiefe innere Logik in Lennés Begräbnis; in Bornstedt, im Privatfriedhof der Gärtnerfamilie Sellow, fand er seine letzte Ruhestätte. Er war bei den Gärtnern, er war zu Hause.

Abb. 18: Dr. H.-W. Lack

Hermann SEIBERTH
Naturschutz in Park und Landschaft – Überlebensideologie oder Sehnsucht nach dem verlorenen Paradies?

„Die Menschheit stammt aus einem Garten" sagt Rudolf Borchardt in seinem Buch „Der leidenschaftliche Gärtner". Und weiter: „Das meiste, was ihr seit ihrem Ursprung zugestoßen ist, hängt mit Vorgängen zusammen, die sich als Gartenfrevel bezeichnen lassen."

„Mit der Kündigung des Gartengastrechts und dem Auszuge in die aus Acker und Kindbetten bestehende Welt" - fährt Borchardt fort - beginnt das normale Dasein seine unabsehbare Kette von weiteren Vertreibungen aus immer wieder neuen Gärten, denen, im trotzigen Rhythmus des Menschenherzens der Entschluß entspricht, in jedem Augenblicke des Verschnaufens von Acker und Kindbett das Paradies „und sei es am Fenster des sechsten Stocks im Hinterhause, für die nächste Vertreibung wieder aufzubauen und den Engel mit dem feurigen Schwert zu provozieren..." (BORCHARDT, S. 7).

„Traum und Erinnerung, Wunsch und Hoffnung, Gleichnis und Sinnbild des Menschen sehen aus wie Gärten. Er schafft Gärten, um zu verwirklichen, was ihm als eine unstillbare Sehnsucht vorschwebt, eine versagte Welt. Ein Garten ist das, was ‚jenseits unser harrt: Paradies, Elysium, Hesperiden." (BORCHARDT, S. 8).

Dank Rudolf Borchardt sind wir auch über den Heimatgarten der Menschheit genügend unterrichtet, um eine Vorstellung von seiner technischen Struktur zu haben. „Es war wie alles urälteste Menschliche, eine ganz symmetrische Anlage, genauer gesagt, eine geometrische."

„Alles Menschliche beginnt darum, weil der menschliche Geist eingeatmeter göttlicher Geist ist, als eine Ordnung, und muß auf dem Wege der von Gott verhängten Unordnung wieder eine Ordnung werden."

„Der Garten Eden war eine quadratische Anlage, durch ein Kreuz von vier aus seiner Mitte entspringenden Flüssen symmetrisch aufgeteilt und bewässert. Auch über die in ihm kultivierten Arten sind wir hinlänglich unterrichtet, um zu wissen, daß zwei von ihnen, der

Baum des Lebens und der Baum der Erkenntnis des Guten und Bösen inzwischen aus den Kulturen verschwunden sind, dagegen ein noch heut' allgemein gebautes Gewächs dort bereits vom Menschen in zwei seiner ältesten Bitterkeiten aushalf, dem Hunger und der Scham." (BORCHARDT, S. 8).

Fast muß man vermuten, daß die beiden Bäume (der des Lebens und der der Erkenntnis des Guten und des Bösen) nicht nur aus den Kulturen verschwunden, sondern auch den ‚neuartigen Waldschäden' zum Opfer gefallen sind. Die Welt ist eine Wildnis geworden und harrt der Ordnung des Gartens. Und „der Garten will den Gärtner".

Der Fachbereichstag hat einen großen Gärtner zu Ehren seines Geburtstages in den Mittelpunkt gerückt. Das sind wir ihm und uns schuldig. Unsere Zukunft hat ja wenig genug Gelegenheit, sich im Glanze eines der ihren zu sonnen.

Fast scheint es, als ob uns seine Gartenschöpfungen noch ein drittes Jahrhundert helfen müssen, Zeiten der Unordnung zu überbrücken. „... Denn der Garten, eine Ordnung der menschlichen Seele, und allen anderen ihrer Ordnungen verwandt, ist eine Ordnung der ganzen Seele und nicht der halben, der tätigen und nicht der schlaffen und kennt keine ästhetischen Frömmler, es sei denn als den Spazierer, dem er nichts verargt: Der Garten will den Gärtner." (BORCHARDT, S. 10).

„Die Welt als Garten" betitelte Roland Rainer seinen Bildband über die Gartenkultur Chinas, deren Zauber Kuo Hsi vor 900 Jahren so umschrieb: „Es gibt Landschaften, durch die man reisen kann, Landschaften, in denen man träumen möchte, die man durchstreifen und Landschaften, in denen man wohnen möchte. Jedes Bild, das eines von diesen enthält, gehört der Kategorie der Vortrefflichen an."

Was befähigte Lenné zu solchen Garten-Bild-Schöpfungen, die der Kategorie der Vortrefflichen angehören? Ist es „Die Entwicklung des Auges", ist es die Begabung des Seh-Sinnes, die den jungen Landschaftsgärtner mit 27 Jahren nach Sanssouci führte?

Hätte das Motiv des Fachbereichstages vielleicht treffender „Die Entwicklung des Ohres" lauten müssen?

Eine lexikalische Skizze seiner Biographie beschreibt die Begabung Lennés mit dem Hinweis auf den Hör-Sinn, auf das Hin- und Zu- Hören-Können: „Er (Lenné) besaß in hohem Grade die Gabe, die Natur in ihren kleinsten Details zu belauschen und in jeder Anlage die Stimmung auszuprägen, welche die Natur der Landschaft an sich erfordert und hervorruft ..."

Ein Hörender, ein Lauschender also war am Werk, der Stimmungen ausprägte, „welche die Natur der Landschaft an sich erfordert und hervorruft ..." Auch das Rufen fordert den Hörenden. Der Sehende hört den Ruf nicht.

Joachim Ernst Berendt (Das Dritte Ohr. Vom Hören der Welt. 1988) macht darauf aufmerksam, daß das Hören tiefer dringt, wo das Auge an Oberflächen haften bleibt und daß ‚Vernunft' von ‚vernehmen' kommt, einem Hörvorgang also (BEHRENDT, S. 17).

So scheint mir Lenné vor allem ein Hörender gewesen zu sein. Eine Fähigkeit, deren Vernachlässigung (nach Berendt) zum Primat des Sehens in unseren Kulturerscheinungen führte, zur Vorherrschaft des Auges, als dem expansivsten, aggressivsten, härtesten und schneidensten, egozentrierten und machthungrigsten unserer Sinne (BEHRENDT, S. 20).

Das einander nicht-Zuhören-können prägt ja auch das Verhältnis unserer gärtnerischen Disziplinen zu einander. Wir sehen die Fehler des anderen aber sehr genau. Die Bandbreite des Hörbereiches ist jedoch exakt um das Zehnfache größer als die des Auges, die Wahrnehmungen des Ohres deshalb viel genauer als die des Auges.

Nicht nur ist der Mensch „zum Sehen geboren, zum Schauen bestellt", er ist auch von Geburt, ja - schon vorgeburtlich - begabt zum Hören. Bereits der menschliche Embryo beginnt wenige Tage nach der Befruchtung, wenn es 0,9 mm groß ist, mit der Ausbildung von Ohr-Ansätzen. Viereinhalb Monate später ist die Cochlea, das eigentliche Hörorgan, fertig entwickelt. Und zwar in der endgültigen Größe. Selber hören zu können, ganz Ohr zu sein, ist das wichtigste Anliegen des werdenden Menschen.

In dem Hinweis auf die Gabe Lennés, „die Natur in ihren kleinsten Details zu belauschen", sehe ich darum den wichtigsten Baustein für das Haus von morgen der gärtnerischen Zunft.

Die Fähigkeit des Lauschens wird als Voraussetzung geschildert, „in jeder Anlage die Stimmung auszuprägen, welche die Natur der Landschaft an sich erfordert und hervorruft ..."

Darin sehe ich einen zweiten wichtigen Baustein: Die Begabung des Ortes zu fördern, Orte zu individualisieren, so, daß sich charakteristische Stimmungen ausprägen können.

Noch heute faszinieren die Bilder, die Lenné in Glienicke und auf der Pfaueninsel prägte und wir tun gut daran, durch eine sorgfältige, kontinuierliche Pflege und Wiederherstellung diese Bildqualitäten zu erhalten.

Hier ist ja Großartiges geleistet worden in den vergangenen Jahren, und jährlich suchen Hunderttausende diesen Ort auf, um sich daran zu erfreuen, um den Stimmungen zu begegnen, denen/der eine sorgfältige Pflege nachspürt, um sie zu erhalten und zu fördern.

Könnte das nicht wieder - von den jeweiligen Schwerpunkten aus - gemeinsame Bemühung aller gärtnerischen Disziplinen werden, der Planenden, Gestaltenden, Bauenden, Rekonstruierenden, Schützenden, Pflegenden: Unverwechselbare Orte zu gestalten, die Indentifikation ermöglichen, spezifische Stimmungen ausprägen und jenes Begegnungserlebnis vermitteln, das uns zum Hörenden werden läßt, der das an der Oberfläche haften bleibende Sehen überwindet; zum Hörenden, der sich empfindend mit dem innerlich verbindet, was wesenhaft am jeweiligen Ort aufgesucht werden kann?

Ist das nicht elementares Bedürfnis des Stadtbewohners, zu seiner Erholung Naturerfahrung ermöglicht zu bekommen, Erfahrung und Erlebnis von Wirklichkeiten, von Wesenhaftem anstelle der flüchtigen Begegnung mit Versatzstücken gärtnerischer Geschicklichkeit, die mit Kübeln und Kästen und Büschen der Künstlichkeit der gebauten Stadtumwelt ein weiteres Element des Zufälligen, Gestaltlosen hinzufügen?

Ein Bemühen, Orte so zu pflegen, so zu gestalten, daß die Begegnung mit dem Genius loci möglich wird - der Stadtbewohner Augenblicke des Erstaunens erleben und „der Welt der Trennungen entlaufen" (Hesse) kann, ist eine eminent wichtige Aufgabe für den Landschaftsgärtner der Gegenwart, um dem Stadtbewohner, vor allem Kindern und Jugendlichen den Erfahrungsraum zurückzugeben und zu erhalten, den sie für ihre Entwicklung, für die Heilung der Schäden brauchen, die ihnen unsere Kunst- und Scheinwelt der wackelnden und laufenden Bilder zufügt.

Dafür braucht es die Pfaueninsel und den Schloßpark von Glienicke ebenso, wie die Spontanvegetationsflächen des Südgeländes und des Gleisdreiecks, die zweischürigen Wiesen im Volkspark Rehberge wie die kurzgeschorenen Rasen im Tiergarten. Dafür braucht es die blühenden Mittelstreifen des Kölner Damms in Neukölln, nicht aber den Golfrasen auf dem Mittelstreifen des Hohenzollerndamms.

Dafür braucht es mehr Naturnähe in innerstädtischen Parkanlagen und Freiflächen und mehr Gestaltqualität der Freiflächen Schönebergs, Kreuzbergs und Tiergartens.

Dafür braucht es mehr Zugänglichkeit naturnaher Landschaftsteile wie dem Riemeisterfenn, weniger Zäune und mehr Sorgfalt in der Erhaltung der letzten naturnahen Restbiotope wie dem Großen Rohrphul.

Dazu braucht es die Sicherung innerstädtischer Freiflächen - nicht aber unbedingt eine historisierende Gestaltung, die als Besucher nur Bürger des 19. Jahrhunderts erwartet.

Dazu braucht es die begrünten Hinterhöfe, Dächer und Fassaden, die naturnahen Flächen, den Stadtwald nach Jädicke in jedem Quartier, den ‚Naturschutz zum Anfassen' auf Baulücken und Stadtbrachen.

Um solche Lennéschen Orte zu gestalten braucht es

den Schauenden,
der die innere Natur eines Ortes bildhaft erfaßt,

den Hörenden,
der die Natur in ihren kleinsten Details belauscht,

den Planenden,
der in Auseinandersetzungen mit Beteiligten Freiflächen konsequent sichert, Bedürfnisse erspürt und Notwendigkeiten darstellt,

den Rekonstruierenden,
der Vergangenes im Gegenwärtigen erkennt, Verschollenes aufspürt und Wege der Wiederherstellung weist,

den Gestaltenden,
der Bildqualitäten schafft, die im Lennéschen Sinne ‚die Stimmung ausprägt, welche die Natur der Landschaft an sich erfordert und hervorruft',

den Bauenden,
der mit Vorhandenem pfleglich umgeht und das Hinzugebrachte in den Lebenszusammenhang des Ortes einfügt,

den Schützenden,
der liebevolles Interesse für alles Mineralische, Pflanzliche und Tierische entwickelt und Pflanzengemeinschaften so zu lenken versteht, daß die zugehörige Tierwelt sich damit verbindet,

den Pflegenden,
der die Kontinuität in der Wandlung erhält und schließlich

den Helfenden,
der das zu Bewahrende, Entwickelnde, zu Schaffende und zu Pflegende im gesellschaftlichen Zusammenhang (in Politik und Bürgerschaft) befördert und initiiert.

Naturschutz in Park und Landschaft hat die Gestaltung des Lebensraumes seiner Bewohner zur Aufgabe, als Teil unserer Kulturtätigkeiten, die in der Kunst ihre schönste Steigerung erfährt.

Eine Gartenkunst, die sich lauschend mit der Natur verbindet, ein Naturschutz, der sich gestaltend mit der Kunst verbindet, finden sich auf dem Wege zum gleichen Ziel: Die Welt als Garten zu gestalten, zu pflegen.

Was Persönlichkeiten wie Lenné in einer Person vereinigten, ist auseinandergefallen in Spezialisierungen. Deshalb sind wir Heutigen darauf angewiesen, zusammenzuarbeiten, aufeinander hören zu lernen.

Zusammenarbeit muß gewollt werden. In der Welt wirkt Trennendes. Das Zusammenfügen erfordert einen Willensentschluß. Dem voraus geht Einsicht, Bedürfnis, Sehnsucht. Alles Trennende war Bedingung für Freiheit. Der Verlust der Einheit ist Voraussetzung für Freiheit.

Die Sehnsucht nach dem verlorenen Paradies - nach der verlorenen Einheit - wird zum Ariadne - Faden, der uns wie einst Theseus den Weg aus dem Labyrinth der Notwendigkeiten zur Freiheit weist. In Freiheit können wir uns zur Liebefähigkeit wandeln und uns mit Aufmerksamkeit den Naturwesen zuwenden.

Die Welt werden wir nur zum Guten verwandeln, wenn wir uns zuvor selbst verwandeln. Gartendenkmalpflege wie Naturschutz, Landschaftspflege, wie -gestaltung als Übungsfelder zur Verwandlung von Mensch und Welt, wäre das nicht spannend?

Abb. 19: Hermann Seibert

FACHBEREICHSTAG 1989

PETER

JOSEPH

LENNÉ

ZU

SEINEM

200

GEBURTSTAG

Abb. 20: „Die Genehmigung„ von A. Paul WEBER, 1969.

Eike SCHMIDT
Denn die Verhältnisse, die sind nicht so – Kapitalismus, Bürokratie und Bürgerbeteiligung als Rahmenbedingungen von Planung

1. Vorrede
Das Brecht-Zitat, das der Veranstalter über dieses Referat gestellt hat, gibt mir zunächst Anlaß zu folgenden Anmerkungen: „Denn die Verhältnisse, die sind nicht so", das betrifft nicht nur die erheblichen gesellschaftlichen und den Zustand der Umwelt betreffenden Veränderungen seit der Hauptschaffenszeit Peter Joseph Lennés, die Verhältnisse, auch in unserem Beruf, sind weiß Gott nicht mehr so, sondern dies gilt nicht zuletzt für mich. Meine Verhältnisse sind auch nicht so, wie die Lennés. Nicht im Entferntesten!

Als Prof. Wenzel anfragte, ob ich diesen Vortrag übernehmen würde, habe ich mich erst einmal gefreut und Ja gesagt, recht kühn. Als ich dann etwas mehr nachzudenken begann, erschien mir dieses Ja angesichts der Komplexität des Themas allerdings in zunehmendem Maße verwegen. Und ich gestehe: Inzwischen erscheint es mir geradezu vermessen, hier vor Ihnen zu stehen. Vermessen vor allem angesichts der Leistungen und der Persönlichkeit Peter Joseph Lennés, der so Vieles in sich vereinigte: Von der gediegenen praktischen Ausbildung zum Gärtner im Rheinland, über die hervorragende theoretische Ausbildung zum Stadtplaner und Gartenkünstler in Frankreich und Österreich (samt Reisen nach England und Italien) bis hin zu seiner Tatkraft, dem bewundernswerten Organisationstalent, beneidenswerter künstlerischer Begabung, enormer Zähigkeit in der Verfolgung als richtig erkannter Ziele über Jahre hinweg und offenbar hohem Verantwortungsgefühl für die sozial Schwächeren.

Verglichen mit dem königlichen „General- Gartendirektor" und Schöpfer so vieler hervorragender Gärten, Parks, ganzer Landschaften und Stadtteile steht jetzt vor Ihnen ein ganz normaler sog. „Freier Landschaftsarchitekt", der in einem Millionendorf und dessen umgebender Provinz arbeitet. - Stellen Sie das bei meinen weiteren Ausführungen bitte ebenso in Rechnung wie das Problem, daß es schier unmöglich sein dürfte, die Frage der Auswirkung von Kapitalismus, Bürokratie und

Bürgerbeteiligung auf Planung überhaupt hinreichend zu beantworten, geschweige denn in 30 Minuten.

2. Lennés bürokratische und kapitalistische Rahmenbedingungen von Planung (stark vereinfacht und überspitzt)

Ohne Historiker zu sein, stelle ich mir die Arbeitsbedingungen unserer frühen Gartenkünstler-Vorfahren etwa so vor: Wer die Chance hatte, Gärtner zu werden, außerdem intelligent bis begabt, lernbegierig und sehr fleißig war, zudem eine gehörige Portion Glück hatte, dem mochte es widerfahren, daß er aus der Masse des „niederen Volkes" herausgefischt und in den Dienst eines Feudalherren gestellt wurde. Genügte er dessen Ansprüchen, mag er fürderhin ein einigermaßen gutes, (mit Arbeit) erfülltes Leben gehabt haben. Verfügte der Herr auch über entsprechende Macht und Mittel (je größer die Zahl der Unterdrückten, desto wahrscheinlicher), und, wie man sagte, über ein wenig Kunstsinn, dann waren so ziemlich alle Voraussetzungen für die Entstehung großer Werke der Gartenkunst gegeben.

Peter Joseph Lenné stand zweifelsohne noch im Dienst später Feudalherren, wenn auch zu einer Zeit, als die feudalistischen Herrschaftsstrukturen bereits erheblich ins Wanken gebracht waren, und die Dinge deshalb so einfach nicht mehr gewesen sind. Harri Günther deutet z. B. gleich zu Beginn seines Buches über Lenné an: Als dieser 26-jährig in den Dienst Friedrich-Wilhelm III. von Preußen trat, sah er sich u. a. dem Argwohn von immerhin 18 etablierten Hofgärtnern gegenüber. Zudem konnte er seine Pläne, wie noch z. Z. Friedrich II. von Preußen Usus, nicht mehr mit dem König selbst besprechen. Davor standen jetzt Hürden: Der königliche Gartenintendant und der auf Einsparungen bedachte Hofmarschall. - Bürokratie in Ansätzen also durchaus, auch für den preußischen Beamten Lenné. Viele Entscheidungen fällt aber der König noch immer selbst.

Die Folgen der zunehmenden Industrialisierung - Kapitalismus, Massenelend, Spekulation, Wachstum der Städte, Zerstörung ganzer Landschaften - bekam Lenné dagegen aus meiner Sicht schon sehr stark zu spüren: V. a. im Rahmen seiner städtebaulichen Planungen, wo er versuchte, die rasante Entwicklung ordnend und weit vorausschauend zu steuern, und für die Masse der Armen Freiräume zu sichern, ferner in Gestalt der neuen Transportwege (Chausseen, Wasserstraßen, Eisenbahn), die gelegentlich auch einen seiner großen Parks entzweischnitten. Davon abgesehen, blieb er - zumindest äußerlich - Zeit seines Lebens weitgehend eingebunden in die noch existierenden Feudalstrukturen, denen schon die bürgerliche Welt, geschweige denn eine Beteiligung des Volkes an Entscheidungen, ein Greuel war.

Innerlich dagegen sehe ich Lenné - geboren 1789, Ausbildungszeit in Frankreich - vor allem als ein Kind der Aufklärung und des Ideengutes der französischen Revolution, die auf Überwindung des Feudalsystems um der faszinierenden Zukunftsvision einer Gesellschaft willen sann, deren Individuen in Freiheit, Gleichheit und Brüderlichkeit zusammenleben mögen. - Vielleicht war es gerade die extreme Polarität dieser beiden Welten, die ihn mit zu so außergewöhnlichen Leistungen beflügelte.

3. Kapitalismus, Bürokratie und Bürgerbeteiligung als Rahmenbedingungen von Planung heute

Den Begriff „Planung" verwende ich im folgenden einerseits eingeengt auf Landschafts-, Stadt- und Freiraumplanung, andererseits pauschal von der Raumordnungs- über Landes-, Regional- und Bauleitplanungsebene bis zur Projekt- und Detailplanung. Kapitalismus, Bürokratie und Bürgerbeteiligung haben in den verschiedenen Ebenen zwar unterschiedliches Gewicht, aus Zeitgründen kann ich darauf jedoch nicht eingehen.

3.1 Stichwort „Kapitalismus (bzw. „Kapital")

Mit diesem, erst 1867 von Karl Marx für das Wirtschaftssystem seiner Zeit geprägten Begriff werden recht unterschiedliche Assoziationen verbunden, je nachdem, wo der Hörer gerade stehen mag. So gilt dem einen der sog. klassische Kapitalismus, etwa gleichbedeutend mit dem Besitz der Produktionsmittel und skrupelloser Ausbeutung Vieler, einschließlich Kindern, Schwangeren, Behinderten, als bereits vergangenes, überwundenes Phänomen, abgelöst durch die freie bzw. die soziale Marktwirtschaft, während der andere der Meinung ist, Kapitalismus bestimme unsere Gesellschaft und unser Leben nach wie vor, das Kapital hätte es lediglich verstanden, einige unumgängliche Zugeständnisse an die Klasse der Arbeitnehmer zu machen, und sich im übrigen mehr und mehr hinter immer komplizierteren Gesellschaftsformen und Firmenverschachtelungen versteckt. Nun mag dahingestellt bleiben, ob die Bezeichnung Kapitalismus für unser Wirtschaftssystem noch zutrifft oder nicht, unbestritten ist, daß es auch heute maßgeblich vom „Kapital" bestimmt wird. Dieses wird oftmals fälschlicherweise einfach mit Geld gleichgesetzt, ein ander Mal mit Vermögen = Geld und Sachwerte, dann wieder ausschließlich mit dem Besitz von Produktionsmitteln, die der Betriebswirt in Anlagekapital (Gebäude, Maschinen) und Betriebskapital (Roh-, Hilfs- und Betriebsstoffe) unterteilt. Gelegentlich werden aber auch Dinge wie Gesundheit, körperliche Kraft, Geschicklichkeit, Konzentrations- und Leistungsfähigkeit, Intelligenz und Schlauheit, Begabung, Phantasie, Erfindungsgeist, gute Ausbildung etc. als Kapital angesehen - meines Erachtens zu Recht, denn was einer vermag, gehört wohl auch zu seinem Vermögen. Weitestgehende Einigkeit herrscht eigentlich nur darin: Kapital wird in der Absicht eingesetzt, es zu erhalten und nach Möglichkeit zu mehren. Und: Kapital beinhaltet zugleich Macht, Macht, die immer auch ein Stückchen Freiheit bedeutet.

Unabhängig vom Interpretationsspielraum erscheinen mir als Rahmenbedingungen für Planung heute vor allem folgende Gesichtspunkte bedeutsam:

These 1: Zumindest in unserem Land hat die Zahl der Menschen, die über mehr oder weniger Kapital verfügen, seit der Zeit der Karolinger gewaltig zugenommen. War dereinst der König oder Kaiser Alleinherrscher über Leben und Tod, Alleinherrscher über das Land einschließlich Inventar, gleichsam Super-Kapitalist, mußte er bereits in der Zeit des klassischen Feudalismus als Gegenleistung für persönlichen Kriegsdienst Lehen vergeben, d. h. Anteile davon (Grund und Boden, Rechte auf Zoll- und Steuererhebung etc.) abtreten. Später, bis ins hohe Mittelalter, wurden Lehen nicht mehr nur von ihm selbst, sondern auch von den Reichsfürsten, gleichsam Edel-Kapitalisten verliehen. Als dann auch Kaufleute und Handwerk zunehmend Kapital anhäufen konnten, entstand parallel dazu eine immer größere Zahl bürgerlicher bzw. industrieller Kapitalisten, denen es mit den Revolutionen bzw. Reformen des späten 18. und 19. Jahrhunderts ja schließlich gelang, das zwar schon ausgehöhlte, aber als Gesellschaftsform noch bestehende Feudalsystem zu kippen. Daß das Massenelend der Arbeiter dabei entscheidend mitwirkte, ist ebenso bekannt wie die Tatsache, daß die Arbeiterschaft um den Lohn der Revolution bzw. Aufstände weitgehend betrogen wurde. Geblieben ist bis Ende des 19. Jahrhunderts in jedem Fall eine erheblich größere Zahl derer, die Zugang zu Kapital und Macht und persönlicher Freiheit erlangt haben. Dieser Prozeß setzte sich - mit gewissen Einschränkungen - in unserem Jahrhundert weiter fort, sodaß wir heute, neben dem bürgerlichen und industriellen Großkapital, auch ein riesiges Heer von Klein- und Kleinstkapitalisten haben. (Erinnert sei in diesem Zusammenhang z. B. an die relativ breite Streuung von Aktien- und Wertpapierbesitz, an die Fortschritte bei der Förderung der Eigentumsbildung im Wohnungsbau oder die rd. 15 Milliarden D-Mark an Bauspargeldern, die auf Banken bereit liegen).

Alles in allem schätze ich, daß heute rd. zwei Drittel der Bevölkerung unseres Landes Zugang zu mehr oder weniger Kapital haben. Das in etwa verbleibende Drittel ist nach wie vor ziemlich übel dran.

Folge für die Planung aus meiner Sicht: Je mehr sich Kapital, Macht, Freiheit auf eine Vielzahl von Menschen verteilten und hoffentlich weiter verteilen, desto schwieriger wird es, diese geteilte, individualisierte Macht und Freiheit durch Planung zu einem plausiblen und einigermaßen funktionsfähigen Ganzen zu verbinden. An die Stelle weniger, großartiger Werke von einst ist deshalb zunehmend ein Sammelsurium von immer mehr und immer kleineren bis kleinkarierten Werken getreten, die zueinander genauso in Widerspruch stehen, wie die Leute, die diese Werke veranlaßt, geplant und realisiert haben.

These 2: Parallel zu der skizzierten Kapitaldiversifizierung fand - Kapital trachtet nach Mehrung - auch eine enorme Kapital- und damit Machtballung statt, zugleich eine Art „Entpersonifizierung" und Aufteilung der Macht in Geldmacht einerseits und politische Macht = Verantwortung dafür andererseits.

Planung hat deshalb heute in entscheidenden Bereichen keinen direkten Gesprächspartner mehr; wichtige Planungsziele bleiben oft undiskutabel, ja unbekannt; Planung bereitet insofern, im Gegensatz zur Zeit Lennés, über weite Strecken Zukunft nicht mehr agierend vor, sondern scheinbare Zufälligkeiten der Gegenwart reagierend bis kaschierend nach.

These 3: Die Kapitalballung im Verein mit Mechanisierung, Industrialisierung, Technisierung, äußerst wirksamen Werkzeugen in der Hand des Menschen, hat uns, unser Leben und unsere Welt mit einer unvorstellbaren Flut von Waren und Produkten überschwemmt, die z. T. sinnvoll und nützlich, zu einem Großteil aber auch absolut überflüssig bis mörderisch sind. Die dafür erforderlichen Produktionsanlagen, Transportwege, Lager-, Verwaltungs- und Verkaufsflächen haben u. a. zu einem wahnwitzigen Landverbrauch, zu einer unaufhaltsam erscheinenden Land- und Umweltzerstörung geführt; auch die Beseitigung dieser „Güter" wird zunehmend unlösbar. Je effizienter aber die Produktion selbst geplant und arrangiert wurde, desto mehr vorbereitender Planungs- und Handlungsbedarf à la Lenné wäre auf der anderen Seite nötig gewesen. Ich behaupte deshalb, es besteht immer noch ein enormer Nachholbedarf für die Ausbildung und Einstellung von Planern nicht zuletzt unserer Disziplin.

These 4: Kapital für sich genommen ist eigentlich nichts anderes als die Summe überkommener natürlicher wie von Menschen geschaffener Werte plus potentielle Leistungsfähigkeit der Gegenwart. Kapitalismus wäre insofern zunächst weder gut noch böse. Die Frage aber, woraus das Kapital dann gebildet ist, wie es beschafft wurde (durch tatsächliche Wertschöpfung, bloße Ausbeutung von Ressourcen und Menschen oder durch reinen Betrug) wurde und wird leider ebenso selten gestellt, wie die nach der Beschaffenheit der Ziele, für die es neu eingesetzt werden soll. Solange diese Fragen aber nicht immer wieder gestellt und geklärt werden, werden auch weiterhin riesige Kapitalströme fragwürdiger Beschaffenheit und Zielsetzung gleichsam richtungslos um unseren Planeten fließen, und was sie in der Summe bewirken, außer sich selbst zu vermehren, ist für die Zukunft und auf's Ganze gesehen reiner Zufall. Man könnte es auch die Programmierung des Chaos durch jene Kraft nennen, die so gerne vorgibt, eben dieses verhindern zu wollen.

These 5: Trotzdem meine ich: Ohne Kapital im Sinne natürlicher Ressourcen, überkommener Werte, sinnvoller Werkzeuge und Techniken, umfangreichen Wissens und Könnens etc., aus denen wir neue Werte schaffen können, hätten wir überhaupt keine Zukunftschance.

3.2. Stichwort „Bürokratie"

Mit Demokratie bezeichnen wir heute in unserem und einigen anderen Ländern das System der öffentlichen Verwaltung durch Beamte. Gelegentlich steht Bürokratie aufgrund leidvoller Erfahrung auch verkürzt für „engstirnige Beamtenherrschaft". Vorfahren der Beamten sind die Berater und Vertrauten der Feudalherren. So wie diese einst die Macht ihres Herren zu festigen und zu verteidigen hatten, ist der Beamte heute seinem Dienstherren, der Bundesrepublik, einem Bundesland, Regierungsbezirk, Landkreis oder einer Kommune zu besonderer Treue verpflichtet. Da diese inzwischen nach dem Prinzip der Demokratie (= Volksherrschaft) organisiert sind (oder sein sollten) hat er - zumindest nach dem Papier - seine ganze Arbeitskraft im öffentlichen Dienst für das öffentliche Wohl zur Verfügung zu stellen.

Daß aus wenigen Beratern und Vertrauten von einst, ähnlich wie bei den Kapitalisten, im Laufe der Jahrhunderte ein ganzes Beamtenheer entstand (in der Bundesrepublik ohne Minister, Abgeordnete und Angestellte im öffentlichen Dienst z. Z. rd. 1,7 Millionen - Spiegel 1989 Nr. 14, S. 23), ist allgemein bekannt, ebenso, daß Beamte Anspruch auf regelmäßiges Gehalt, gelegentliche Beförderung und Pension haben.

These 1: Ein Großteil der Beamtenschaft hat noch nicht begriffen, wer der heutige Dienstherr ist. Viele dienen noch immer lieber einem konkreten Vorgesetzten oder kapitalen Herren als dem anonymen „öffentlichen Wohl", das Lenné durchaus mit im Auge gehabt hat. Folge: Bürokratie erweist sich häufig schon als Hemmschuh demokratischer Gegenwartsplanung, geschweige denn, daß sie eine der Allgemeinheit dienende und weit in die Zukunft gerichtete Planung befördern würde.

These 2: Parallel zur zahlenmäßigen Vervielfachung der Beamtenschaft vollzog sich eine immer weitreichendere Aufgabenteilung und damit Zerteilung der Verantwortung in Teilzuständigkeiten, Teilverantwortungen. So sieht sich Planung heute - von der Raum- bis zur Projektplanung - mit einer Fülle von Fachbehörden und Fachzuständigkeiten konfrontiert, die - jede für sich und abgestützt auf Fachwissenschaften, Fachnormen und Fachverordnungen - ihre Anliegen und Forderungen maximieren, bis hin zur gegenseitigen Unvereinbarkeit der Ansprüche. Neben dem immer größer werdenden Aufwand für Berücksichtigung, Abklärung und Abstimmung aller Einzelgesichtspunkte führt dies sehr oft zu deutlich erhöhtem Flächenbedarf, immer häufiger sogar zu Planungsergebnissen, die so eigentlich zu keinem Zeitpunkt von irgendjemandem gewollt waren.

These 3: Da Beamte unabhängig von der tatsächlich erbrachten und notwendigen Leistung bezahlt werden, d. h. im wesentlichen ohne Konkurrenz und ohne Kenntnis der tatsächlichen Gesamtkosten des eigenen Arbeitsplatzes sind, verliert Bürokratie (im Gegensatz zu Lenné, der auch ein Meister der Improvisation gewesen ist), zunehmend das Gefühl für Zeit und Geld. Folge: Geringer werdende Effektivität und Flexibilität sowohl in der nicht-planenden als auch in der sogen. „planenden Verwaltung" (eine Wortverbindung übrigens, die mir ziemlich paradox erscheint) zehren immer stärker an Kraft, Engagement und Kreativität von Planern sowohl in der Verwaltung wie außerhalb und damit an Planungsqualität.

These 4: Eine vom Kapital unabhängige Bürokratie ist trotzdem notwendig. Je mehr sich jeder einzelne Beamte und Angestellte im öffentlichen Dienst dem eigentlichen Dienstherren verpflichtet weiß, desto mehr wird Bürokratie geeignet sein, der Überbetonung des mit dem Kapital verbundenen Macht- und Freiheitsstrebens im Sinne des Gleichheits- und Gerechtigkeitsgedankens korrigierend entgegenzuwirken.

Unabhängig davon halte ich es für dringend geboten, die derzeitige Übermacht einzelner Fachbehörden zu brechen, ihre personelle und finanzielle Ausstattung (einschließlich der Bereitstellung von Zuschuß- und Fördermitteln) zu überprüfen und den Erfordernissen der Gegenwart und Zukunft entsprechend neu zu ordnen.

These 5: Im übrigen ist für konkrete Planung - ähnlich wie beim Kapitalisten - die geistige Beschaffenheit des gerade zuständigen Beamten meist wichtiger als das „System". Und weil es in der Beamtenschaft, genau so wie in allen anderen Gesellschaftsgruppen, nicht nur schwarze Schafe gibt, gibt es - Gott sei Dank - gelegentlich auch Lichtblicke.

3.3. Stichwort „Bürgerbeteiligung"

Überlegungen, wie man die von Planung betroffenen Bürger in den Planungsprozeß direkt einbeziehen könnte, wurden meines Wissens in den USA bereits in den 50er Jahren angestellt. Konkret angewandt in unserem Fachgebiet begegnete mir solche Betroffenenbeteiligung erstmals Ende der 60er Jahre bei Projekten, die die Landschaftsarchitekten Lawrence Halprin und Partner, New York / San Francisco, bearbeiteten. Sie luden, offenbar noch in Eigeninitiative, Bürger zur Teilnahme an sog. „Take part community workshops" ein, um mit ihnen gemeinsam Aufgabenstellung, Probleme, Wünsche und Lösungsmöglichkeiten zu diskutieren. Diese unmittelbare Einbeziehung in den gesamten Planungsprozeß und die Ergebnisse daraus fand ich damals aufregend interessant.

Als Vorläufer von Bürgerbeteiligung in der Bundesrepublik könnte man, neben den Möglichkeiten der Wahl von Parlamentariern und der Mitarbeit von Parteien, v. a. Anhörungen zu Gesetzesvorlagen, die gelegentliche Einberufung von Planungsbeiräten, Kommissionen oder die Einschaltung autonomer Planungsträger, evtl. auch die Praxis der direkten oder indirekten Einwirkung von Interessensgruppen, Vereinen und Verbänden bezeichnen.

Mit der Einführung des Bundesbaugesetzes von 1960 kam dazu das sog. Auslegungsverfahren, das den Bürgern Informations- und Anhörungsrecht (ohne Folgen) einräumte. Nachdem sich ab etwa Ende der 60er Jahre von Planung betroffene Bürger über einzelne Protestaktionen hinaus auch in sog. Betroffenen-Ausschüssen, Bürgerforen oder Bürgerinitiativen etc. zu formieren und zu artikulieren begannen, fand eine Art Bürgerbeteiligung, die den Rahmen der repräsentativen Demokratie wohl erstmals überschritt, Eingang in das 1971 eingeführte Städtebauförderungsgesetz. Wie die Betroffenen zu beteiligen wären und mit welchem Ergebnis, blieb dabei jedoch ziemlich unklar. Spielregeln dafür wurden erst mit der Novelle des Bundesbaugesetzes von 1976 verbindlich festgesetzt und im wesentlichen in das seit 1987 geltende Baugesetzbuch übernommen.

These 1: Die Spontaneität und der „Pep", die die erwähnten „Take part community shops" offenbar geprägt haben, sind mit gesetzlich geregelter Bürgerbeteiligung wohl kaum zu erreichen. Der Spaß, die Musik ist gleichsam raus.

These 2: Bürger wie Planungsträger mußten erst lernen, mit der Beteiligungsmöglichkeit umzugehen. Die Gefahr, daß sich v. a. Lobbyisten des Instrumentes bedienen war groß und bleibt solange groß, bis die Mehrheit der Bürger begreift, daß sie ihr Recht auch wahrnehmen muß.

These 3: Bürgerbeteiligung hat Planung zeitlich und organisatorisch sehr stark belastet. Sie kostet Bürger, Politiker und Planer viele Abende. In der Verwaltung hat sie so manchen Arbeitsplatz geschaffen. Ob sie Planung phantasievoller und besser machen kann, sei allerdings bezweifelt, denn häufig wird nach dem kleinsten gemeinsamen Nenner denn nach der bestmöglichen Lösung gesucht.

These 4: Viele Bürger (auch viele Politiker) haben anscheinend nicht gelernt, erst einmal zuzuhören, Informationen aufzunehmen und sachlich zu hinterfragen, ehe sie Schlüsse ziehen. So werden mitunter unsinnige Entscheidungen gefällt. In der Mehrzahl der Fälle ist aber nach den Erfahrungen unseres Büros auf das Urteilsvermögen der Bürger durchaus Verlaß. Wenn Alternativen und die Gründe für oder wider Entscheidungen dargelegt werden, entscheiden Bürger oft sachlicher als nach Parteien-Proporz besetzte Ratsgremien oder Planungsausschüsse.

These 5: Trotz vieler Probleme und Schwächen halte ich Bürgerbeteiligung für einen echten Fortschritt. Sie kann Übergriffe sowohl des Kapitals als auch der Bürokratie abwehren oder zumindest mildern. Außerdem fördert sie den partnerschaftlichen Umgang der Menschen miteinander, man könnte auch sagen ein wenig „Brüderlichkeit", ist gleichsam „Fortbildungseinrichtung in Sachen Demokratie für Erwachsene". Bei ausreichender Information und Diskussion kann sie zwischen den Beteiligten zu einem erstaunlich hohen Maß an Konsens führen und, was sicherlich noch wichtiger ist, zu hoher Identifikation mit Projekten, die auf dieser Basis schließlich realisiert werden. Die Hoffnung, Bürgerbeteiligung würde gute, d. h. vorbeugende, vorausschauende Planung bewirken, ist allerdings eine Illusion. Sie kann solche Planung allenfalls unterstützen.

4. Wie weiter?

Wenn die wenigen, im Vorangehenden zweifelsohne lückenhaft und sehr grob skizzierten „Rahmenbedingungen von Planung heute" wenigstens tendenziell zutreffen sollten, bleibt festzuhalten, daß Planung seit der Zeit Peter Joseph Lennés doch erheblich mühsamer und noch schwieriger geworden ist. Die große Zahl zu berücksichtigender Einzelfaktoren, Einzelinteressen, die Notwendigkeit der Abstimmung mit zahlreichen Fachbehörden, von der Bauleitplanungsebene aufwärts mit bis zu 65 sog. Trägern öffentlicher Belange, und nicht zuletzt die Prüfung und Einarbeitung von Bürgeranregungen ist kaum mehr zu einem gelungenen Teil-Ganzen, geschweige denn zu einer ganzen Welt zu verknüpfen, die einigermaßen erfreulich ist. Es ist ungefähr wie bei einem riesigen Puzzle, dessen Einzelteile mit all ihren Ecken, Kanten und Rundungen sich nicht mehr ineinanderfügen lassen. Ursache dafür ist wohl, daß die Teile auch gar nicht mehr im Hinblick darauf geschaffen werden, schlußendlich ein Ganzes zu ergeben. Stattdessen:

- schafft Wissenschaft Wissen v. a. um des Wissens willen;

- trachtet Kapital nach Mehrung um der bloßen Mehrung willen;

- Politik v. a. nach Machterhaltung um der Macht willen;

- sind Bürokratie und Fachbehörden mehr auf Selbsterhaltung und Sicherung der eigenen Pfründe bedacht, als auf das öffentliche Wohl;

- schaffen Künstler überwiegend um der Kunst willen;

- Planer oft mehr um der Planung als um der Menschen willen und

- kümmern sich die meisten Bürger v. a. um das eigene Wohl, ohne die Mitbürger und Mitlebewesen zu sehen, die sich die Erde mit uns teilen.

Resultat: Es kann gar keine bessere Zukunft für Alle entstehen, sondern nur das schäbige Abbild einer Gegenwart, die auf millionenfacher Selbstbehauptung und Selbstbefriedigung von Einzelinteressen und Tausenden von Teilzielen beruht.

Was wir deshalb aus meiner Sicht neben allen gesetzlichen Grundlagen, Planungsinstrumenten und „Systemen" vor allem brauchen, ist zunächst ein ebenso plausibles wie erfreuliches Zukunftsbild einer Gesellschaft und Umwelt, in der wir gerne leben würden. Sinnvoll entwickeln können wir dieses Bild wohl nur auf der Grundlage der Erfahrungen aus der Vergangenheit und unseres Wissens der Gegenwart. Darüber hinaus brauchen wir eine Portion Optimismus und Phantasie, um uns diese Zukunft möglichst konkret vorzustellen, und sehr viel Fleiß, um Wege zu finden und aufzuzeichnen, wie man sie realisieren kann. Das ist nichts anderes als Planung. Und dieser Planung, dieser Verwirklichung einer besseren Zukunft hätten die anderen Faktoren zu dienen: Die Wissenschaft, die Technik, das Kapital, die Politik, die Bürokratie; und jeder Bürger sollte sich, wie gesagt, eben auch daran beteiligen.

Peter Joseph Lenné hatte meines Erachtens ein plausibles Zukunftsbild, das zudem freundlich, ja heiter war. Gewisse Grundmuster seiner daraus abgeleiteten Planung scheinen mir, zumindest solange wir keine überzeugenderen gefunden haben, durchaus noch interessant. Dies betrifft sowohl die Organisation der Stadt mit differenziertem Freiraumangebot als auch die Organisation der Landschaft außerhalb der Stadt. Das Erkennen und Herausarbeiten des Charakters und der wesentlichen Elemente eines Stadt- oder Landschaftsraumes einschließlich seiner Bezüge in die Nachbarschaft, die Bildung großer und kleiner Räume, von Ausblicken oder weiten Blickbezügen sind immer noch lohnende Aufgaben. Sie müssen ja nicht mehr unbedingt auf Schlösser und Kirchtürme oder Mühlen und Hammerwerke gerichtet sein, aber - warum nicht? - z. B. auf die gelungene Architektur einer Sortieranlage für Müll, deren Bänder durch Sonnenenergie gespeist werden.

Und ich vermute, wie schon erwähnt (und anders kann ich mir v. a. seine städtebaulichen Entwürfe nicht erklären), Lennés Zukunftsbild beruhte mit auf den Idealen der französischen Revolution, von denen mir die Brüderlichkeit am interessantesten erscheint; denn Freiheit und Gleichheit schließen einander weitgehend aus. Die westlichen Industrienationen haben z. B. den Freiheitsgedanken sehr stark betont, die Länder des Ostblocks haben Jahrzehnte lang v. a. auf den Gleichheitsgedanken gesetzt. Sie haben sich gegenseitig beschimpft, bekämpft, ja auszuschalten versucht. Und doch stehen beide Blöcke heute vor fast unlösbaren Problemen. Beide haben offenbar nicht das Ganze, d. h. alle drei Ziele zugleich verfolgt, und sie haben v. a. das Bindeglied, das die Gegensätze verträglich macht, vernachlässigt.

Aber: Klingt nicht in der Friedensbewegung, in der Ökologiebewegung, in der Entspannungspolitik, in der Bürgerbeteiligung, möglicherweise sogar in Gorbatschows Glasnost über alle ideologischen, politischen, religiösen und andere Grenzen hinweg endlich so etwas wie mehr Brüderlichkeit auf breiterer Basis an? - Vielleicht wäre gerade sie es wert, als Grundlage für künftige Planung und für die Ausbildung dazu (!) verstärkt in die Überlegungen einbezogen zu werden.

Ich appelliere deshalb nicht zuletzt an die Professoren des Fachbereichs 14 der TU: Halten auch Sie das einst von Lenné gewollte Ganze, d. h. eine zukunftsorientierte Ausbildung von Landschaftsarchitekten, die fähig sind, eine Unzahl von Faktoren zu prüfen, zu gewichten und sinnvoll zu Neuem zu verknüpfen, im Auge! Spalten Sie auf keinen Fall dieses Ganze weiter in Einzeldisziplinen auf! Freiheit der Wissenschaft in Ehren. Wissen (und dazu gehört in unserem Beruf auch das Wissen und die Fähigkeit, wie man Dinge nachvollziehbar - letztendlich baubar - darstellen kann) ist gleichsam das Kapital des Fachbereichs. Verwalten Sie das Kapital im Sinne des

Gleichheitsgedankens der einzelnen Lehrgebiete so, daß es zu keiner Machtballung oder Verselbständigung innerhalb des Fachbereiches kommt, und fragen Sie sich immer wieder, ob das, was Sie lehren, dem umfassenden Ausbildungsziel (damit zugleich dem studentischen, letztlich wieder dem öffentlichen Wohl) noch dient. Und wenn Sie, ebenfalls immer wieder neu, auch an der Definition und Anpassung dieses Zieles an die Zeiterfordernisse arbeiten, dann empfehle ich Ihnen: Beteiligen Sie auch die Studentenschaft! Sie wird ihnen (wie die Bürgerschaft) die Arbeit zwar nicht abnehmen (darf sie auch nicht abnehmen), aber sie wird Ideen einbringen und Einseitigkeiten oder Verirrungen relativieren. Für das Klima und das Ausbildungsergebnis in einem Fachbereich kann das nach meiner Einschätzung nur zuträglich sein.

Abb. 21: Eike Schmidt

Abb. 22: Plangrafik in Lennés Büro bis 1840 (Legeler)

Abb. 23: Plangrafik in Lennés Büro nach 1840

Hofstaat des Königs.

Königl. Garten-Intendantur.

Chef

Se. Exc. Hr. Gf. *v. Keller,* wirkl. Geh. Rath, Major a. D., Ober-Schloſs-Hauptmann und Intendant der Königl. Gärten, s. Ober-Hofchargen

a. Direction.

Hr. Dr. *Lenné,* Gen. Director der Königl. Gärten (mit dem Range eines Raths zweiter Klasse), auch Director der Königl. Landes-Baumschule u. der Gärtner-Lehr-Anstalt in Sanssouci ⊞2. ⊞2. (HAB2) (BCV4) (BHM3) (ÖFJ3) (RW4) (SA2) (SEH2b)

- *Jancke,* Garten-Intendant. Rath, auch Rendant der Königl. Landes-Baumschul- und der Gärtner-Lehr-Anstalts-Casse ⊞4.
- *Koschny,* exped. Secretair, auch Secretair der Königl. Landes-Baumschule

Die Ausführung der Bauten erfolgt durch die Königl. Schloſs-Bau-Commission (s. 2te Abtheilung des Königl. Hofmarschall-Amtes)

b. Casse.
(Mit der Casse des Königl. Hofmarschall-Amtes vereinigt)

c. Hofgärtner.

Berlin	Hr. *Zipf* (Monbijou)
	- *Crawack* (Bellevue bei Berlin)
Charlottenburg	- *Ferd. Fintelmann,* Ob. Hofgärtner ⊞3. ⊞3.
	- *Carl Fintelmann* ⊞4.
	- *Herm. Sello* ⊞4. } (Sanssouci)
	- *Legeler,* Prof., zugleich Lehrer bei der Gärtner-Lehr-Anstalt ⊞4.
Potsdam und Umgegend	- *Wilh. Nietner*
	- *Gust. Meyer,* zugleich Lehrer bei der Gärtner-Lehr-Anstalt (MSsM)
	- *Emil Sello*
	- *Morsch* (Charlottenhof)
	- *Louis Mayer* (Neuer Garten) ⊞4.
	- *Gustav Fintelmann,* zugleich Kastellan (Pfauen-Insel) ⊞4.
Schönhausen	- *Th. Nietner* ⊞4.
Schwedt	- *Kellner*

Abb. 24: Aufbau der Gartenintendantur 1861

Dr. Clemens Alexander WIMMER
Arbeitsweise und Arbeitsorganisation bei Lenné

Lenné war Hofbeamter. Was das bedeutet, sei zunächst vor Augen geführt. Unter dem Großen Kurfürsten hatte allmählich die Trennung von Hof und Staat eingesetzt. Im 19. Jahrhundert erschien alljährlich das Handbuch über den Kgl. Pr. Hof und Staat, kurz Handbuch Hof Staat genannt. Der Titel bringt diese Trennung sehr deutlich zum Ausdruck. Wir haben heute keinen Hof mehr, das Bundespräsidialamt ist damit kaum zu vergleichen, darum muß der Begriff des Hofstaats hier erläutert werden.

Über einen Hofstaat verfügt nicht nur der König. Auch die erwachsenen Prinzen, Prinzessinnen und die Königinwitwen hatten ihren Hofstaat. Es gab Hofstaaten in beliebiger Größe, die kleinsten bestanden nur aus einer Handvoll Leute. An der Spitze eines größeren Hofstaats stand ein Hofmarschall. Ihm unterstanden Hofdienerschaft, Hofküche, Hofjagd, Hofmusik, Hofgärten, Hofarchitekten, Leibärzte usw. Es versteht sich, daß ein Amt im Hofstaat eine Spur angesehener war als ein gleiches Amt im Staat.

Friedrich Wilhelm III. hatte bei Antritt seiner Regierung die Intendantur der kgl. Schlösser und Gärten mit dem Amt des kgl. Hofmarschalls verbunden. Seit 1811 hatte Burchard Friedrich Freiherr von Maltzahn dieses Amt inne. Er war der Chef des Direktors der kgl. Gärten, Johann Gottlob Schulze. Schulze hatte Jura und Baukunst studiert und sich während seiner schon unter Friedrich dem Großen begonnenen Laufbahn hauptamtlich mit Bausachen beschäftigt - er trug den Titel Oberhofbaurat -, sich nebenbei aber lebhaft mit Obstbau beschäftigt. Dies war der Grund für seine Ernennung zum Gartendirektor. Schulze hatte sein Büro und seine Dienstwohnung in Sanssouci am Fuße der Weinbergterrassen. Im Büro half ihm der alte Gartenkontrolleur Lange. Schulze war außerdem Vorgesetzter der Hofgärtner, deren es 18 gab, als Lenné nach Potsdam kam. Jeder leitete ein Gartenrevier. Kleinere Gärten machten ein Revier aus, größere beschäftigten mehrere Hofgärtner mit verschiedenen Aufgabenbereichen wie Gemüsebau, Orangerie, Obstbau, Baumschule und Ziergarten. Die Hofgärtner hatten ihrerseits

Gesellen, auch Gehilfen genannt, Lehrlinge und Tagelöhner, d. h. Arbeiter, unter sich, die die eigentliche praktische Arbeit verrichteten.

Lenné kam 1816 als Geselle nach Potsdam, nachdem er sich höheren Orts, nämlich gleich beim Hofmarschall beworben hatte und wurde als Gehilfe im Neuen Garten beim Hofgärtner Morsch angestellt. Lenné schlug die Hofgärtnerstellen aus, die 1817 durch Tod vakant geworden und ihm angeboten worden waren, denn ihm schwebte eine höhere Ebene vor. Lenné war nie Hofgärtner gewesen, wie vereinzelt behauptet wird. Als der Gartenkontrolleur Lange ebenfalls 1817 starb, wurde seine Stelle in eine Stelle für Lenné unter dem Titel Garteningenieur umgewandelt. Auf diesem Posten war es seine Aufgabe, Entwürfe und Verbesserungsvorschläge für sämtliche kgl. Gärten auszuarbeiten und die Hofgärtner zu überwachen.

1824 wurde ihm der Titel Gartendirektor verliehen. Es gab nun zwei Gartendirektoren. Schulze wurde 1828 pensioniert, seitdem war Lenné direkt zwischen Hofmarschall und Hofgärtnern angesiedelt. Diese Stellung hat er zeitlebens behalten. Die Ernennung zum Generalgartendirektor 1854 war eine reine Ehrensache ohne Aufgabenzuwachs.

Lennés rastlose und ehrgeizige Persönlichkeit hat sich aber mit den Aufgaben im Hofstaat nicht zufriedengegeben. Schon als Geselle knüpfte er Kontakte zu einflußreichen Persönlichkeiten, die ihm Privataufträge verschafften, zuerst bekanntlich zum Staatskanzler Fürst Hardenberg. Es gab damals keine Nebentätigkeitsverordnung. Offiziell durfte wohl ein Hofmarschall keine auswärtigen Honorare annehmen, doch gab es andere Arten der Entlohnung, darunter wertvolle Sachgeschenke, Ordensverleihungen und - vor allem - Propaganda für Lennés Talent. So haben auch Lennés Vorgesetzte selbst, der Hofmarschall und der König, ihn oft zu Aufgaben außerhalb seines offiziellen Zuständigkeitsbereichs herangezogen. Das begann mit Entwürfen für Gärten der prinzlichen Hofstaaten und endete mit Lennés Planungen für staatliche Anlagen, wie Kurpark Oeynhausen, Krankenhausgarten Aachen bis hin zu der Berliner Stadtplanung. Es ist kein Fall bekannt, in dem Lenné die Arbeit für das Ausland verübelt wurde. Offenbar war man stolz, einen so berühmten Gärtner zu besitzen, daß auch ausländische Monarchen und Verwaltungen seine Dienste schätzten. Und Lenné hat niemals gesagt: „Dafür bin ich nicht zuständig", wie es die heutigen Beamten tun.

Seit 1817 hat Lenné im schon erwähnten Gartendirektionsgebäude zu Sanssouci gewohnt und gearbeitet, unterbrochen nur von zahlreichen Reisen nach Berlin, ins In- und Ausland. Die Reisen dienten der Planung und Ausführung von Anlagen, dem Ankauf von Pflanzen und - die Reise nach England und zwei Reisen nach Italien - der fachlichen Weiterbildung und wurden wohl meistens nicht von Lenné selbst finanziert. Seit 1839 hatte Lenné noch eine Villa am Tiergarten, wo er bei Berlinaufenthalten absteigen konnte.

Selbst gezeichnet hat er maximal in den ersten zehn Jahren. Seine Plangrafik war durchaus nichts Lenné-spezifisches, wie manche glauben. Seit dem 18. Jahrhundert gab es einen festen Kanon der Plangrafik, der wohl nur geringfügig regional differierte. Grundlegend war, daß die Gehölze naturalistisch im Aufriß gezeichnet wurden, während man Gebäude, Wege und Gewässer normal im Grundriß darstellte. Lehrbücher der Zeit enthalten in knapper Form Mustervorlagen zum Planzeichnen, die heute kaum bekannt sind. Direkt auf Lennés eigene Praxis gehen die Mustertafeln zurück, die kommentarlos dem Buch von Wilhelm Legeler, dem Lehrer an der Potsdamer Gärtnerlehranstalt, über Mathematik und Feldmessen beigefügt sind. Hier sind die einzelnen Elemente der Plangrafik in schwarz/weiß und in Farbe wiedergegeben bis hin zu dem querovalen Feld, in welches Lenné den Plankopf zu schreiben pflegte, den Maßstab und die ornamentale Randleiste. Die Plangrafik gehörte zum Selbstverständlichen, was man in der Gärtnerlehre lernte, wovon nicht viel Aufhebens gemacht und um 1900 diverse Bücher veröffentlicht, die sich ausschließlich mit Planzeichnen befassen. Entworfen und vorgezeichnet wurde mit Bleistift, dann zog man mit Feder die Linien auf Papier und lavierte meist mehrfarbig mit Aquarellfarben. Bei kleineren Änderungen wurde mit dem Messer radiert, größere Änderungen zeichnete man auf Decklaschen, die auch benutzt wurden, um Planungsalternativen vorzustellen.

Kopien wurden mühsam im Nadelstichverfahren hergestellt, indem man Punkt für Punkt auf ein untergelegten Papier durchstach. Die um 1900 entwickelten Fotokopierverfahren bringen die Genauigkeit von Nadelstichkopien nicht annäherungsweise zustande - es ist absurd, daß die moderne Technik hier eine wesentliche Verschlechterung bedeutet.

Die seinerzeitigen Unterschiede in der Plangrafik verschiedener Meister sind nicht erforscht. Lenné mag sie bei seinem Vater, seinem Onkel, die beide Gärtner waren, in München oder in Paris abgesehen haben. In Potsdam gab vor der Gründung der Gärtnerlehranstalt der Gartendirektor Schulze Privatunterricht im Zeichnen. Gewiß ist aber, daß Lenné dem Plan eine ganz besondere Bedeutung beimaß, ganz im Gegensatz zu z. B. Fürst Pückler, der ohne Plan im Gelände arbeitete. Der Plan diente nicht nur dazu, den Auftraggeber für das Projekt zu erwärmen, sondern er ersetzte auch oft die persönliche Anwesenheit Lennés am Planungsort. Lenné hatte selbst das Planzeichnen zum besonderen Unterrichtsfach an der Gärtnerlehranstalt erhoben, und seine Zeichner waren zugleich seine wichtigsten Mitarbeiter.

Aus seinem Plannachlaß, der größtenteils in Potsdam erhalten ist, ersehen wir, wer seine wichtigsten Zeichner waren. Von 1830 bis 1843 war es Gerhard Koeber. Seine vollendete Grafik ist nur mit viel Erfahrung von Lennés eigenhändigen frühen Zeichnungen zu unterscheiden. Er wurde 1843-70 von Gustav Meyer abgelöst. Im Jahre 1840 ändert sich bei Koeber der Zeichenstil, der dann für Meyer typisch wurde: Die Farben sind wesentlich zurückhaltender, und die Bäume erscheinen im Grundriß. Wir kennen den Grund für den Wechsel nicht.

Friedrich Wilhelm IV. gab oft die Entwürfe in Bleistiftskizzen vor. Wir kennen seine stadtplanerischen Entwürfe für das sog. Pulvermühlengelände in Moabit von 1839 und für das sog. Köpenicker Feld 1840. Die von Lenné signierten Pläne dieser Gebiete sind nichts anderes als Koebers bzw. Meyers Reinzeichnungen der Vorgaben Friedrich Wilhelms. Auch sind Pläne des Hofgärtners Emil Sello für den Wildpark in Potsdam erhalten, in die der König mit dicken Bleistiftstrichen Änderungswünsche eingezeichnet hat.

Umstritten ist, ob Lenné in späteren Jahren überhaupt noch selbst entworfen hat oder nur seine Unterschrift unter die Entwürfe Meyers gesetzt hat. Meyer selbst hat nie signiert. Koeber war da selbstbewußter. Ich neige zu letzterer Annahme, selbst in den Fällen, wo Meyer auf die Pläne geschrieben hat: „Entworfen von dem Königlichen Gartendirektor Lenné".

Schon 1895 wurde im Verein Deutscher Gartenkünstler die Frage behandelt, inwieweit die späten Lennéwerke wirklich Lennéwerke wären, und ob sie nicht vielmehr auf Meyer zurückgingen. „Die Meinungen waren sehr geteilt", heißt es. Die klarste Antwort auf diese Frage sandte Garteninspektor Julius Hartwig aus Weimar ein, der 1843-47 bei Meyer gelernt hatte. Er war Zeuge gewesen, wie Meyer den Entwurf zum Marlygarten selbständig bearbeitet hatte. „Ich glaube", so folgert Hartwig, „nach meinen persönlichen Beobachtungen mit Sicherheit behaupten zu können, daß sämtliche in späterer Zeit unter Lennés Namen oder, um mich modern auszudrücken, aus Lennés Atelier hervorgegangenen Arbeiten mit vollem Recht Meyer zugeschrieben werden können."

Schriftliche Ausarbeitungen hat Lenné nur in den frühen Jahren selbst verfaßt. Später verfaßte sie Meyer, und Lenné nahm in Meyers Manuskript nur noch Korrekturen vor, die dann von einem Schreiber ins Reine übertragen wurden. So weiß man es von der kunsttheoretischen Ausarbeitung für Franz Kugler 1849 und dem Erläuterungsbericht zum Wiener Stadtplanungswettbewerb 1858. Beide gehen auf Meyer zurück.

Weitere wichtige Mitarbeiter Lennés waren Koschny, Jancke und Bethge. Sie übernahmen Verwaltungsaufgaben, Schriftwechsel und Rechnungswesen.

Der Planungsablauf unterschied sich in Grundzügen nicht von dem heute Üblichen. Am Anfang stand eine Bestandsaufnahme des Grundstücks durch einen Feldmesser. Gewöhnlich war es nur der Grundriß, bei stark bewegtem Gelände wurden auch Schnitte angefertigt. Vom Entwurf war bereits die Rede.

Die Ausführungsplanung und Bauleitung waren in jedem Fall nicht Lennés Sache. In den ihm administrativ unterstellten Gärten waren die Hofgärtner für die Ausführungsplanung verantwortlich. Sie wählten die Pflanzen aus und legten ihre Standorte fest. Das ist der Grund, weshalb wir keine Pflanzpläne von Lennéschen Anlagen haben. Die Hofgärtner, täglich bei der Baustelle wohnend, gaben ihre mündlichen Anweisungen, es bedurfte keiner Ausführungspläne. Hierin liegt der wichtigste Unterschied zu den heutigen Verhältnissen in den öffentlichen Gärten. Der entwerfende Architekt ist meist nicht mehr Mitglied der Verwaltung und hat an der Baustelle keine Mitarbeiter zur Verfügung, die getreu nach seinen Prinzipien arbeiten. Darum zeichnet er Ausführungspläne, und die Umsetzung kann dennoch böse Überraschungen hervorbringen, wenn der Architekt nicht selbst oder ein vertrauter Mitarbeiter die Bauleitung innehat.

Es versteht sich von selbst, daß auch unter Lenné bei der Ausführung vom Entwurf abgewichen wurde. Das Büro Wörner hat dies für den Tiergarten minutiös nachgewiesen, indem es die ausgeführten Wegeverläufe mit denen auf Lennés Entwürfen überlagert hat. Änderungen ergeben sich wie damals während der Bauzeit. Sie sind kein Problem, wenn alle Beteiligten einer Organisation angehören und aus einer Schule hervorgegangen. Daß gerade dies bei möglichst vielen Anlagen der Fall ist, hat Lenné gewußt und schon in seinen ersten Jahren die Weichen dafür gestellt. Er hat sich einen Kreis folgsamer Schüler herangebildet, eine einheitliche Ausbildung an der Potsdamer Gärtnerlehranstalt eingeführt und seinen Einfluß auf Anlagen außerhalb der königlichen Gartendirektion auszudehnen versucht. Lennés Personalpolitik ist ein Schlüssel seines Erfolges. Nicht nur die Gärtnergesellen innerhalb seiner Behörde, auch die in auswärtigen Anlagen, für die er Entwürfe geliefert hat, wurden mit Zöglingen der Gärtnerlehranstalt besetzt.

Bei auswärtigen Anlagen, wo Lenné sich nicht auf geschulte Mitarbeiter verlassen konnte, schickte er Meyer als Bauleiter auf die Baustelle. So wissen wir es von Bad Homburg und Feldafing.

Wenn wir in diesem Jahr Lenné feiern, so sollten wir eigentlich weniger sein gartenkünstlerisches Werk als sein Geschick als Manager bewundern. Dies zumindest legt uns Lennés sächsischer Kollege Hermann Jäger (1815-1890) nahe. Er schrieb 1877: „Man kann nicht sagen, daß Lenné auch ein landschaftliches Genie wie Fürst Pückler-Muskau oder Sckell war, auch nicht, daß er besonders wichtige Eigenthümlichkeiten gehabt hätte. Er hat auch seine Ansichten öfter gewechselt, und keine seiner Anlagen zeigt einen solchen gemeinsamen Charakter, wie der der genannten Männer. Sein Organisationstalent war es, was ihn besonders groß machte."

Abb. 25: Dr. C. A. Wimmer

F A C H B E R E I C H S T A G   1 9 8 9

P E T E R

J O S E P H

L E N N E

Z U

S E I N E M

2 0 0

G E B U R T S T A G

FACHBEREICHSTAG 1989

...vorher...

...nachher...

Prof. Heinz-W. HALLMANN
Wie ein Architekt heute arbeitet

Interdisziplinarität und Teamwork werden heute in zunehmendem Maße auch in der räumlichen Planung und in der Architektur als Grundvoraussetzung für eine erfolgversprechende Arbeit angesehen. Hierbei spielt vielfach die Auffassung eine große Rolle, daß das gebündelte Wissen, getragen von entsprechenden Spezialisten, allein schon den Erfolg garantieren könne.

In Wirklichkeit aber blockieren sich interdisziplinär zusammengesetzte Planungsgruppen häufig total, weil niemand im Team von seinen Ansprüchen abrücken will, die Bereitschaft fehlt, die Argumente der anderen zu verstehen, und weil schließlich der Überblick für das Ganze fehlt. Es fehlt, kurz gesagt, die Befähigung zum Generalisten in Sachen Planung. Allein von dieser Seite betrachtet, ist der Architekt nicht einem X-beliebigen anderen am Planungsprozeß beteiligten Spezialisten gleichzusetzen, weil er nämlich wie der Stadt- und Regionalplaner und der Landschaftsplaner eben diese Befähigung (zum Generalisten) besitzen muß.

Es gibt aber noch weitere wesentliche Aspekte für die Art und Weise, wie ein Architekt arbeitet und warum er so arbeiten muß, um seine Aufgabe zu erfüllen. Will man hierüber mehr als nur Oberflächliches erfahren, so muß man sicher zuerst einmal nach typischen Veranlagungen, Talenten und Begabungen fragen. Man muß weiter fragen, wie denn ein Architekt selbst lebt, oder vielleicht besser, sein Leben gestaltet, und man muß schließlich nach den Motiven fragen, die Architekten dazu bringen, gebrauchsfähige Räume für das Leben anderer gestalten zu wollen, womit in erster Linie Menschen gemeint sind, für Landschaftsarchitekten darüber hinaus auch Pflanzen und Tiere.

Allgemeingültige Antworten auf diese Fragen sind sicher nicht möglich. Es können immer nur Einzelbeispiele als Belege herangezogen werden. Das will ich hier tun und mich weitgehend auf einen Architekten beziehen, weil ich ihn gut kenne, und weil ich denke, daß an diesem Beispiel typische Züge eines Architekten und seiner Arbeitsweise zu erfahren sind, der sich heute mit praktizierter Freiraumplanung befaßt. Daß darüber hinaus bei dem gewählten Beispiel ein hoher Anteil an individueller Ausprägung hervortreten wird, stellt - möglicherweise für sich genommen - ein weiteres Charakteristikum von Architektenfähigkeit, vielleicht genauer Architekt sein, dar. Es handelt sich um meinen langjährigen Büropartner, den Architekten Heinz W. Rohn.

Er wächst in einem kleinen Dorf in Niedersachsen mit dem lustigen Namen Kleinflöte auf. Kindheit und Jugend sind geprägt von einem recht freien Leben in einer bäuerlich bestimmten Kulturlandschaft mit vielfältigen Kontakten zur Natur. Es verwundert deshalb nicht, daß sein erster Berufswunsch ist, Förster zu werden. Neben dieser Neigung entdeckt er früh seine Begabung und Freude für das Zeichnen und Malen. Wie selbstverständlich wird ihm deshalb bei der Berufsberatung empfohlen, Architekt zu werden, zumal die Mathematik - und hier insbesondere die Darstellende Geometrie - sein Lieblingsfach in der Schule ist. Er greift den Vorschlag auf und beginnt ein Architektur-Studium, obwohl er von seinen Eltern her in keiner Weise auf diesen Beruf hin vorgeprägt ist, wie wir dies z. B. von Peter Joseph Lenné und vielen anderen Architekten wissen. Wegen seiner Zuneigung zur Natur hätte er nach eigenem Bekunden ebenso den Beruf des Gartenarchitekten wählen können, wenn er ihm damals bekannt gewesen wäre. Heute hält er die Betätigungsmöglichkeit in beiden Bereichen, Hochbau- und Freiraumplanung, für ideal.

Während seines Studiums an der Technischen Hochschule Aachen haben ihn zwei Lehrer besonders beeindruckt. Der eine ist der bereits verstorbene Prof. Steinbach, ein selbst in Fachkreisen weithin unbekannter Architekt, bei den Studenten jedoch ein äußerst geschätzter Lehrer. Seine Vorlesungen, die sich mit der Ästhetik und dem sinnlichen Erleben von Architektur befaßten, waren nach Rohn's Bekunden Wort für Wort und Satz für Satz für die Zuhörer ein geistiger Genuß. Rohn sagt dazu: „Man hatte das Gefühl der verbalen Lust bei diesem Mann."

Die Eigenschaft endeckt er bei sich selbst auch, und er kann sie in Gesprächen mit einzelnen Menschen oder in Diskussionen im kleinen Kreis auskosten. Größere Menschenansammlungen dagegen liegen ihm nicht. Vor mehreren Menschen reden zu müssen, blockiert ihn völlig. Er bringt kein Wort heraus. Deshalb entzieht er sich solchen Situationen. Aber zurück zu dem zweiten Lehrer! Es ist der Architekt Gottfried Böhm. Im Gegensatz zu Steinbach kennt ihn die ganze Fachwelt als einen hervorragenden Architekten. Durch ihn wird Rohn mit realer und qualitätvoller Entwurfsarbeit bekannt gemacht. Die verbalen Vermittlungen Böhms hingegen sind von einem ähnlichen Mangel gekennzeichnet wie seine eigenen. Seine künstlerische Begabung vertieft er im Studium in den Fächern freies Zeichnen und Malen sowie Bildhauerei.

Sein weiteres Leben entwickelt sich aufbauend auf den hier geschilderten Anlagen und Fähigkeiten. Sein Verhältnis zur Familie, zu Freunden und Bekannten, wie zu den Menschen, mit denen er beruflich zu tun hat, ist von Zuwendung und Offenheit gekennzeichnet. Er liebt seine Haustiere Hund und Katze ebenso wie die freilebenden Tiere. Der verirrte Falke, der eines Tages auf seinem Fensterbrett sitzt, ein paar Tage bleibt und dann wieder wegfliegt, ist für ihn nichts gar so Ungewöhnliches. Er liebt auch die schönen Dinge, die er z. B. wegen Platzmangels als Miniaturen in seiner engen Wohnung sammelt, und er liebt auch sein Auto.

Diese wenigen Kenntnisse über den Menschen weisen auf eine Eigenschaft hin, die für einen Architekten eine sehr wichtige ist. Die Sinnhaftigkeit. Rohn ist ein Sinnenmensch. Sinnenlust und die Befähigung, sich ihr nicht zu verweigern, sondern sie zu fördern und Teil seines Lebens werden zu lassen, charakterisieren ihn in hohem Maß. Alle seine Sinne hält er für den Empfang der Begebenheiten in der Umwelt offen, gebraucht insbesondere das Auge und schult das bewußte Sehen immerfort.

Nach einem so kurzen biographischen Exkurs wäre eine zusammenfassende Charakterisierung über seine Hauptwesenszüge etwas vermessen. Aus meiner genaueren Kenntnis über ihn darf ich jedoch sagen: Er ist tief beseelt von der sinnlichen und geistigen Befassung mit allem Leben und mit den Dingen im Kontext seiner räumlichen Umwelt.

Das unterscheidet ihn von jemandem, der ausschließlich in einer Welt des Geistes, in einer Welt der Bücher lebt. Es leuchtet wohl ein, daß ein solches Leben nicht streng zu trennen ist in eine Arbeitswelt und eine der Freizeit. An dieser Stelle ist über seine Zeiteinteilung zu sprechen. Wenn auch die Welten der Arbeit und der Freizeit sich überlappen und ineinanderfließen, so gibt es doch deutlich ausgeprägte Phasen des aktiven Schaffens und der Ruhe. So verblüffend es sich nun anhören mag, aber zum Arbeiten - bis zur schöpferischen Tätigkeit - braucht Rohn Druck. So sagt er: „Über Druck können Lösungen erzwungen werden. Wenn man weiß, daß man es kann, gelingt es auch." Entsteht nach einer Periode des Drucks eine zeitliche Lücke, kann er nichts vorarbeiten, was eventuell erst später fertig werden muß. Er ist demnach unfähig, sich selbst unter Druck zu setzen. In solchen „gewonnenen" Zeiten widmet er sich seiner Familie, dem Lesen, der Weiterbildung, der nicht zweckgebundenen künstlerischen Betätigung oder dem Herumwerkeln auf seinem verwilderten Grundstück am Stadtrand. Dort ist sein Refugium mit Bach, Weiher, Wiese, Bäumen.

Sein üblicher Tagesrhythmus läuft ziemlich exakt so ab: Nach dem Frühstück macht er einen ausgedehnten Spaziergang mit seinem Hund. Von 9.00-13.00 Uhr hat er Besprechungen im Büro, Termine mit Auftraggebern und auf Baustellen. Daran schließt sich eine ausgedehnte Mittagspause bis ca 16.00 Uhr an. Von 16.00-18.30 Uhr gibt es erneut Bürobesprechungen und Termine. Es folgt wiederum eine ausgedehntere Abendbrotzeit. Ab 21.00 Uhr abends, nun sitzt er ganz allein im Büro, beginnt er schließlich mit inhaltlicher Arbeit, meist mit Entwürfen bis zu Detailüberlegungen. Die Zeit in Abend und Nacht hinein ist offen. Am Wochenende nutzt er die Vormittage und Abende wieder für diese Art der Tätigkeit. Im Mittelpunkt seines Schaffens steht die persönliche Befassung mit dem Entwurf. Das hat er sich nie nehmen lassen. Viele Architekten arbeiten so wie er, aber durchaus nicht alle, wie wir von Lenné gehört haben und wie wir dies z. B. auch von Walter Gropius wissen [1].

Rohn sieht den Entwurf als einen logisch nachvollziehbaren Prozeß, der, vereinfacht dargestellt, in drei Stufen abläuft:

1. Sich so viel Informationen wie möglich über das zu planende Objekt zu verschaffen; sich also kundig zu machen.

2. Aus den Informationen einen funktionalen Zusammenhang herzustellen.

3. Schließlich die Form und die Gestalt zu entwickeln.

Für alle drei Stufen, zunehmend aber für die zweite und besonders für die dritte, benutzt er das in seinem Gedächtnis gespeicherte Erfahrungswissen, da bereits aus dem Denken und sinnlichen Erleben Erkannte und Bekannte also (black box). Nach außen vermittelt werden der Entwurfsvorgang und vor allem die Ergebnisse des Entwurfs über Skizzen, Bilder und Pläne, die jeder Laie „lesen" und verstehen kann. Über dieses Ausdrucksmittel der bildhaften Wiedergabe der gedachten Gestaltung stellt der Architekt sich den Fragen und der Kritik. Etwaige Ungereimtheiten und Lücken werden auf diese Weise dem Außenstehenden/Betroffenen viel deutlicher, als etwa über schriftliche Aussagen. Letztere können zum einen vieles überspielen, zum anderen allerhöchstens die beiden ersten Schritte des Entwurfs einigermaßen nachvollziehbar wiedergeben, den dritten und entscheidenden „Wie es denn nun werden soll" jedoch nicht. Wichtig für die gesamte Entwurfstätigkeit sei es außerdem, so sagt Rohn, seine eigenen Grenzen zu spüren. Andere könnten es vielleicht besser. Entscheidend sei, daß er alles aus sich heraushole. Schließlich sagt er von sich: Er wisse, wann eine Arbeit fertig sei, wann das für ihn Optimale erreicht sei; mehr sei dann nicht möglich.

Die geschilderte Entwurfsarbeit ist die eines gereiften Architekten. Es soll hier nicht der Eindruck erweckt werden, daß Entwerfen möglich sei, ohne Berücksichtigung der wichtigsten Entsprechung des Entwurfs, der Realisierung nämlich. Ein Entwurf ohne Umsetzung - oder besser gesagt ohne auf Umsetzung in gebaute Wirklichkeit gerichtet zu sein - wäre ja nichts anderes als l'art pour l'art, im besten Falle ein Kunstwerk also. Die Umsetzung von Entwurfsideen bedeutet für die meisten jungen Architekten - ich meine hier die ernsthaften - ein oft schmerzlicher Prozeß. Sie erkennen sehr schnell, daß vieles, was so schön gedacht war, so nicht machbar ist. Es beginnt ein oft langjähriges Ringen zwischen dem Festhalten an Entwurfsideen und dem begleitenden Versuch kreativer Neuerungen beim Bauen auf der einen Seite sowie der gleichzeitigen Abwehr von baulich eingepielten Stereotypien, die jeglicher Entwurf auf Norm und Mittelmaß reduzieren können, auf der anderen Seite. Reife stellt sich hierbei erst ein, wenn Planen und Bauen voll überblickt und als inhaltlich untrennbare Einheit begriffen werden. In der Rohn'schen Diktion heißt dies: „Denken und Träumen sind für sich genommen schon sehr wichtig, die absolute Erfüllung aber ist die reale Welt", und weiter, aus seiner sehr persönlichen Sicht: „Die Faszination eines Bildes (Anm. Entwurfsbildes) in der Phantasie kann auch allein stehen. Zur Erhöhung und auch zur Vervollkommnung des Genusses aber gehören das Werden und das Vollenden, und hier meine ich auch das von anderen Gemachten".

Wie einer zum Entwerfen kommt, ist durchaus unterschiedlich. Ein Weg führt von der gedachten zur realisierten Gestalt wie bei Rohn. Der andere entwickelt sich aus der Befassung mit dem Bauen oder besser dem Gebauten, sozusagen im Umkehrprozeß. Ein berühmtes Beispiel hierfür ist Andrea Palladio, wenn wir seinen vier Büchern glauben dürfen [2]. Immer ist eine genaue Kenntnis über den gesamten Planungs- und Bauprozeß bis zur Fertigstellung - und beim Landschaftsarchitekten noch darüber hinaus - Voraussetzung für die Entwurfstätigkeit.

Was nun den Zusammenhang von Planen und Bauen anbetrifft, so ist seit den 60er Jahren ein Wandel eingetreten. Planen und Bauen dürfen aus Wettbewerbsgründen nicht mehr in einer Hand liegen, was davor möglich war, jedoch nicht durchgängig so gehandhabt wurde. Bei den Gartenarchitekten hatte es eine große Tradition. Die neue Regelung basiert auf der Unterscheidung in eine geistige Tätigkeit des Architekten, die keinem Marktwettbewerb unterworfen werden darf, und eine marktorientierte Bauleistung des Unternehmers. Das hat zu drei Partnern mit zwei Vertragsverhältnissen im Bauablauf geführt. Der Bauherr beauftragt einen Architekten mit der Planung und Überwachung der Baudurchführung eines Objektes einerseits, und er beauftragt andererseits einen Unternehmer mit der Baudurchführung des Objektes. Architekt und Bauunternehmer haben dagegen untereinander kein Vertragsverhältnis. Dies hat vor allem zu einer Ausweitung der Planungsarbeit im Bereich der Ausführungsplanung und der Vorbereitung der Vergabe von Bauleistungen auf der Architektenseite geführt. Zusammen mit der Bauüberwachungstätigkeit wird die technische Komponente, die sich vom Beginn des Planungsauftrages, über Koordinierungsaufgaben, Zeit- und Kostenkontrollen bis zur Kulmination in der Ausführungsplanung und der Bauüberwachung zieht, heute auch als Projektierung oder Projektmanagement bezeichnet. Es ist sicher verständlich, daß bei einer größeren Zahl von Objekten die Gesamtleistung im Planungs- und Bauablauf von einem Architekten allein nicht mehr zu erbringen ist. Es kommt zur Arbeitsteilung in eine mehr entwerfende Tätigkeit und eine solche, die sich mit dem Projektieren befaßt. Rohn gehört zum ersten Typus. Obwohl er den Überblick über den gesamten Planungsprozeß und die Bauabwicklung behält, benötigt er doch für die Projektierung Mitarbeiter, die nun ihrerseits für den Entwurf sensibilisierte Architekten und auf ihn eingespielt sein müssen. Wir haben andererseits von Lenné gehört, daß dieser in späteren Jahren selbst die gesamte Organisation von Planen und Bauen übernommen hat. Bei Walter Gropius dürfte es ähnlich gewesen sein. denn seine Büroleiter Adolf Meyer, Marcel Breuer und Ernst Neufert, allesamt bekannte Architekten, waren vermutlich die eigentlichen Entwerfer vieler Gropius'scher Bauten. Gropius selbst war der große (geistige) Organisator. Ein solcher Typus benötigt dann auf ihn zuentwickelte Entwerfer als Mitarbeiter [3].

Ich hoffe, daß ich am Beispiel der von mir vorgestellten Architektenpersönlichkeit das Wesen der Arbeit eines Architekten im Gegensatz zu dem eines Fachspezialisten etwas erhellen konnte.

Wenn darüber hinaus deutlich geworden wäre, daß diese Art zu Arbeiten, die ja aus der einzigartigen Individualität eines Menschen erwächst, auch in Zukunft nicht durch eine Maschine ersetzt werden kann, so würde mich das besonders freuen. Das wäre dann wieder ein anderes Thema.

Literatur
[1] WIMMER, Clemens Alexander, 1989: Arbeitsweise und Arbeitsorganisation bei Lenné.
NERDINGER, Winfried, 1986: Walter Gropius. Der Architekt Walter Gropius - Zeichnungen, Pläne, Fotos, Werkverzeichnis, Berlin. S. 29
[2] PALLADIO, Andrea, 1983: Die vier Bücher zur Architektur. Nach der Ausgabe Venedig 1570 IO QUATTRO LIBRI DELLARCHITETTURA aus dem Italienischen übertragen und herausgegeben von Andreas Beyer und Ulrich Schulte, Zürich - München
[3] WIMMER, Clemens Alexander, 1989: a.a.O.
NERDINGER, Winfried, 1986: a.a.O. S. 30-31

Abb. 27: Prof. H.-W. Hallmann

FACHBEREICHSTAG 1989

PETER

JOSEPH

LENNÉ

ZU

SEINEM

200

GEBURTSTAG

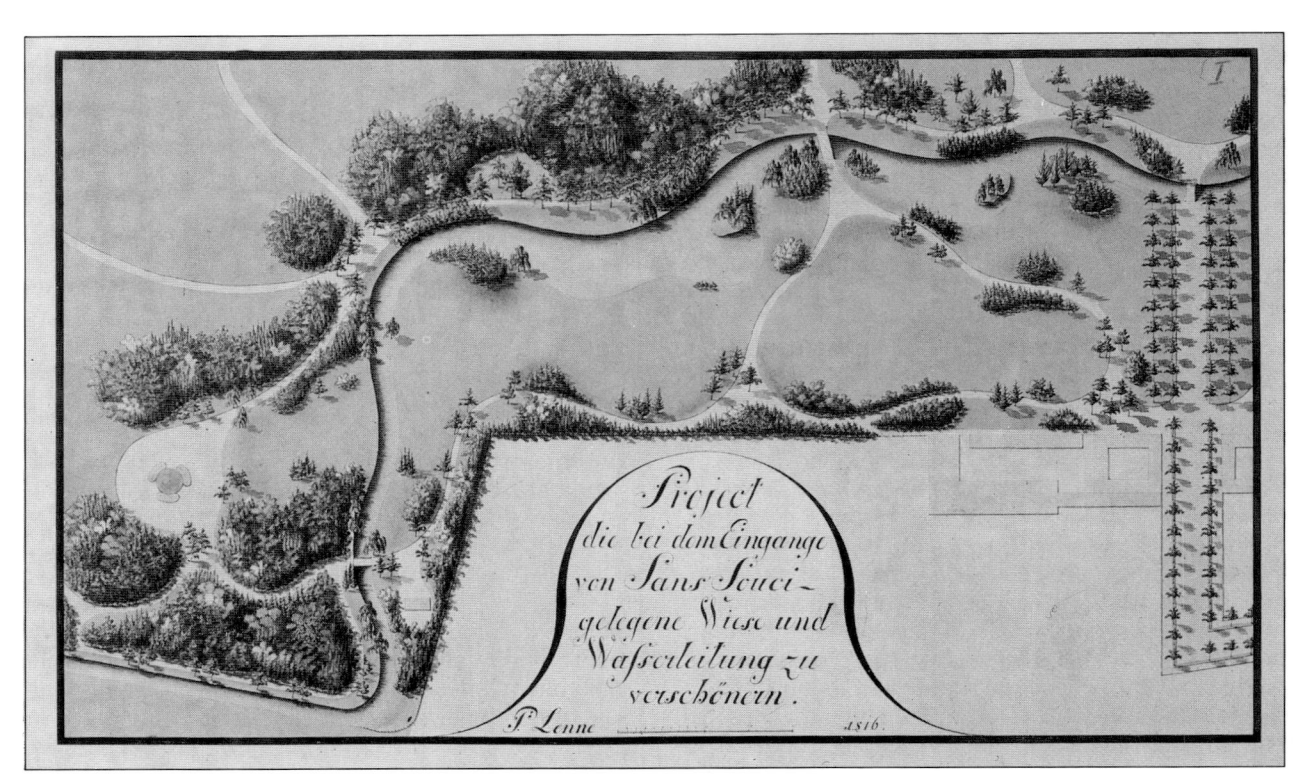

Abb. 28: Sanssouci, Partie zwischen der Gartendirektion und dem Teehaus, 1816
Abb. 29: Sanssouci, Marlygarten um 1855

Dr. Eva BÖRSCH-SUPAN
Mit beschränkten Mitteln Großes leisten – warum gelang das Lenné?

Es bedarf eigentlich keiner Feststellung, daß Lenné Großes geleistet hat, mehr als jeder andere Gartenarchitekt. Lassen Sie uns doch zuerst einen Blick auf die Größe dieses Werkes werfen, weil es so gar nicht nach Beschränkung aussieht.

Zunächst einmal sind es, während sonst oft ein Gartenkünstler mit ein oder zwei großen Parkschöpfungen in die Geschichte eingeht, zahlenmäßig unerhört viele Entwürfe; auf dem Lorbeerkranz, der zum 50. Dienstjubiläum gedacht war und dann nur als Totenehrung diente, standen 50 Hauptwerke verzeichnet, Hinz nennt in seinem Werk-Verzeichnis 337 Gärten, Landschaftsgestaltungen, Bebauungspläne und Plätze - und immer noch werden neue entdeckt. Lenné war also ein Genie des Fleißes und auch der Organisation.

Darüberhinaus ist sein Schaffen von großer Spannweite, es umfaßt außer den eigentlichen Gärten, die auch wieder in sich ungemein verschiedenartig und vielgestaltig sind, auch Bereiche der Agrikultur, der wissenschaftlichen Botanik, Dendrologie, des Städtebaues und der Verkehrsplanung - und zwar die letzteren beiden unter sehr modernen sozialen Gesichtspunkten. Dieses universelle Element ist ein wesentlicher Teil seiner künstlerischen Kraft, und es gehört zu den Glücksumständen seines Schaffens, daß ihm während wichtiger Jahre Schinkel als ebenso universell denkender Architekt zur Seite stand.

Auch ist trotz der Vielzahl jedes einzelne Werk von großer Schönheit. Wohltuende Harmonie umgibt uns in einem Gartenraum Lennés, die sprichwörtlich eleganten Schwünge seiner Wegeführung, die schon auf den Plänen genußvoll anschaulich werden, erschließen in der Wirklichkeit schrittweise immer neue Schönheiten, führen den Blick in die Weite und auf sorgfältig komponierte Anziehungspunkte in der Nähe. Michael Seiler hat ihnen gestern diese hohe Sensibilität der Landschaftsgestaltung am Beispiel der Pfaueninsel nahe gebracht. - Ein Element des Kunstvollen, mehr oder weniger spürbar, tritt zur Empfindung überzeugender Natürlichkeit hinzu.

Daß Lenné dies alles mit ‚beschränkten Mitteln erreichen mußte, ist uns ebenfalls deutlich. Er kam 1816 in ein anderes Land, das mühsam die Folgen des Krieges zu überwinden begann. Lenné konnte nicht, wie Fürst Pückler, seine Wege und Pflanzungen im Abschreiten oder auch Reiten abstecken und, wenn das Ergebnis nicht befriedigte, dieselbe Partie bis zu fünf mal ändern. In seiner Instruktion vom 9.2.1818 schreibt ihm der Hofmarschall von Maltzahn vor, er habe Anschläge und Zeichnungen zu machen und über jede größere Veränderung Rechenschaft abzulegen. Lenné mußte sich also die landschaftliche Wirkung jeder Maßnahme geistig vergegenwärtigen. Oder er griff zu Hilfsmitteln, z. B. der Vorpflanzung einer Baumgruppe durch schnell wachsende Sträucher oder Gehölze, die dann, wenn die Bäume herangewachsen waren, entfernt wurden. Vom Fürsten Pückler einmal dafür gelobt, wies er darauf hin, wie schwierig es bei den geringen Mitteln, die ihm zu Gebote stünden, sei, die beabsichtigte Wirkung in der Disposition nicht zu verfehlen.

Lenné mußte rechnen. (Fertigkeit im Rechnen gehört dann auch zu den Bedingungen, die ein Schüler der Gärtnerlehranstalt mitbringen mußte). Die Ökonomie und das systematische Planen sind bürgerliche Züge, Lenné konnte sich nicht, wie der große Aristokrat, an einem Garten ruinieren. Als sorgsamer Wirt und auch durch die Instruktion verpflichtet, strebte er nach Autarkie; die Landesbaumschulen sollten den Bedarf an Bäumen liefern (damit „der teure Einkauf aufhöre"), die Obstbaumzucht sollte Gewinn abwerfen. Bei der Umwandlung von Forstpartieen im Parkgelände mußte oft der Holzertrag die Kosten der Erdarbeiten ganz oder teilweise decken. Den Bedarf an menschlichen Werkzeugen sollte die Gärtnerlehranstalt decken.

Es gab jedoch Grenzen der Sparsamkeit, nach oben und unten. Lennés Planungen, nicht nur räumlich ausgedehnt, sondern auch zeitlich, d. h. auf segensreiche Wirkung in fernerer Zukunft mehr als auf sofortigen Nutzen, waren nicht zum Nulltarif zu leisten. Die Heckenpflanzungen der Bornstedter Felder zum Schutz vor Flugsand, die städtebaulichen Arbeiten, die Umprägung der Potsdamer Landschaft ins Liebliche durch Ersetzung der Kiefern durch Laubbäume, allein 150 000 im Wildpark - all dies bedurfte beträchtlicher Geldmittel. Wenn der Jahresetat für ein Vorhaben nicht ausreichte, dachte Lenné wahrscheinlich wie König Friedrich Wilhelm IV., der in solchen Situationen zu Persius sagte: „dann haben wir Geduld und bauen länger".

Als allerdings Prinz Wilhelm 1836 für den Park von Babelsberg ganze 1000 Taler zur Verfügung hatte, von denen für die Neuanlagen 40 übrig blieben, da stellte Lenné die Arbeit ein.

Beschränkt waren aber auch die Mittel der märkischen Landschaft, in die der Rheinländer gewiß nicht ohne ein Gefühl der Entsagung kam und die er im Alter, obwohl sie fast ganz zu seiner Schöpfung geworden waren, wieder verlassen wollte. Hier einen nicht von selbst sprießenden Reichtum zu entfalten, das „Beste aus allen Weltgegenden dem Vaterlande nutzbar zu machen", hatte er weit höheren Ehrgeiz als Pückler, der sich im wesentlichen mit heimischen Bäumen begnügte. Für die von Potsdam aus schulbildende Pracht der Blumen und Staudengewächse wurden gewiß auch Geldmittel aufgewendet; Ankauf der Palmensammlung Foulchiron, Rosen für die Pfaueninsel, aber das eigentliche Kapital waren Lennés botanische Kenntnisse.

Daß er auch mit diesem Zweig, über den begrenzten Bereich seiner Vorbilder, des Jardin des Plantes und Kew Gardens, hinauswachsend ins Große gehen konnte, hängt auch mit einer glücklichen Konstellation zusammen: der geschichtlichen Stellung innerhalb der Entwicklung des Landschaftsgartens: nicht am Anfang, sondern im Zenit, sodaß bereits ein reiches Erbe vorlag. Er hatte es sich, dank der Fürsorge des Vaters, in sehr jungen Jahren und später auf Dienstreisen angeeignet und verfügte souverän über diese Anregungen, ohne eklektisch und unschöpferisch zu werden.

Aber auch in der allgemeinen künstlerischen Entwicklung kam Lenné zu einer Sternstunde nach Preußen. Noch galt im Grunde, was Friedrich Wilhelm III. 1810 gesagt hatte, „das Land muß durch geistige Kräfte ersetzen, was es an physischen verloren hat". Die künstlerischen Mittel, allen voran Schinkels unerschöpfliche Phantasie, waren jedenfalls nicht beschränkt und wurden mit Enthusiasmus eingesetzt.

Wir wollen anhand einiger Beispiele versuchen, zu sehen, wie Lenné, oder auch nicht nur er allein, die vorhandenen Mittel in den Dienst einer großartigen oder, bei kleinen Gartenpartieen, einer harmonischen Wirkung einsetzt.

Scheunert-Wiesen

Als der revolutionäre Gesamtplan für Sanssouci von 1816 abgelehnt wurde, legte Lenné sehr geschickt einen Detailplan vor, der nicht kostspielig war und sich auf ein bis dahin leeres Gebiet bezog, die Scheunertschen Wiesen zwischen dem Ökonomieweg und der westlichen Hälfte der Parterre.

Hier floß der Graben, in kurzatmig geraden und geschwungenen Stückchen die Abschnitte der Parterre begleitend, als, wenigstens auf den Plänen von 1745 bis zu Salzmann 1772, scharf geschnittene Grenze zwischen dem amorphen Land und dem künstlerischen

Schmuckbereich der Parterre. Lenné wollte die Achse betonenden Stichgräben beseitigen (was ihm nicht gelang, hier richtete später Friedrich Wilhelm IV. Masken als ‚born de fontaine' ein) und dem Graben durch geringe Verschleifung der Nordkanten einen natürlichen Verlauf und durch Ausbuchtungen nach Süden in feuchte Wiesenstücke den Charakter eines Sees zu geben. Vom leicht geschlängelten Ökonomieweg aus sollte sich eine baumumgrenzte Landschaftsszenerie entwickeln, vom Platz vor dem Gartenkassenhaus Blicke auf interessante Baumgruppen, vom Platz vor der Wiesenbrücke aus auf das bis dahin abgeschlossene Chinesische Teehaus, dessen eigenen bizarren Gartenbereich er auflöst.

Das man von diesem Weg aus, der tatsächlich etwa so geführt wurde und über die Brücke zum Musenrondell geht, auch einen ‚interessanten' Anblick haben sollte (auch von den Sanssouciterrassen aus), hatte später Friedrich Wilhelm IV im Auge, als er Persius am 18.10.1844 den Umbau des Lennéschen und Nietnerschen Hauses befahl. Auch dieser Umbau kam nicht zustande, aber doch eine organische Führung des verbreiterten Grabens, die den Blick zum Teehaus öffnete und von dort, abweichend von der 1816 geplanten Sichtachse, den Blick zur Schinkelbrücke in der Mittelachse von Sanssouci.

Charlottenhof

Die organische Einbindung von Architektur erreichte Lenné zum ersten Mal in Charlottenhof, dem 1826/27 erbauten kleinen Schloß des Kronprinzen, und seiner Fabbrica, der 1829 bis in die vierziger Jahre allmählich ausgebauten Anlage der Gärtnervilla und Römischen Bäder. In dieser glücklichen Schöpfung fließen Ideen Schinkels, des Kronprinzen (Friedrich Wilhelm IV.) und Lennés zusammen.

Es ist vielleicht die schönste Frucht, die durch den Eintritt Lennés in diese Gedankenwelt architektonischer Planungen reifte. Hier war ihm nicht nur der Boden für seine empfindsame Landschaftsgestaltung bereitet, sondern er konnte auch empfangen und lernen.

Als Lenné 1816 nach Potsdam kam, lag die romantische Phase Schinkels, die Zeit, in der die Einheit der Künste im religiösen Sinne verstanden wurde (Schinkels Entwürfe eines ‚religiösen Gebäudes' in der Landschaft) noch nicht lange zurück, und ihre Gedanken gingen auch mit seinem Stilwandel zum Klassizismus nach 1816 nicht verloren. (1813 bereits hatte Schinkel einen, uns nicht erhaltenen, Entwurf für den Tiergarten gemacht, die Zusammenarbeit zwischen ihm und Lenné reichte von 1816 in Glienicke bis zu einer der letzten Arbeiten Schinkels, dem Bebauungsplan für Moabit, 1840).

In den zwanziger Jahren nun, einer künstlerischen Blütezeit, die man damals allgemein als endliche Frucht des Aufschwungs der Befreiungskriege interpretierte, entstand eine Form des zur Landschaft offenen, stark auf antike Vorbilder ausgerichteten Klassizismus, von der später Karl Boetticher sagte, er habe die Villen der Alten lebendig vor Augen gestellt und damit auch der Wissenschaft anschauliche Impulse gegeben.

Lennés Entwurf von 1825, der mit der Schenkung des ehemaligen Büringschen Vorwerks auf dem Weihnachtstisch des Kronprinzen lag, zeigt, daß seine Leistung die organische Erschließung des Geländes durch den großen Atem der Wege ist, des ‚Drive', der auch die Verbindung zum Parkteil am neuen Palais schafft. Noch liegt das umzubauende Gutshaus einfach in der Landschaft. Bleistifteintragungen zeigen, daß „die Phantasie des erlauchten Besitzers", wie sich Schinkel ausdrückt, zu spielen begann; mit architektonischen Blickpunkten statt der landschaftlichen Lennés. Angedeutet sind die antiken Motive der Terrasse, der Exedra, des Bassins und weiter westlich des nicht gebauten antiken Landhauses. Ein prägendes Motiv schält sich heraus: die Grundform des Hauses Rechteck und Halbkreis, bildet in verschieden gerichteten, einander zugeordneten, proportionalen Vergrößerungen den Kernbereich eines architektonischen Gartens (das ist Schinkels Formensprache), der nun in den Landschaftspark ausstrahlt, mit einer sanften, durch winzige Erhebungen den Blick steigernden Wegeführung (das ist die Leistung Lennés).

Schinkel beschreibt die Anlage mit Worten, die unserem Thema entsprechen: „Der Plan für diese Anlage, welcher von Seiner Königlichen Hoheit ausgegangen, zeigt, wie man durch sinnreiche Anordnung auch im kleinsten Maßstabe mit geringeren Mitteln und wenig begünstigter Natur etwas sehr charakteristisches und anmutiges hervorzubringen imstande ist".

Der von Lennés Schüler Koeber 1839 gezeichnete Plan zeigt, wie um die Gärtnervilla herum das ‚italienische Kulturstück' zu wuchern begann, Beete mit Blumen und Gemüse. Ein Streifen zieht sich vor der Gärtnervilla in die große Wiese und macht einen zweiten Weg notwendig, von dem aus man (was man heute nur mitten aus der Wiese heraus kann) die ganze Gebäudegruppe bildhaft vor sich sieht, während der direkt an ihr entlangführende Weg die reizvollen perspektivischen Verschiebungen des Ablaufes ergibt.

Hier treten zum ersten Mal in Potsdam die anspruchslosen, ländlichen Formen des ‚Italienischen Villenstils' auf, der in England, aber auch vom jungen Schinkel 1804 entwickelt wurde, wobei die Vorbilder nicht nur in den Bauten direkt, sondern fast mehr in ihrer Einbeziehung in die ideale Landschaftsmalerei aufgesucht wurden. So ging diese Bauweise aus der Idealsphäre, die sowohl die Malerei wie auch Italien darstellten, in die Idealsphäre des Gartens über.

Mit dem Meisterschüler Schinkels in dieser Disziplin, Ludwig Persius, gestaltete Lenné bis zu dessen Tod 1845 alle Gärten im Potsdamer Umfeld, und mit dem anderen, August Stüler, mit dem ihn anscheinend eine enge Freundschaft verband, veränderte er in den dreißiger Jahren zahlreiche Herrensitze in der Mark, in Mecklenburg und Preußen.

Der Marlygarten

Für die lange geplante Friedenskirche, deren Baugruppe seit September/Oktober 1842 genau feststand und über deren gärtnerische Umgebung Lenné z. B. schon am 19. April 1841 einen Vortrag gehalten hatte, war endlich mit dem Erwerb des Wittmeyerschen Grundstücks am Ostrand von Sanssouci, südlich des Obeliskportals, am 16.3.1843 der Bauplatz gefunden.

Damit war der alte Obst- und Küchengarten Friedrich Wilhelms I., sein ‚Marly' mit seiner ungeschickt in den Park vorstoßenden Nordmauer in den Park von Sanssouci eingebunden, aber als ein Fremdkörper. Die Westfassade der Gruppe von Kirche, Kreuzgang, Schul- und Pfarrhaus wurde seine Ostgrenze, er selbst zum Weg und Vorhof.

Ohne aufwendiges Niederreißen der Mauer und veränderte Wegeführung und Baumbepflanzung, was für eine Verbindung mit dem nördlich angrenzenden Parkteil nötig gewesen wäre, kam nur ein ‚beschlossener Garten' in Frage. Lennés Grundriß ist so einfach, daß man keine besondere künstlerische Wirkung erwartet.

An seinem Anfang stehen, eigentlich im toten Winkel, das Haus des Gartendirektors Lenné und seines Schwiegervaters, des Gärtners Voß, nach dessen Tod von Persius 1844/45 zur ‚Villa Illaire' umgebaut. Der Weg führt unmittelbar neben Lennés Haus entlang, die üppigen Pflanzen dieses kleinen Vorgartens, vor dem sich bei jedem Schritt verschiebenden Würfeln der in italienischer Klarheit sich abzeichnenden Villa im Blick, zu dem Engpaß, nach dem sich der eigentliche Garten öffnet.

Durch ein wunderbar abgestuftes Bodenmodellé ist das ebene Gelände zu einem Tal geworden, das tiefer wirkt als es wirklich ist. An den Seiten mit Büschen und Bäumen abgepflanzt, öffnet es sich vorn nur zur Kirche, während die rechts anschließende Baumgruppe zunächst verborgen ist. Links führt ein Weg fast parallel der Mauer und nichts wissend von dem ebenfalls fast parallel laufenden jenseits der Mauer, neben dem Graben, zur Kirche heraus, die letzten Schritte achsial auf das Atrium zutretend. Dieser Weg interpretiert den religiösen Charakter der Anlage.

Demgegenüber nimmt der rechte, südliche Weg sozusagen alle Annehmlichkeiten des Lebens mit. In lebhafterem Auf und Ab führt er, erst an der Rückseite der Villa Illaire mit Goldfischteich und mehrfachen Überschneidungen am Stibadium vorbei und dann zum erhöhten Teeplatz mit seinem Zierbeet und der Flora von Kalide.

Der Marlygarten hat allerdings nur die Kirche als Ziel. Heraus kommt man entweder ernüchtert, an der Allee kurz vor dem Grünen Gitter, oder, mehr im Sinne des religiösen Erlebnisses, entlang der Arkadenhalle und über die Brücke zum Anblick der Kirche am See des Friedensgartens. Diese Engführung ist eine der Nahtstellen der verschiedenen Bilderwelten Friedrich Wilhelms IV., die auch Lenné, bei der additiven Anlage der Gärten, nicht vermeiden konnte.

Die ‚Insel Potsdam'

Lenné zielte stets auf große Zusammenhänge. Ein solcher war die reizvolle Havellandschaft von der Pfaueninsel bis Werder. Der ‚Verschönerungsplan für die Umgebung von Potsdam' von 1833 war seine Idee, aber gewiß nicht allein. Der Kronprinz hatte hier vielfach (‚St. Georgen im See', Schloß auf dem Tornow in der Achse von Sanssouci u. a.) geplant. Zur Regierung gelangt, beauftragte er Lenné mit den Worten: „Der Herzog von Dessau hat aus seinem Land einen großen Garten gemacht. Das kann ich ihm nicht nachmachen, dazu ist mein Land zu groß. Aber aus der Umgebung von Berlin und Potsdam könnte ich nach und nach einen Garten machen. Ich kann vielleicht noch 20 Jahre leben, in einem solchen Zeitraum kann man schon etwas vor sich bringen. Entwerfen Sie mir einen Plan in Berücksichtigung der Worte, die ich eben zu Ihnen gesprochen habe". Lennés Plan von 1842 - es war das Gegenstück zum Plan der ‚Schmuck- und Grenzzüge für Berlin' von 1840 - ist nicht erhalten. Man sieht aber, hier ist auch die Lebenszeit als eins der Mittel, etwas Großes zu leisten, eingesetzt.

Beharrlich war hier schon seit Jahren das Netz der über die Havel hin und her führenden Beziehungen gelegt - mit Gärten und Bauten - und es war der Punkt erreicht, wo jede neue Anlage am Ufer, als Ansicht und als Aussichtspunkt, als Multiplikator wirkte. So war es in Sakrow mit Lennés Park 1843 und der Heilandskirche von Persius, 1843, in Bezug auf Glienicke, ebenso mit der 1980 abgerissenen Villa Jacobs von Persius, 1835, der ‚Zuckerburg', und Lennés Garten, der den Abhang zum Jungfernsee teils als Landschaftspark, teils als Obstgarten ordnete und auf der Höhe des Baues einen geometrisch geordneten Nutzgarten anlegte.

Die Bauten in diesen Parks waren nie bloße sentimentale Staffage wie im Landschaftsgarten des 18. Jahrhunderts, sondern substantielle Gebäude. Sie hatten freilich, wie ein Vergleich des anmutigen alten Billardhauses mit Schinkels Umbau zum Casino in Glienicke zeigt, auch Mittel der architektonischen Steigerung (hier die in die Landschaft ausgreifenden Pergolen, die Terrassierung) nötig, um in die Ferne zu wirken. Bei den Häusern, auch Gutshäusern, im Villenstil ist es der Turm, ebenso bei den im alt-christlich-italienischen Stil gebauten Kirchen. So liegt z. B. das von Stüler (Kirche) und Häberlin (Gutsgebäude) in diesem Sinne stilisierte Bornstedt bildhaft im Blick der von Lenné geschaffenen Wege zum Ruinenberg oder nach Nedlitz.

Schluß

Zur großen Leistung gehört auch langes Leben und Perspektive und Rhythmus einer organischen Entwicklung des Lebenswerkes. Auch hierin war Lenné glücklich. Während mit zunehmendem Alter sein Ruhm so gewachsen war, daß von überall her Fürsten, Gutsbesitzer, vor allem aber die expandierenden Städte um Rat und Pläne bei ihm nachsuchten, wurde die Arbeit in seinem Kernbereich, in Sanssouci, zum Schließen von Lücken.

Der König hatte sich hier, nach dem Einschnitt der Revolution, in den fünfziger Jahren noch einmal mit Stüler zu den großen Planungen aufgerafft, nun in Formen der römischen Hochrenaissance. Auch Lennés Gartenpläne spiegeln die Stilentwicklung des fortschreitenden Historismus; er bevorzugt schmuckreiche, geometrisch durchgebildete Parterre. Diese Stufe paßt zu den als kostbare Rahmung gedachten Anlagen so, wie der große landschaftliche Atem zu den frühen ausgreifenden Plänen.

Nachdem Friedrich Wilhelm IV. seit 1857 von Gehirnschlägen heimgesucht wurde, ‚bestellte er sein Haus'. Wie in Berlin den Domplan, genehmigt er 1858 auch die Terrassengärten vor der Orangerie, wobei es heißt, daß er zwischen den Vorschlägen Lennés und Stülers für Stüler entschied, weil er mehr die Gesamtanlage im Blick hatte, Lenné die Priorität der Gärten vertrat.

Der König dachte also noch immer architektonischer als sein großer Gärtner. Aber nach seinem Ausfall durch die fortschreitende Krankheit traten die Gärten an die Stelle der nicht mehr zu vollendenden Bauten: der Nordische und Sizilianische Garten an die Stelle des Logierhauses, ein Park am Pfingstberg anstelle des Casinos und der Kaskaden. In Lindstedt, wo auch 1857 noch die Entscheidung fiel, nur den Villenausbau mit den antiken Motiven zu verwirklichen, den größeren Rest des ehemaligen Gutshauses aber, in den der König jahrelang ein antikes Haus mit Atrium einzubauen plante, abzureißen (zwei Pläne von Ferdinand von Arnim aus diesem Jahr zeigen beide Alternativen), steht in Lennés achsial die Gebäude fortsetzenden Gärten ein Brunnen genau an der Stelle, wo im alten Gutshaus das Impluvium eingebaut werden sollte.

Bis auf den nicht angelegten Park am Templiner See, wo Lenné nur den schönen Uferweg anlegen konnte, war die Umwandlung der ‚Insel Potsdam' in einen Garten gelungen, Lenné und Stüler hatten als Testamentsvollstrecker ergänzt, was dem König an Lebenszeit fehlte. Entstanden war das noch heute wirksame Bild einer an Italien inspirierten idealen Landschaft, in der Geist und Form auch bescheidene Reize adeln und die durch diese Anstrengung auch als Entwurf zu einem idealen Leben wirkt.

Abb. 30: Dr. E. Börsch-Supan

Prof. Falk TRILLITZSCH
**Der „kulturelle Verfall" in der Landschaftsarchitektur –
Schlagwort oder Realität?**

Das mir ursprünglich gestellte Thema hieß: „Rationalisierung und Fertigteilproduktion - ist der zivilisatorische Fortschritt Ursache des kulturellen Verfalls in der Landschaftsarchitektur?

Beim gedanklichen Einengen dieses Themas hatte ich das Gefühl, daß das Fertigteil, sei es für den Landschaftsbau entwickelt oder für den Hochbau oder die Elektroindustrie, ursächlich nicht „kulturellen Verfall" bewirken könne. Um Fertigteile zu produzieren, zu formen, bedarf es eines gedanklichen, geistigen Ursprungs, der in der Kultur unserer Zeit begründet ist.

Leben wir in einer Zeit „kulturellen Verfalls?" Wenn ja, wo sind die Ursachen dieses Verfalls der Architektur, der Landschaftsarchitektur zu suchen, wo sind die Wege, die aus dem „Verfall" herausführen?

Ist „kultureller Verfall" heute tatsächlich in den Werken unserer Garten- und Landschaftsarchitekten festzustellen?

Zunächst bin ich dem Fertigteil-Thema gefolgt und habe in Werbekatalogen der im Gartenbau inserierenden Produzenten geblättert und Fotos aus meiner eigenen Sammlung zu Rate gezogen. Lassen sie uns dies an einigen Dias nachvollziehen.

Fertigteile im Garten- und Landschaftsbau gehören zu unserem täglichen Leben wie Hose und Hemd, in denen wir herumlaufen. Es gibt Fertigteile in besserer oder schlechterer Form, in eigenwilliger, merkwürdiger,

aufdringlicher, kaum wahrnehmbarer, in ausgezeichneter Form:
Fertigteile aus Stein, vorwiegend aus Beton:
Pflastersteine, Betonsteine, Ziegel, Klinker, Platten, Poller, Gehsteigkanten, Stützsteine, Pflanzschalen ...

Fertigteile aus Erde:
Torfballen, Gartenerden für Dachgärten ...

Fertigteile in Form von Pflanzen:
Rollrasen, Lärmschutzwände, Containerpflanzen: Staude, Strauch, Baum, jederzeit verpflanzbar ...

Fertigteile aus Holz:
Zäune, Balken, Spielgeräte, Pavillons, Brücken, Bodenbeläge ...

Fertigteile aus Metall:
Zäune, Gitter, Poller, Schranken, Fahnenmasten, Baumschutzgitter, Baumabdeckungen, Baumscheiben ...

Fertigteile aus Kunststoff:
Spielgeräte, Folien, kunststoffüberzogene Metalle, Krall-, Drain- und Isoliermatten, Drainageplatten ...

Warum werden Fertigteile verwendet?

Die Antwort ist einfach: die maschinelle Herstellung ermöglicht einen billigeren m²-Preis für Betonverbundstein, als für Granit-Kleinstein. Die sach- und fachgerechte Verlegung von Betonverbundsteinen geschieht heute mit Verlegemaschinen, die mit einem „Handgriff", gleich einen Quadratmeter Fläche perfekt verlegen. Verlegefehler in der Größe von 4-5 mm Höhenunterschied sind dabei schon erheblich. (Versicherungsgesellschaften freuen sich über diese Perfektion, die mit Natursteinen nicht leicht erreichbar ist.)

Liefer- und Einbauzeiten sind geringer als bei handgefertigten Teilen.

Fertigteile sind im Büro genau zu kalkulieren, Maße und Qualität sind bekannt. Fast jedes Fertigteil entspricht der Deutschen Industrie-Norm, zum größten Teil sind diese Produkte vom Technischen Überwachungsverein geprüft.

Die Verantwortung des Planers gegenüber dem Endprodukt wird auf die Schultern des Herstellers und z. T. des Bauausführenden gelegt. Dennoch ist die Verdienstspanne des Planers bei der Verwendung von Fertigteilprodukten meist höher als bei Eigenentwicklungen, denn das eigene Nachdenken und Konstruieren entfällt weitgehend.

Die Verwendung von Fertigteilen garantiert Perfektion in der Ausführung, garantiert Maßgenauigkeit bis auf den Millimeter.

Ich sah Gartenpläne, angepaßt an bestimmte Haustypen, die beim Kauf der Pflanzen vom Gartencenter kostenlos mitgeliefert werden. Das war vor einigen Jahren in den USA. Mittlerweile gibt es ähnliche Dienstleistungen hier bei uns durch Baumschulen und ähnliche Verkaufsstellen. Diese Kataloggärten vernachlässigen fast alles, was vorhanden ist. Es entstehen austauschbare, beliebige Gartenanlagen. Es wird nicht mit dem Schöpferpotential des späteren Benutzers sondern mit dessen Konsum gerechnet. Ist das zu bedauern? Wer bedauert? Sind solche Gärten schlecht, sind sie gut? Sind unsere Thuja- Forsythien- Koniferen-Gärten in Lichterfelde und Heiligensee, in Flensburg und Oberammergau gut oder schlecht? Wer entscheidet, was gut und schlecht ist, welche Kriterien werden dabei angewandt? Ist es kein Fortschritt unserer Kultur, wenn sich viele den Garten leisten können, der ihnen gefällt, der ausgestattet ist mit gängigen, bezahlbaren Gartenelementen? Hierin zeigt sich doch ganz besonders der Kulturbegriff, der in unserer Gesellschaft verbreitet ist.

„Kultur", so sagt es Meyers Konversationslexikon von 1896, ist „die eigentliche Pflege und Vervollkommnung eines nach irgend einer Richtung der Verbesserung fähigen Gegenstandes, z. B. Kultur des Bodens, der Waldungen, einzelner Tiere, besonders aber die Entwicklung und Veredelung des geistigen Lebens des Menschen. Nur in diesem Sinn wird das Wort gebraucht, wenn von den Anfängen oder der Geschichte der Kultur die Rede ist."

„Kultivieren (lat.), anbauen, bearbeiten, urbar machen; pflegen, bilden, verfeinern."

Im Zusammenhang mit „Kultur" fällt sehr oft der Begriff „Zivilisation" - so ja auch in dem mir zuerst genannten Thema.

„Zivilisation (v. lat. civis: Bürger), im Gegensatz zur Barbarei der Inbegriff derjenigen Bildungselemente, welche zunächst zu einem geordneten bürgerlichen Zusammenleben erforderlich sind und in demselben herausgebildet wurden.

Zivilisation ist somit noch nicht die vollendete und wahre, alle Seiten des innern und äußern Menschen umfassende Bildung, sondern erst die Grundlage einer solchen.

Die Zivilisation ist die Stufe, durch welche ein barbarisches Volk hindurchgehen muß, um zur höhern Kultur in Industrie, Kunst, Wissenschaft zu gelangen.

Zivilisieren, dem Zustand der Wildheit entziehen, bilden, sittigen." (Meyer Konservationslexikon, 1896).

Die Fertigteilproduktion könnte demzufolge als zivilisatorischer Fortschritt bezeichnet werden, ein Fortschritt, der jedoch gleichzeitig Kultur verfallen läßt? Ein Fertigteil ist weder gut noch schlecht. Es kann nichts dafür, das es so oder so aussieht. Der Entwerfer, der Produzent, der Verwender dieser Teile, die geistige Haltung der Hersteller und Verwender und deren geistiges Umfeld müssen unter die Lupe genommen werden.

Wenn wir über Gartenkultur und deren Verfall nachdenken, müssen wir auch jene fragen, die diese Kultur tragen, die sie erzeugen, die sie in Form von Gebautem der Gesellschaft präsentieren oder zumuten. Offenbar ist es mit der Gartenkultur nicht zum besten bestellt. Aber - nur mit ihr? Wir alle tragen diese Zweifel in uns. Warum entsteht so wenig hervorragende Gartenarchitektur, Landschaftsarchitektur, Architektur überhaupt?

Es gibt eine Architektur, die ohne Architekten entstand.

Woher kommt das sichere Gefühl für den Werkstoff Holz, Stein, Pflanze, Wasser? Welche Kurse, welche Universitäten wurden von den Erbauern dieser Gebäude, wurden von diesen Handwerkern besucht?

Ich denke, daß jahrhundertelanges Erproben, Abschauen, Abwägen, mit der Hand begreifen, eine Baukultur ohne „höhere Ausbildung" entstehen ließ, eine Baukultur, die Maße, Proportionen, Materialien eingesetzt hat, die von vielen als selbstverständlich und deshalb als angenehm empfunden wurde. Das Handgemachte, das mit menschlichen Kräften zu bewerkstelligende, der Maßstab der Arbeitskraft Mensch, prägte das Wirken in der Landschaft und am Bau.

Mit dem Beginn der industriellen Fertigung, mit der Serie, die in Zahl und Dimension immer größer und unbegrenzter wurde und wird, ging das Gefühl für das Werk der Hand verloren. Die Hand wurde durch Radlader und Caterpillar und elektronisch gesteuerte Maschinen ersetzt. Damit gingen Qualitätsmaßstäbe, ging das Gefühl, das Gespür für Material, ging Kultur verloren.

Einige Ursachen für den Verlust von Qualität sind einfach zu benennen:

1. HOAI und Honorartabelle

In der HOAI, in der Honorarordnung für Architekten und Ingenieure, wird sehr eindeutig der Grundsatz über die Bezahlung des Landschaftsplaners (und der Architekten) geregelt: Je teurer ein Objekt in der Herstellungssumme wird, um so höher ist die Bezahlung. Dies verführt zur Verwendung teurer und unsinniger Materialien oder zur Verwendung von Materialien, die in großen Quantitäten verwendet, mehr einbringen als preiswertere, bescheidenere, naturnähere, biologisch wirksamere.

Eine Böschung nur aus Erde, bepflanzt mit klug ausgewählten Bäumen, Sträuchern und Stauden, bringt weit weniger Honorar für den Planer als eine Stützmauer aus Betonfertigteilen samt ordentlichem Fundament. Es fehlen Honorarvereinbarungen, die die Idee belohnen, wenig Material zu verbrauchen, viel Natur zu belassen. Es fehlen die sparsamen Gärten, die ökologisch und letztlich ökonomisch wirksam angelegten Gärten. Geringste Quadratmeterpreise für funktionsfähige Gartenanlagen sollten genau so hoch honoriert werden, wie extrem teure Quadratmeterpreise. Dies hätte eine neue Gartenkultur zur Folge, die derjenigen des Herrn Lenné sicher näherkäme als unsere derzeitige.

2. Maschinenarbeit

Eine zweite Ursache für Qualitätsverlust scheint mir die große Maschine. Der Verlust an Gartenkultur, Landschaftskultur im Sinne der „Pflege und Vervollkommnung eines nach irgendeiner Richtung der Verbesserung fähigen Gegenstandes", z. B. der Landschaft, drückt sich aus in der Industrialisierung der Werkzeuge. Vergleicht man Lennés Gerätepark von vor 150 Jahren mit demjenigen einer heutigen Ausführungsfirma, gibt es gewaltige Unterschiede. Die Entwicklung der

Großmaschine macht alles möglich und verführt zu allem: Die Bundesgartenschau am Massiner Weg 1985 in Berlin ist hierfür ein beredtes Beispiel.

Tausende von Tonnen Erde wurden innerhalb kürzester Frist bewegt, um ein Gebilde zu schaffen, welches sich in Formensprache und Benutzbarkeit von einem Park aus der Zeit von vor 100 Jahren kaum unterscheidet. Etwas Entscheidendes ging jedoch dabei verloren: Der ursprüngliche Ort.

Die Verführung durch die technischen Möglichkeiten ist so groß, daß das genaue Hinsehen, das Ablauschen von Gestalt, das Entdecken von Gestalt, vor Ort verloren geht. Ich frage mich, wie Lenné den Park von Glienicke oder die Pfaueninsel modelliert hätte, hätte er eine 300-PS-Raupe und einen heutigen Sattelschlepper zur Verfügung gehabt. Ich vermute, nicht anders als damals.

3. Mangelnde Vorbildung und mangelndes öffentliches Bewußtsein

Wer kümmert sich um die Kultur der Gartenkunst, wer kümmert sich um die Geschichte der Gartenkunst? Die Geschmacksschulung, die ästhetische Bildung, das Wissen von Baukunst, Städtebau, Gartenbau, Gartenkunst - wo kommen sie vor im täglichen Gebrauch? Bei uns Architekten? Bei den Auftraggebern? Bei den Bauausführenden? Wo finden wir Sicherheit bei der Suche nach Qualität? Wer sagt, was schön ist? Das Fernsehen, die Tageszeitung? Zeitschriften wie „Schöner Wohnen"? „Die Bauwelt", „Garten + Landschaft"? Lehrbücher? Erfahren wir es im gegenseitigen Gespräch?

Wir müssen über den Bauherren und Auftraggeber nachdenken. Viele von ihnen haben sich kreativ zum letzten Mal mit Architektur befaßt, als sie im Alter von 3- 8 Jahren in der Sandkiste Höhlen und Burgen bauten. Weder im Kunstunterricht noch in Gesellschaftskunde noch in Geschichte wird in der Schule in nennenswertem Umfang Städtebau, Architektur, geschweige denn Gartenarchitektur gelehrt. Und nur, weil Lenné 200 Jahre alt ist, wird er heute auf Briefmarken portraitiert.

Der praktische Unterricht des Bauherrn beginnt, wenn er sich entscheiden muß, ob er lieber so wie der Nachbar zur Linken oder so, wie der Nachbar zur Rechten bauen soll. Gartenkunst, Baukunst, die Kunst des Städtebaus, sind keine öffentlichen Themen. Wir haben weder in Berlin noch sonst in der Bundesrepublik einen Prinz Charles, der ein derartiges Thema publikumswirksam diskutieren würde.

4. Der „Kollektive Bauherr"

Eine vierte Ursache von Verfall sei angeführt. Es ist immer ein großes Glück, wenn der Planer einen Bauherren findet, der ihm erlaubt, die eigene Phantasie zu gebrauchen. Das geschieht selten genug. Meist hat man es mit Bauherren in Gruppen- und Gremienform zu tun, hier in Berlin z. B. mit „dem Senat".

In aller Regel setzen sich diese Gremien, z. B. bei der Beurteilung von Wettbewerben, aus einer knappen Mehrzahl von Beamten zusammen, die über Verwaltung, Funktionsschemata, Flächenbedarf, geschützte Pflanzenarten, DIN-Normen und Rechtsvorschriften viel Ahnung haben, von Gestaltung, Kunst oder Baukunst weniger viel. Und oft genug bilden sie die Mehrheit in einer Jury. Damit ist garantiert, daß der kleinste, oft genug kläglichste, gemeinsame Nenner gefunden wird. Hinzu kommt, daß schon in der Wettbewerbsausschreibung die Ängstlichkeit der Verwaltung insofern festgeschrieben ist, als man dort nachlesen kann, was später abzuliefern ist. Damit ist die Phantasieknebelung der Entwerfer perfekt und Mittelmäßigkeit ist das zwangsläufige Ergebnis.

5. Die Vorschriften und Gesetze

Eine fünfte Ursache sind Vorschriften. Das Verwalten und die DIN- Normen beschneiden nicht nur größere Projekte, bis hin zum kleinsten ist heute alles geregelt. Im Zusammenhang mit einer Hofbegrünung wurde von unserem Büro an einem Haus in Neukölln an der Vorderfassade, also im öffentlichen Straßenraum, ein wilder Wein gepflanzt. Das Tiefbauamt Neukölln forderte uns nach ca. einem halben Jahr nach Ausführungsende auf, entweder den alten Zustand ohne Wein herzustellen, oder von insgesamt acht städtischen Stellen und Großgesellschaften eine nachträgliche Genehmigung einzuholen. Wir haben den letzteren Weg gewählt. Im Laufe von ca. 6 Monaten sind insgesamt 34 Seiten in Schreibmaschinenschrift und 5 Pläne DIN A 4 entstanden und verschickt worden. Letztlich wurde die Genehmigung ausgesprochen. Die Verwaltung funktioniert, und der Wein wächst. Aber zu welchem Preis an Zeit und Kraft.

6. Die Ausbildungsstätten

Wenden wir uns dem Auftragnehmer zu - so heißt er in der HOAI. Der Planer, der Architekt, wird im Hinblick auf Baukultur zunächst in der Schule ebenso ausgebildet wie der Bauherr, nämlich gar nicht. Betrachten wir seinen Gang durch die Universität - ich tue es hier am Beispiel des Fachbereichs 14, Landschaftsentwicklung der Technischen Universität Berlin -, kommt wenig Ersprießliches zum Vorschein:

Vier Fachgebiete beschäftigen sich derzeit mehr oder weniger - und dies auch völlig unkoordiniert - mit Baukultur:

Dies sind
- „Landschafts- und Freiraumplanung - Objektplanung"
- „Bauplanung"
- „Darstellung + Gestaltung in der Landschaftsplanung"
und im begrenzten Maße
- „Geschichte und Theorie der Landschaftsentwicklung"

Umgerechnet auf das Gesamtstudium bedeutet das für jeden Studenten etwa 100 bis 120 Stunden Beschäftigung mit dem Thema „Baukunst, Bauplanung, Gestaltung".

Unsere Studenten, die nach wenigen Jahren mit dem Diplom in der Tasche die Unviersität wieder verlassen, um städtische und ländliche Umwelt gestaltend zu verändern, haben in aller Regel wenig über die Entwicklung der eigenen Kreativität erfahren, noch haben sie sie geübt. Nicht selten höre ich von Studenten, wenn es um die Betreuung der Diplomarbeit geht, daß sie wenigstens einmal einen „richtigen Entwurf" machen wollen - und dies nach 9 bis 10 Semestern Studium.Ebenso sind kaum Kenntnisse vorhanden zu Böden, Gesteinen, handelsüblichen Materialien, Pflanzen. Es fehlt an handwerklicher Ausbildung, es fehlt die Lehrzeit, die nicht ersetzt werden kann durch ein Praktikum bei einer Behörde oder in einer Bürgerinitiative oder auch in einem Planungsbüro.

An den Ausbildungsstätten gibt es nicht nur die Schüler, es gibt dort auch Lehrer. Sich mit ihnen zu beschäftigen, ist in meiner Sicht ebenfalls ein steiniges Feld. Nehmen wir wieder das Beispiel der TU Berlin und hier die Gesamtheit aller Hochschullehrer des FB 14:

Von derzeit 31 Professorinnen und Professoren im Fachbereich „Landschaftsentwicklung" haben fünf jemals landschaftsarchitektonisch geplant und gebaut. Selbst wenn man die 11 Kollegen aus dem Lehrgebiet Biologie nicht in die Rechnung einbezöge, bliebe es doch noch bei einem Verhältnis von 19 naturwissenschaftlich ausgerichteten Theoretikern zu 5 praxisorientierten Planern. Daß dieses Verhältnis auch in Zukunft nicht besser wird, wird in aller Regel durch Mehrheitsvoten der „Theoretiker" sichergestellt. (Prof. Eisel, TU Berlin, FB 14, 1989, Zitat anläßlich der Berufungsverhandlungen über die Stelle eines Landschaftsplaners: „In der gesamten Bundesrepublik gibt es keinen einzigen berufsfähigen freischaffenden Landschaftsarchitekten".)

Damit höre ich auf zu jammern! Ich verlasse die Theorie, werde praktisch und entwickle eine Studienordnung für Lernende und Lehrende, deren Ziel gebaute Landschaft ist. Gehen wir aus von dem Gedanken, daß künstlerische Kreativität in Verbindung mit naturwissenschaftlichem Grundwissen entwickelt werden muß und damit eine Landschaftsentwicklung gelehrt wird, die die Lebensgrundlagen des Menschen erhält und verbreitert. Geben wir unseren Studenten eine Ausbildung, aufgrund derer die Entwicklung der Garten- und Landschaftskultur so beeinflußt wird, daß man in Zukunft vom Fachbereich 14 der TU Berlin von einem gartenkulturgeschichtlichen Ereignis spricht. Ludwig Grothe nannte die Ausbildung am „Bauhaus" „einzigartig, epochal und kulturgeschichtlich". Eine solche Ausbildung wünsche ich auch unseren Studenten. Die künftige Ausbildungsordnung am Fachbereich 14 der TU Berlin müßte dann etwa so aussehen:

Vorbereitende Kurse:

„Ziel des FB 14 ist es, Menschen mit künstlerischem Talent zu Landschaftsarchitekten auszubilden. Als Grundlage dient ein wohlorganisiertes manuelles Training, sowohl vom technischen wie vom formalen

Gesichtpunkt mit dem Ziel einer praktischen Team-Arbeit am Bau. Der Tatsache, daß der heutige Mensch von Anbeginn an zu sehr der traditionellen Spezialausbildung ausgeliefert ist - die ihm lediglich spezialisiertes Wissen vermitteln kann, ihm aber weder Sinn und Zweck seiner Arbeit, noch seine Beziehung zur Umwelt begreiflich macht -, tritt der FB 14 dadurch entgegen, daß er zunächst nicht den Beruf in den Vordergrund der Ausbildung stellt, sondern den Menschen in seiner natürlichen Bereitschaft, das Leben als Ganzes zu verstehen. Die Basis dieser Ausbildung ist ein vorbereitender Kurs, in dem der Student im Experiment mit Proportion und Maßstab, mit Rhythmus, Licht, Schatten, Farbe und Pflanze vertraut gemacht wird. Dieser Vorkurs erlaubt ihm gleichzeitig, jede Phase primitiver Erfahrung mit Material und Werkzeug aller Art durchzumachen und so im Rahmen seiner natürlichen Gaben den Platz zu finden, auf dem er sich mit Sicherheit zu bewegen vermag. Diese sechsmonatige Ausbildung bezweckt, Intelligenz, Gefühl und Phantasie sich entfalten und reifen zu lassen, und zielt darauf ab, den „ganzen Menschen" zu entwickeln, der alle Dinge des Lebens aus seinem biologischen Zentrum heraus mit instinktiver Sicherheit in Angriff nehmen kann und dem Ansturm und Chaos unseres „technischen Zeitalters" gewachsen ist. Der Vorwurf, daß eine so allgemeine Ausbildung in unserer Welt der industriellen Wirtschaft ein extravaganter Zeitverlust sein wird, ist meiner Meinung und Erfahrung nach nicht stichhaltig. Im Gegenteil wird es sich erweisen, daß sie dem Studenten nicht nur größeres Vertrauen verleiht, sondern auch Produktivität und Tempo seiner späteren Spezialausbildung erheblich steigert. Nur wenn man in ihm frühzeitig ein breites Verständnis für die Wechselbeziehungen der ihn umgebenden Lebensphänomene erweckt, wird er einen eigenen Beitrag zur schöpferischen Gestaltung seiner Zeit leisten können. Die konzentrische Struktur der ganzen Ausbildung schließt alle wesentlichen Komponenten von Entwurf und Technik von Anfang an in sich ein, damit der Schüler einen unmittelbaren Einblick in das Gesamtgebiet seiner künftigen Tätigkeit bekommt. Die weitere Ausbildung geht dann nur noch in die Tiefe. Sie unterscheidet sich von der elementaren „Vorbildung" nur im Ausmaß und in der Gründlichkeit, aber nicht im wesentlichen.

Die visuelle Sprache:

Neben einer technischen und handwerklichen Ausbildung muß der Gestalter eine Formsprache erlernen, um seine Ideen sichtbar ausdrücken zu können. Er muß sich Kenntnis von den wissenschaftlichen Tatsachen der Optik aneignen, d. h. eine theoretische Grundlage, die die gestaltende Hand leitet und eine objektive Grundlage schafft, auf der eine Anzahl von Einzelpersonen in harmonischer Gemeinschaft arbeiten kann.

Diese Theorie ist natürlich kein Rezept für Garten- und Landschaftskunst, sie ist aber das wichtigste objektive Mittel für jede gestalterische Gruppenarbeit. Die Freiheit des Schaffens beruht nicht auf Unbegrenztheit der Form- und Ausdrucksmittel, sondern auf freier Bewegung innerhalb einer streng gesetzmäßigen Begrenzung. Die bisherige Ausbildung im FB 14, dessen Aufgabe es von Anfang an gewesen war, diese Theorie für die Gartenkunst zu pflegen und zu entwickeln, versagte, weil der Fachbereich den Kontakt mit der Wirklichkeit verlor.

Werkstattausbildung:

Jeder Student am FB 14 muß im Verlauf seiner Ausbildung in einer von ihm gewählten Werkstatt arbeiten, nachdem er den Vorkurs erfolgreich abgeschlossen hat. Dort studiert er gleichzeitig unter zwei Lehrern - einem Handwerksmeister und einem Gestalter.

Die handwerkliche Ausbildung in den Werkstätten des FB 14 ist nicht Endzweck, sondern unersetzliches Erziehungsmittel. Ziel dieser Ausbildung ist es, Gestalter hervorzubringen, die durch ihre genaue Kenntnis von Material und Arbeitsprozeß in der Lage sind, die z. T. industrielle Produktion der Gärten und Freiräume unserer Zeit zu beeinflussen. Hauptziel ist die Schaffung von Entwürfen für Gärten und Landschaften, die dem täglichen Gebrauch standhalten. Die Werkstätten sind in der Hauptsache Laboratorien, in denen Modelle für derartige Gärten aller Maßstäblichkeiten sorgfältig entwickelt und laufend verbessert werden. Wenn diese Modelle auch handgefertigt sind, so müssen die Entwerfer doch mit heutigen Produktionsmethoden vertraut sein, und deshalb schickt der FB 14 seine besten Studenten während der Ausbildung für eine bestimmte Zeit zur praktischen Arbeit in die planenden Büros und in die ausführenden Betriebe. Umgekehrt kommen erfahrene Arbeiter aus den Betrieben in die Werkstätten des FB 14, um mit den dortigen Meistern und Studenten die Bedürfnisse der Praxis zu diskutieren. Auf diese Weise entsteht eine beiderseitige Beeinflussung, die ihren Ausdruck in wertvollen Schöpfungen findet, deren technische und künstlerische Qualität vom Hersteller und Verbraucher gleichermaßen anerkannt wird.

Die Schaffung von Gärten für den täglichen Gebrauch ist eine soziale Notwendigkeit. Diese Gärten sind keineswegs eine Erfindung unseres Zeitalters, nur die Herstellungsmethoden sind anders. Die Existenz von „Standardprodukten" kennzeichnet immer den Hochstand einer Zivilisation, eine Qualitätsauslese und Abscheidung des Wesentlichen und Überpersönlichen vom Persönlichen und Zufälligen. Es ist heute notwendiger denn je, die grundlegende Bedeutung des Begriffes „Standard" tief genug zu fassen als einen kulturellen Ehrentitel - und sich gegen die seichte, reißerische Propaganda zu wenden, die wahllos jede neue Gartenmethode zum Standardprodukt erhebt.

Der ganze Aufbau der Ausbildung am FB 14 der TUB wird den erzieherischen Wert zeigen, der praktischen Problemen zugemessen wird, die ja den Studenten zwingen, alle internen und externen Schwierigkeiten schließlich zu überwinden.

Wir versuchen, dem FB 14 praktische Aufträge zukommen zu lassen, bei denen sowohl Professoren, wie Studierende ihre Ideen erproben können. Das System der obligatorischen praktischen Arbeit bewirkt gleichzeitig die Möglichkeit, Studenten - selbst während der drei- bis vierjährigen Ausbildungszeit zu bezahlen. Diese Methode verschafft dem Studenten eine Existenzbasis.

Wesentlich für die Arbeit am FB 14 wird die Tatsache sein, daß im Lauf der Zeit alle Planungen und deren Ergebnisse eine gewisse Verwandtschaft zeigen: dies wird das Resultat eines bewußt entwickelten Gemeinschaftsgeistes sein, der sich trotz der Zusammenarbeit der verschiedenartigsten Persönlichkeiten und Individualitäten herauskristallisieren wird. Diese Verwandtschaft wird nicht auf äußerlichen stilistischen Einzelheiten beruhen, sondern vielmehr auf dem Bemühen, die Dinge einfach, echt und in Übereinstimmung mit ihren Gesetzmäßigkeiten herzustellen. Die Gärten, welche aus der Ausbildung des FB 14 hervorgehen werden, werden daher nicht modisch, sondern das Resultat künstlerischer Übereinkunft und ungezählter Denk- und Arbeitsprozesse in technischer, wirtschaftlicher und formgestaltender Hinsicht sein. Das Individuum kann allein dieses Ziel nicht erreichen; nur in der Zusammenarbeit vieler kann die Lösung gefunden werden, die über das Individuelle hinausgeht und jahrelang geübt bleibt.

Der schöpferische Lehrer:

Der Erfolg jeder Idee hängt von der Persönlichkeit derer ab, die für ihre Ausführung verantwortlich sind. Die Wahl des richtigen Lehrers ist entscheidend für die Resultate, die ein Ausbildungsinstitut erzielt. Seine menschlichen Eigenschaften sind sogar noch entscheidender als sein technisches Wissen und seine Begabung; denn vom Charakter des Meisters hängt der Erfolg fruchtbarer Zusammenarbeit mit der Jugend ab. Wenn man Frauen und Männer von außergewöhnlichen künstlerischen Fähigkeiten für ein Institut gewinnen will, so muß man ihnen von Anfang an Zeit und Raum geben, ihre eigene Entwicklung auf breitester Basis durch private Arbeit zu fördern. Die bloße Tatsache, daß solche Menschen im Institut ihre eigene Arbeit weiterentwickeln, schafft jene schöpferische Atmosphäre, in der sich jugendliche Talente entwickeln können und die für eine Technische Universität, in der Garten- und Landschaftsgestaltung gelehrt wird, so wesentlich ist. Dies ist die wichtigste Voraussetzung, der sich alle anderen organisatorischen Fragen unterordnen müssen. Es gibt nichts Tödlicheres, als wenn der Lehrer jahraus, jahrein gezwungen ist, seine ganze Zeit dem Unterricht zu widmen. Selbst die Besten ermüden bei dieser Schraube ohne Ende und müssen mit der Zeit verknöchern. Wahrhaftig, Kunst ist kein Zweig der Wissenschaft, der Schritt für Schritt aus einem Buch zu erlernen ist. Angeborene künstlerische Begabung kann nur dadurch intensiviert werden, daß der ganze Mensch durch das Beispiel des Lehrers und dessen Arbeit beeinflußt wird. Technische und wissenschaftliche Dinge können in Unterrichtskursen erlernt werden, die Art der künstlerischen Ausbildung dagegen, wenn sie Erfolg haben soll, muß der persönlichen Initiative des Lehrenden überlassen werden. Unterrichtsstunden, die den Zweck haben, künstlerische Arbeit des Individuums und der Gruppen Richtung und Ansporn zu geben, brauchen keineswegs sehr zahlreich zu sein, wenn sie nur Wesentliches beitragen, das den Studenten wirklich stimuliert. Nur allzuoft verwechselt man rein zeichnerische Begabung mit der Fähigkeit zu schöpferischer Gestaltung. Zeichnerisches ebenso wie handwerkliches Geschick ist lediglich ein wertvolles Hilfsmittel, räumliche Vorstellungen auszudrücken. Virtuosität und Handfertigkeit ist noch keine Kunst. Erst die künstlerische Ausbildung gibt der Phantasie und den schöpferischen Kräften Nahrung. Eine intensive „Atmosphäre" ist dafür das Wertvollste, was ein Student erhalten kann. Ein solches Fluidum entsteht aber nur, wenn eine Anzahl von Persönlichkeiten auf ein gemeinsames Ziel hinarbeitet, was durch bloße Organisation nicht erreicht werden kann."

Verehrte, liebe Zuhörer, Sie haben bemerkt, daß die letzten Seiten kein eigener Text waren. Es war ein von mir geändertes, sehr langes Zitat von Walter Gropius aus dem Buch „walter gropius in architektur", fischer-Bücherei 1956, wo er schreibt über „meine konzeption des bauhausgedankens". Ich habe dabei wenige Worte ausgetauscht, so zum Beispiel „Fachbereich 14" anstelle von „Bauhaus" und „Studium der Garten- und Landschaftsarchitektur" anstelle von „Architekturstudium".

Natürlich läßt sich das Studium am „Bauhaus" nicht ohne weiteres auf unsere heutige Zeit übertragen. Dennoch - die Wirkungen der Arbeit im „Bauhaus" auf das 20. Jahrhundert waren so einschneidend, daß es sich wohl lohnt, auch heute noch einmal über das Konzept nachzudenken. - Ich hoffe, daß Sie spüren, was ich mit dem Zitat sagen wollte.

„Kultureller Verfall in der Landschaftsarchitektur" - ja. Jedoch gibt es Beispiele in der Kulturgeschichte, wo gemeinsames Arbeiten an einem Ziel zu tragfähigen, die Zeit überdauernden Gestaltungen geführt hat. Die gebaute Umwelt so zu schaffen, kann nicht gelingen bei minimaler Beschäftigung mit Ästhetik, mit Kultur, mit Kulturgeschichte, mit Gestaltfindung, mit Phantasieentwicklung, mit Kreativitätsförderung, kann nicht gelingen bei Vernachlässigung des eigenen beruflichen Fundaments, der Garten- und Landschaftsgeschichte.

In der Ausbildung ist bei Lehrern und Lernenden umzudenken und nachzuholen. Der Blick zurück ist dabei nicht schädlich.

Abb. 51: Prof. F. Trillitzsch

FACHBEREICHSTAG 1989

Martin HEISIG
Pflege des Parks als Teil der Gestaltung

Hat sich Lenné die von ihm gestalteten Parks, die Landschaft so vorgestellt, wie wir sie heute erleben?

Eine nicht zu beantwortende Frage, die jedoch vieles aussagt.

Ein Gebäude, geplant und gebaut, ist fertig. Es kann in Würde altern und durch Pflege erhalten werden.

Ein Park, eine Landschaft, geplant und gestaltet, ist eine Idee, die durch Pflegepersönlichkeiten, Nutzung sowie durch eigenes Wachsen sich ständig verändert, nie fertig wird.

Zwei Zitate aus „Spaziergang durch Potsdams Umgebungen", 1839:

„Die Umgebungen Potsdams bilden einen durch fürstliche Munifizenz und Vorliebe und durch die schöpferische Hand unseres Garten-Intendanten Lenné sich immer mehr verschönernden großen herrlichen Park, in dessen Mitte die schöne Stadt liegt, ..."

Will sagen - eine sich immer mehr verschönernde große, herrliche Lebensumwelt in und um die Stadt zu erreichen - damals gelang es teilweise.

„Tauschen wir nun den Standpunkt mit dem Vorsprunge weiter unten rechts, so zeigt sich uns die belebte lange Brücke, die Stadt, der Kapellen- und Pfingstberg, die Havel bis Glienicke, der Babelsberg, Nowawes usw. Es ist nur zu bedauern, daß die Aussicht alle Jahre mehr durch den Anbau und durch die emporschießenden Akazien beschränkt wird. Wie es heißt, will jedoch die um den Berg so verdiente Behörde hier an der Warte für eine freie Aussicht nach beiden Seiten hin sorgen ..."

Will sagen - Probleme, die wir gut kennen heute, unmaßstäbliche Bebauung, zugewachsene Blickschneisen, die zu öffnen sich niemand wagt.

Also schon damals die Probleme mit der Pflege?

Die Arbeitskräfte bei Lenné kamen aus den umliegenden Dörfern. Eine allgemeine Erfahrung und Verständnis für die Naturabläufe und Entwicklungsprozesse der Vegetation waren aus der ländlichen, bäuerlichen Gesellschaft vorhanden. Um der das Wissen hinzuzufügen, wurde die Ausbildungsstätte des Gartenbaus gegründet. Die Zielsetzung, einen gestalteten Lebensraum als Kulturlandschaft zu schaffen, durch Herausbildung und Überhöhung der vorgefundenen Nutzlandschaft erforderte für ihre Entwicklung und Erhaltung den gebildeten Gärtner. Der Gärtnerberuf war zu Lennés Zeiten ein hochgeachteter.

Lenné wollte eine umfassende Landespflege, eine Ganzheit, in der das ästhetische Moment eine wesentliche Rolle spielte. Er vertraute auf die Wirkung und Macht des Beispiels, auf Veränderungen der äußeren und inneren Welt der Anwohner und Besucher.

Vieles ist seit damals geschehen, was die breite Wertsetzung für die Erhaltung und Entwicklung eines Lebensraumes als eine kultivierte Wohnlandschaft, wie die Zielsetzung in den 20er Jahren hieß, nicht zuließ. Diese Zielsetzung ist heute dringlicher und aktueller als je zuvor.

Pflege und Nutzung unter dem Gesichtspunkt, die Nutzungsgrundlage zu erhalten, die auf Erfahrung beruht, wurde abgewertet.

Technisches, erlernbares Wissen wurde aufgewertet. Diese Entwicklung führte z. B. zum Einsatz schwerer bodenzerstörender Maschinen und zum unverantwortlichen Umgang mit Chemie. Einher ging der Niedergang des Ansehens des Landwirts wie des Gärtners.

Wir sind auch in der Landschaft heute in einer Verbrauch- und Abfallwirtschaft.

Wir stehen an einem sehr kritischen Punkt in dieser Entwicklung, aber auch in einer breiten Bewußtseinsänderung, vielleicht aber auch einer Chance.

An drei Thesen mit Ausführungen versuche ich, den heutigen Aufgabenbereich zu umreißen.

Seit Lenné ist es im Potsdam-Berliner Raum die Zielsetzung, den gesamten Lebensraum aufzuwerten, d. h. zu gestalten und ihn zu kultivieren, d. h. zu pflegen.

Wie schon gesagt, erfordert diese Zielsetzung einen breiten Konsens der Wertschätzung in der Bevölkerung. Umwelt- und Naturschutz sind hierfür Voraussetzungen, damit hört es aber bei weitem noch nicht auf.

Eine lange Kontinuität der Idee einer kultivierten Wohnlandschaft, die alle Lebensbereiche des Menschen umfaßt, ist notwendig. Ein allgemeines Verständnis der Naturabläufe und der Entwicklungsprozesse der Vegetation muß vorhanden sein.

Die Entwicklungspflege beinhaltet die Anpassung an soziale und gesellschaftliche Veränderungen, d. h. eine kreative Pflege und Entwicklung, dem Lebensraum und der Pflanze angemessen.

Die zweite These befaßt sich mit unserem Berufsstand:

Der Umgang mit Landschaft und Pflanzen, mit Belebtem und lebenden Wesen erfordert umfängliches Wissen, Erfahrungen und unbegrenztes Sich-darum-Bemühen.

Ganzheit - umfassende Landespflege, -kultur - ist entscheidend von der Gemeinschaftsleistung abhängig. Lenné, als Organisator verdeutlicht, wie Ausbildung, Umgang mit Pflanzen, Ideenvermittlung, Annahme und kritische Würdigung von Gegenargumenten, aber vor allem eine gemeinschaftliche Durchsetzung, schon damals notwendig waren. Um wie vieles mehr gilt dies heute?

Heute bekämpfen sich unterschiedliche Berufsauffassungen, hier - rein ökologisch mit Spontanvegetation, da - gestaltet mit Pflanzen aus aller Welt, anstatt sich gegenseitig zu stützen, unterschiedliche Beispiele zu bewirken, insgesamt mehr zu erreichen und dem Berufsstand wieder mehr Einfluß und Gehör zu verschaffen. Grenzt es nicht manchmal an kleinliches Gezänk?

Zur dritten These:

Planung und Herstellung einer Anlage sind nur eine skizzierte Idee.

Entwicklungspflege ist ein unaufhörlicher, kreativer Gestaltungsprozeß. Der Gestaltungsprozeß endet nicht, er erzeugt jeweils nur Zustände, in einem nicht endenden Entwicklungsprozeß.

Somit sind der Entwurf und die Pflege jeweils kreative Handlungen - oder auch nicht, wie viele heutige Anlagen uns zeigen.

Grundvoraussetzung jeder kreativen Entwicklungspflege ist die Erfahrung, die Vertrautheit mit der Anlage. Dies bezieht sich auf den jahreszeitlichen Ablauf, die Nutzungen, das Erleben, die Veränderungen der Vegetation und die Fauna. Das Erfassen aller Momente im zeitlichen Prozeß als Ganzes erlaubt, korrigierend und stützend einzugreifen.

Der derzeitige Zustand unserer Parks und Anlagen in ihrer Erlebnisqualität ist das Ergebnis der heute üblichen Pflegemethode und -praxis.

Entsprechend der industriellen Fließbandarbeit werden mit angelerntem Ausschnittswissen, in Kolonnen, Pflegedurchgänge absolviert. So wenig wie sich die Fließbandarbeit für den Menschen, sondern nur für den Roboter bewährt hat, erzeugt die Kolonnenpflege, die beim Industrieprodukt gewollte, zwangsläufige Gleichförmigkeit. Ort, Geschichte und Idee werden nivelliert. Einer einmaligen Ganzheit steht ein mechanistisches Handeln gegenüber.

Park wie Pflanzen mit eigenem Charakter, Habitus und Ansprüchen, sollte der wissende, einfühlsame und kreative Mensch begleitend beistehen.

So ein Gärtner, fest mit seiner Anlage verbunden, der seinen Park zu seiner eigenen Angelegenheit macht, gewährleistet einen fortdauernden Gestaltungsprozeß der Entwicklungspflege.

Für die Gesellschaft, für die Kultur der Wohnlandschaft sowie für die Wertschätzung des Berufsstandes liegt in diesem Ansatz eine Chance. Das ist das Ergebnis der kritischen Reflexion „von Lenné lernen" zu diesem Thema.

Abb. 54: Martin Heisig

Dr. Detlef KARG
Schlußwort

Es ist für mich natürlich sehr schwierig, am Ende einer derartigen Mammutveranstaltung, zu der ich mich als Zuhörer gesellen konnte, der in der Pause geäußerten Bitte nach einem Resümee zu entsprechen.
Also ein Versuch!

Ich darf als Erstes meinen Dank für die Einladung aussprechen, daß ich also hier sein konnte - an diesen zwei Tagen, die angefüllt waren mit Fragen zur Lenné-Rezeption. Merkbar war der Unterschied zu den bisherigen Veranstaltungen, denn sehr deutlich kamen Fragen - lassen Sie es mich bitte salopp formulieren - Was lehrt uns das? Was bringt dieser Lenné für das Fachgebiet Landschaftsarchitektur ein? Vielleicht sollte man sagen, für die Gartenkultur und dies im weitesten Sinne des Wortes. Ich möchte damit natürlich an Situationen erinnern, die sich der Gartenkultur verpflichtet fühlten, einer Gartenkultur, die alles vereinte.

Daß man bei uns, also in der DDR, zu gleichen Fragestellungen kommt, halte ich für zwingend geboten.

Es sind Fragen an die Geschichte. Fragen, für uns natürlich an das Gebiet Gartenkunst, so jedenfalls nannte man in der Vergangenheit unser Fachgebiet; Fragen, die auch nur vor dem Hintergrund gesellschaftlicher Entwicklungen zu formulieren sind. Allgemeine Moralkodizes helfen da nicht sehr viel weiter; schon gar nicht, wenn Gartenarchitekten/Landschaftarchitekten meinen, sich dadurch dem Erbe zu nähern, daß sie ‚Räume wie Lenné' bilden. Das wäre wohl vergleichbar mit Meinungen, wie auch schon bekundet, man könne die gotische Bauweise durch die Plattenbauweise weiterentwickeln. Das geht nicht; es ist im Ansatz schon verkehrt.

Was geht, ist zu erkennen, in welchem gesellschaftlichen Zusammenhang die Gartenkunst sich befindet, welche Zusammenhänge sie prägt und prägte, speziell nun die Gartenkunst Lennés.

Wir haben es auch versucht, Herr Wimmer war so freundlich, Ihnen ein Bild von unserer Veranstaltung in

Potsdam zu zeigen, einer ICOMOS- Tagung, mitgetragen von dem ICOMOS-Spezialkomitee ‚Historic Gardens and Sites' und vorbereitet vom ICOMOS-Nationalkomitee und dem Institut für Denkmalpflege der DDR. Wir hatten eine Tagung, wo auch wir versuchten, Lenné darzustellen, ihn zu finden. Folgt man den Ereignissen, d. h. der Darstellung und Würdigung des Werkes und der Person Peter-Joseph Lennés, so könnte und müßte man viele Autoren und Arbeiten nennen, Autoren und Arbeiten, die sich schon im 19. Jahrhundert oder besser am Ende des 19. Jahrhunderts diesem Anliegen verpflichtet fühlten. Sie dürfen schon als ein Indiz dafür gelten, daß Lenné durchaus als prägende Persönlichkeit den Entwicklungsgang der Gartenkunst bestimmt hat. Das ließe sich fortsetzen bis zur heutigen Zeit, wo in jedem Fall Gerhard Hinz zu nennen ist, natürlich auch Harri Günther, aber ebenso eine Vielzahl von Autoren mit gewichtigen Einzeldarstellungen und ebenso die Ergebnisse aus den praktischen Arbeiten der Gartendenkmalpflege zur Erhaltung des Lennéschen Erbes, also seiner Anlagen. Gerade diese Untersuchungen, wenngleich noch vereinzelt, hatten zum Ergebnis, daß das bislang gezeichnete Bild von Lenné erneut zu befragen ist.

Das überragende, unantastbare Hauptreferat über und zu Lenné, mit dem Hinweis auf mögliche aber dann doch nur peripher liegende Veränderungen, kann darum - so meine ich - nicht mehr gehalten werden. So haben wir versucht, durch die Darstellung von Richtungen und Tendenzen, insbesondere durch spezielle Untersuchungen, das Feld erneut zu begehen, unabdingbar aber vor dem Entwicklungsgang der Gartenkunst und interdisziplinär, wenngleich als ein erster Ansatz, vor dem Hintergrund der Forschungen zum 19. Jahrhundert, also auch der Versuch, Lenné in dem Entwicklungsgang zeitbedingter Interpretationen darzustellen. Zuvörderst gehört dazu, was am Hofe geschah, was sich besonders in und im Umfeld von Sanssouci ereignete. Wir haben versucht, seinen Beitrag, seinen wirklichen Beitrag besonders in der Fragestellung nach der Entwicklung des städtischen Grüns, besser eines Grünraumsystems, belegen zu lassen. Ein bemerkenswertes Resultat, das auch ein Licht auf die Zusammenarbeit zwischen Friedrich Wilhelm IV. und Lenné wirft. Desweiteren sind Fragen nach der Landesverschönerung als Reflexion einer Zeit zu formulieren, wo man Naturbilder formte, die als ästhetische Komponente auf die Entwicklung der Gesellschaft wirken sollte. Dieses romantische Bild ist auch heute noch bemerkbar, wenn es um Landschaft, wenn es um den Idealtyp „Landschaft" geht, so daß Fragen zu provozieren sind.

Wir haben auch versucht, Lenné darzustellen mit einer Frage - das aber sehr vage und sehr vorsichtig - nämlich nach der von ihm propagierten Stilbildung, nach dem von ihm verwendeten Formenapparat. Bekanntlich liegt hier ein bislang kaum bearbeitetes Feld.

Ich spreche ja nicht als freier oder gebundener oder was auch immer für ein Landschaftsarchitekt, sondern als Gartendenkmalpfleger, der die Dioskuren der Gartenkunst, besser die Geschichte der Gartenkunst und Denkmalpflege zur Grundlage seiner Tätigkeit erkoren hat. Sie erzwingen das vorsichtige „An-die-Dinge-herangehen" mit Fragen nach dem Original, mit Fragen nach der Form, nicht nur die, die uns durch Pläne überliefert ist, sondern mit Fragen nach dem tatsächlich Ausgeführten und ebenso mit Fragen nach den Empfindungen, die der bewußt gestaltete Raum auslöste und heute noch auslöst. Das ist natürlich kompliziert in einem Gebilde, das wächst, das sich verändert, dessen Wesen aber gerade darin besteht. Das haben wir uns zu verdeutlichen, wenn wir in das Spannungsfeld von Kunst und Natur eintreten.

Sie mögen mich nun ins Visier nehmen, zu erahnen wäre es jedenfalls, wenn ich die vorab geführte Diskussion zu Fragen der Raumbildung betrachte, damit ich dann ja auch indirekt in die Problemstellung der Ausbildung an Ihrer Universität, natürlich als Unwissender, eintrete. Die Gartendenkmalpflege hat ja nicht nur die historische Gartenkunst schlechthin durch das Erlebnis der unmittelbaren Anschauung deutlich zu machen. Sie hat auch hinzuweisen auf das soziale Moment der Geschichte, das einzubringen, ich unterstreiche, das einzubringen ist, bei der Gestaltung der Städte und Landschaften als integrierender Bestandteil differenzierter Freiramsysteme.

Insofern, damit denke ich, einen Kernpunkt zu erwähnen, bedarf es dringender Forschungen zur Geschichte der Gartenkunst auch eingebettet in größere, übergreifende Zusammenhänge. Das haben die Vorbereitungen und nun schon vorliegenden Ergebnisse für die Lenné-Ehrungen ergeben. Es verstärkt sich die Frage: Was ist wirklich Lenné? Ich denke ein bedeutsames Ergebnis. Dazu gehört auch, daß die Zahl 8 der bislang nachgewiesenen Lenné-Gärten im Land Mecklenburg durch die Zahl 48 - jedenfalls meinen das die Kollegen in den Nordbezirken - zu ersetzen sei. Natürlich sind davon viele Anlagen nicht mehr vorhanden, viele sind überformt. Wir haben damit die Verpflichtung, wieder zu suchen, akademisch als forschen zu bezeichnen. Also das Suchen nach: ich bin heute früh im Rosengarten, nicht dem von Sanssouci, sondern dem der Pfaueninsel gewesen, und es ist erstaunlich, was dort an Gestaltfindung passiert, oder was wieder erlebbar geworden ist. Und so meine ich - das Thema steht ja: Peter-Joseph Lenné und die Augen -, daß man sehen lernen muß; eine Voraussetzung, um den Raum empfinden zu können, um Räume zu bilden, um Räume darzustellen. Ich vermisse es jedenfalls bei Exkursionen mit Studenten, wenn diese sich den Raum nicht durch Messen erschließen; wann wird z. B. die Allee schon mal eingeschritten, also die Proportionen erkannt und ins Zweidimensionale gebracht? Es ist vorhin ein interessanter Prozeß des Findens im Tone dargestellt worden. Wir haben die große Chance, in den historischen Gärten, immer im Kontext geschichtlicher Entwicklungen, die Veräußerungen direkt, unmittelbar, zu erleben, die Veräußerung, also den Raum mit dem zweidimensionalen Gebilde Plan zu durchschreiten und uns die Grundlagen der Entwicklung unseres Berufsstandes mit seinen sich wandelnden Bauaufgaben bis hin, und das im umfassenden Sinn, zum geänderten und sich weiter verändernden Verhältnis des Menschen zur Natur bewußt zu machen.

Was geht, um an den Beginn meiner Worte zu erinnern, ist, daß wir uns über unsere Grundlagen bewußter werden. Dazu gehörte und gehört die Beschäftigung mit der Geschichte unseres Berufes und den ihn prägenden Persönlichkeiten - für das 19. Jahrhundert also zweifelsohne mit Peter-Joseph Lenné.
Ich danke Ihnen.

Abb. 55: Dr. D. Karg

P E T E R   J O S E P H   L E N N E

EIN GARTENKÜNSTLER ALS STADTPLANER

AUSSTELLUNG
der
TECHNISCHEN UNIVERSITÄT BERLIN
FACHBEREICH 14 – LANDSCHAFTSENTWICKLUNG
FACHBEREICHSTAG 1989
in der
AKADEMIE DER KÜNSTE BERLIN

Belle Alliance Platz

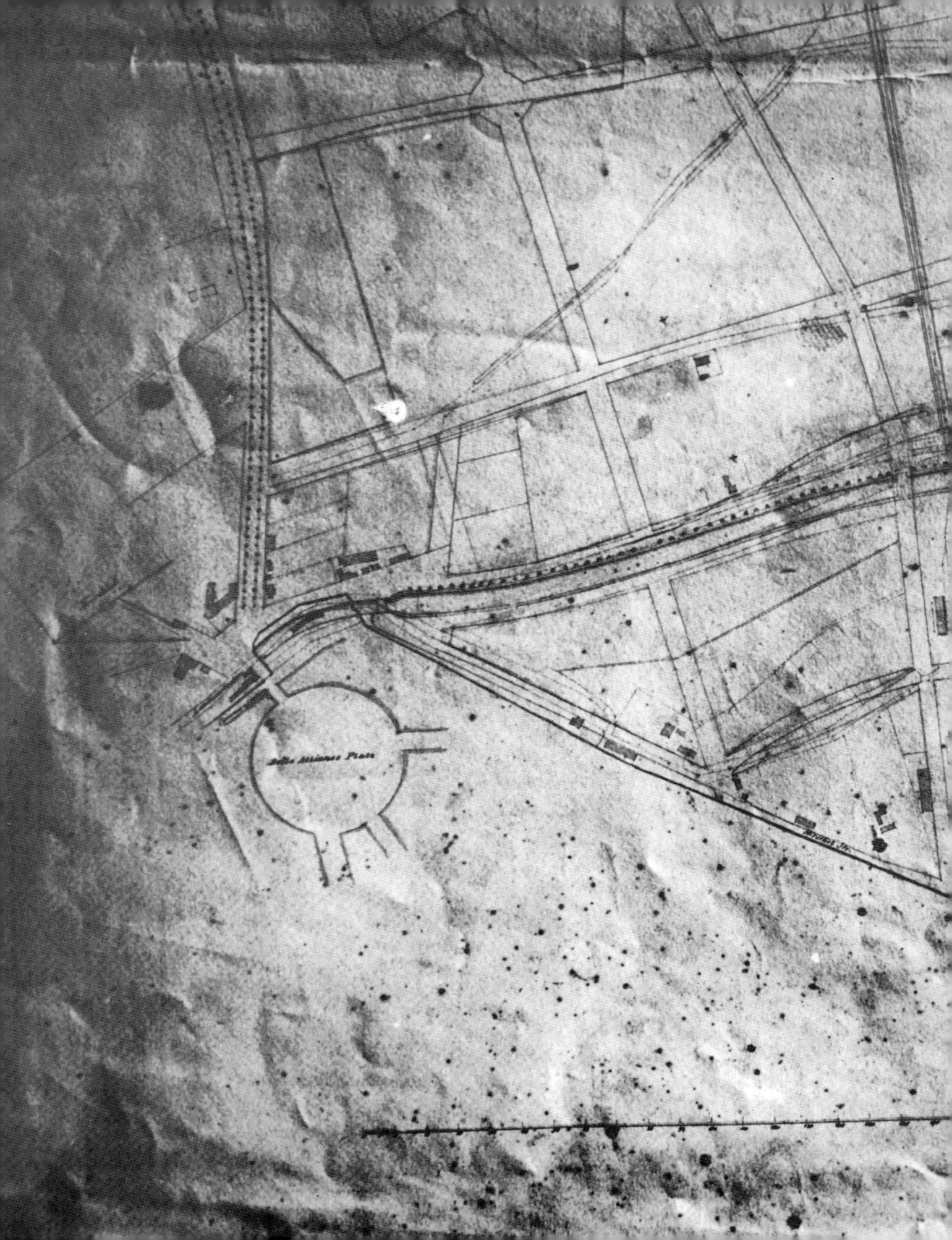

PETER JOSEPH LENNÉ 1789-1866

EIN GARTEN KÜNSTLER ALS STADT PLANER

EINLEITUNG

Als Beitrag zum Fachbereichstag wurde von einem Studienprojekt des Fachbereichs eine kleine Ausstellung vorbereitet, die dem Stadtplaner Lenné gewidmet ist. Während des Fachbereichstages fand sie großen Anklang, so daß sich die Herausgeber entschlossen haben, einige der Tafeln, die sich für eine Verkleinerung eignen, in diese Broschüre aufzunehmen. Bedauerlicherweise verbietet der Umfang der Broschüre eine vollständige Dokumentation.
Die mit der Projektarbeit verbundene Absicht und den Lernerfolg beschreibt eine der Teilnehmerinnen im Projektbericht; Jutta HENGGE:

Über die Bilder im Kopf und auf der Welt

Peter Joseph Lenné ist eine geschichtliche Person, die vor rund eineinhalb Jahrhunderten in Berlin gelebt und gewirkt hat. Ein Gartenkünstler, der Stadt und Landschaft neu dachte und bildete, wie vor und nach ihm kein anderer. Ein Vorbild?
Ein jüngerer Zeitgenosse Lennés, Garteninspektor Hartig, schreibt über eine Begegnung mit Lenné, dieser habe ihm nicht viel bedeutet, er sei ihm „zu groß" gewesen (Harri Günther, 1985). (Hartig und Gustav Meyer beschäftigten sich gerade mit der Anlage des Marly-Gartens, als Lenné dazukam.)
Wenn den Meister schon zu Lebzeiten eine Aura der Unnahbarkeit oder der respektvollen Distanz umschwebte, wie sollen wir nach 150 Jahren von ihm lernen, ihn begreifen?
„Geschichte ist das, was man sich merken kann und was dann taugt, weiter und immer weiter erzählt zu werden... (Enzensberger, 1972), schreibt Hans Magnus Enzensberger in einer Glosse über die Geschichte der kollektiven Fiktion und meint damit alles Lebendige, alles, was man sich vorstellen kann oder auch alles irgendwie Bildhafte.
Im Grunde beschäftigen wir uns mit der Suche nach Bildern, wenn wir versuchen, den Menschen Lenné und sein Werk (in seiner Zeit) von heute aus zu erfassen. Doch wo können wir diese Bilder finden, oder besser, das Material, die Teilchen für ein eigenes, inneres Bild? In der umfangreichen Literatur über Peter Joseph Lenné, über die Preußen, das Biedermeier, den Wiener Kongreß, bei der Lektüre von Effi Briest oder in den Zeichnungen von Theodor Hosemann? In den Abhandlungen über Berliner Stadtentwicklung? Was davon wird wirklich zum Baustein, zum Teil des Gerüsts?
„Euer Majestät begreifen noch immer nicht das Geistreiche meiner Idee" (Lenné). Ein solcher Satz bedarf keiner Ergänzung. Ein ganzer Bilderbogen heftet sich daran. Die Daten, Fakten über Stadtentwicklung zum Beispiel hängen sich mühsam an solchen Lebenszeichen auf. Gäbe es sie nicht, fiele ein Großteil unseres Wissens haltlos durch das (zum Glück stets unfertig bleibende) Fachwerk des Gehirns.

Harri Günther hat ein wunderbares Buch über Lenné geschrieben. Es entstand aus profundem Fachwissen, aber es ist auch ein Buch eines echten Erzählers im Enzensbergerschen Sinne. Es ist wohl kein Zufall, daß diese Quelle an einem Ort sprudelt, wo Lenné noch heute sehr präsent ist: die Gartendirektion der Staatlichen Schlösser und Gärten Potsdam-Sanssouci, der Harri Günther angehört, amtiert im ehemaligen Wohnhause Lennés im Park von Sanssouci. (Hier also lagerte sein rheinischer Wein im Keller, hier pflegte Friederike Lenné die beiden Papageien, hier spannte man an zur Landpartie...)
Orte sind viel mehr als Bilder, aber das sind sie auch, erlebbare Bilder in Raum und Zeit. Ein Ort wird verstanden (gesehen) durch das, was wir über ihn wissen und in ihn hineinlegen. Wir sind in Berlin und Potsdam am Originalschauplatz und können uns da bewegen, wo auch Lenné lebte und Stadt und Landschaft bewegte. (Bewegen heißt nicht nur: die Dinge in Bewegung versetzen, Neues schaffen, Entwicklungen auslösen oder ähnliches mehr. Es heißt ja auch: bewegen, Wege schaffen, dem Menschen erschließen, kultivieren.)
Spurensuche nach vergangenem Lebensgefühl kann zum Beispiel sein, über den Platz der Akademie (den ehemaligen Gendarmenmarkt) oder andere Plätze und Straßen Berlins zu schlendern, die noch beinahe so aussehen wie im letzten Jahrhundert.
Spurensuche nach Lenné kann zum Beispiel bedeuten, sich für ein Weilchen am Heinrichplatz niederzulassen. Hier, wo man gerade sein Bier trinkt, befindet man sich an einem von Lenné vorausgedachten, imaginierten Ort. (Man könnte auch einfacher sagen: an einem von ihm geplanten Ort.) Wo ist nun eigentlich der Schauplatz, die Bühne für wessen Phantasie?
Lenné und wir denken innerhalb der gleichen Geschichte und im selben Raum. Dazwischen liegt nur die Entwicklung des Raumes. Zeit ist Bewegung im Raum, diese Definition der Zeit wird hier verständlich. So gesehen ist Geschichte am besten erfahrbar durch räumliche Veränderungen. (Womit wir wieder bei den Bildern sind, zum Beispiel bei jenem in den 70-er Jahren so verbreiteten vierteiligen Bilderbogen über die Zerstörung einer alten Stadt, aber bleiben wir noch für ein paar Gedanken beim Raum.)
Landschaft und Stadt sind der Spiegel der Geschichte. Geschichte gräbt sich ein und materialisiert sich in der Gestalt von Stadt und Land. Welche Geschichte aber gräbt sich ein, wird zur Struktur, zu Raum und Funktion? Dies ist weniger die Geschichte der Anekdoten und lebendigen Bilder, sondern die der gesellschaftlichen Produktionsweise und der Produktivkraftentwicklung sowie ihres kulturellen Überbaus. In dieses Gefüge muß auch Landschafts- und Stadtplanung eingeordnet werden, zu Lennés Zeiten wie heute.

EIN GARTENKÜNSTLER ALS STADTPLANER

„Stadt ist kein Garten, sondern ein System von Funktionen, das es zu optimieren gilt" (Karl Schwarz, 1989). In dieser Aussage der 60er Jahre kommt die Abhängigkeit der Stadtplanung von der Ökonomie kraß zum Ausdruck. Bei solcher Auffassung von Planung scheinen das Visionäre und die Imagination an Terrain zu verlieren. Kann man sich Lenné als nüchternen Methodiker vorstellen, sämtliche Anforderungen gegeneinander abwägend, vor dem Hintergrund gestellter und prognostizierter Bedingungen systematisch Entscheidungen treffend? Lenné war Gestalter. Als solcher bildete er Stadt- und Gartenräume, die schön waren und funktionierten. Funktionalität und Zweckdienlichkeit seiner Anlagen sind bestimmt profunder Überlegung und Auseinandersetzung zu verdanken; letztendlich stehen sie aber in mühelos wirkendem Gleichgewicht mit der Schönheit.

Was die Lennéschen Anlagen bis heute erhalten hat, sind ihre Gestaltqualitäten, die sie flexibel machen auch für Funktionswandel oder das stimmige und richtig erspürte Zusammenspiel von Lage, Funktion und Form, welches sich im gesellschaftlichen und ökonomischen Wandel erhalten kann, ohne je fossilienhaft zu wirken. Fundierung und Intuition bestimmen Lennés Lösungen, seine „Bilder". Seine Pläne, in die Ebene projezierte, jedoch immer noch enorm räumlich wirkende Visionen, sind auf ernsthafte, dem Objekt und dem Betrachter geneigte Art klar und überzeugend.
Peter Joseph Lenné war ein Klassiker, und als solcher wirkt er merkwürdig zeitlos und modern.
Man wird ihn nie ganz begreifen, aber man kann ihn sich vorstellen. Das ist zumindest die Voraussetzung dafür, daß jemand zum „Vor-Bild" werden kann.

PETER JOSEPH LENNE 1789–1866

1789 Am 29. September in Bonn geboren.

1805 Bis 1808 Gärtnerlehre bei seinem Onkel Clemens Weyhe in Brühl.

1809 Studienreise nach Süddeutschland.

1811 Studienzeit in Paris. Botanik bei André Thouin, Architektur bei Jean-Nicholas-Louis Durand. Arbeitet im Botanischen Garten unter Desfontaines.

1812 Studienreise in die Schweiz und nach Süddeutschland. Danach zweijähriger Aufenthalt in Wien.

1814 Anstellung als Garteningenieur in Laxenburg bei Wien. Erste große Aufgabe ist die Umgestaltung des Laxenburger Parkes.

1816 Seit dem 23. Juni als Gartengeselle in Potsdam. Beginn der Planungen für Klein-Glienicke. Plan zur Umgestaltung für Sanssouci.

1818 Beförderung in die königliche Gartenintendantur. Veränderungen im Potsdamer Lustgarten. Beginn der Arbeiten auf der Pfaueninsel.

1819 Einreichen des Veränderungsplanes für den Tiergarten. Entwurf für den Schloßpark Charlottenburg.

1820 Am 3. Januar Heirat mit Louise Friederike Voß. Gartenentwurf für das Palais Prinz Albrecht.

1822 Reise nach England. Gründung des „Vereins zur Beförderung des Gartenbaus in den königlich preußischen Staaten".

1824 Gründung der Landesbaumschule und Gärtnerlehranstalt. Lenné wird neben Schulze königlicher Gartendirektor. Entwurf für den Leipziger Platz und den Magdeburger Volksgarten.

1825 Gestaltung am Schloß Charlottenhof in Potsdam.

1828 Lenné wird alleiniger königlicher Gartendirektor. Entwurf des Berliner Lustgartens.

1831 Bebauungsplan in München.

1833 Arbeiten in Babelsberg/Potsdam, am Kleinen Tiergarten, am Park Bellevue und Umgestaltung des Großen Tiergartens (bis 1839).

1834 Planung des Charité-Gartens.

1835 Entwurf für den Schinkelplatz in Berlin. Schloßanlage Coburg.

1836 Weitere Planungen für Glienicke.

1839 Bebauungsplan für das Pulvermühlengelände.

1840 Plan der Schmuck- und Grenzzüge für Berlin. Bebauungsplan für das Köpenicker Feld.

1841 Luisenplatz in Berlin.

1842 Mitgliedschaft des Landesökonomiekollegiums. Planungen für den Zoologischen Garten in Berlin, den Belle-Alliance-Platz (Mehringplatz) und den Opernplatz.

1843 Entwürfe für den Friedrichshain und den Garten des Krankenhauses Bethanien.

1844 Erste Italienreise. Bebauungsplan für die Schöneberger Feldmark. Gestaltung des Paradiesgartens in Potsdam und des Wilhelmsplatzes in Berlin.

1845 Bau des Landwehrkanals (bis 1850). Gestaltung des Marly-Gartens in Sanssouci.

1846 Erweiterung des Tiergartens. Umgestaltung des Exerzierplatzes (Königsplatz).

1847 Zweite Italienreise.

1848 Bau des Luisenstädtischen Kanals.

1849 Umbau der Weinberganlage bei Sanssouci. Anlage auf dem Pfingstberg (bis 1852).

1853 Ehrenmitgliedschaft der Preußischen Akademie der Künste. Entwurf des Mariannenplatzes.

1854 Ernennung zum General-Gartendirektor. Bebauungsplan für die Schmuck- und Grenzzüge München.

1855 Am 20. Oktober stirbt Lennés Ehefrau Louise Friederike. Bebauungsplan für die Schlächterwiesen (Urban) in Berlin.

1858 Ernennung zum Ehrenbürger der Stadt Potsdam. Städtebaulicher Wettbewerb in Wien.

1859 Bebauungsplan an der Bürgerwiese und Zoo in Dresden.

1860 Nordischer und Sizilianischer Garten in Sanssouci.

1861 Ehrendoktorwürde der Universität Breslau. Grünanlage Kreuzberg.

1866 Peter Joseph Lenné stirbt am 23. Januar.

Weiterhin hat Lenné viele Privatgärten, Villengärten, ländliche Parkanlagen, Klostergärten, Plätze, Denkmäler etc. geplant. Ebenso wurde er zu Gutachter über andere Gärten herangezogen. Sein Wirkungskreis erstreckte sich über ganz Deutschland, aber seine Schwerpunkte lagen in Berlin, Potsdam, Magdeburg, Dresden und im Rheinland.

LENNES PLANUNGEN FÜR BERLIN

Der gefundene und gebaute Gartenraum

Städtische Grünanlagen, Volkspark:

1 Tiergarten 1832, 1833-39, 1840
2 Der Kleine Tiergarten 1833, 1839
3 Hasenheide 1838
4 Friedrichshain 1843
5 Kreuzberg 1821
6 Zoologischer Garten 1842
7 Fasanerie 1841
8 Hippodrom 1842

Königliche und fürstliche Schloßparkanlagen:

1 Charlottenburg 1819, 1828
2 Schönhausen 1828
3 Ansbachisches Palais 1820
4 Prinz-Albrecht-Garten 1829, 1830
5 Park Bellevue 1833
6 Garten am Palais Leopold o.D.

Bebauungspläne:

1 Pulvermühlengelände 1839, 1843
2 Schmuck- und Grenzzüge 1840
3 Köpenicker Feld 1840, 1841
4 Schöneberger Feldmark, Tempelhof 1844, 1845, 1857, 1863
5 Schlächterwiesen (Urban) 1855
6 Feldmarken Charlottenburg und Lützow 1855
7 Gebiet am Frankfurter Bahnhof 1843

Stadtplätze:

1 Leipziger Platz 1823
2 Lustgarten 1830
3 Schinkelplatz 1835
4 Luisenplatz 1841
5 Belle-Alliance-Platz 1842
6 Wilhelmsplatz 1841
7 Königsplatz 1841
8 Opernplatz 1845
9 Mariannenplatz 1853
10 Hausvogteiplatz 1857
11 Schloßplatz 1857

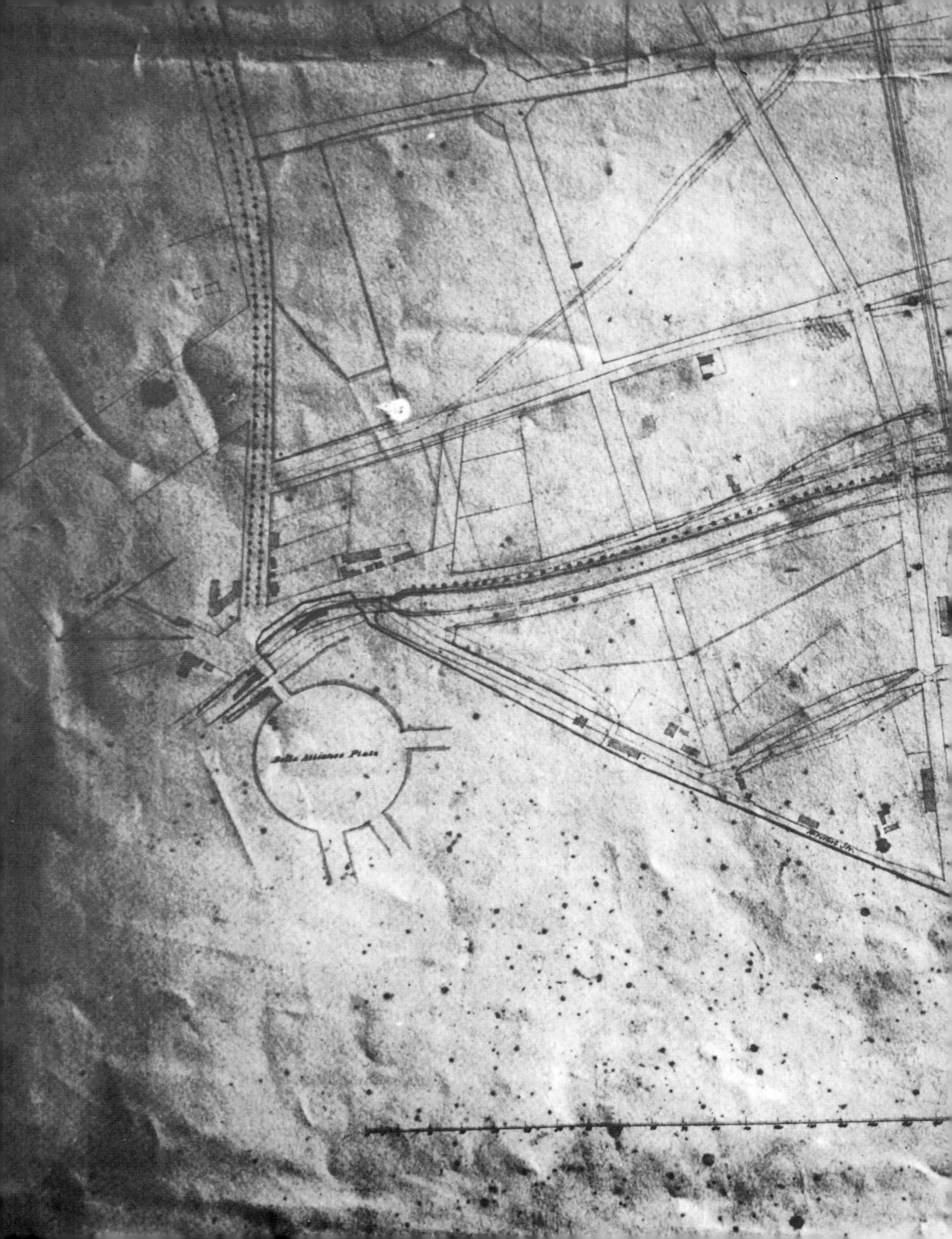

Belle Alliance Platz

IDEEN ZUR STADT

RAUMGEFÜHL UND FORMELEMENT

„Das Primäre alles architektonischen Gestaltens ist das Raumgefühl, das wiederum seinen Ursprung in der Empfindung des Menschen für eine bestimmte Körperlichkeit hat.

Die Strukturformen, Gliederungen und Details sind nur Sichtbarmachung dieses Gefühls im Material durch künstlerische Tätigkeit.

Versucht man, die Wandlungen der architektonischen Formensprache voneinander abzuleiten, so müht man sich um etwas Sekundäres, das kein tieferes Verstehen belohnt, man reiht Symptome äußerlich aneinander und führt die neue Form auf etwas Unbegriffenes zurück, anstatt sie als ein Einfaches vom Allgemeinen bedingt zu erkennen.

Das besondere Raumgefühl einer Zeit gibt ihr die architektonische Schöpferkraft, ihr dienen die baulichen Formen als Ausdrucksmittel.

Das Verhältnis zwischen Raumgefühl und Formausdruck ist gleich dem zwischen Denken und Sprechen: Man wird sich in einer fremden Sprache nur mangelhaft ausdrücken, wenn man in ihr nicht zu denken vermag.

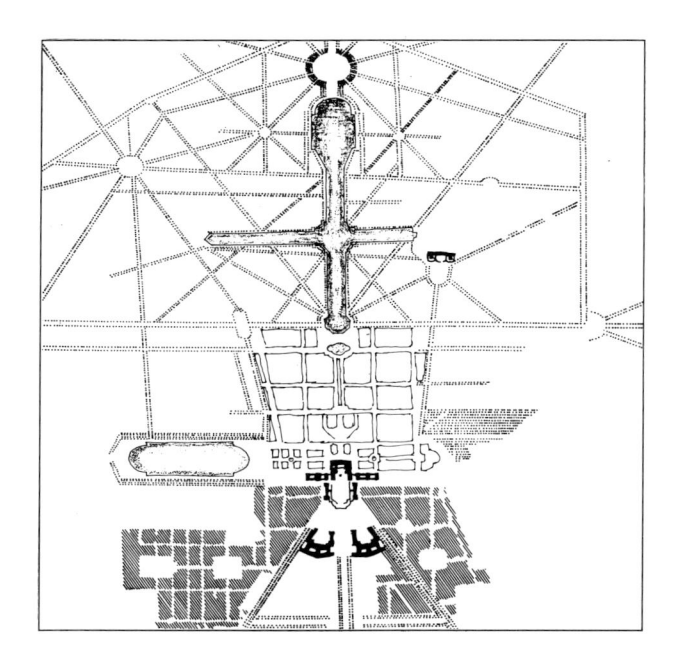

Versailles – Höhepunkt barocker Stadtplanung
Das Raumgefüge von Stadt und Landschaft wird der absolutistischen Ordnung unterworfen. Der Raum wird durch Achsen perspektivisch organisiert. Die Vereinheitlichung der Raumkanten verstärkt diese Ordnung. Die Achsen werden gezielt zentriert, übergeordneter Bezugspunkt ist das königliche Schloß. Stadt und Landschaft verschmelzen zu einem Gesamtkunstwerk. Streng geometrische Formen ordnen sich im Prinzip der Symmetrie.

Bath – neue städtebauliche Ansätze
Die Idee des Landschaftsgartens greift auf die Stadtplanung über. Neben Geometrie und Symmetrie etablieren sich frei, naturhafte Formen.
Sie finden in der Ausgestaltung vorhandener Stadträume bis zur „Auflösung der Stadt in der Natur unter weitgehender Anpassung an das Gelände" (Bacon, 1967) durch neue Bauformen (Royal Crescent) Verwendung.

I D E E N   Z U R   S T A D T

WIE DENKEN UND SPRECHEN

Die Erziehung des architektonischen Denkens durch die Form wird selbstverständlich niemand bestreiten, wenn aber die fremde Form sogleich vorteilhaft übernommen wird, so muß das eigene Raumgefühl dem fremden verwandt sein."
(Brinckmann, 1923)

Washington – klassizistische Stadtplanung
Die Stadt wird in die natürliche Umgebung, die Ebene zwischen Gebirge und Fluß, eingebettet. Landschaft ist somit fester Bestandteil der Stadt.
Kapitol und Weißes Haus, die Demokratie repräsentierende Bauten, prägen den streng geordneten Stadtraum und bilden das ordnende Grundgerüst.
Diagonalen im rechtwinkligen Stadtgrundriß sind die ersten Ansätze zu einer funktionalen, verkehrsgerechten Stadtplanung.

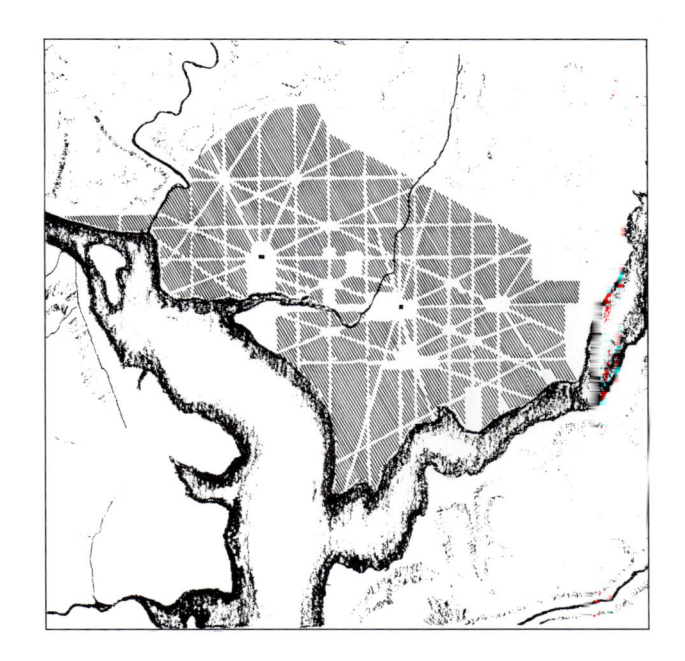

Berlin – Schinkels Stadtorganismus
Die Gestaltung der Innenstadt durch Schinkel verdeutlicht das Bemühen um einen harmonischen Stadtorganismus. Der Entwurf Schinkels zur Neugestaltung des Lustgartens ist charakteristisch für diesen städtebaulichen Ansatz. H.G. Pundt beschreibt ihn 1972 als „Gestaltung eines formal wie räumlich als städtebauliche Einheit wirkenden Platzes aus den unterschiedlichen Elementen von alten und neuen Bauten, von gegebener Lage und einbezogener Natur."

DIE DURCHDACHTE STADT

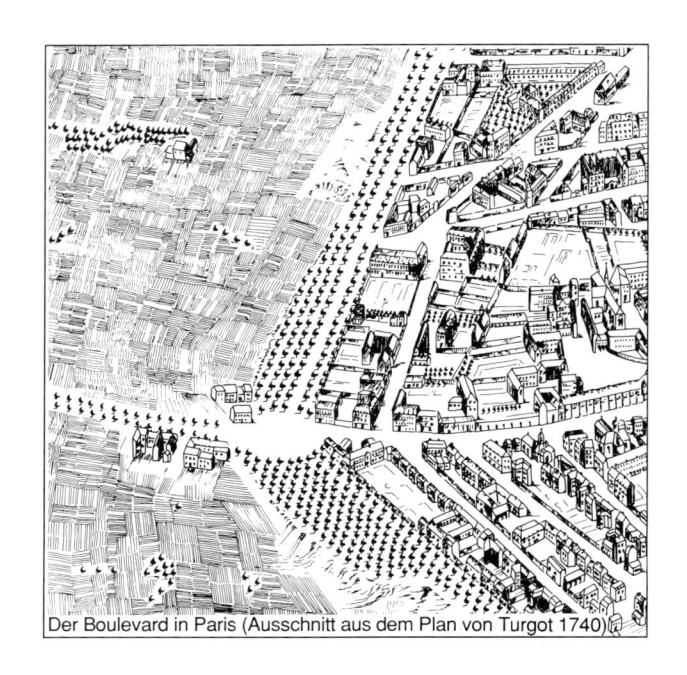

Der Boulevard in Paris (Ausschnitt aus dem Plan von Turgot 1740)

Londoner Square-Bebauung um 1830

„Man hat die Absicht, dem Körper Bewegung zu geben... Man will sich sehen und finden,..." (Hirschfeld, 1785). Ursprungsort des Boulevards ist Paris. Unter Ludwig XIV wurde das Bollwerk ('Boulevard') geschliffen und an seiner Stelle ein grüner Rahmen um die Stadt gelegt. Alleebestandene Ausfallstraßen dienten zur Weiterführung des Blickes in die Landschaft und als schattige Reiserouten. In Berlin, das längst über sein ursprüngliches Bollwerk hinausgewachsen war, greift Lenné das Element des Boulevards als Stadtbegrenzung wieder auf.

Hirschfelds Forderungen sieht Lenné in London erfüllt: „..., daß ansehnliche Städte... mehrere Plätze haben sollten, die mit Rasen bedeckt und dem Gemeinwesen zur Zierde dienen könnten." (Meyer, 1978). Lennés Planung des Generalszuges sieht vor, daß Plätze durch breite Straßenpromenaden und Sichtbezüge miteinander verbunden werden. Es entsteht eine repräsentative Freiraumzone, „die Natur als Befreiung aus verbauter Enge" findet Eingang in die Stadt.

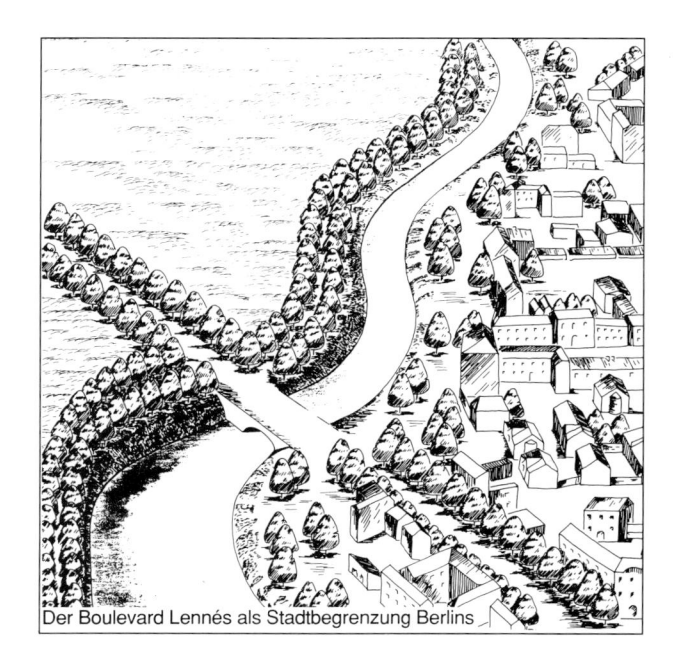

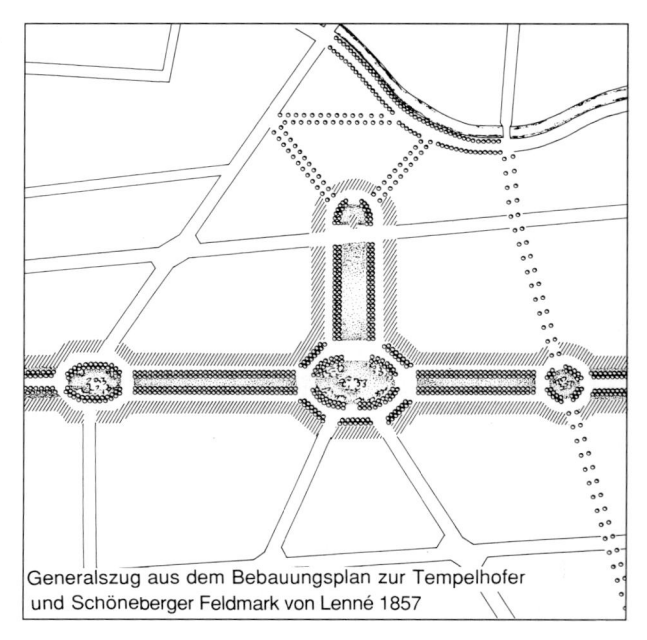

Der Boulevard Lennés als Stadtbegrenzung Berlins

Generalszug aus dem Bebauungsplan zur Tempelhofer und Schöneberger Feldmark von Lenné 1857

TEILE FÜGEN SICH ZUM GANZEN

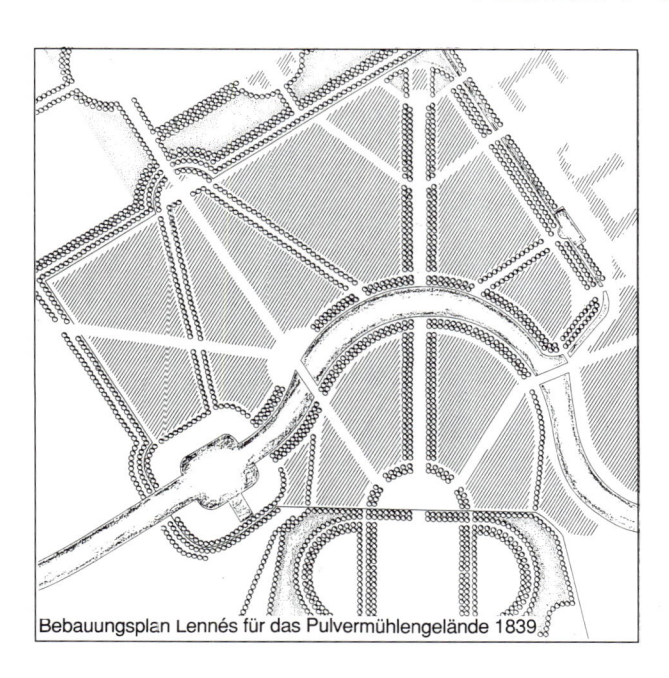

Bebauungsplan Lennés für das Pulvermühlengelände 1839

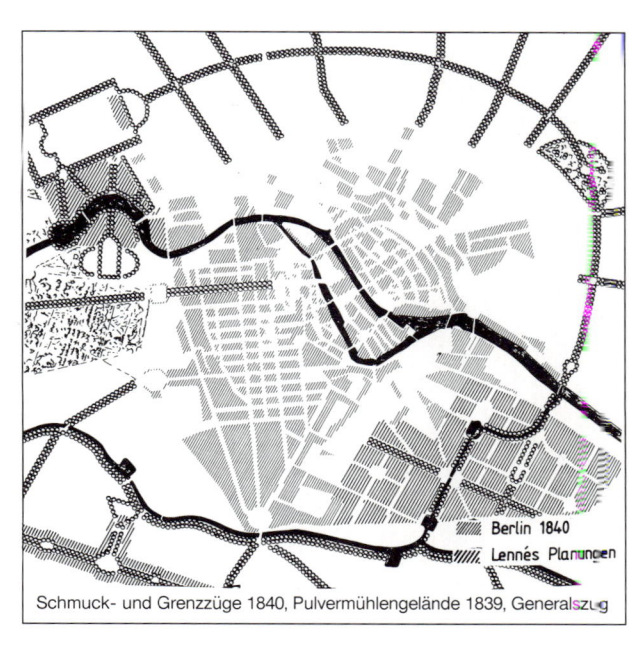

Schmuck- und Grenzzüge 1840, Pulvermühlengelände 1839, Generalszug

Ledoux unterlegt eine Stadt erstmals mit einem System von Alleen, Lenné wählt im Pulvermühlengelände die Allee und den Dreistrahl als Grundgerüst. Grünplanung und Stadtplanung werden identisch. Einer demokratischen Gesellschaftsvorstellung entsprechend werden alle Elemente gleichwertig innerhalb des Grünsystems miteinander verbunden. So ist die Spree als wirtschaftlicher Faktor städtebaulich ebenso bedeutend wie Wohnen. Lenné schafft zusätzlich Qualität, indem er Promenaden zu einem weitläufigen Erholungssystem zusammenfügt.

Die Teile fügen sich zum Ganzen
Lenné versucht in seiner Planung sowohl dem Residenz- als auch dem Industriestadtcharakter Berlins gerecht zu werden, indem er gleichwertige Elemente zu einem großzügigen Stadtraum zusammenfügt, der mit einem Grünsystem unterlegt ist.

Durch die Verwendung klarer, rationaler Strukturen berücksichtigt Lenné die Ansprüche des modernen Berlins, wie Wohnen, Erholung, Verkehr, Industrie und Gewerbe und läßt diese als städtische Erlebnisräume zur Geltung kommen.

Die Lebensqualität wird erhöht durch stadtverschönernde Maßnahmen, wie landschaftlich gestaltete Plätze, malerische Blickbezüge und Einbeziehung des Wassers als Gestaltungselement und Erlebnisraum. Lennés Stadt ist eine bürgerliche, gestaltet mit der Hand des Gartenkünstlers.

„Wie ich als Künstler mich freue, daß sich das Schöne mehrt, so fühle ich als Mensch und Bürger dieses Staates mich innig bewegt, daß nur die Zeit wieder zu tagen beginnt, welche den Menschen Musen und Grazien bringt." (Lenné, 1825)

Entwurf zu Chaux von Ledoux um 1800

GRÜNE STADTARCHITEKTUR

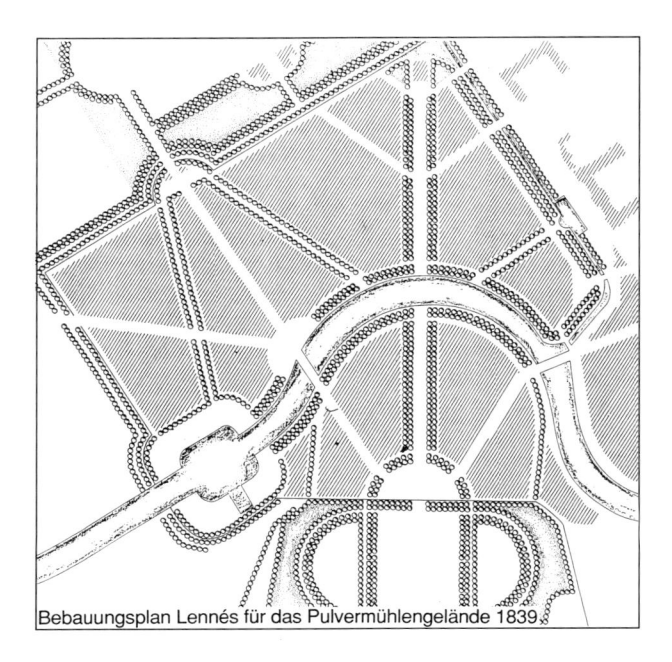

Bebauungsplan Lennés für das Pulvermühlengelände 1839

Bilder aus dem Landschaftsgarten werden in die rationalen Strukturen der Stadt aufgenommen:
Die zentrale Brücke fehlt. So wird die Hauptachse zur reinen Sichtachse hin 'aufgelöst' und ihrer Erschließungs- und Repräsentationsfunktion enthoben.
Hierdurch, wie durch die Anlage von Uferpromenaden, eines Wasserbeckens vor der Charité und eines Hafens wird Wasser zum Element der Stadtgestaltung und zum Erlebnisraum.

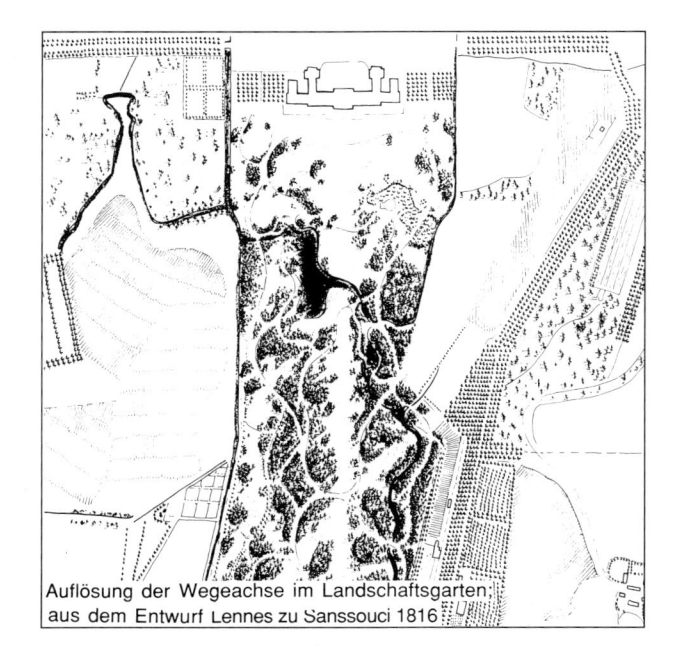

Auflösung der Wegeachse im Landschaftsgarten; aus dem Entwurf Lennes zu Sanssouci 1816

IDEEN ZUR STADT

BÄUME GLIEDERN DEN STADTRAUM

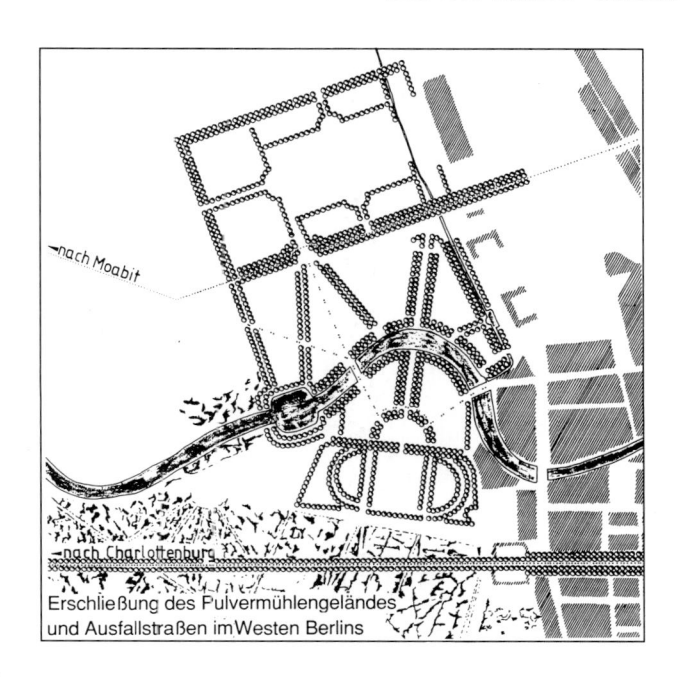

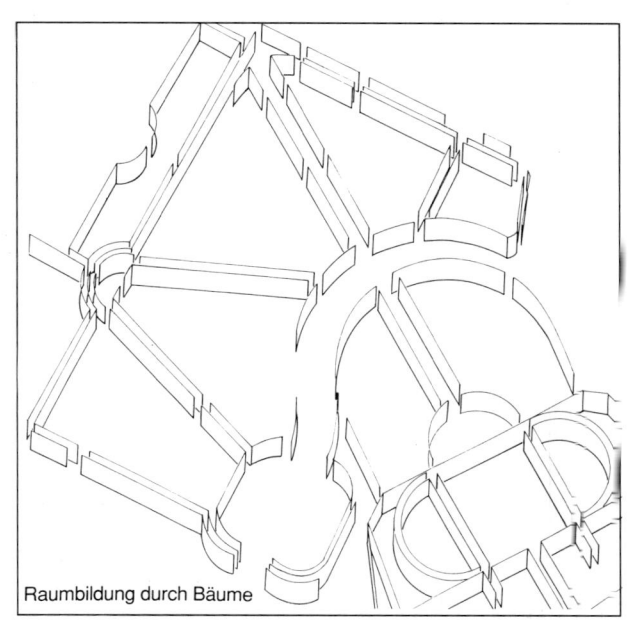

Erschließung des Pulvermühlengeländes und Ausfallstraßen im Westen Berlins

Raumbildung durch Bäume

Aufgrund der Lage abseits der Hauptausfallstraßen Berlins kann Lenné die Gesamtgestaltung nach ästhetischen Grundsätzen der Erschließung innerhalb des Gebietes überordnen.

Durch die unterschiedliche Ausgestaltung wird eine Rangordnung der Straßen erreicht. Erschließungsstraßen werden schmal und ohne Bäume gestaltet. Für die Erschließung nicht wichtige Straßen werden durch ihre Breite und die Verwendung von unterschiedlichen Alleen (allée double, allée simple) zu Räumen mit hoher Aufenthaltsqualität.

Die Form der Quartiere läßt auf eine offene, unregelmäßige Bebauung schließen. Somit erhalten die regelmäßigen Baumpflanzungen die Funktion, das Gliederungssystem des Gebietes herauszuarbeiten, Sichtbezüge und Tiefenwirkungen zu unterstützen, eigene 'grüne' Raumkanten zu bilden und Platz- und Straßenraum zu fassen. Die Baumreihe wird der Bebauung gleichgestellt. So sollen unregelmäßige Raumkanten im Straßenbild korrigiert werden. Im Westen Berlins soll so ein großzügig gestaltetes Wohnviertel entstehen.

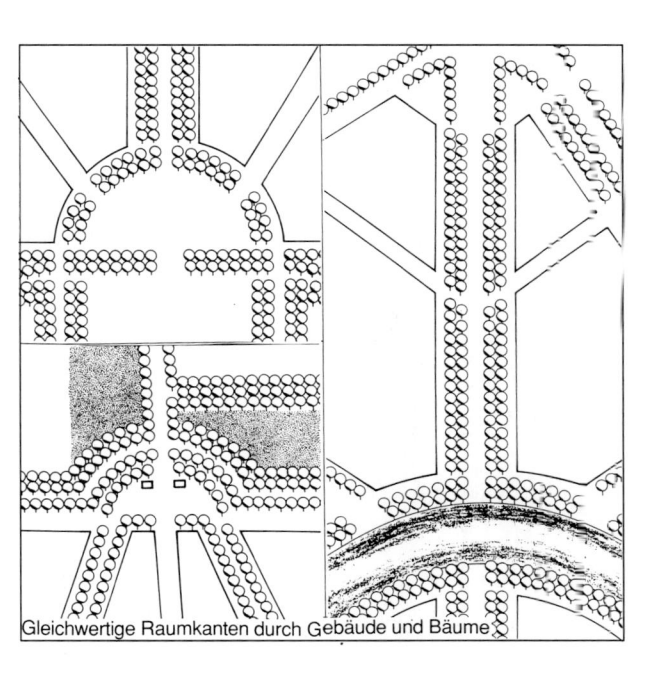

Verschiedene Straßen im Pulvermühlengelände   M 1:400

Gleichwertige Raumkanten durch Gebäude und Bäume

PLÄTZE IM STADTGRUNDRISS

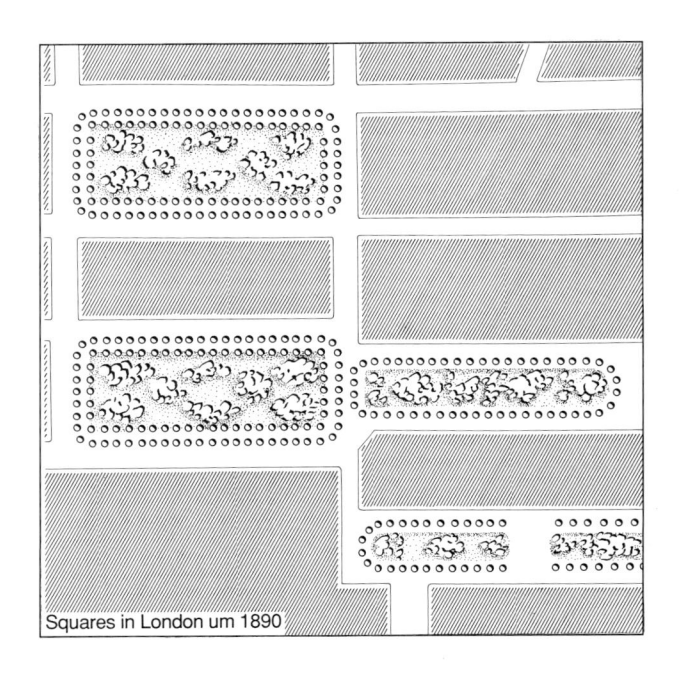

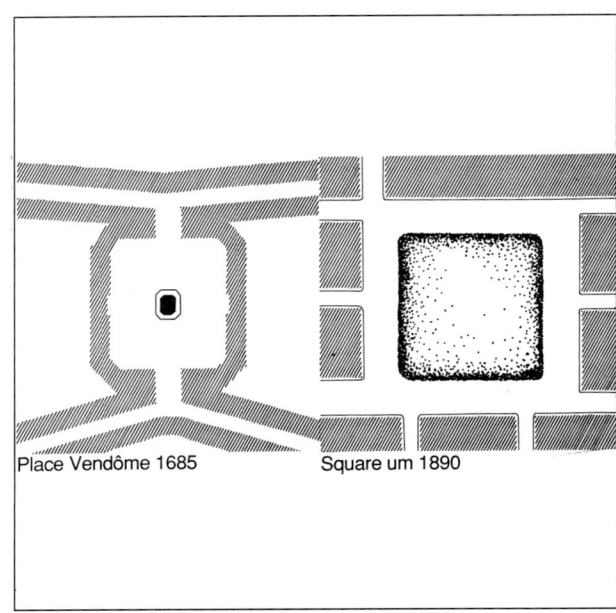

Squares in London um 1890

Place Vendôme 1685   Square um 1890

„... die Rasenplätze sind mit einer Sauberkeit und Sorgfalt angelegt, ... welche man nur in England kennt... Alle sind mit kostbaren eisernen Gittern umgeben und nur wenigen nahe wohnenden Personen ist der Zugang... gestattet.
Nächst diesem äußeren Verschluß, entziehen doppelte Heckenwände... dem Vorbeiwandelnden die Ansicht... Jene Squares sind ein Notbehelf der Städter... Es wäre zu wünschen, daß der Bauplan der Stadt Berlin auf ähnliche Einrichtungen gemacht wäre." (Lenné, 1822)

Die einzige Funktion barocker Plätze war es, die absolutistische Macht durch ein Monument des Königs in der Platzmitte darzustellen. Bei Lennés Plätzen, wie auch bei den Squares in London, rücken Pflanzungen in den Mittelpunkt. Während der verkehrsabgelegene Square nur von Anliegern genutzt wird, sieht Lenné für seine meist an Hauptverkehrsstraßen gelegenen Plätze eine öffentliche Nutzung als Schmuckplatz vor. So bleibt z.B. auch auf dem Leipziger Platz die zentrale Achse Verkehrsachse.

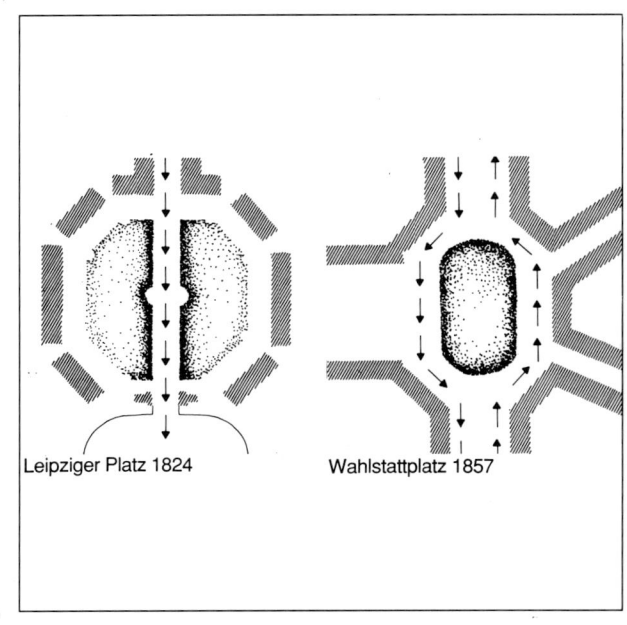

Landschaftlich gestalteter Square um 1800

Leipziger Platz 1824   Wahlstattplatz 1857

IDEEN ZUR STADT

DER SQUARE ALS ANREGUNG

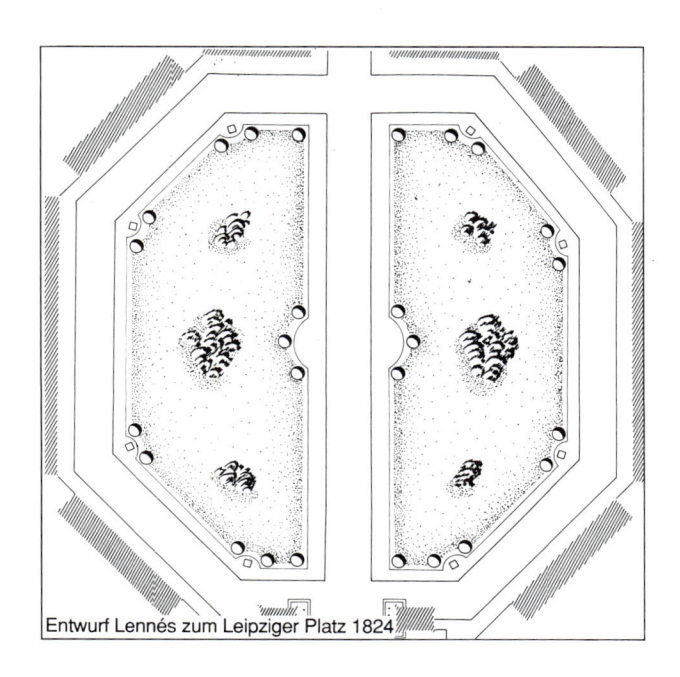

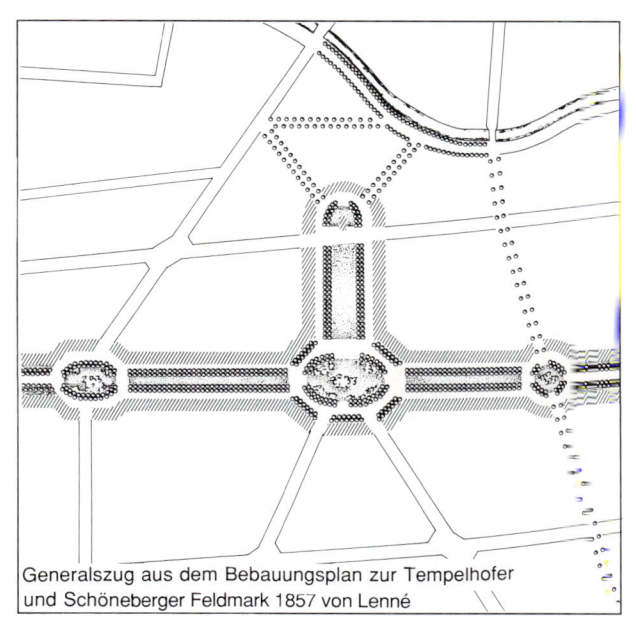

Entwurf Lennés zum Leipziger Platz 1824

Generalszug aus dem Bebauungsplan zur Tempelhofer und Schöneberger Feldmark 1857 von Lenné

Der Leipziger Platz hat, im Gegensatz zum Square, eine transparente Raumwirkung. Nur ein eisernes Gitter erinnert noch an das Londoner Vorbild.
Kugelakazien passen sich durch ihre geometrische Form an die barocke Fassade an und betonen durch ihren Standort an den Ecken die geometrische Platzform. Der Binnenplatz paßt sich auch durch seinen achteckigen Grundriß an die Gebäudekante an.
Die weiträumige Rasenfläche läßt die Fassaden zur Geltung kommen.

Der Wahlstattplatz als Teil des Generalszuges liegt, im Gegensatz zu den Squares, verkehrsorientiert. Eine Allee umgibt die Grünfläche, die Buschgruppen sind übermannshoch. Durch diese square-ähnliche Bepflanzung wird der Binnenplatz vor dem Verkehr geschützt, löst sich aber sowohl dadurch als auch durch seinen ovalen Grundriß vom Hauptplatz. Im Unterschied zur einheitlichen Bebauung des Leipziger Platzes soll hier die Allee vor den Fassaden die Raumgliederung übernehmen. Es besteht kein Blockbezug mehr zur Architektur.

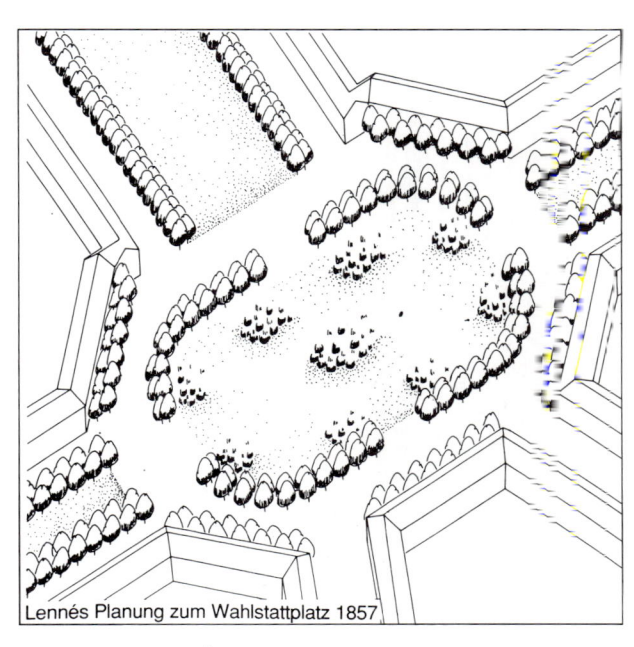

Der Leipziger Platz um 1830 - die ausgeführte Lenné-Planung

Lennés Planung zum Wahlstattplatz 1857

153

DAS HIPPODROM IM STADTBILD

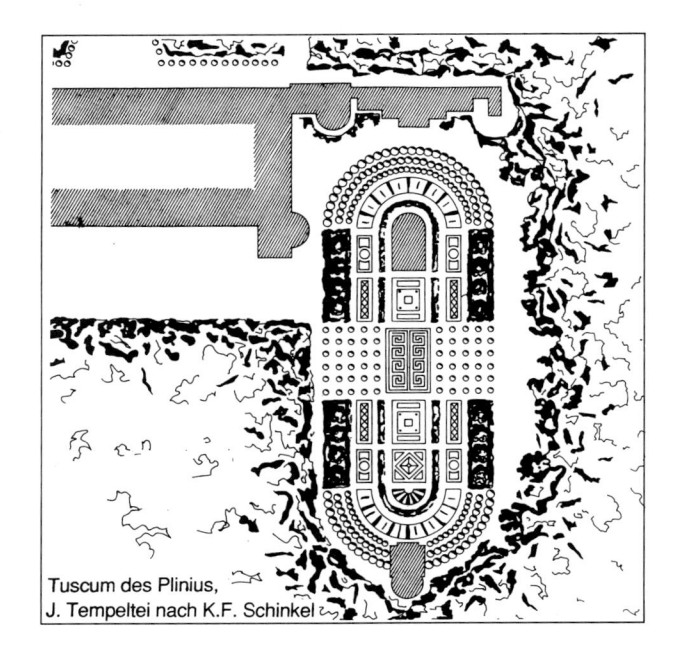

Tuscum des Plinius, J. Tempeltei nach K.F. Schinkel

Das Hippodrom, ursprünglich eine heilige Stätte, war in der Antike eine Rennbahn für Pferde- und Wagenrennen. Zwei Säulen oder Obelisken kennzeichneten die Wendemarken. Aber bereits Plinius d. J. (61-113) verwandte das Hippodrom als Gartenelement. Es diente ihm als Ort der Ruhe und Erholung. Das Hippodrom wurde von Bäumen gesäumt, und im Innenbereich gab es u.a. geschnittenen Buchs und Rosen. Licht und Schatten, Wärme und Kühle wechselten sich ab. An einem Ende befand sich ein Ruhesitz (Stibadium).

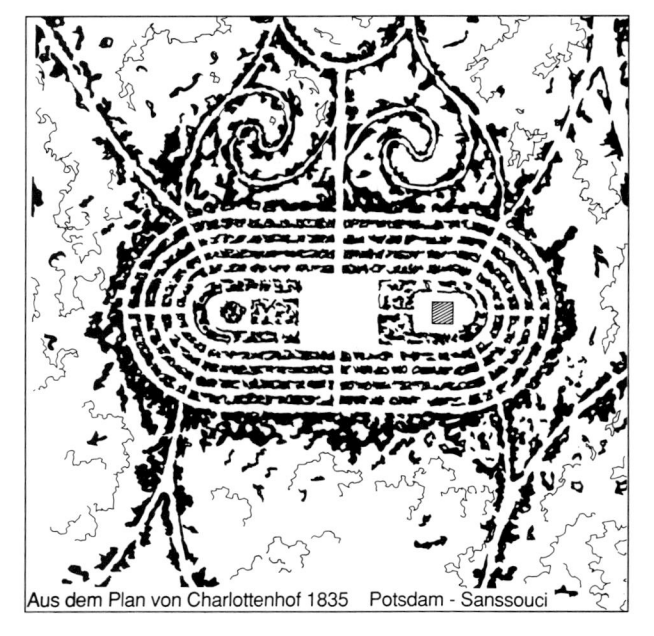

Aus dem Plan von Charlottenhof 1835 Potsdam - Sanssouci

Schinkel kannte die Villenbeschreibungen des Plinius und kopierte das Stibadium für Charlottenhof und Muskau. In Charlottenhof gestalteten Lenné und er das Hippodrom gemäß diesem Vorbild. An Stelle der Wendemarken stehen das Stibadium und das Cubiculum; von außen nach innen kleiner werdende Pflanzungen bilden die Sitzreihen einer Rennbahn. Lenné verwandte das Hippodrom mehrmals, so z.B. im Tiergarten, im Zoologischen Garten, auf dem Königsplatz oder beim Mariannenplatz.

IDEEN ZUR STADT

Der Mariannenplatz wurde 1853 vor dem Krankenhaus Bethanien angelegt. Die Gestaltung zeigt viele Parallelen zu Plinius auf: Auch er wird von Bäumen umsäumt und enthält im Inneren Rasen, Buschwerk und Staudenpflanzungen. Die Sitznischen in den Halbzirkeln übernehmen die Ruheraumfunktion des Stibadiums. Wie auch der Klassizist Schinkel (z.B. 1828 im Lustgarten) verwendet Lenné das Hippodrom, wodurch sich dieses antike Element endgültig im Städtebau etabliert.

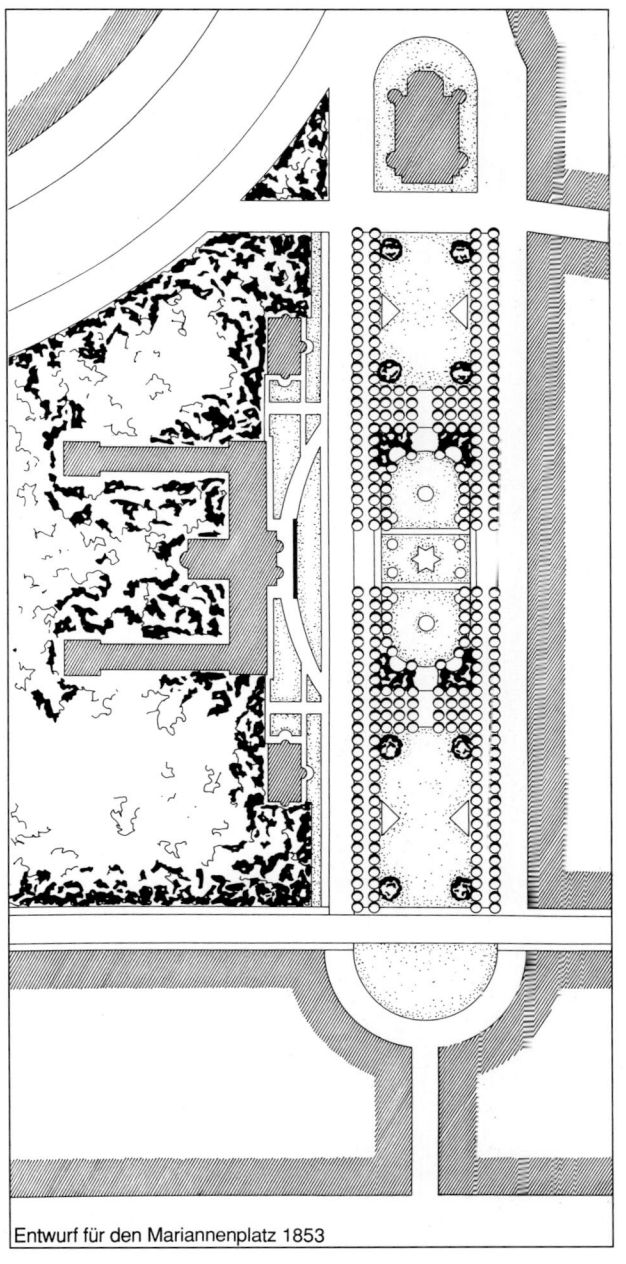

Krankenhaus Bethanien um 1855

Entwurf für den Mariannenplatz 1853

Belle Alliance Platz

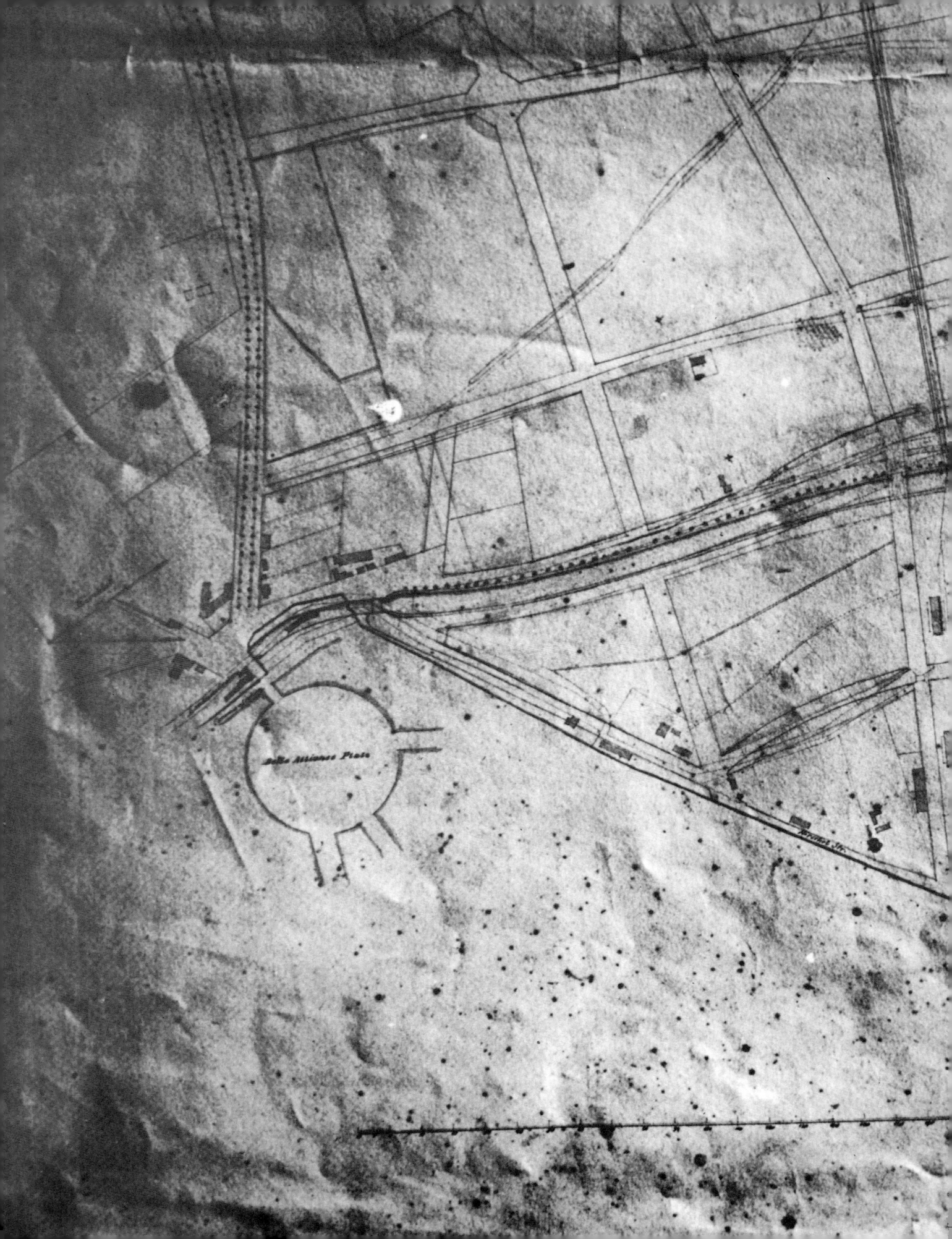

SCHMUCK- UND GRENZ-ZÜGE

DER GESAMTPLAN FÜR BERLIN

Eine große Idee vor dem Hintergrund der Zeitgeschichte

Im Jahre 1840 reichte Lenné beim Innenministerium den Gesamtplan der Schmuck- und Grenzzüge ein. Er hatte dafür keinen Auftrag. Seine Beschäftigung mit Teilprojekten nahm er zum Anlaß für eine bereits überfällige Gesamtperspektive. Die Planung versucht, den Anspruch der Bevölkerung auf gesunde und ästhetische Lebensverhältnisse gleichwertig neben die Interessen der Öffentlichen Hand und die Förderung der Wirtschaft zu stellen.

Unterstützung fand Lenné bei König Friedrich Wilhelm IV. Der frisch gekrönte sogenannte „Romantiker auf dem Thron", selbst ein ambitionierter Baukünstler, sympathisierte mit Lennés Idee einer übergreifenden, „harmonisierenden" Stadtentwicklung. Um den Überblick zu behalten, machte er 1842 jeden Straßenentwurf von seiner Genehmigung abhängig. Trotzdem schwand sein Einfluß auf das Wachstum seiner Residenz, da Grund und Boden in Privatbesitz übergegangen und seiner Verfügung entzogen waren. Hohe Bodenpreise und die sich rasch ändernden Notwendigkeiten der

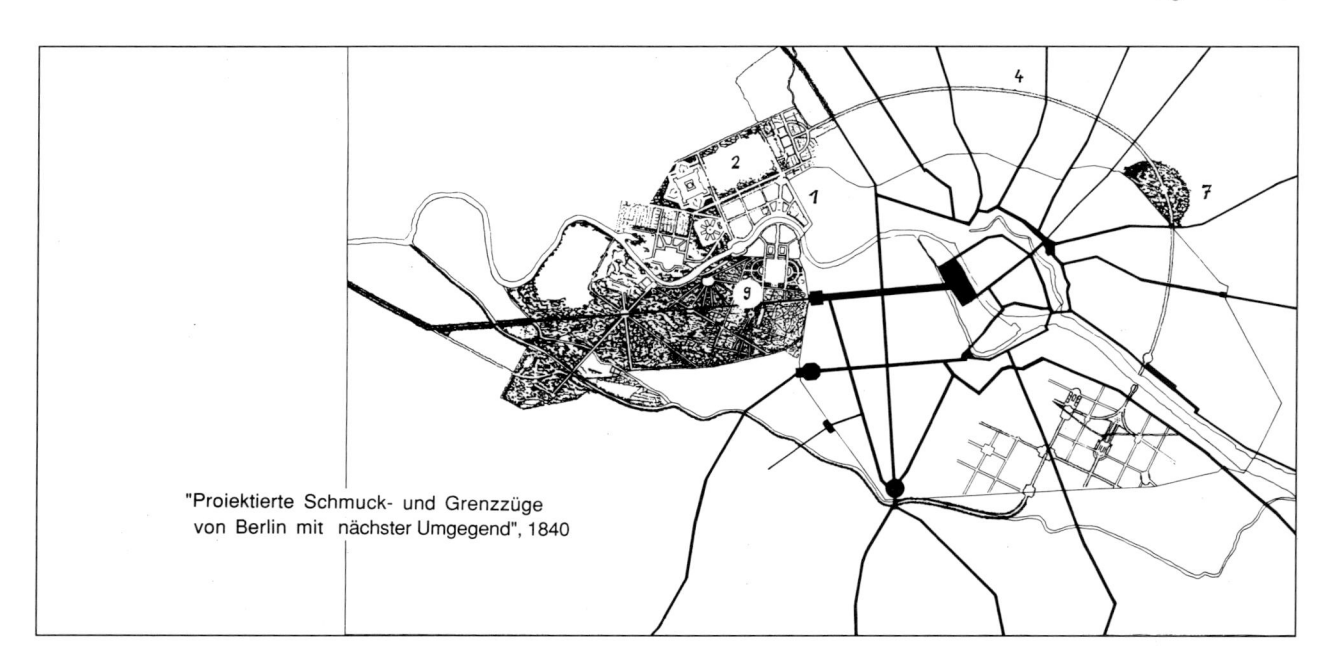

"Projektierte Schmuck- und Grenzzüge von Berlin mit nächster Umgegend", 1840

Der Gesamtplan von 1840 fand Gefallen beim König. 1841 regte er die Bildung einer Immediatkommission an, bestehend aus Vertretern aller beteiligten Verwaltungen, die die Bebauung des Köpenicker Feldes vorantreiben sollte. Deren Aufgaben erweiterte er: „Zugleich wird dieselbe ebenso auch ihre Tätigkeit auf die Anlegung des Kanals, sowie auf den hiermit zusammenhängenden größeren Plan wegen der Schmuck- und Grenzzüge der Residenz Berlin, der mir bereits von Lenné vorgelegt und im allgemeinen meinen Beifall hat, zu richten haben." (Aus einem Brief an zwei Minister.) Dennoch wurde aufgrund verschiedener Einrichtungen für nahezu alle Bestandteile der Schmuck- und Grenzzüge eine Plan-Fortschreibung notwendig. 1843 erhielt Lenné den Auftrag für einen Gesamtplan, der „sowohl dem Willen seiner Majestät des Königs, als „auch den Verhältnissen" zu entsprechen hatte. Das Resultat, die „Schmuck- und Bauanlagen", besteht nur z.T. aus Neuplanungen. Z.T. werden darin ältere Pläne dargestellt. Gegenüber den „Schmuck- und Grenzzügen" wird ein Zerfall in Teilprojekte deutlich.

UND DER NACHFOLGEPLAN VON 1843

frühkapitalistischen Entwicklung machten denn auch einige Ideen Lennés hinfällig. Die letztendlich realisierten Elemente seiner Gesamtplanung zeugen aber von großer Weitsicht. Seinen Vorschlägen zur Grünflächensicherung verdankt Berlin den bis heute wichtigen Friedrichshain und die Einbeziehung der Fasanerie (des späteren Zoos) in den Tiergarten. Der Grünzug des Landwehrkanals sowie die Grünanlagen der Luisenstadt sind ebenso bis heute erlebbar geblieben. Richtungsweisend für die Weiterentwicklung des Königsplatzes war die Verlagerung des Exerzierplatzes nach Norden.

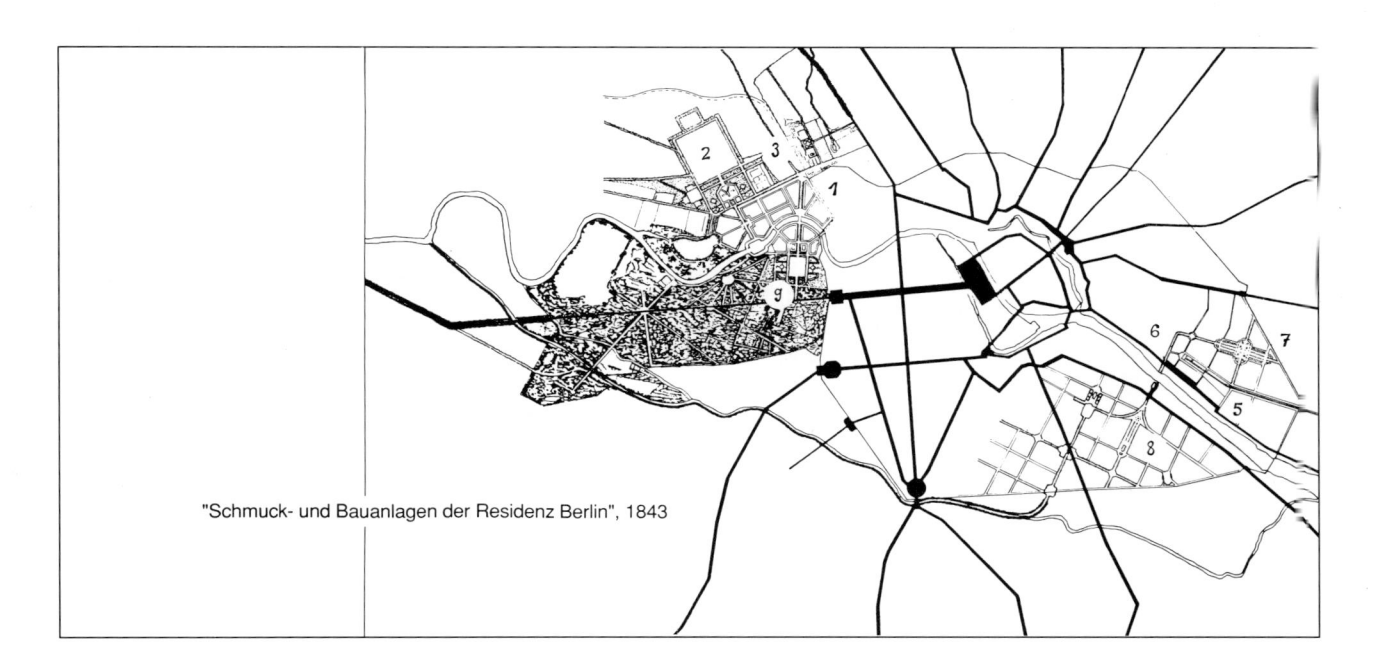

"Schmuck- und Bauanlagen der Residenz Berlin", 1843

Fürs Pulvermühlengelände[1] enthält der 43er Plan einen neuen Bebauungsplan. Hier verfügte der König 1842 die Änderung des projektierten Exerzierplatzes[2] wegen zu hoher Geldforderungen der Anlieger. Außerdem mußte Lenné Gelände freilassen für den damals schon zur Diskussion stehenden Hamburger Bahnhof[3]. Der Verzicht auf den nördlichen Boulevard[4] ist wohl ebenfalls den hohen Grundstückspreisen zuzuschreiben. Im Bereich Stralauer Vorstadt hatte Lenné die Anlage des Frankfurter Bahnhofs[5] zu berücksichtigen. Hier ist noch ein Rest des Boulevards[6] enthalten, der von Lenné sehr verteidigt wurde, um den darauf hingeführten Straßenzug des Köpenicker Feldes nicht funktionslos werden zu lassen. Das „Verrutschen" des Friedrichshains[7] überrascht, da derselbe an der von Lenné 1840 vorgeschlagenen Stelle bereits im selben Jahr beschlossen worden war. Fürs Köpenicker Feld übernimmt der 43er Gesamtplan den schon genehmigten Bebauungsplan Lennés von 1841[8]. Von den Neuerungen des 43er Plans wurde nur der Exerzierplatz[2] verwirklicht. Für den Königsplatz[9] und das Pulvermühlengelände[1] erstellte Lenné später weitere Pläne.

ÄSTHETISCHE UND STADTGESTALTERISCHE

Städtebau als Raumkunst

Für Lenné war Gestaltungsqualität ebenso wichtig wie Funktionalität. Auch sehr zweckorientierte Anlagen konzipierte er als ästhetisch ansprechende Stadträume. Heute „unpraktisch" erscheinende Planungen genügten dabei durchaus damaligen funktionalen Ansprüchen. Sofern sie später gewandelten technischen Anforderungen nicht mehr entsprachen, behielten sie doch die ästhetische Dimension.

Lenné betrieb Stadtentwicklung noch aus einer produktiven Gesamtschau heraus, mehr als Künstler denn als Technokrat. Die Aufspaltung der Stadtplanung in Einzeldisziplinen stand noch aus. Wie die Gartenkunst wurde auch der Städtebau als Raumkunst begriffen. Sowohl für Lennés Formensprache als auch für seine rhythmischen Raumfolgen in der Stadt stand die Gartenkunst Pate. Interessant ist, daß er trotz des landschaftlichen Gartenstils der Zeit im Städtebau strenge architektonische Formen für angemessen hielt.

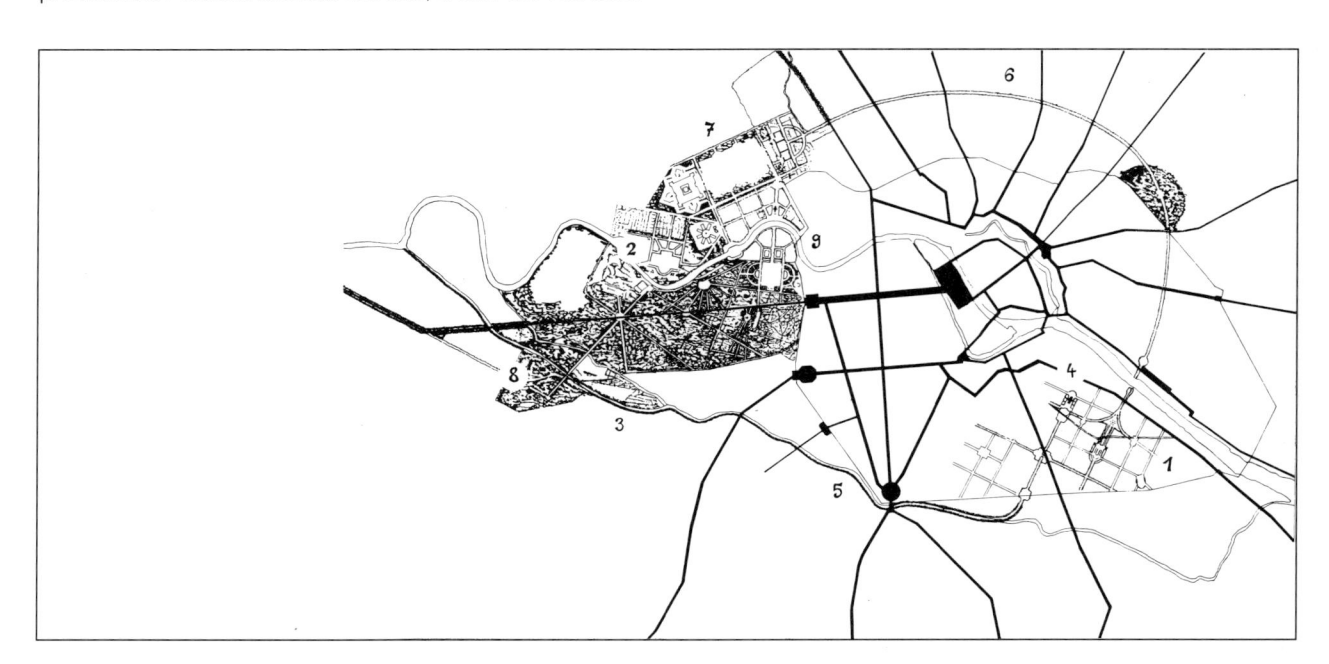

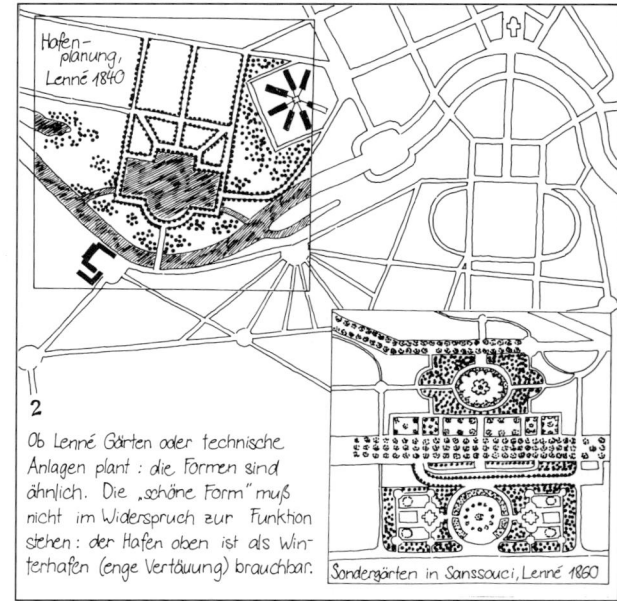

Ob Lenné Gärten oder technische Anlagen plant: die Formen sind ähnlich. Die „schöne Form" muß nicht im Widerspruch zur Funktion stehen: der Hafen oben ist als Winterhafen (enge Vertäuung) brauchbar.

Hafenplanung, Lenné 1840

Sondergärten in Sanssouci, Lenné 1860

ASPEKTE DER SCHMUCK- UND GRENZZÜGE

Innerstädtische Wasserstraßen werden, sofern noch nicht bebaut, durch Promenaden erschlossen.
Andere Nutzungen sind nachgeordnet.

Im Plan sind zwei sehr reizvoll gelegene Kirchen dargestellt: Platzsituation mit Bezug zum Wasser.
Im Bild: die Michaelskirche am Luisenstädtischen Kanal.
Die am Spreebogen geplante Kirche wurde nie gebaut.

Der Boulevard bietet zwei völlig verschiedene Perspektiven: den Blick auf die Vorstadt (unten) und auf's Umland (rechts).
Leichte Höhenlage gewährt gute Sicht (bis Spandau!).

Panoramablick vom nördlichen Boulevard aus in die Landschaft. Die Krümmung des Boulevards ergibt ständig wechselnde Blickrichtungen.

ÄSTHETISCHE UND STADTGESTALTERISCHE

Lennés Planung zielt auf „Verbürgerlichung" der Stadt hin:

Abkehr von der Ausrichtung auf das Schloß, Gleichrangigkeit der Stadträume trotz unterschiedlicher Ausgestaltung, qualitativ hochwertige Schmuckanlagen, die zum Gesichtsgewinn der Stadtteile beitragen und Identifikation ermöglichen, Öffnung der Stadt zur Landschaft/Eindringen natürlicher Elemente in die Stadt, Aufwertung der Wohngebiete von Handwerkern und Arbeitern.

Die Ringverbindung als gesamtstädtischer Grünzug verbindet markante Punkte und bietet in sich sehr unterschiedliche Aufenthaltsqualitäten.

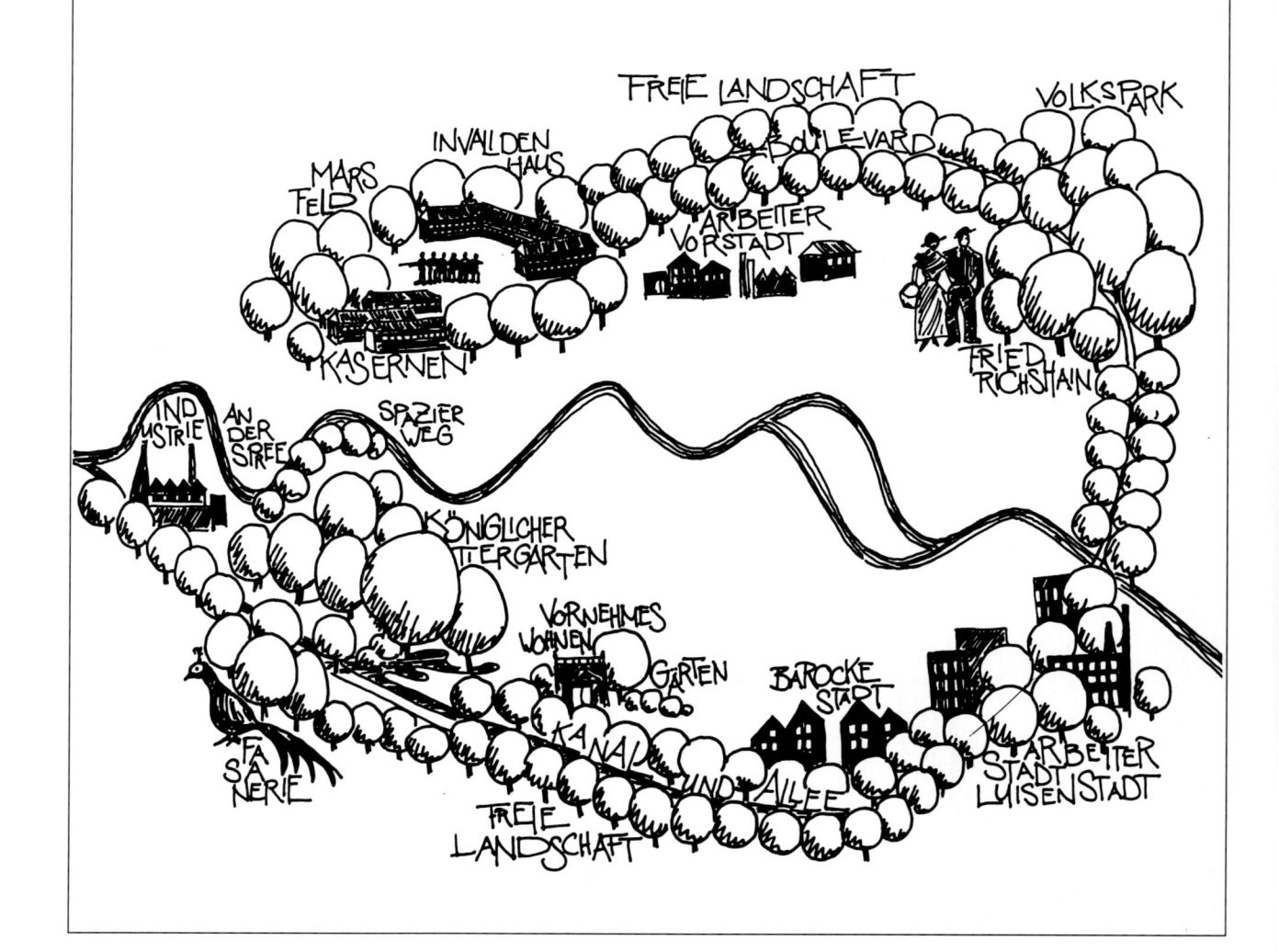

ASPEKTE DER SCHMUCK- UND GRENZZÜGE

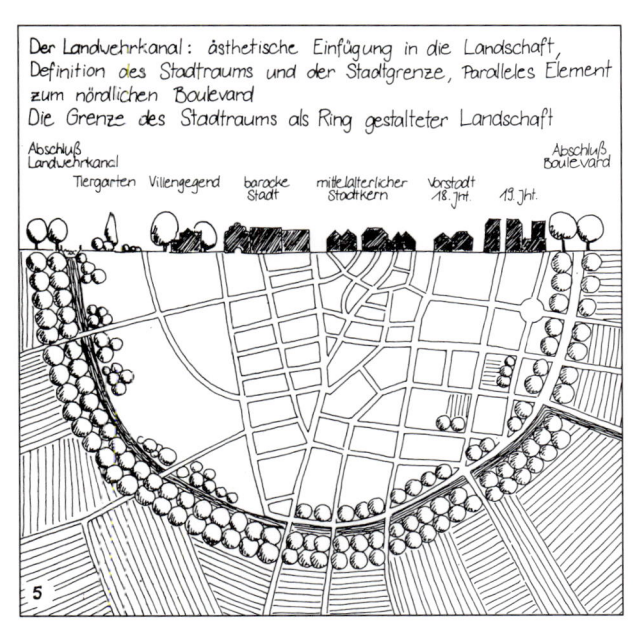

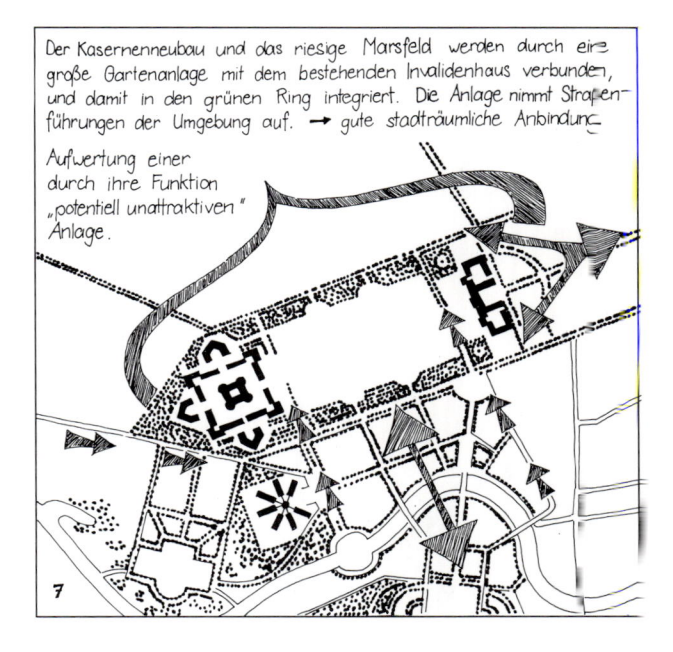

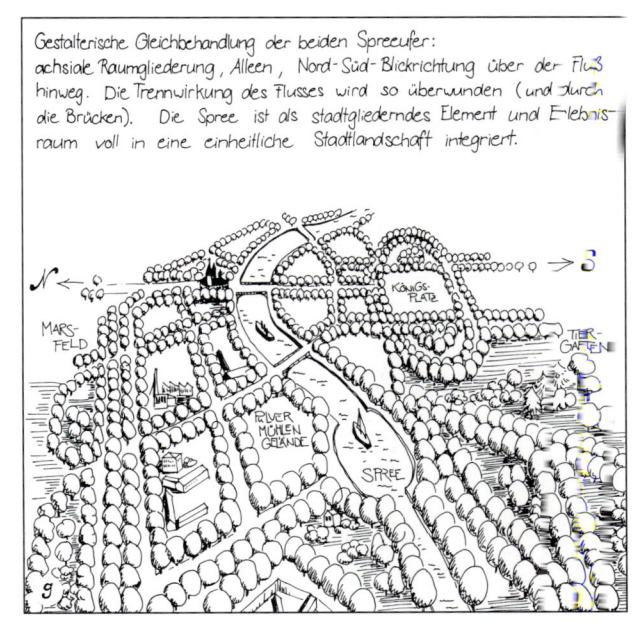

5. Der Landwehrkanal: ästhetische Einfügung in die Landschaft, Definition des Stadtraums und der Stadtgrenze, Paralleles Element zum nördlichen Boulevard. Die Grenze des Stadtraums als Ring gestalteter Landschaft.
Abschluß Landwehrkanal — Tiergarten — Villengegend — barocke Stadt — mittelalterlicher Stadtkern — Vorstadt 18. Jht. — 19. Jht. — Abschluß Boulevard

7. Der Kasernenneubau und das riesige Marsfeld werden durch eine große Gartenanlage mit dem bestehenden Invalidenhaus verbunden, und damit in den grünen Ring integriert. Die Anlage nimmt Straßenführungen der Umgebung auf. → gute stadträumliche Anbindung.
Aufwertung einer durch ihre Funktion „potentiell unattraktiven" Anlage.

8. Wohnen im Grünen im Bereich Fasanerie: Villen sollen einbezogen werden in die landschaftliche Anlage.

9. Gestalterische Gleichbehandlung der beiden Spreeufer: achsiale Raumgliederung, Alleen, Nord-Süd-Blickrichtung über den Fluß hinweg. Die Trennwirkung des Flusses wird so überwunden (und durch die Brücken). Die Spree ist als stadtgliederndes Element und Erlebnisraum voll in eine einheitliche Stadtlandschaft integriert.

SCHMUCK UND GRENZZÜGE

„PROJEKTIERTE SCHMUCK- UND GRENZZÜGE EINE PLANUNG IM SPANNUNGSFELD VON

Der Plan Schmuck- und Grenzzüge umfaßt

eine Vielzahl von Neuerungen, die alle in einen stadtumgreifenden „grünen Ring" integriert sind:

die Kanalisation des Landwehrgrabens und dessen Verbindungen mit der oberen Spree durch den Luisenstädtischen Kanal,

Lennés überarbeitete Vorstellungen für das Köpenicker Feld (die Luisenstadt),

eine planerische Vorstufe zum Volkspark Friedrichshain im Nordosten der Stadt,

einen baumbestandenen Boulevard am Rand der nördlichen Vorstädte,

einen Kasernenneubau gegenüber dem Invalidenhaus, mit diesem durch Grünanlagen und Marsfeld verbunden, sowie eine Flächenzuweisung für das Zellengefängnis,

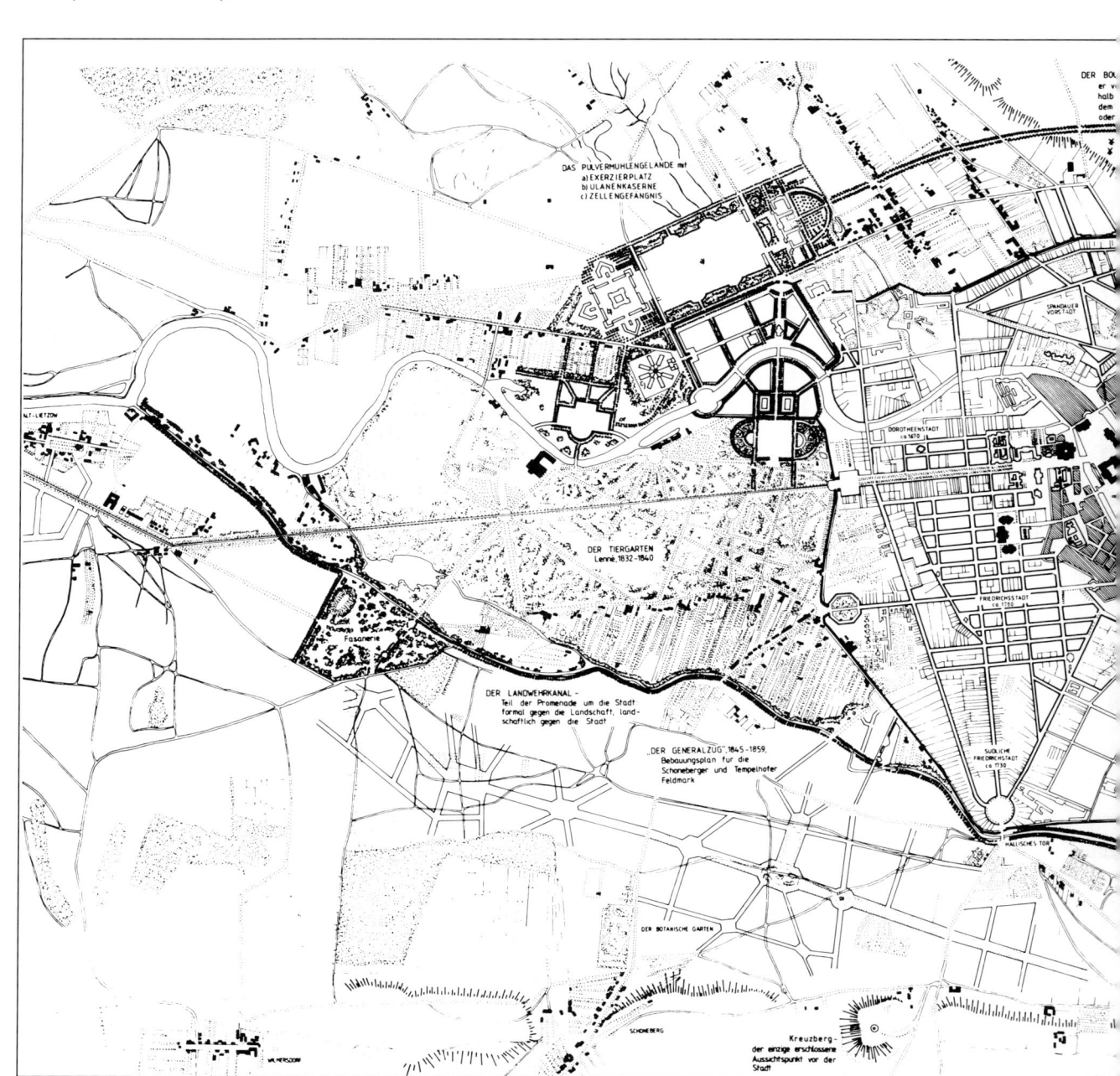

„VON BERLIN MIT NÄCHSTER UMGEBUNG" – ANSPRÜCHEN UND BEDÜRFNISSEN

Gestaltungsvorschläge für das Pulvermühlengelände und den Spreebogen einschließlich Exerzierplatz (Königsplatz),

einen Hafen und eine Grünanlage einschließlich Brückenschlag zum Tiergarten auf dem Gelände des heutigen Moabiter Werders,

einen mit Schmuckpflanzungen begleiteten Reit- und Fußweg am südlichen Spreeufer zwischen Tiergarten und Moabiter Brücke,

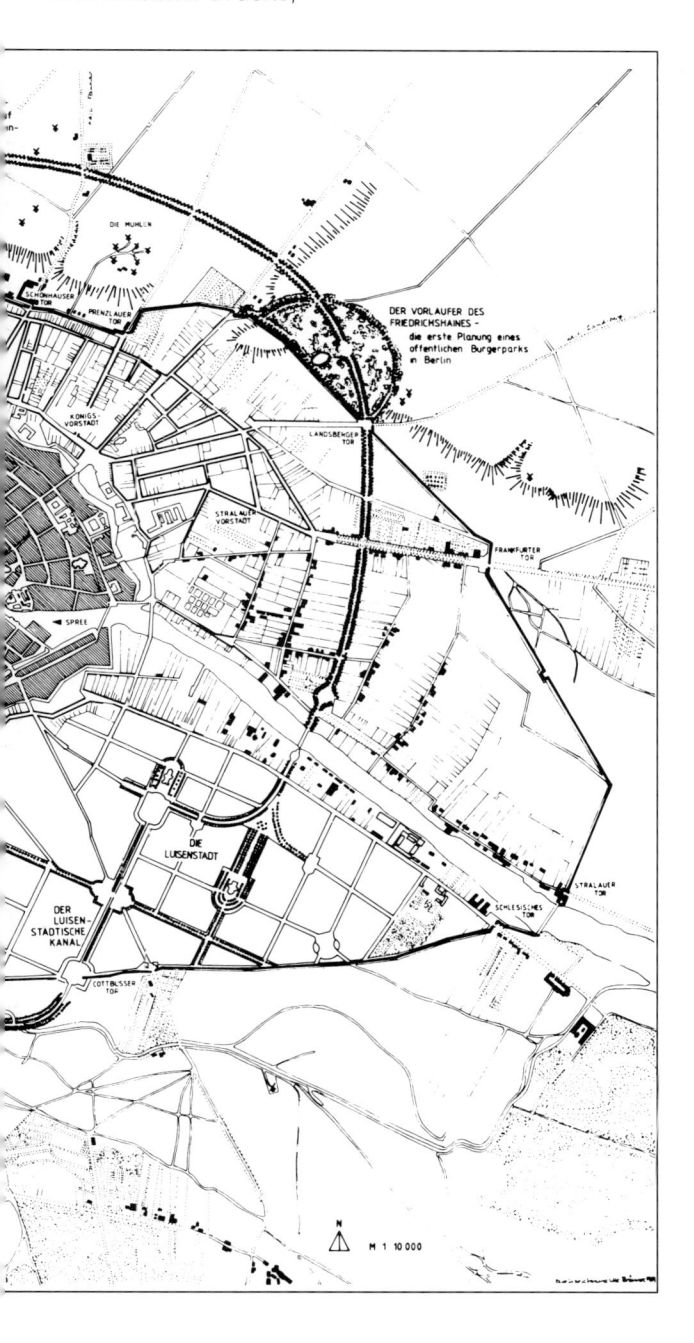

Neuordnung des Fasaneriegeländes, dessen Einbeziehung in den Tiergarten vorgesehen ist.

Berlin 1840 – Der planerische Handlungsbedarf

Der Lennésche Gesamtplan ist vor dem Hintergrund einer allgemeinen Umbruchsituation zu sehen, die von Staat und Stadt dringend Initiativen erforderte:

Die Stadt erlebte seit der Jahrhundertwende eine Bevölkerungsexplosion.

Dem Bevölkerungsdruck stand eine völlig unzureichende Erschließung von Bauland gegenüber.

Trotz noch erheblicher Freiflächen innerhalb der Stadtmauer begannen außerhalb die kapitalistischen Vorstädte zu wuchern. Chaotische Nutzungsmischung und punktuell völlig überhöhte Wohndichte waren kennzeichnend.

Nach einem schleppenden Industrialisierungsbeginn hatte sich eine erste Zusammenballung von Eisenindustrie vor dem Oranienburger Tor gebildet.

Trotzdem war Berlin noch eher eine Handwerkerstadt als eine Industriestadt. Mangel an Arbeitsmöglichkeiten und Wohnungsnot bestimmten die Lage breiter Bevölkerungsschichten.

Die Wohnviertel der Armen waren mit Grün völlig unterversorgt.

Die Spree war durch den innerstädtischen Schiffsverkehr völlig überlastet.

Für all diese Probleme mußte eine geregelte Stadterweiterung Lösungen finden. Vorrangig war, durch forcierten Straßenbau der Öffentlichen Hand Anstöße für Wohnungsbau und Gewerbeansiedlung zu geben. Kanalprojekte waren verkehrstechnisch und als Infrastrukturangebot ein Gebot der Zeit. Lenné erweiterte sie um den Aspekt der Grünplanung.

Eine komplexe Aufgabe war die Planung der Luisenstadt, da hier die Bedürfnisse eines ganz neuen Stadtteils eingeschätzt werden mußten.

Andere Elemente der Schmuck- und Grenzzüge erfüllten enger gesteckte Aufgaben: Der Friedrichshain und der nördliche Boulevard waren als Erholungsplanung für die angrenzenden Stadtteile vorgesehen. Die Militärbauten entsprachen den Bedürfnissen der durch Wehrpflicht, Kasernierung und Garderegimenter wachsenden Armee. Auch der Neubau von Kirchen war Notwendigkeit angesichts der Gemeindegrößen von über 50 000 Seelen.

Belle Alliance Platz

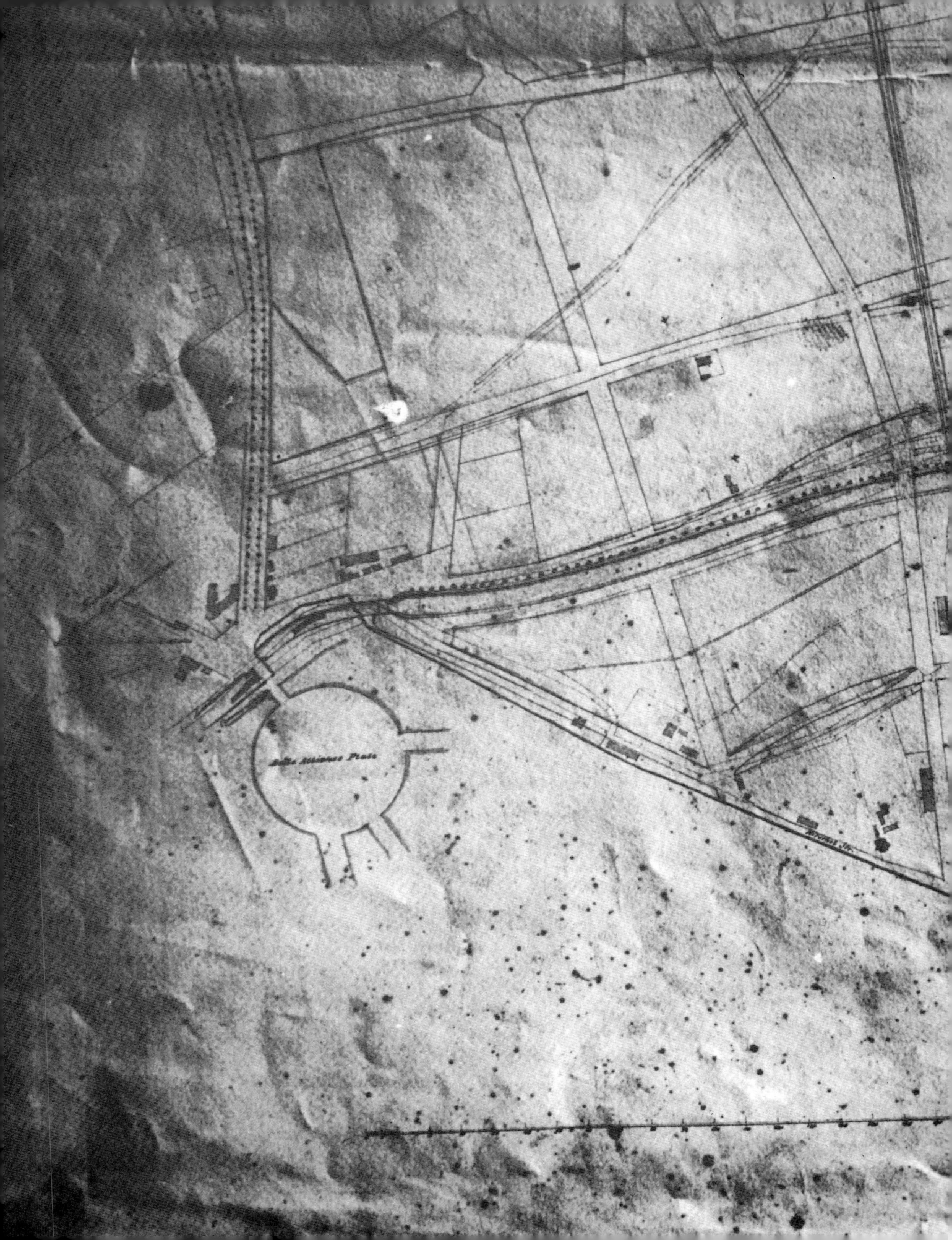

LAND WEHR KANAL

DER LANDWEHRKANAL

VOM LANDWEHRGRABEN

Seit dem Mittelalter herrscht reger Verkehr auf den Wasserstraßen der Mark Brandenburg. Mit der Zeit entwickelt sich Berlin zum Verkehrsknotenpunkt. Um 1705 wird es notwendig, die Spree durch den Ausbau des Landwehrgrabens zu entlasten. Der Floßbetrieb des für Berlin bestimmten Holzes behindert in zunehmendem Maße die Schiffahrt. Nach seiner Verbreiterung wird der Landwehrgraben bis zu einem königlichen Holzplatz am Halleschen Tor für Holztransporte genutzt. Neben der Entwässerung des angrenzenden Stadtgebietes vermindert er die Gefahren von Hochwassern der Spree. Hinter dem Halleschen Tor dient er unter verschiedenen Namen (Schafgraben, Hasengraben, Mühlengraben) dem Betrieb der Tiergartenmühle.

Durch die Wiederbelebung des Handels nach den Befreiungskriegen (1813-15) entstehen erneut unhaltbare Zustände auf der Spree. Die Schiffe müssen 6-8 Tage, manchmal sogar einen ganzen Monat vor der Stadtschleuse warten, bevor sie passieren können.

Neben der beginnenden Industrialisierung führt vor allem die Bevölkerungsexplosion Berlins in der ersten Hälfte des neunzehnten Jahrhunderts zu einem

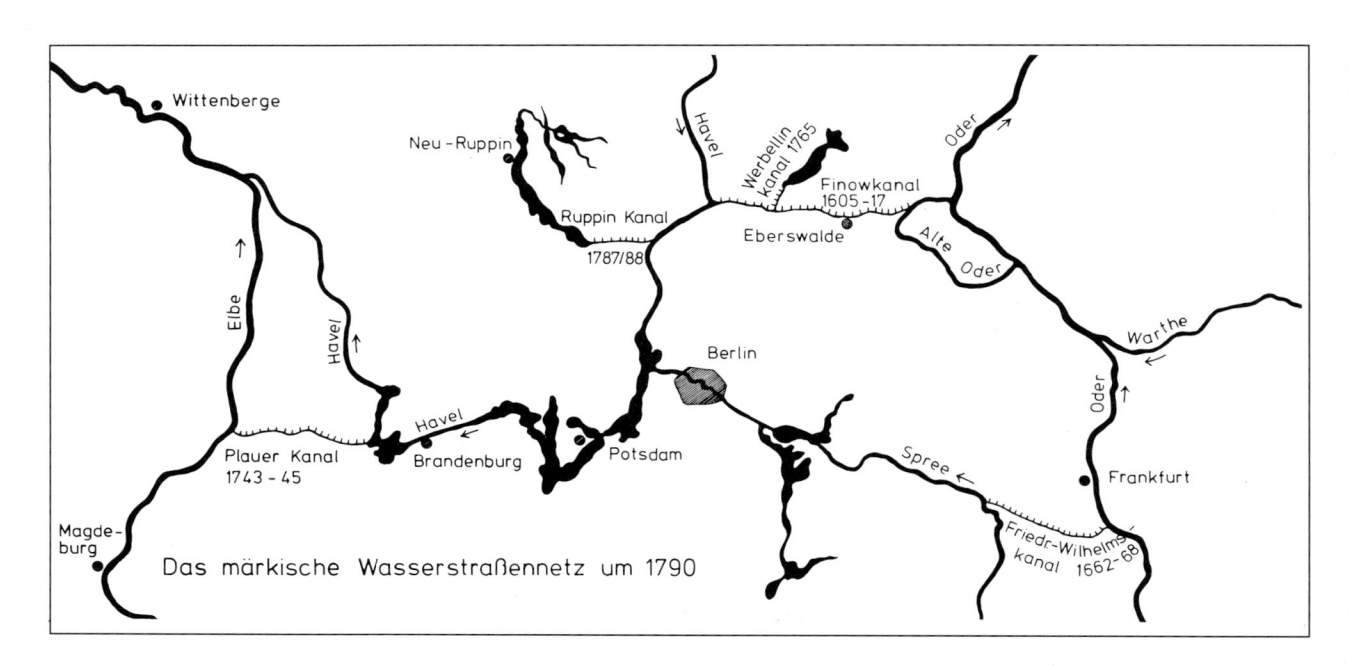

Das märkische Wasserstraßennetz um 1790

Ansicht von der Fischerbrücke spreeaufwärts um 1780
Der zunehmende Verkehr auf der Spree führt zu immer größeren Problemen. Beim Be- und Entladen und ebenso beim Rangieren der bis zu 100 t tragenden Schiffe kommt es häufig zu Kollisionen.

Nach 1815 besteht ein großer Teil des Frachtgutes aus Baumaterial. Bei diesen Schwertransporten ist die Eisenbahn bis gegen Ende des Neunzehnten Jahrhunderts nicht konkurrenzfähig; dies gilt sowohl für die Kosten als auch für die Menge, welche transportiert werden kann.

ZUM LANDWEHRKANAL

enormen Anstieg des Güterverkehrs auf dem Wasser. Die schnell wachsende Stadt muß mit Brennstoffen und Lebensmitteln versorgt werden. Der größte Teil der Fracht besteht aus Baumaterial; hauptsächlich Ziegelsteine aus den Ziegelbrennereien der Umgebung Berlins. In rasantem Tempo werden Wohnhäuser und Industrieanlagen gebaut.
Schließlich stellt der beabsichtigte Dombau und die damit verbundene Verengung des Spreebettes einen weiteren Grund für den Bau des Landwehrkanals dar.

Der erste Plan für diesen Ausbau wird 1816 von Mühlenoberinspektor Schwahn angefertigt. Wegen finanzieller Schwierigkeiten wird er jedoch nicht verwirklicht. Beim späteren Bau muß der Staat immerhin bis zu 100 Thaler pro Quadratruthe (14,18 qm) zahlen. Erst Lenné gelingt es in seinem Bebauungsplan für das Köpenicker Feld (1840) den Bau des Landwehrkanals fest in die Erweiterung der Stadt einzubinden.

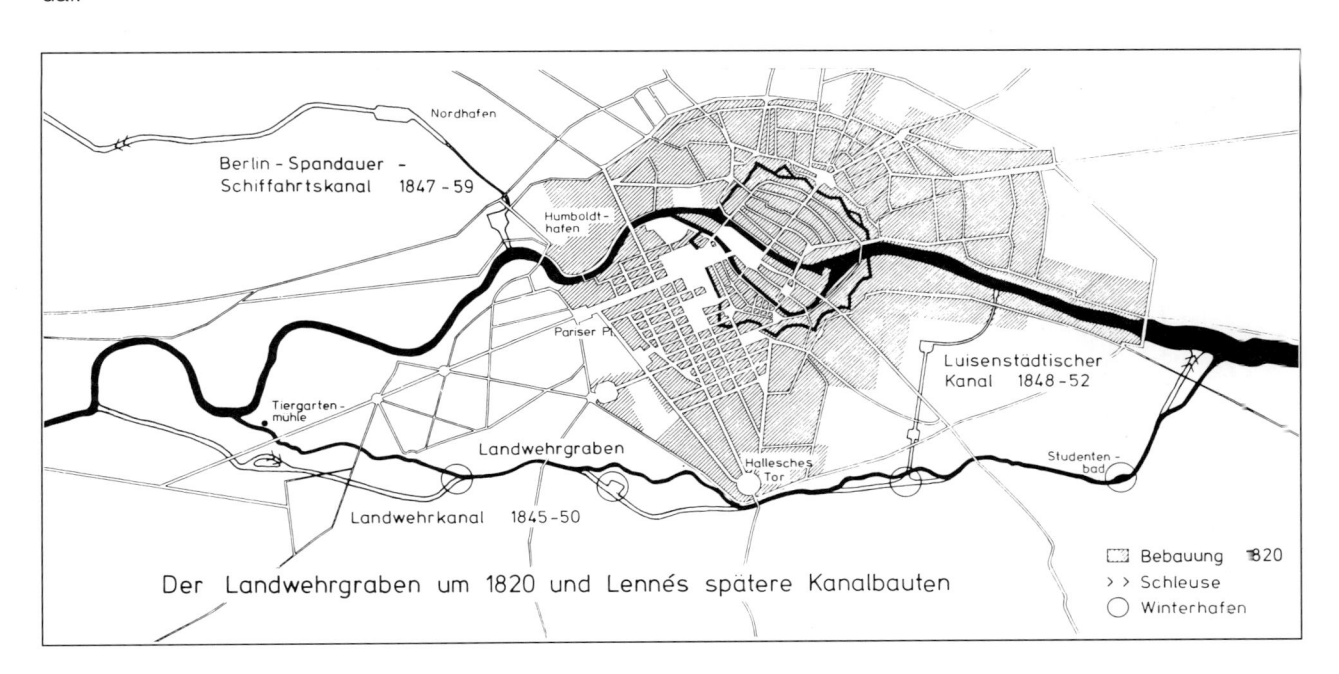

Der Landwehrgraben um 1820 und Lennés spätere Kanalbauten

Ansicht des Waisenhauses mit der Waisenbrücke um 1780
Im Vordergrund ist eine Aufschwemme zu sehen, an der Bauholz angefahren wird und Schiffe anlegen können.

Segelkähne auf der Spree
Bis ins Zwanzigste Jahrhundert werden solche Schiffe auf den Wasserstraßen der Mark Brandenburg eingesezt.

LENNE PLANT DEN LANDWEHRKANAL

24. April 1840. Peter Joseph Lenné, beauftragt mit der Erstellung eines Bebauungsplanes für das Köpenicker Feld, legt diesen und sein Projekt „Schmuck- und Grenzzüge von Berlin mit nächster Umgebung" dem preußischen Innenministerium zur Begutachtung vor. In der beigefügten Denkschrift bezeichnet Lenné den Bau des Luisenstädtischen Kanals und die Umwandlung des Landwehrgrabens in einen schiffbaren Kanal, als „...die hydrotechnischen Arbeiten des Projektes, die in der Tat die Seele des Ganzen bilden." Er argumentiert zunächst mit der verkehrstechnischen Notwendigkeit und dem ökonomischen Nutzen, da diese Punkte seit vielen Jahren die Diskussion um einen Entlastungskanal für die überfüllte Spree bestimmen. Doch plant Lenné nicht nur einen schiffbaren Kanal, er will diesen auch ästhetisch in die Landschaft einfügen und mit einem Boulevard und begleitenden Grünzügen repräsentativ ausgestalten. Mit dieser gleichsam verdichteten Landschaft im Übergangsbereich zwischen Stadt und Land, wird der Landwehrkanal zur neuen, weit sichtbaren, südlichen Stadtbegrenzung Berlins. Zudem soll der im Süden Berlins lebenden und arbeitenden

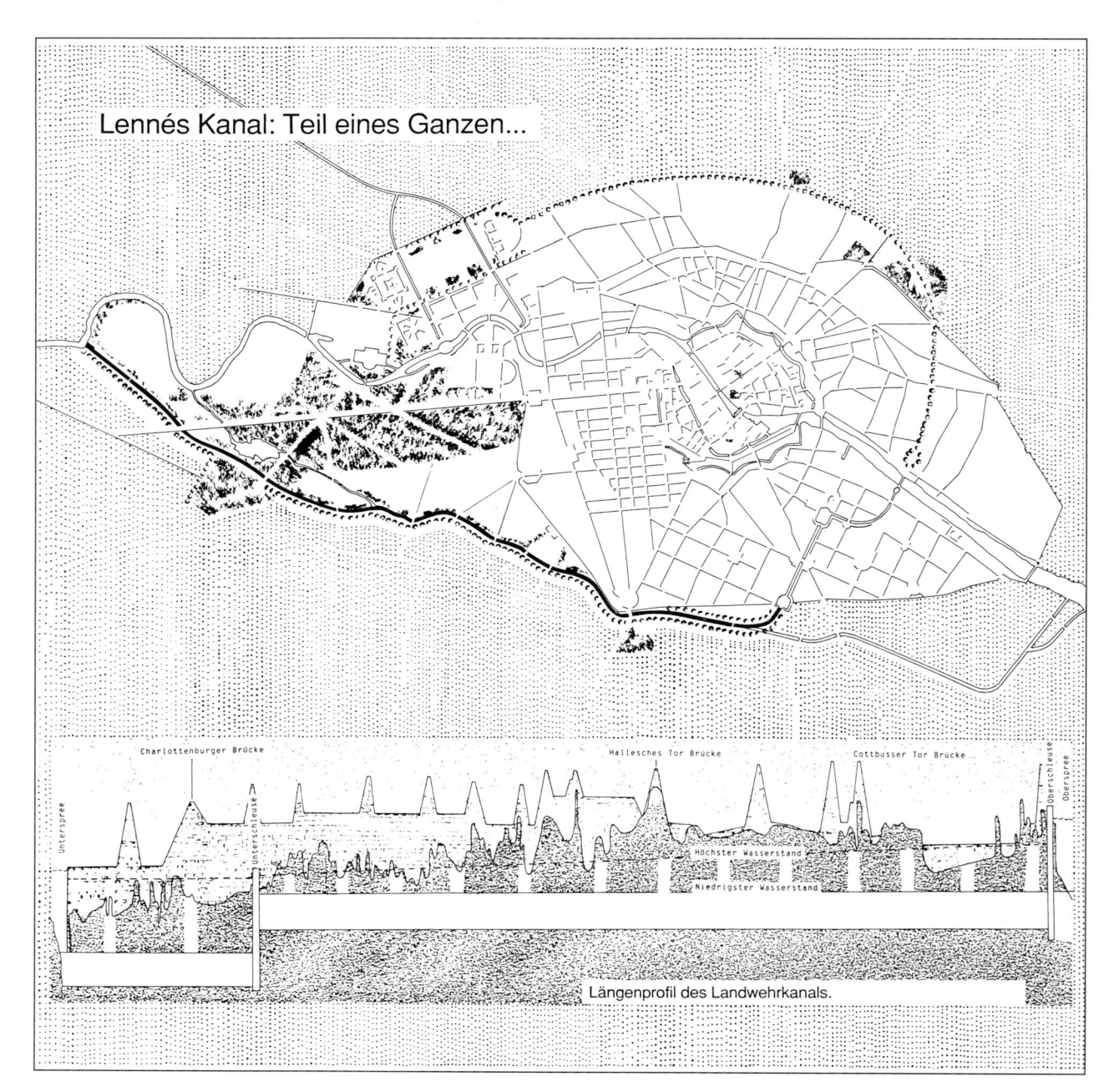

Bevölkerung durch die Anlage „öffentlicher Spazierwege" Erholungsraum geboten und damit ein Beitrag zur „Volksgesundheit" geleistet werden.
Der Streit innerhalb der Baukommission um die Wasserstandshöhe des projektierten Kanals verdeutlicht, daß Lenné ökologische Zusammenhänge erkennt und seine Planung danach ausrichtet. Seine Forderung, daß der Kanal den Oberspreewasserstand erhalten soll, ist nicht das Resultat wasserbaulicher Inkompetenz, sondern entspringt der Erkenntnis, daß dieser zur optimalen Wasserversorgung des bis zu 800 Jahre alten Baumbestandes und der Gewässer des Tiergartens notwendig ist.

Lennés Konzeption des Landwehrkanals kann nur im Kontext der Schmuck- und Grenzzugsplanung begriffen werden. Der Bau des Kanals ist ein bedeutender Schritt zu Lennés eigentlichem, nicht erreichten Ziel, einen grünen Ring um die Stadt zu legen, der im Zuge des Stadtwachstums zu einem grünen Ring in der Stadt geworden wäre.

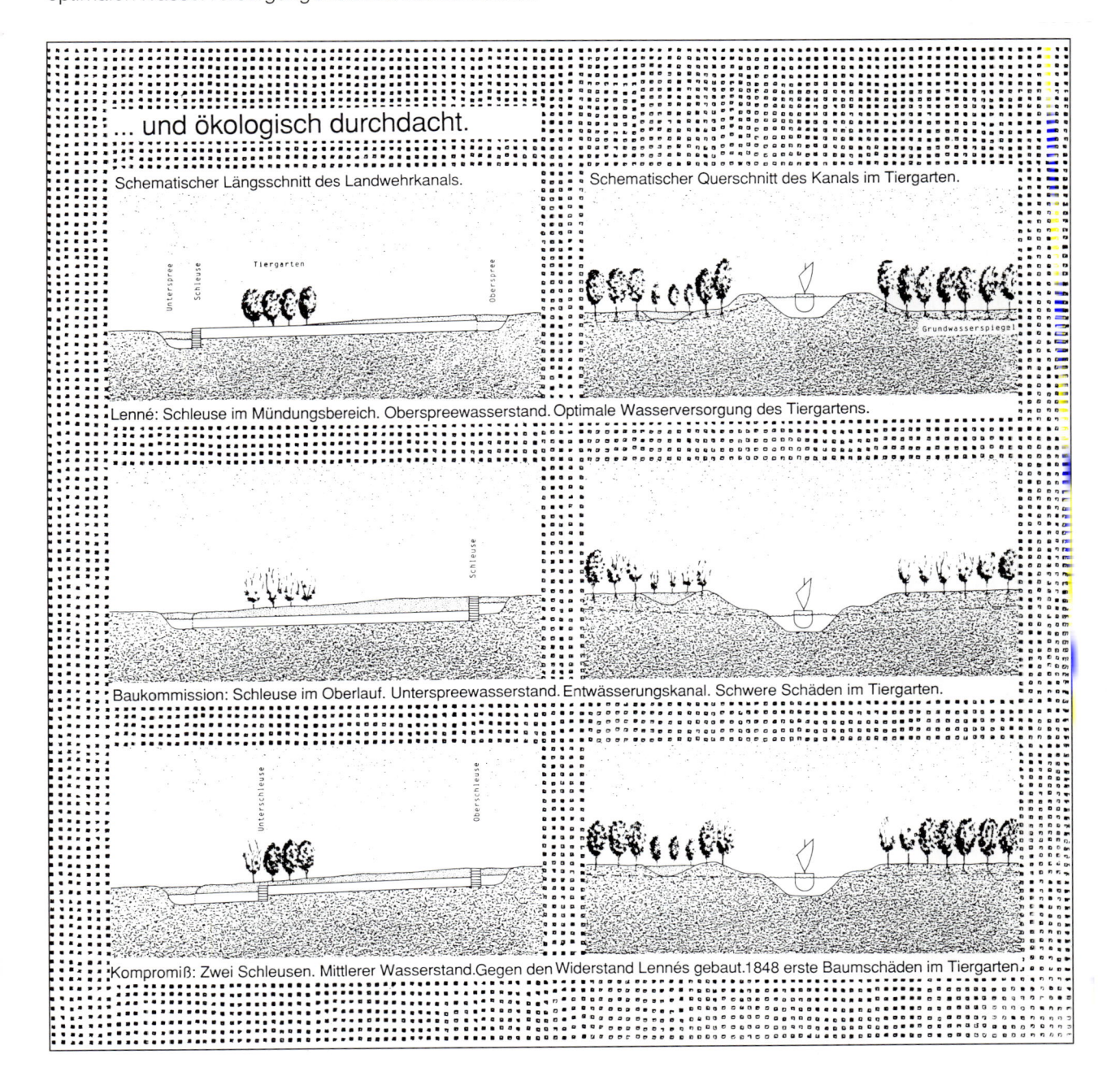

... und ökologisch durchdacht.

Schematischer Längsschnitt des Landwehrkanals.

Schematischer Querschnitt des Kanals im Tiergarten.

Lenné: Schleuse im Mündungsbereich. Oberspreewasserstand. Optimale Wasserversorgung des Tiergartens.

Baukommission: Schleuse im Oberlauf. Unterspreewasserstand. Entwässerungskanal. Schwere Schäden im Tiergarten.

Kompromiß: Zwei Schleusen. Mittlerer Wasserstand. Gegen den Widerstand Lennés gebaut. 1848 erste Baumschäden im Tiergarten.

VERKEHRSTECHNISCHE BAUWERKE

Der beim Bau des Landwehrkanals übliche Schiffstyp ist der Finowmaßkahn (Länge 40,20 m, Breite 4,60 m, Tiefe 1,40-1,60 m). Auf seine Maße ist der Landwehrkanal mit all seinen baulichen Einrichtungen (13 Brücken, 2 Schleusen und 1 Hafenbecken) zugeschnitten.

Häfen

Lenné sieht beim Bau des Kanals nur den Schöneberger Hafen vor, der zwischen zwei Bahnlinien liegt. Dieser ist hier notwendig, um den Warenumschlag vom Wasser auf die Schiene zu ermöglichen. Weitere Häfen sollen bei Bedarf angelegt werden. Als Beispiel wie Lenné sich weitere Hafenanlagen vorstellt, ist seine Änderung für die Wahlstattplatzplanung zu nennen. Als die immer ausgedehnteren Bahnanlagen der Eisenbahn eine Neuplanung für den Wahlstattplatz notwendig machen, ist Lennés Vorschlag folgender: Der Platz wird in eine östliche und eine westliche Hälfte geteilt, zwischen denen auf tieferem Niveau parallel zu den Bahnlinien ein Hafenbecken sowie Wirtschaftswege angelegt werden. Der durchlaufende Straßenzug Yorckstraße/Bülowstraße wird unter Wahrung der Sichtachsen unterbrochen

Ansicht von Lennés Schöneberger Hafen um 1855 (nach einem Gemälde von J.Schneider). Links die Schuppen der Potsdamer Bahn, in der Mitte der Schöneberger Hafenplatz. Das Bild vermittelt einen guten Eindruck der expandierenden Stadt Berlin an einem wichtigen Knotenpunkt des Verkehrswesens.

Auf dem Bild ist zu erkennen, daß die von Lenné erst vor 5 Jahren gepflanzten Bäume erfreulich gediehen sind. (Im unteren Planausschnitt ist der Standpunkt und Blickwinkel des Malers eingetragen.)

Kartenausschnitt aus Berliner Stadtplan von 1867. In diesem Plan ist Lennés ursprüngliche Wahlstattplatzplanung von 1857 noch gestrichelt eingezeichnet.

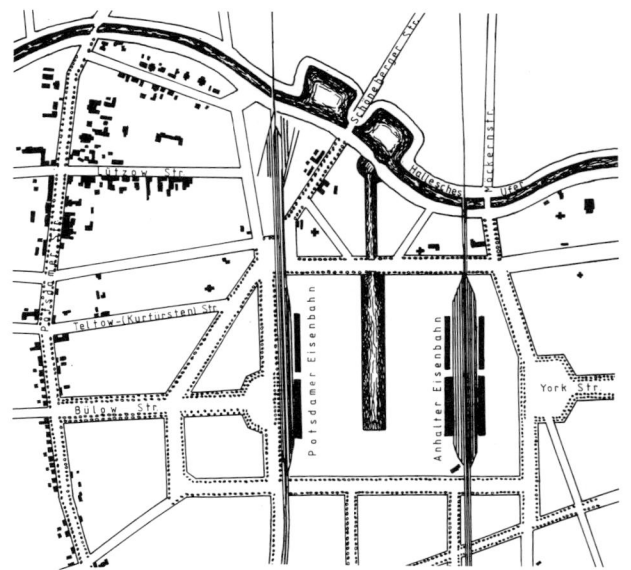

Lenné reagiert auf die expandierende Eisenbahn mit einem Alternativentwurf (1858) zum Wahlstattplatz. Dieser sieht eine Erweiterung der Gleis- und Hafenanlagen vor.

DES LANDWEHRKANALS

und durch rampenartig geführte Zubringerwege mit den von Alleen umgebenen Verkehrsknoten verbunden. Der Anblick von beiden Seiten des Platzes wäre der des pulsierenden Warenaustausches zwischen Schiene (rauchende Lokomotiven), Kanal (wehende Segel) und Straße (Pferdefuhrwerke) gewesen. Lenné erbringt damit den Beweis, daß auch für die neuen technischen Anlagen der Stadtentwicklung ästhetische Lösungen zu finden sind.

Brücken – Kanalverkauf

Lenné hat die beim Bau 13 notwendigen Straßenbrücken mit Zugklappen bauen lassen. So können Anrampungen an den Brücken gering gehalten werden. Bei höheren Wasserständen als dem normalen sind diese zu betätigen, damit die Schiffe passieren können. Da die meisten vorhanden Straßen den Graben schiefwinklig schneiden, ändert Lenné den Verlauf den Kanals so, daß dieser die Straßen rechtwinklig unterquert. Dies ist notwendig, um die Konstruktion der Brücken nicht schwieriger und damit auch teurer zu machen.

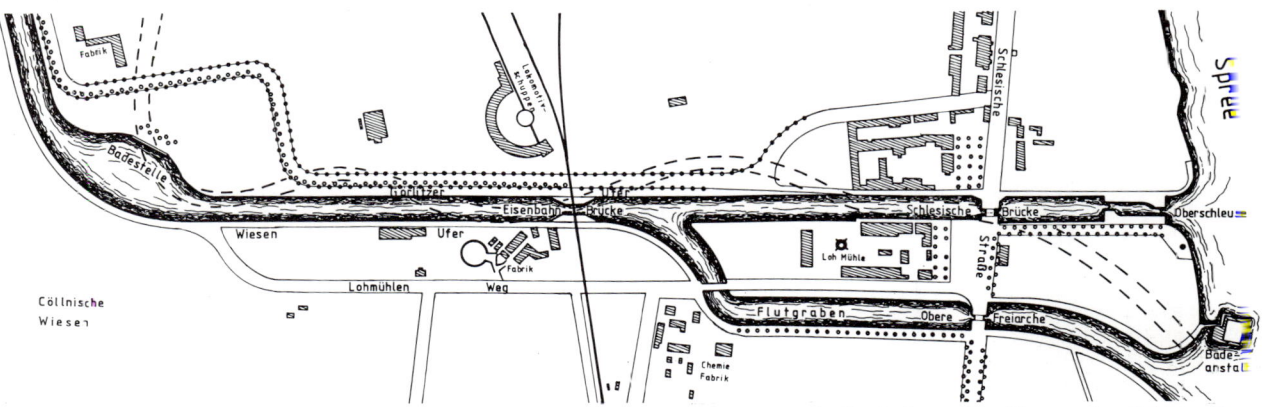

Teil des Lennéschen Landwehrkanals (Bereich Lohmühleninsel bis Studentenbad). Der Ausschnitt zeigt sämtliche Elemente des neuen Kanals wie Brücken, Schleusen, Badestellen, Uferstraßen, Alleen sowie die angrenzende Bebauung.

Lenné sieht gerade für die ärmere Bevölkerung des Gebietes Badestellen vor, da diese darauf angewiesen sind. Lenné hat den sehr geschwungen verlaufenden Landwehrgraben insgesamt begradigt und in sanft geführten Bögen der Schiffahrt nutzbar gemacht.

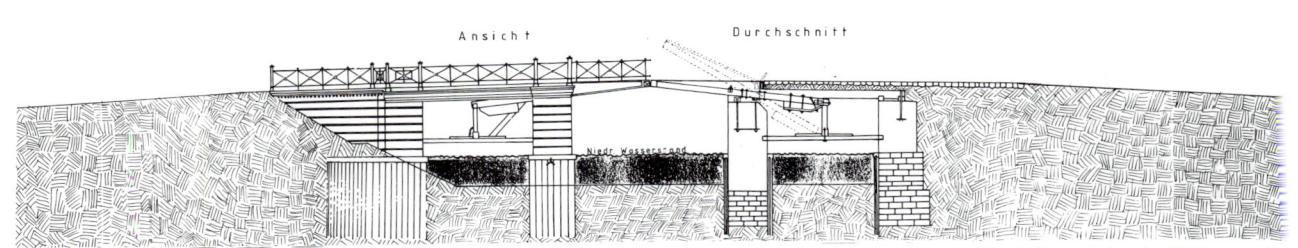

Hallesche Tor Brücke als ein Beispiel für die 13, nach gleicher Bauart hergestellten, Klappbrücken.

Für das Gemäuer der Brücken wurden helle und dunkle Klinker sowie Formsteine der Königl. Ziegelei verwand.

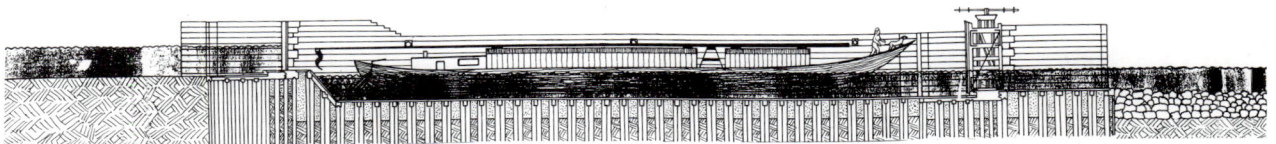

Schnitt der unteren Schleuse mit Finowmaßkahn. Die Schleuse ist, wie es damals üblich war, auf in den Untergrund gerammte Eichenbohlen gebaut worden.

Als Dichtungsmaterial wurde Ton verwand. Das Mauerwerk ist in gleicher Weise wie das der Brücken ausgeführt worden.

DAS ERSCHEINUNGSBILD

Lenné denkt sich den Landwehrkanal als südliche Grünbegrenzung der Stadt. Diese soll einen Übergang zur Landschaft sichern, der den ökonomischen und ästhetischen Bedürfnissen gleichermaßen genügt.
Für die Gewerbetreibenden im Südteil der Stadt möchte Lenné öffentliche Spazierwege schaffen, an denen es sehr mangelt. „Überall war es bei vorliegendem Projekt mein Bemühen, die Verteilung des gegebenen Raums so zu leiten, daß neben dem Nutzen (...) auch dem Vergnügen der Einwohner sein Recht widerfahre." (Lenné, 1846).

Wie schwer es ist, eine eindeutige Aussage über die Lennésche Ufergestaltung zu machen, zeigt die linksseitige Abbildung. Sie verdeutlicht unterschiedliche Angaben zur Gestaltung der Ufer, die sich z.T. sogar widersprechen. Begleitet von den Baumalleen und Grünanlagen, möchte Lenné den Kanal in der Form eines natürlichen Flußlaufes in das Stadtbild einfügen. Er hat es nicht einfach, die künstlerischen Absichten seines Projektes begreiflich zu machen. In einer Diskussion sagt er sogar zum König: „Ew. Majestät begreifen noch immer nicht das Geistreiche meiner Idee."„ (Lenné, 1846).

Aussagen zur Ufergestaltung des Lennéschen Landwehrkanals aus verschiedenen Quellen

Quellen

Werner Natzschka
"Berlin und seine Wasserstraßen"
3 Ruten (1 Rute ~ 3,8 m) breite gepflasterte Straße

Baurat Helfft, Artikel aus
"Zeitschrift für Bauwesen"
Fahrbare Straße von mehr als 3 Ruten, schon während des Kanalbaus ausgebaut, z.T. schon gepflastert

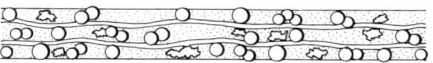

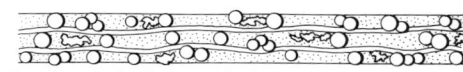

Gerhard Hinz
"Schmuck- und Grenzzüge der Residenz Berlin", Zitat Lenné
Schmale Parkanlage, durch die sich, mit geringer Unterbrechung, ein Reit- und Fußweg schlängelt

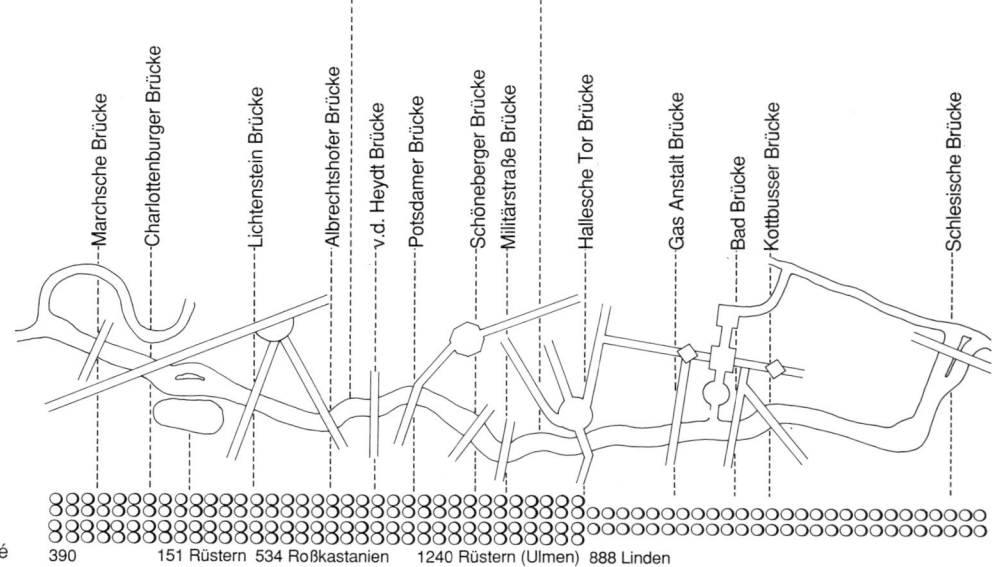

Marchsche Brücke · Charlottenburger Brücke · Lichtenstein Brücke · Albrechtshofer Brücke · v.d. Heydt Brücke · Potsdamer Brücke · Schöneberger Brücke · Militärstraße Brücke · Hallesche Tor Brücke · Gas Anstalt Brücke · Bad Brücke · Kottbusser Brücke · Schlesische Brücke

Gerhard Hinz
"Schmuck- und Grenzzüge der Residenz Berlin", Aussage Lenné

390   151 Rüstern   534 Roßkastanien   1240 Rüstern (Ulmen)   888 Linden
Silberpappeln (Ulmen)   534 Ahornbäume   1240 Linden
390 Bergellern 151 Linden

Gerhard Hinz
"Schmuck- und Grenzzüge der Residenz Berlin", Aussage Lenné

Einfacher Boulevard

Baurat Helfft, Artikel aus
"Zeitschrift für Bauwesen"

Verengung   Verengung und Entfernung   Verengung und Entfernung vom Kanal
5 Ruten breiter Boulevard, wo es nicht durchführbar war begnügte man sich mit 3 Ruten

Werner Natzschka
"Berlin und seine Wasserstraßen"
3 Ruten breite fahrbare Straße, ab Schöneberger Brücke ist sie gepflastert

DES LANDWEHRKANALS

Bei der Ausgestaltung der Ufer liegen Lenné besonders die Baumpflanzung am Herzen. „.... dürfen die in Antrag gebrachten Alleen nicht als Luxus, sondern sie müßten als eine wesentliche Hauptbedingung betrachtet werden, die von dem ganzen Projekt ebenso unzertrennlich sind als der Schiffahrtskanal." (Lenné, 1846).
Im Jahre 1846 legt er zwei Varianten für die stadtabgewandte Kanalseite vor. Sie sind unten als Variante A und B dargestellt.
„Auf die Wahl der zur Bepflanzung der Straßen zu verwendenden Baumarten haben Bodenbeschaffenheit, Lage, Charakter der Landschaft und der Anspruch auf schnelles Wachstum und baldigen Schatten einen überall zu beachtenden Anteil." (Lenné, 1846). Für ihn ist die Linde am geeignetsten für Straßenpflanzungen, da sie nicht so sehr unter Staub- und Kohlendunst leidet und das Beschneiden der Krone verträgt.

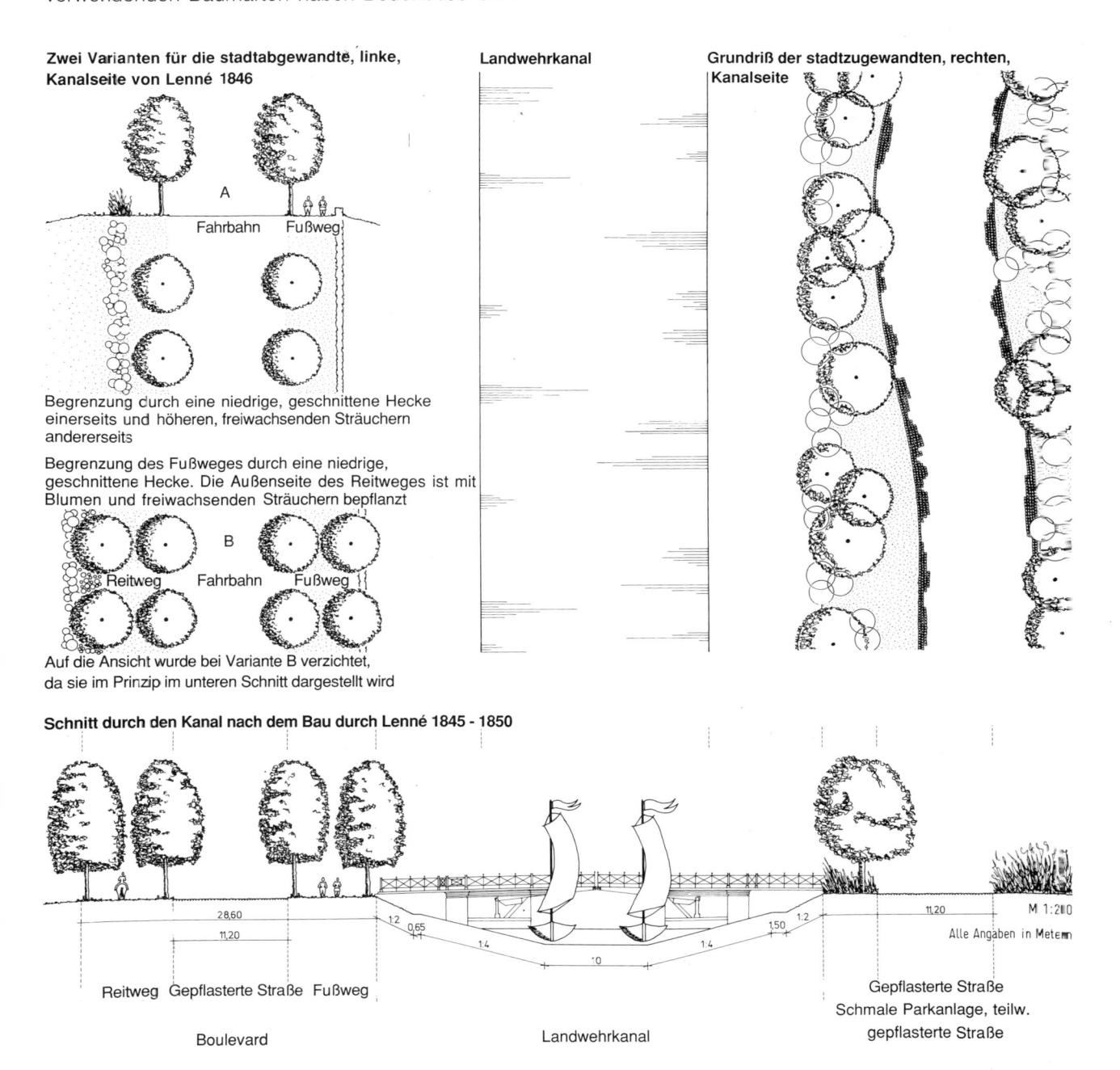

Zwei Varianten für die stadtabgewandte, linke, Kanalseite von Lenné 1846

Landwehrkanal

Grundriß der stadtzugewandten, rechten, Kanalseite

Begrenzung durch eine niedrige, geschnittene Hecke einerseits und höheren, freiwachsenden Sträuchern andererseits

Begrenzung des Fußweges durch eine niedrige, geschnittene Hecke. Die Außenseite des Reitweges ist mit Blumen und freiwachsenden Sträuchern bepflanzt

Auf die Ansicht wurde bei Variante B verzichtet, da sie im Prinzip im unteren Schnitt dargestellt wird

Schnitt durch den Kanal nach dem Bau durch Lenné 1845 - 1850

Reitweg   Gepflasterte Straße   Fußweg

Gepflasterte Straße
Schmale Parkanlage, teilw.
gepflasterte Straße

Boulevard

Landwehrkanal

DER LANDWEHRKANAL IM WANDEL

Schon in den siebziger Jahren des 19. Jahrhunderts kann der Landwehrkanal seine Funktion in der Gestalt, die Lenné ihm gegeben hat, nicht mehr erfüllen. Anfangs, vor allem als Umgehungskanal für die Stadt Berlin konzipiert, muß der Kanal immer mehr Aufgaben übernehmen, die seine Kapazität bald sprengen. Nicht zuletzt durch die Sogwirkung der Potsdamer- und Anhalter Eisenbahn dehnt sich die Stadt Berlin rasch auf die Südseite des Kanals aus. Dies bedeutet, daß der Transport von Baustoffen für die Bauvorhaben entlang des Kanals und das An- und Abliefern von Gütern, der sich ansiedelnden Gewerbebetriebe, ständig zunehmen. Zudem wird die rasch anwachsende Bevölkerung auf beiden Uferseiten über den Kanal mit Lebensmitteln versorgt. Die Güter löschenden Schiffe blockieren den Verkehrsfluß auf dem Kanal und als Folge des Gedränges werden die flachen Kanalufer erheblich beschädigt. Es kommt zu groben Versandungen des Kanalbettes.
Parallel zum Kanal wird der Straßenverkehr durch das Löschen der Schiffe ständig blockiert. Der den Kanal kreuzende Verkehr wird durch die unpraktischen Zugbrücken behindert.

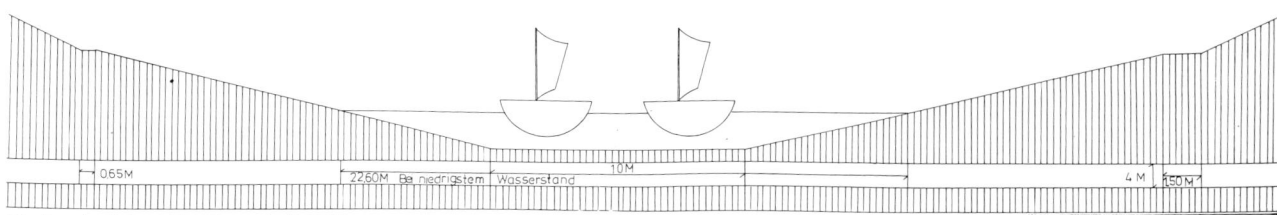

Der Landwehrkanal im Querschnitt 1890.

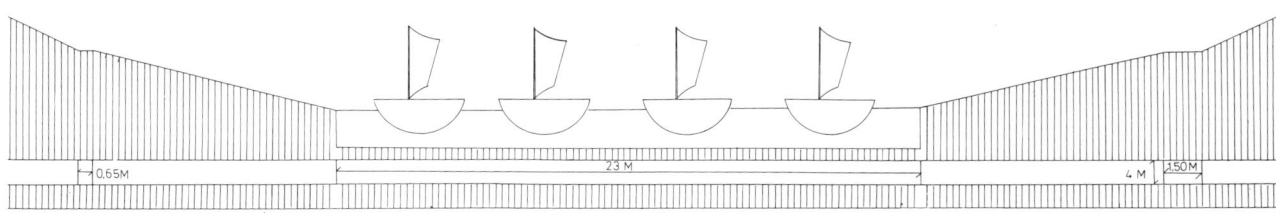

Der Landwehrkanal im Querschnitt 1850

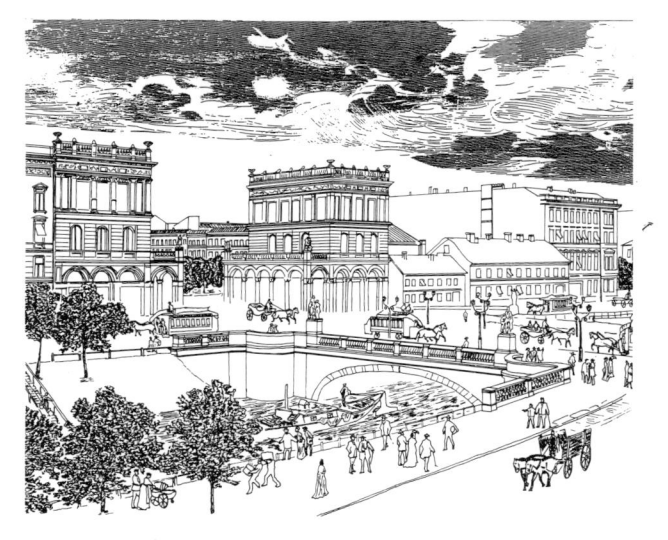

Blick vom Tempelhofer Ufer auf die Belle Alliance Brücke über den Landwehrkanal (1870)

Potsdamer Brücke von 1850 mit entferntem Klappmechanismus (1890)

DER LANDWEHRKANAL

Der Plan, die Probleme mit Hilfe eines Parallelkanals zu lösen, wird aus Kostengründen verworfen und stattdessen ein Umbau des Landwehrkanals beschlossen. 1883 wird mit dem Erweiterungsbau begonnen. Der Landwehrkanal erhält im wesentlichen die Gestalt, die er heute noch hat.

1890 ist der Umbau abgeschlossen. In den folgenden Jahren werden Ladestraßen (Hallesches Ufer, Charlottenburger Ufer) und der Urbanhafen gebaut.

Blick vom Tempelhofer Ufer auf die neue Hochbahnstation Hallesches Tor (1902)

Potsdamer Brücke von 1901 nach dem Umbau

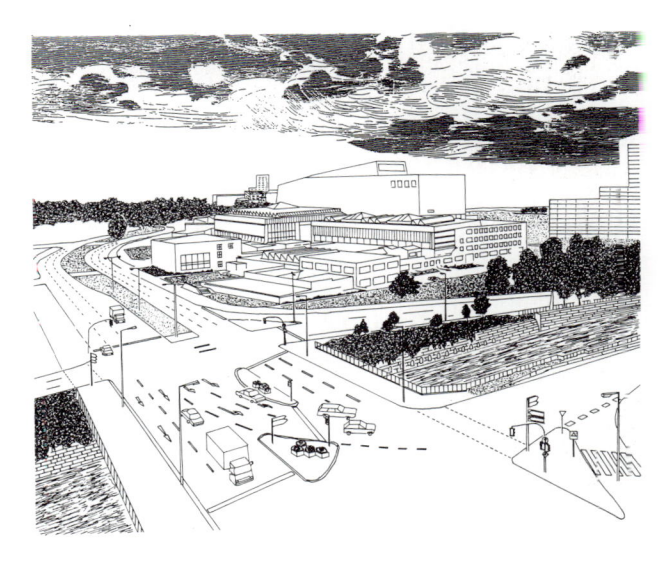

Blick auf den Landwehrkanal und die U-Bahn am Halleschen Tor (1980)

Potsdamer Brücke nach kriegsbedingtem Umbau (1980)

Belle Alliance Platz

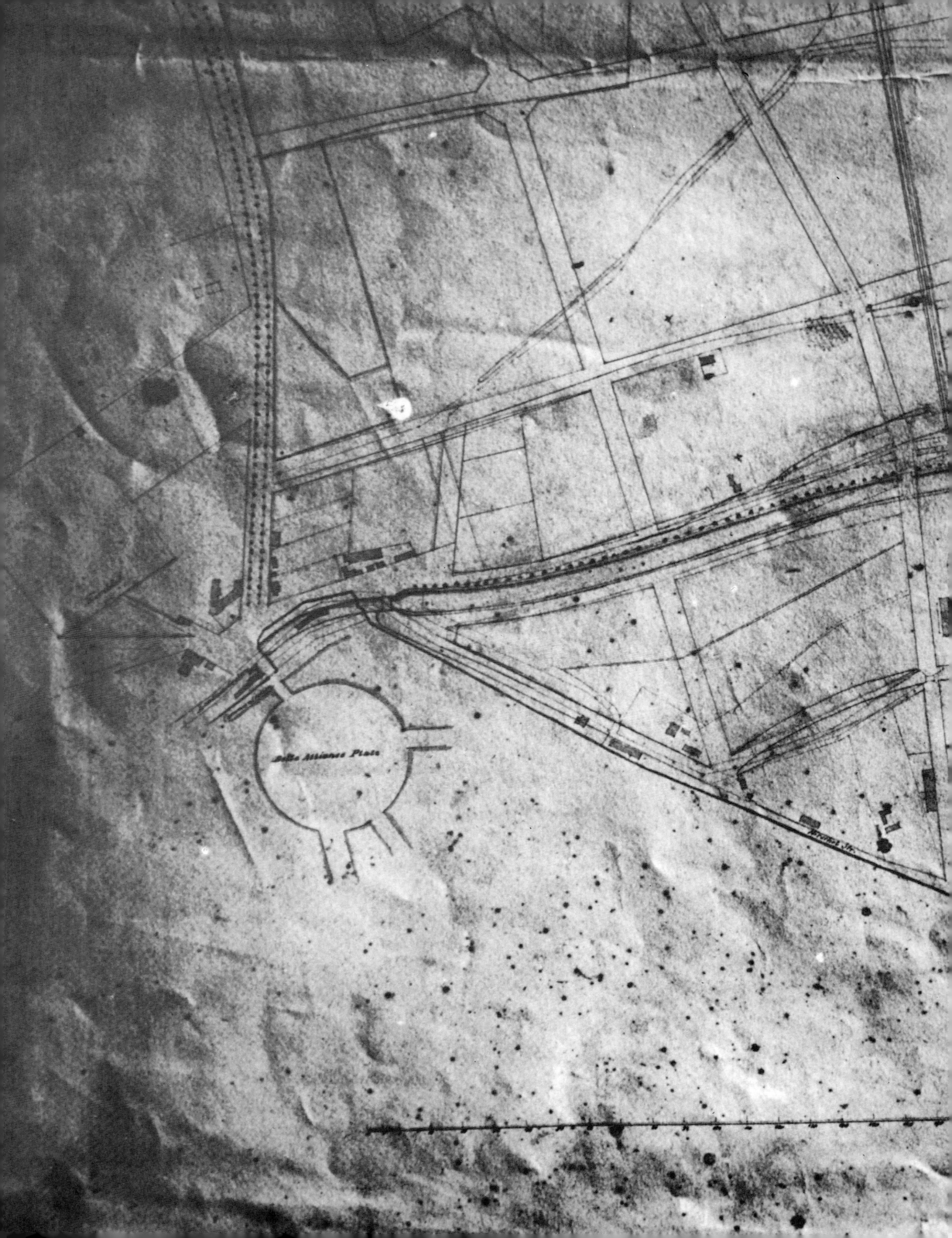

LUISEN STÄDTI SCHER KANAL

LUISENSTÄDTISCHER KANAL

DIE KANALPROMENADE

Die Stadterweiterung auf dem Köpenicker Feld war insbesondere durch die Lage zur Spree und zum Landwehrgraben begünstigt. Wiederholt gab es Überlegungen, den Landwehrgraben auszubauen. In Schmids Bebauungsplan von 1826 bildete erstmals eine Nord-Süd-Verbindung der beiden Wasserstraßen das eigentliche Kernstück.

Der Kronprinzenplan nahm diesen Gedanken auf, ersetzte aber im Sinne der Restauration liberalistische Planungsansätze durch absolutistische Formensprache. Zwei völlig gegensätzliche Pläne standen nun zur Disposition. Auch der neue pluralistische Planungsmodus wurde durch den Kronprinzenplan grundsätzlich in Frage gestellt. Bezeichnend für das Dilemma ist der konziliante Vorschlag Schinkels, beide Entwürfe zusammenzufassen, obwohl er eindeutig für den Schmidplan Partei ergriff. So wurde also Lenné mit dem Neuentwurf beauftragt. In seinem ersten Entwurf von 1840 erinnert allerdings nichts mehr an den Schmidplan, außer ... einem Kanal mit veränderter Linienführung.

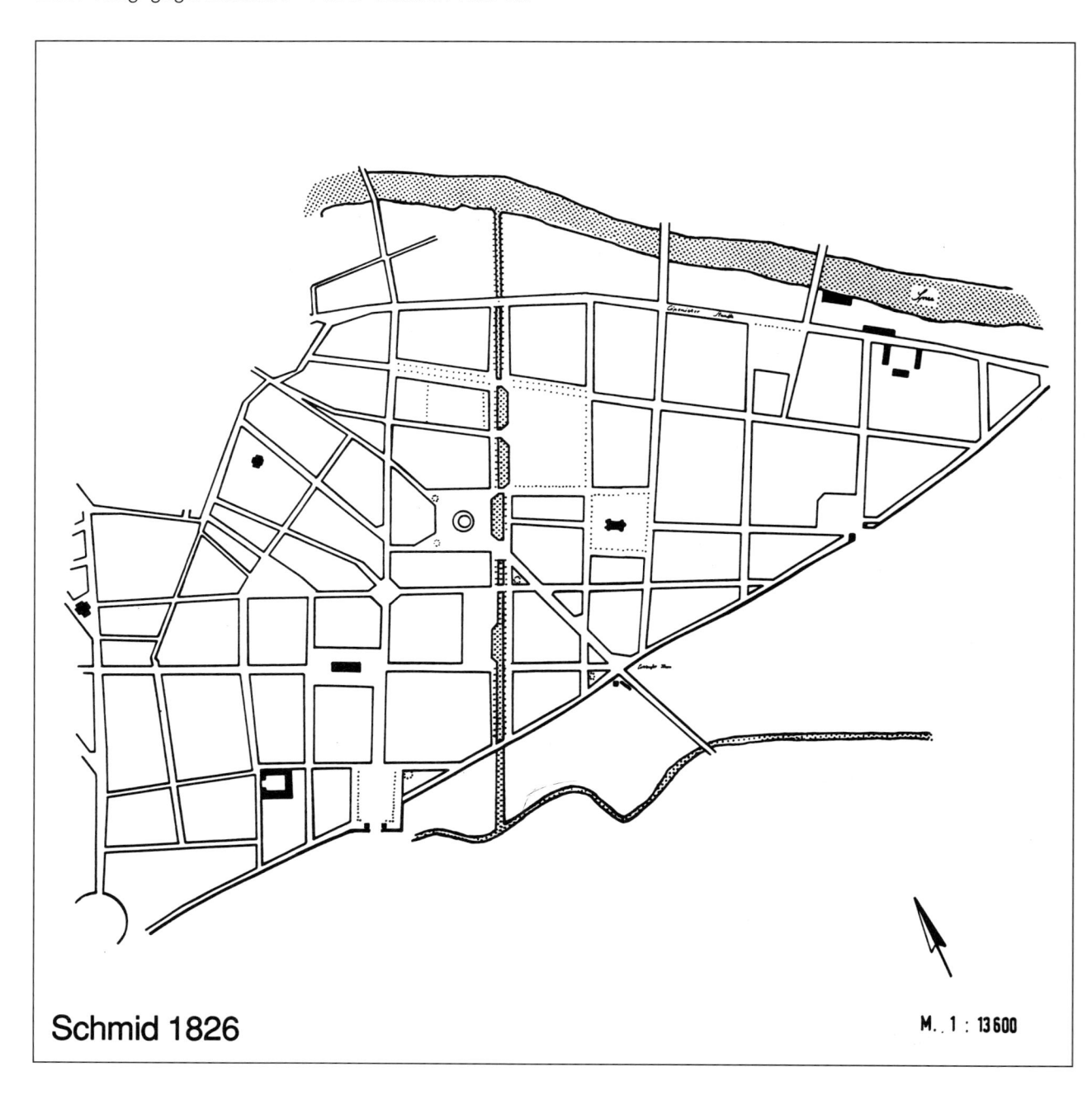

Schmid 1826

M. 1 : 13 600

Der Plan „Projektierte Schmuck und Grenzzüge..." von 1840 zeigt, daß der Kanal für Lenné vor allem ein wichtiger Teil eines überörtlichen Gesamtkonzeptes ist. Schon im Ansatz unterscheidet sich Lennés Kanal also von der ortsbezogenen Schmidvariante. Der Industriekanal wird zum Bestandteil einer Schmuckanlage. Stadtgestaltung tritt in den Vordergrund. Lenné inszeniert das Thema des Schiffahrtskanals, macht ihn zur attraktiven Kulisse. Er teilt den Kanal in 3 Abschnitte. Ein Viertelkreis führt von der Spree auf die Hauptachse des Kanals. Dieser Abschnitt ist durch das Engelbecken (mit Kirchplatz) und das Wassertorbecken festgelegt. Die Mitte wird durch den Oranienplatz markiert. Achsiale Elemente wechseln also mit Bereichen von hoher Aufenthaltsqualität. Bis zum Wassertorplatz ergibt sich so ein eindeutig barockes, städtisches Bild. Im Übergangsbereich zur Landschaft wählt Lenné hinge-

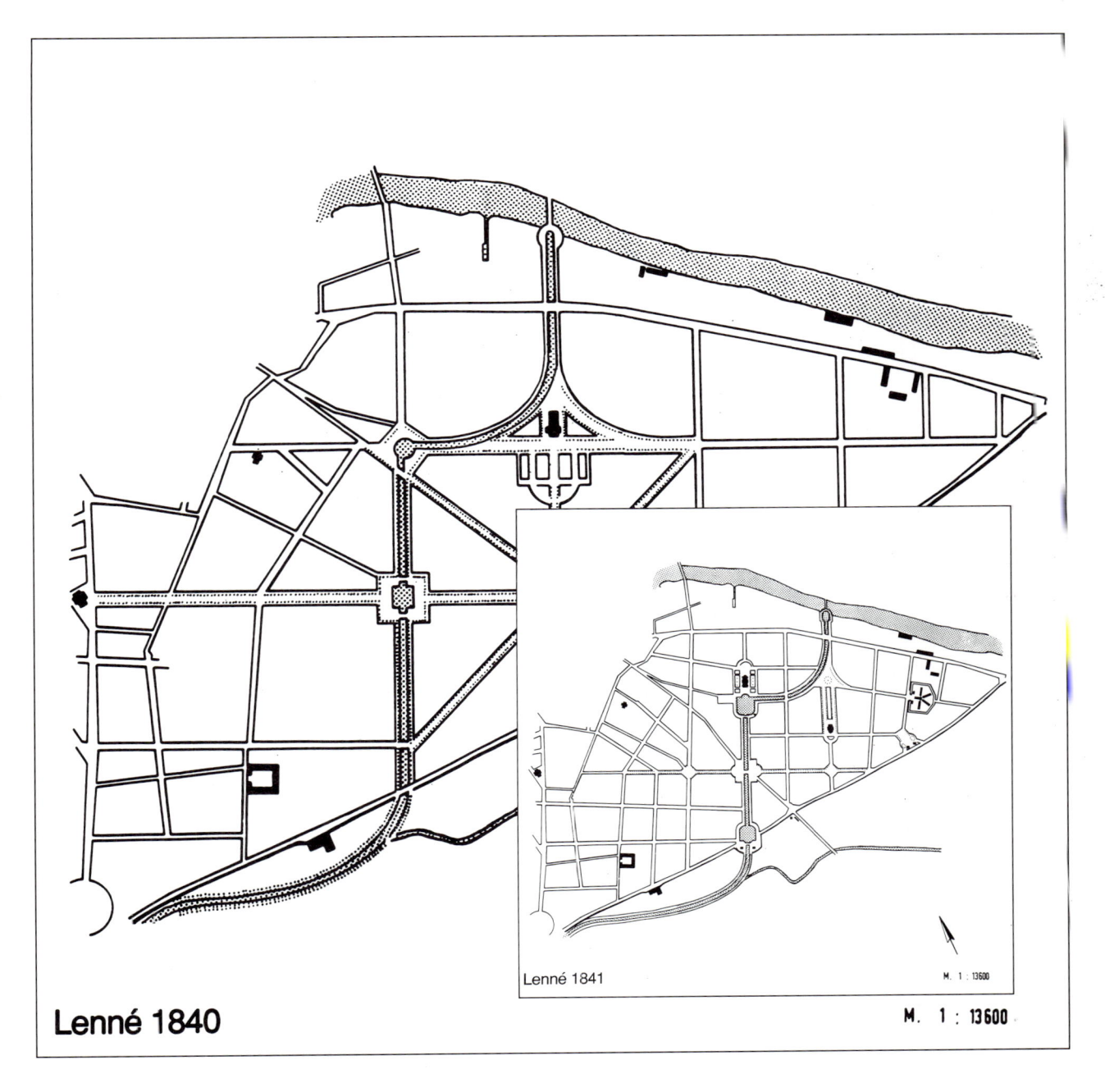

Lenné 1840   M. 1 : 13600

Lenné 1841   M. 1 : 13600

EIN SCHIFFBARER KANAL

gen einen „natürlichen" Kanalverlauf. Eine solche Differenzierung zeigt der Schmidplan nicht. Sein Konzept liegt nicht in der Raumgestaltung nach formalen Prinzipien, sondern in bedarfsorientierter Sachlichkeit. Stadterweiterung mit Rücksicht auf bestehende Strukturen, ohne den gleichzeitigen Aspekt der Vorstadtplanung. Auf der ganzen Länge des Kanals grenzen verschiedenste Funktionsbereiche aneinander, während Lenné gewerbliche Funktionen unterordnet und auf die drei Plätze der Hauptachse konzentriert. 1841 paßt Lenné den Kanal in ein Straßenraster ein, das weitgehend auf Schmid zurückgeht.

Bei der Dimensionierung der Kanalachse zwischen der Ringmauer und dem Engelbecken hat Lenné sich vermutlich an den Abmessungen der Straße „Unter den Linden" orientiert. In beiden Fällen beträgt der Abstand zwischen den Gebäudekanten umgerechnet 58 m. Seitlich gefaßt ist dieser Abschnitt mit einer 4-5 stöckigen Bebauung der 70er und 80er Jahre. Es ergibt sich im Querschnitt eine Proportion von etwa 5:1. Die Südfassade der Michaelkirche vor dem Hintergrund einer ebenfalls 4-5 stöckigen Wohnbebauung vollendet den Eindruck eines langgestreckten Platzes, bildet eine

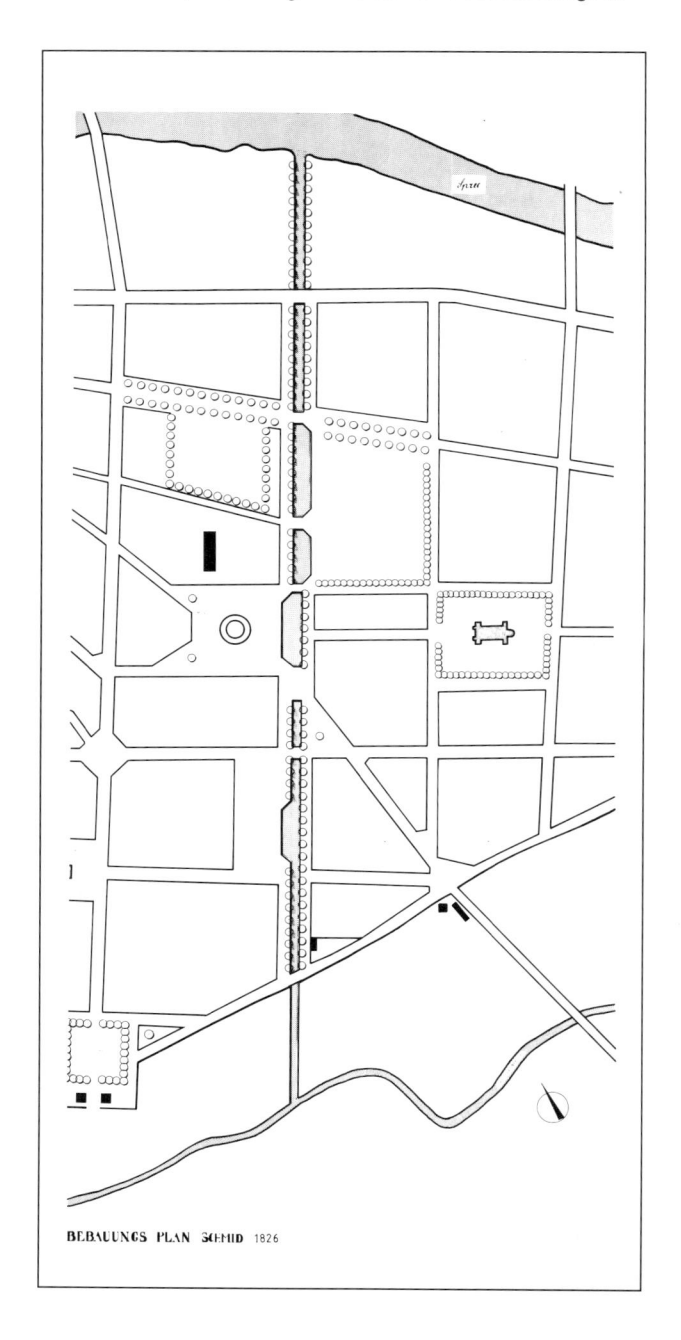

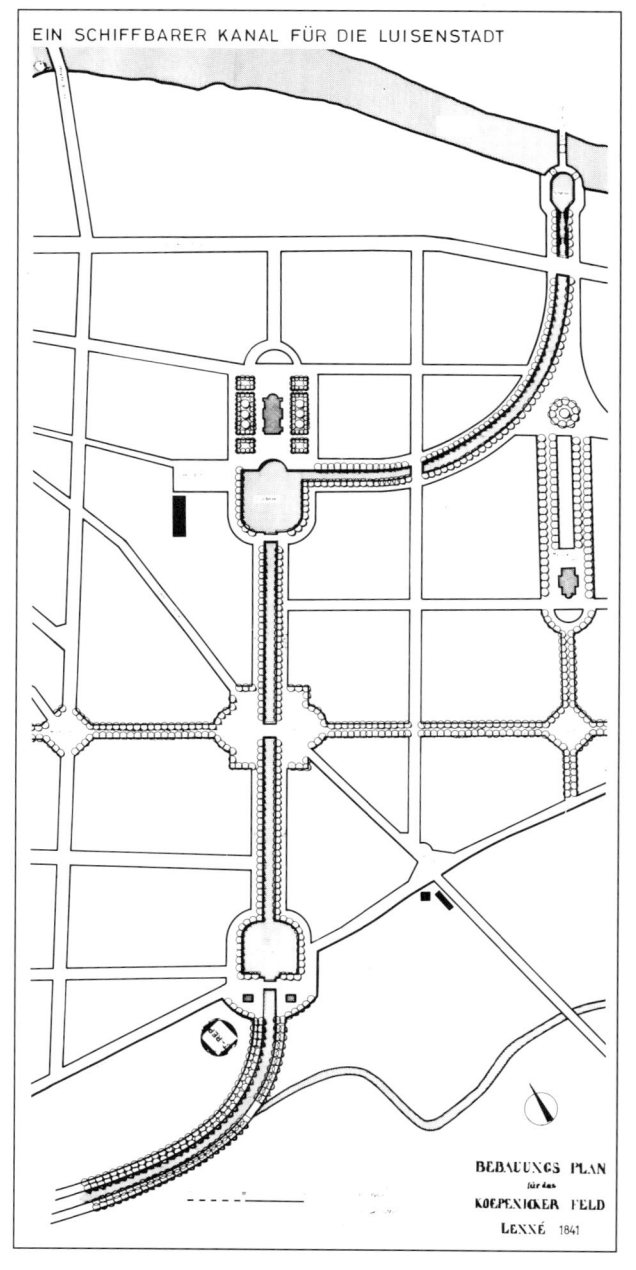

LUISENSTÄDTISCHER KANAL

FÜR DIE LUISENSTADT

Schmalseite und verleiht der Anlage eine Orientierung stadteinwärts. Die gegenüberliegende Seite ist offen und weist hinaus in die Landschaft. Eine konträre, doch reizvolle Attraktion im Sinne von Lennés Promenadenring. In der Mitte verläuft der Kanal, gesäumt von Kastanien und Ulmen, die den strengen Einschnitt der Kanalschälung relativieren, indem sie die sich im Wasser spiegelnde Szenerie mit einem Spiel aus Licht und Schatten überziehen (vgl. Schumacher, 1987).
Im Revolutionsjahr 1848 wurde der Bau des Kanals begonnen. Durch die politische Krise verzögerte sich die Bauentwicklung in der Luisenstadt erneut. Der Kanal erlangte nie die ihm zugedachte Bedeutung und war nach dem Ende der Bautätigkeit praktisch überflüssig. Die Schleusen waren bald zu klein, die Brücken genügten den wachsenden Verkehrsanforderungen nicht mehr. Geringes Gefälle und mangelnde Bewirtschaftung führten zu Hygieneproblemen. Die Diskussion um die Zuschüttung begann zur Jahrhundertwende.

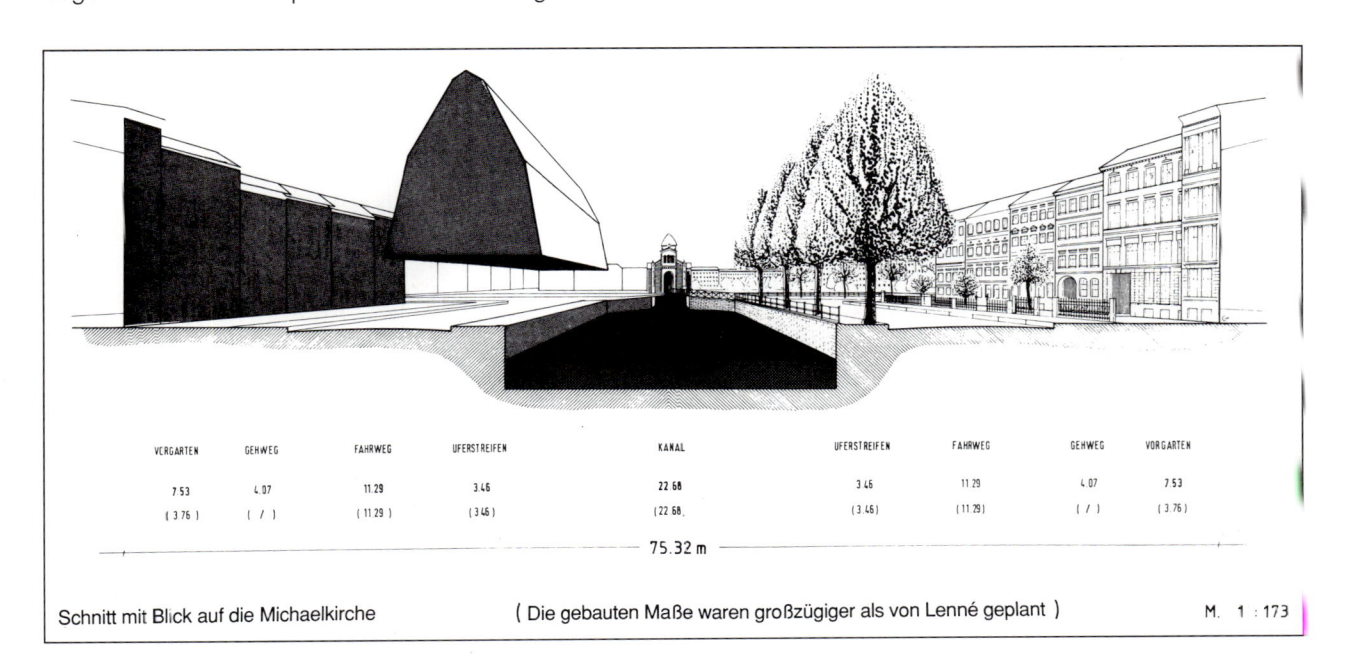

VORGARTEN	GEHWEG	FAHRWEG	UFERSTREIFEN	KANAL	UFERSTREIFEN	FAHRWEG	GEHWEG	VORGARTEN
7.53	4.07	11.29	3.46	22.68	3.46	11.29	4.07	7.53
(3.76)	(/)	(11.29)	(3.46)	(22.68)	(3.46)	(11.29)	(/)	(3.76)

75.32 m

Schnitt mit Blick auf die Michaelkirche   (Die gebauten Maße waren großzügiger als von Lenné geplant)   M. 1 : 173

Das Engelbecken um 1900

DIE BLUMENPROMENADE

Das ausschlaggebende Argument für die Zuschüttung des Kanals lieferte der Bau der U-Bahn Neukölln-Gesundbrunnen, da eine Unterführung im Bereich des Kanals technische Probleme mit sich gebracht hätte. Im April 1926 verpflichtete sich die Stadt Berlin im Kaufvertrag, den Kanal in eine Grünfläche umzugestalten und in diesem Zustand dauernd zu erhalten. Die bereits 1926 begonnene Zuschüttung verzögerte sich durch den Bau von Abwasserkanälen und konnte deshalb erst 1929 abgeschlossen werden.

Die Zuschüttung des Kanals 1926

LUISENSTÄDTISCHER KANAL

Der damalige Gartendirektor Erwin Barth entwickelte für die neuzuschaffenden Grünanlagen einen eigenen Gestaltungsvorschlag, obwohl er sich gegen die Zuschüttung des Kanals ausgesprochen hatte. Der Plan wahrte optisch den Kanalverlauf, indem der Kanal nur auf 1,60 m unter Straßenniveau aufgefüllt wurde und die kreuzenden Straßen ihr enges Profil beibehielten. Genauso wichtig war die optische Einbindung der Kanalstrecke zwischen Michael- und Melanchthonkirche unter Berücksichtigung der Sichtbeziehungen.

Die Planung des Grünzuges von Barth geht gedanklich auf die Volksparkbewegung zurück. Wie bei der Planung seiner anderen Grünanlagen, berücksichtigte er auch hier die sozialhygienischen Forderungen seiner Zeit und gestaltete Räume für Erholung, Spiel und Sport im Freien, wie Sand- und Spielplätze, Planschbecken, Wasserbecken und Ruhebereiche.

AUSGESTALTUNG DES

Auf die, durch kreuzende Straßen entstandene, Segmentierung der Grünanlage reagierte Barth in seinem Entwurf mit einem Nacheinander von Sondergärten. Diese wurden mittels eines durchlaufenden Promenadenweges verbunden, um trotzdem die Grünanlage in ihrer vollen Länge durchschreiten zu können. Ein Leitgedanke war, dem Städter 'Natur' näherzubringen; so bot er nicht nur Gärten zum Lernen an, sondern hielt auch eine Ausstattung mit verschwenderischer Blumenfülle gerade dort für wichtig, wo Menschen ohne eigene Gärten wohnen.

Mittelpunkt der Grünanlage sollte das Engelbecken werden, welches zu einem Wasserbecken mit tropischer Vegetation umgebaut wurde. Als solches stieß es, im Gegensatz zur übrigen Anlage, später bei den Nationalsozialisten auf Ablehnung, da dies den Forderungen nach Bodenständigkeit und Standortgerechtigkeit nicht entsprach.

Im Gegensatz zur Planung der Anlage fiel ihre Bauzeit in die Weltwirtschaftskrise 1929, wodurch ein Teil von Barths großzügiger Anlage nicht verwirklicht werden konnte. Trotzdem hielten die zeitgenössischen Kritiker

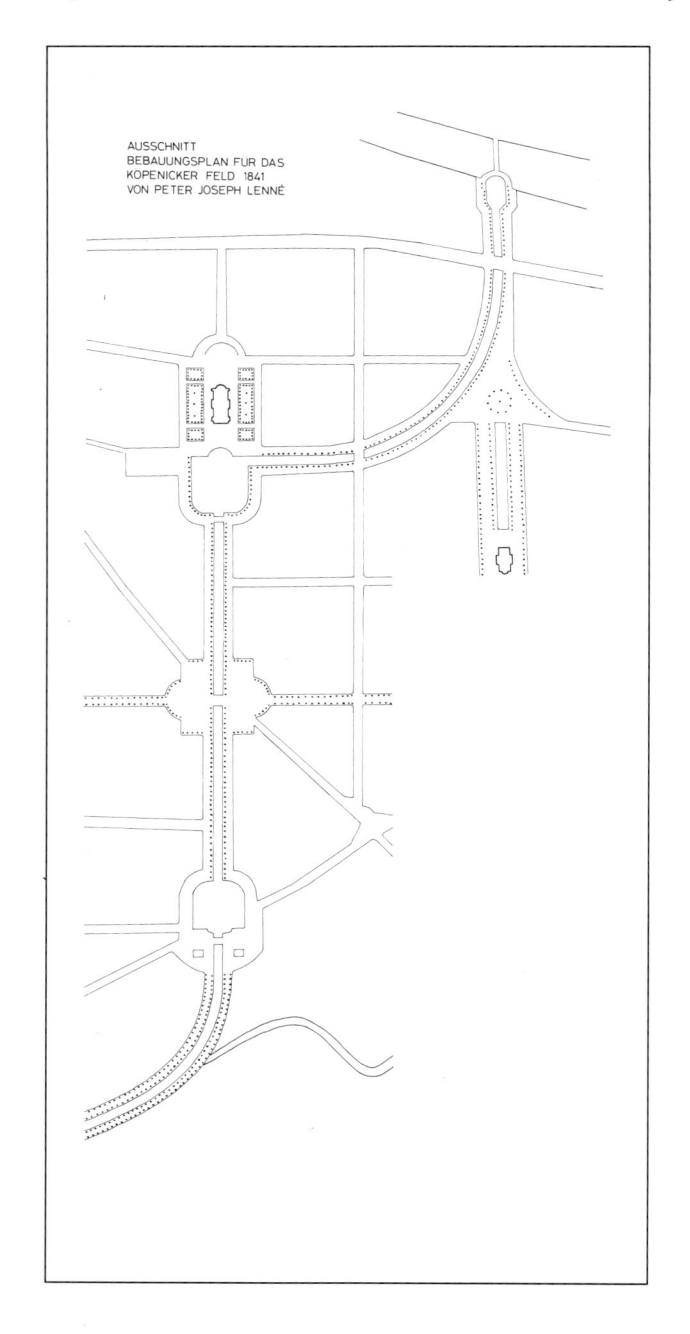

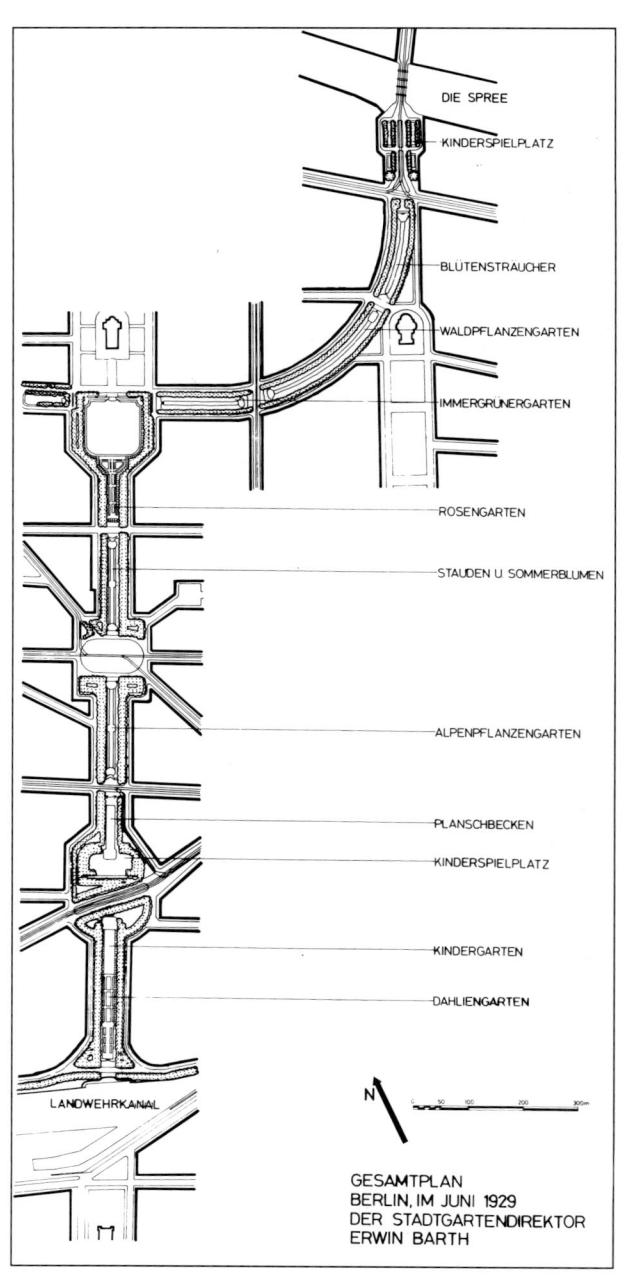

LUISENSTÄDTISCHEN KANALS

sie für ein besonderes Schmuckstück ihrer Stadt: „...(Es) sei dankbar anerkannt, daß die Stadtverwaltung von Berlin auf dem alten Kanalgelände etwas Vorbildliches geschaffen und durch gärtnerische Behandlung der Flächen dem Osten der Reichshauptstadt eine Grünfläche geschenkt hat, die in allen Teilen von der Bevölkerung sehr rege genutzt wird, weil sie in ihrer Ausgestaltung ebenso reizvoll und eigenartig wie ansprechend und schönheitlich wirkungsvoll ist." (Ostmann, 1937)

Das Engelbecken 1932

LUISENSTÄDTISCHER KANAL

DAS BACHSURROGAT

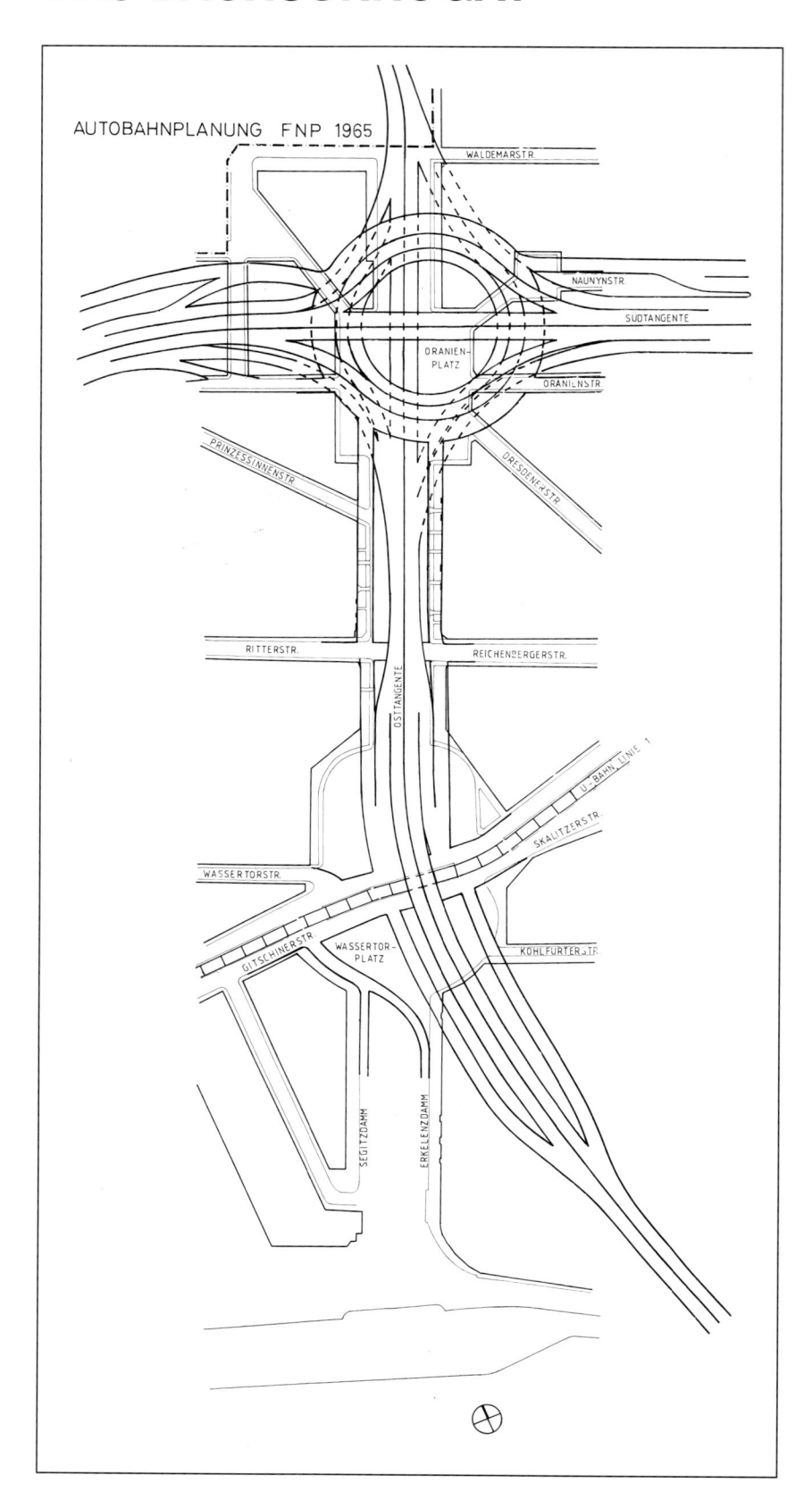

LUISENSTÄDTISCHER KANAL

Der Krieg zerstörte Barths Anlage. Die Überreste wurden mit dem Trümmerschutt der Umgebung verfüllt. Es entstand ein „grünes Provisorium", das mit der ursprünglichen Qualität nicht mehr vergleichbar war und mit dem Mauerbau 1961 auch noch den Nordabschnitt verlor. Trotzdem wies der FNP '65 den Grünzug als Autobahntrasse aus, bis man 1976 die Teilung Berlins als Grundlage zukünftiger Verkehrsplanung akzeptierte. Eine Neugestaltung stößt auf aktiven Widerstand der Anwohner.

1980 übernahm die IBA die Koordination der Neuplanung des ehemaligen Luisenstädtischen Kanals. Der Grundsatz der Planung war der der behutsamen Stadterneuerung mit Befragung der betroffenen Bürger. Im Vordergrund der Forderung der Betroffenen stand eine vor allem umweltorientierte, schlichte Freiraumplanung und nicht mehr eine sozialwissenschaftlich orientierte wie in den Jahren zuvor.

Um eine fachliche Betreuung zu gewährleisten, wurde die Mitarbeit der Landschaftsplaner Luz und Hanke (nördl. Abschnitt) und des Architekten Baller (südl. Abschnitt) herangezogen. Neben künstlerischen Elementen versuchten die Planer, einige an den ehemaligen Kanal erinnernde Bezüge herzustellen, z.B. mit der Idee, Bachläufe zu simulieren.

Am Oranienplatz ist ein Brunnen geplant, von welchem sich eine Wasserrinne, einem Bachlauf ähnlich, nach Norden erstrecken soll. Durch Einbeziehung der Baumscheiben als Gestaltungselement zeigt sich eine sanft schwingende Linienführung, die das Bild des 'mäandrierenden Bachbettes' unterstützen soll. Um den Grünzug im Norden nicht 'vor die Mauer rennen' zu lassen, wurde ein Wandgemälde realisiert, welches eine 'Illusion von Zeit und Raum' schafft. Der Künstler durchbrach so mit den Mitteln der Malerei die Mauer.

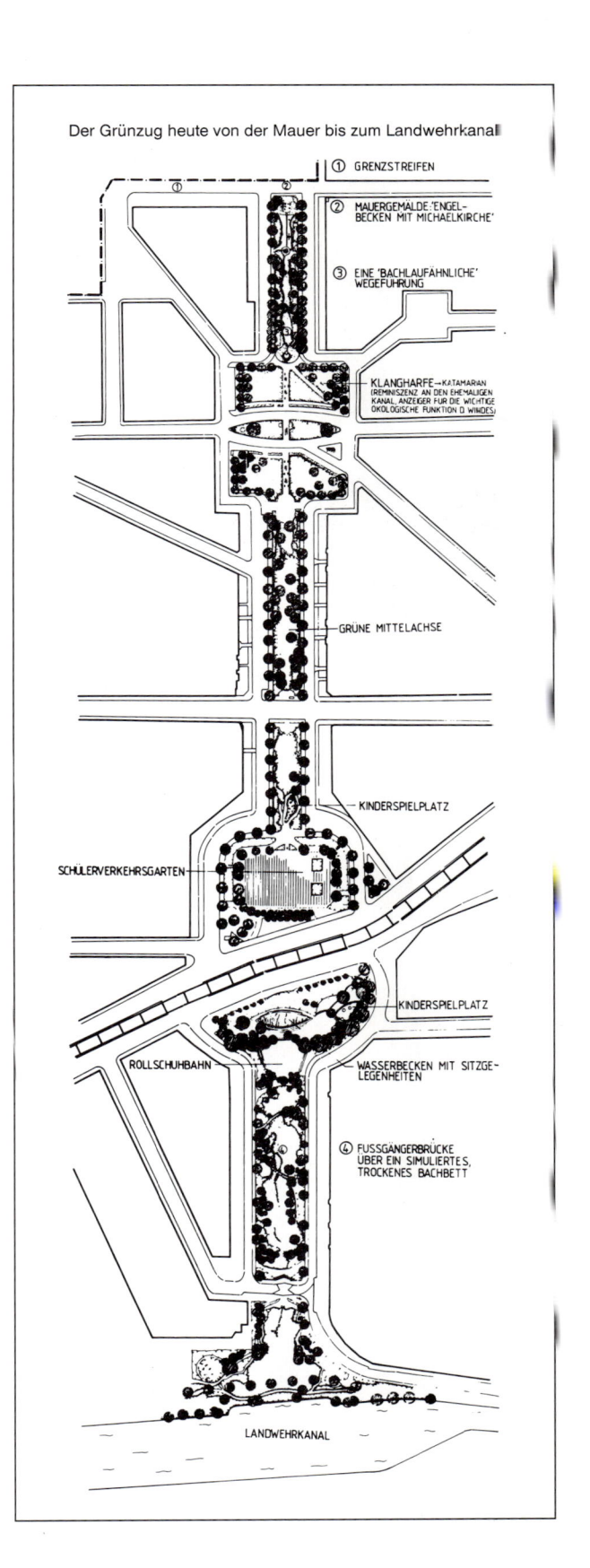

DAS BACHSURROGAT

Das Thema des 'natürlich verlaufenden Bachbettes' wird im südlichen Abschnitt erneut aufgegriffen und durch Elemente wie Kiesel, Findlinge, Brücke und Geländemodellierung unterstützt. Darum ist die Wegeführung auch mehr eine uferähnliche, was „... dem ursprünglichen Kanalufergedanken dadurch vom Raumerlebnis her nahe kommt" (Baller, 1984). In dieser Anlage sind aufgrund der verlangten ökologischen Prioritäten Qualitätsverluste hinsichtlich historischer, räumlicher, ästhetischer und gartenkünstlerischer Art entstanden. So wurde, anstatt die Eigenarten und Besonderheiten des Raumes aufzunehmen, im Gegenteil versucht, durch die 'landschaftliche Gestaltung' die Wirkung des Raumes aufzuheben und einen Kontrast zur technisierten Umwelt zu erreichen. Stadtgestalterischer Sachverstand hätte eigentlich dazu führen müssen, die Gestaltung des gesamten Grünzuges einem einzelnen Planer zu übertragen. Durch die Unterteilung des Grünzuges in zwei Planungsabschnitte entstanden zwangsläufig gestalterische Brüche. Denn verschiedene Büros/Planer bedeuten unterschiedliche Stile, Sicht- und Herangehensweisen. Die

Schwingende Wegeführung zwischen Oranienplatz und Mauer

Das Wandgemälde an der Waldemarbrücke zeigt das Engelbecken mit der Michaelkirche im Hintergrund

Eine Brücke als weiteres Element zur Darstellung des 'Bachbettes'

Die Mauer am 'Engelbecken'

Möglichkeit, den Grünzug in sich einheitlich und funktionsgerecht wiederherzustellen, ist hier nicht wahrgenommen worden. So ist die Idee von Baller, mit Hilfe einer Brückenkonstruktion den Bruch der Anlage am Wassertorplatz abzuschwächen, grundsätzlich positiv zu beurteilen. Zumal auf diese Weise ein durchgehendes Promenadensystem „einen großen Spaziergang" ermöglicht hätte (Baller). Aufgrund mangelnder finanzieller Mittel wurde diese Planung jedoch nicht verwirklicht.

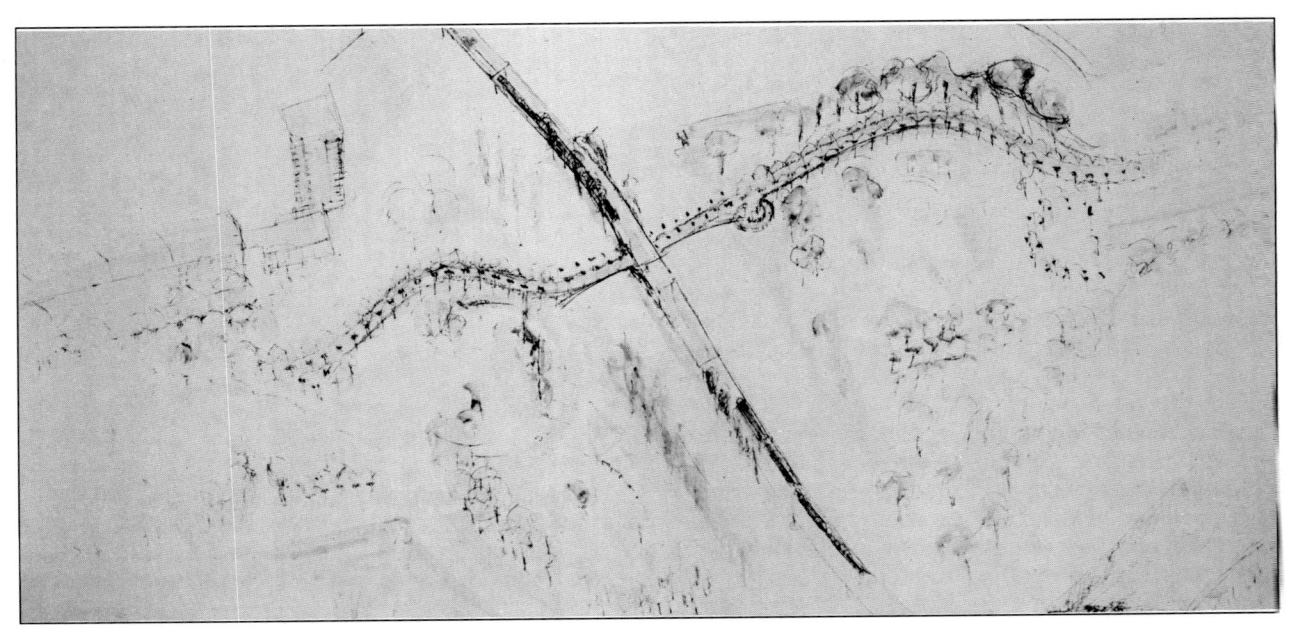

"Geplante, aber nicht realisierte Brücke, als verbindendes Glied zwischen den beiden Wassertorhälften gedacht. Sie soll die Einheit des noch vorhandenen Grünzuges wiederherstellen"

DIE TEILNEHMER

Studenten:

Behrooz Barsin
Christine Brockmann
Ute Brönner
Dorothee Brüske
Hae Yong Cho
Armin Conrad
Susanne Emmerich
Jochen Garbe
Andrea Gerischer
Sabine Germer
Jutta Hengge
Kerstin Jablonka
Stefan Köhler
Barbara Kuhn
Liselotte Lenz
Carsten Matull
Ursula Möhlendick
Sabine Nebelung
Katharina Niproschke
Holger Plaasche
Thomas Reif
Rosemarie Reuter
Annette Schleuning
Peter Schmidt
Jutta Sons
Ralf Symann
Sonja Weßendorf
Gerhard Wohlgemuth

Betreuer:

Dipl.-Ing. Klaus von Krosigk
Dipl.-Ing. Marion Sippel-Boland
Dipl.-Ing. Daniel Sprenger
Prof. Jürgen Wenzel
Dr. Heinz Wiegand

LITERATUR

BACON, Edmund
Stadtplanung von Athen bis Brasilia. New York 1967/ Zürich 1968

BASCON-BORGELT, C./DEBOLD-KRITTER, A./GANSSAUGE, K./HARTMANN, K.
In der Luisenstadt. Studien zur Stadtgeschichte von Berlin Kreuzberg. Berlin 1983

BENEVOLO, Leonardo
Die Geschichte der Stadt. Frankfurt a. Main/New York 1983

BLOM, Benjamin
London and its Environs in the nineteeth Century. New York/London 1968

BRINKMANN, A. E.
Platz und Monument als künstlerisches Formproblem. Berlin 1923

BRIX, Joseph/GENZMER, Felix
Die Gestaltung des Straßen- und Parkraumes. Städtebauliche Vorträge. Berlin 1909

BUFF, A.
Bauordnung im Wandel. München 1971

BUTTLAR, Adrian von
Der Landschaftsgarten. München 1980

BUTTLAR, Adrian von
Vom Landschaftsgarten zur Gartenlandschaft. Peter Joseph Lenné und seine Parkschöpfungen in Berlin und Potsdam. In: Katalog zur Ausstellung „Berlin durch die Blume oder Kraut und Rüben". Berlin 1985

DRONKE, Ernst
Berlin. Nachdruck der Erstausgabe. Darmstadt/Neuwied 1974

DURAND, J.N.L.
Leçon d'Architecture. Partie Graphique des Cours d'Architecture. Paris 1819/Nördlingen 1981

EGLI, Ernst
Geschichte des Städtebaus. Zürich 1967

ENGELMANN, Bernt
Berlin, eine Stadt wie keine andere. München 1986

ENZENSBERGER, Hans Magnus
Der kurze Sommer der Anarchie. Frankfurt a. M. 1972

ERBS, Karl Josef (Hrsg.)
Grundlagen für den Aufbau in Stadt und Land. Berlin 1948

ERNOUF, Alfred Auguste
L'art des jardin. Parcs, jardins, promenades. Paris 1885

ESCHER, Felix
Berlin und sein Umland. Historische Kommission zu Berlin, Bd. 47. Berlin 1985

FEHL, Gerhard/RODRIGUEZ-LORES, Juan (Hrsg.)
Stadterweiterung 1800-1875 - von den Anfängen des modernen Städtebaus in Deutschland. Hamburg 1983

FEUERSTEIN, Günther
Wien, heute und gestern. Architektur - Stadtbild - Umraum. Fremdenverkehrsverband für Wien, o.J.

FISCH, Stefan
Stadtplanung im 19. Jahrhundert. Das Beispiel München bis zur Ära Theodor Fischer. München 1988

FISCHER, Marianne
Die frühen Rekonstruktionen der Landhäuser Plinius des Jüngeren. Inaugural-Dissertation an der FU Berlin. Berlin 1962

GEIST, J.-F./KÜRVERS, K.
Das Berliner Mietshaus 1740 bis 1862. München 1980/ 1985

GERMANN, Georg
Einführung in die Geschichte der Architekturtheorie. Darmstadt 1980

GIEDION, Siegfried
Spätbarocker und romantischer Klassizismus. München 1922

GROBE, Peter
Die Entfestigung Münchens. München 1970

GROTE, Ludwig (Hrsg.)
Die deutsche Stadt im 19. Jahrhundert - Stadtplanung und Baugestaltung im industriellen Zeitalter. Passau 1974

GÜNTHER, Harri
Peter Joseph Lenné. Gärten/Parke/Landschaften. Berlin 1985

GÜNTHER, Harri/HARKSEN, Sibylle
Peter Joseph Lenné. Pläne für Berlin. Bestandskatalog der Lenné Pläne in der Plankammer der Staatlichen Schlösser und Gärten Potsdam-Sanssouci, Teil 2. Potsdam 1984

HAHN, August
Der Maximilianstil in München. Programm und Verwirklichung. München 1982

HALLBAUM, Franz
Der Landschaftsgarten. Seine Entstehung und seine Einführung in Deutschland durch Friedrich Ludwig von Sckell (1750-1823). München 1927

HARENBERG, Bodo (Hrsg.)
Die Chronik Berlins. Dortmund 1986

HARTOG, Rudolf
Stadterweiterungen im 19. Jahrhundert. In: Schriftenreihe des Vereins zur Pflege kommunalwirtschaftlicher Aufgaben e.V. Berlin, Bd. 6. Stuttgart 1962

HECKER, Manfred
Die Luisenstadt - ein Beispiel der liberalistischen Stadtplanung und baulichen Entwicklung Berlins zu Beginn des 19. Jahrunderts. In: Berlin zwischen 1789 und 1848. Facetten einer Epoche. Ausstellungskatalog der Akademie der Künste. Berlin 1981

HECKER, Manfred
Die Planung des Pulvermühlenterrains - zum Konflikt zwischen Lenné und Schinkel. In: SCHWARZ, Karl (Hrsg.). Berlin. Von der Residenzstadt zur Industriemetropole. Berlin 1981

HEDERER, Oswald
Klassizismus. München 1976

HEENKEN, Herrmann
Schöpferische Bauideen der deutschen Romantik. Mainz 1952

HEGEMANN, Werner
Der Städtebau nach den Ergebnissen der Städtebau-Ausstellung in Berlin und Düsseldorf 1910-1912. Berlin

HEGEMANN, Werner
Das steinerne Berlin. Berlin 1930 und zweite erweiterte Auflage Braunschweig 1976

HEILIGENTHAL, Roman
Deutscher Städtebau. Heidelberg 1921

HELFFT
Der Landwehrkanal bei Berlin. In: Zeitschrift für Bauwesen 1852

HENNEBO, Dieter
Entwicklung des Stadtgrüns. Bd. 1: Von der Antike bis in die Zeit des Absolutismus. Hannover/Berlin 1979

HENNEBO, Dieter/HOFFMANN, Alfred
Geschichte der Deutschen Gartenkunst, Bd. 3. Hamburg 1962-65

HINZ, Gerhard
Neue Ergebnisse der Lenné-Forschung. Arbeiten Lennés in Österreich und Süddeutschland. In: Garten und Landschaft 1966 Heft 1

HINZ, Gerhard
Peter Joseph Lenné. Landschaftsgestalter und Städteplaner. Göttingen 1977

HINZ, Gerhard
Peter Joseph Lenné und seine bedeutendsten Schöpfungen in Berlin und Potsdam. Berlin 1937

HUBMANN, Franz
Das deutsche Familienalbum. Die Welt von gestern in alten Photographien. Berlin/München/Zürich 1980

HUNT, John Dixon
William Kent - Landscape garden designer. London 1987

KALKSCHMIDT, Eugen
Biedermeiers Glück und Ende. München 1957

KLEPPER, Erhard
Das Büchlein der tausend Kostüme. Berlin 1961

KLESSMANN, Eckard
Die Welt der Romantik. Berlin/Darmstadt/Wien 1969

KNIPPSCHILD, Elmar/MÜLLER, Cornelia/WEHBERG, Jan
Gartenkunst ist Städtebau. In: Bauwelt 24/1986

KOCH, Hugo
Gartenkunst im Städtebau. Berlin 1974

KORFF, Gottfried (Hrsg.)
Preußen. Versuch einer Bilanz. Ausstellungsführer. Reinbeck 1981

KRAFT, Hanno Walter
Geschichte der Architekturtheorie. Von der Antike bis zur Gegenwart. München 1985

KREIS DER FREUNDE ALTMÜNCHENS (Hrsg.)
München im Wandel der Jahrhunderte. 3. erweiterte Auflage. München 1966

KROSIGK, Klaus von
Die gartendendenkmalpflegerische Wiederherstellung von Stadtplätzen in Berlin. In: Schweizer Ingenieur und Architekt 36/84

KROSIGK, Klaus von
Peter Joseph Lenné. In: Baumeister/Architekten/Stadtplaner. Biographien zur baulichen Entwicklung Berlins. Berlin 1987

KUTSCHMAR, Aribert
Berliner Städtebauprojekte von Peter Joseph Lenné. In: Berliner Heimat 1961

LÄSSIG, Konrad/LINKE, Rolf/RIETDORF, Werner/WESSEL, Gerd
Straßen und Plätze - Beispiele zur Gestaltung städtebaulicher Räume. Berlin 1968/München 1968

LAUTERBACH, Iris
Der französische Garten am Ende des Ancien Régime. Worms 1987

MEHLHORN, Dieter-Jürgen
Funktion und Bedeutung von Sichtbeziehungen zu baulichen Dominanten im Bild der Deutschen Stadt. Frankfurt/Main 1979

MEYER, Franz
Bäume in der Stadt. Stuttgart 1978

MOLLIK, Kurt/REINING, Hermann/WURZER, Rudolf
Planung und Entwicklung der Wiener Ringstraße. München 1971/Wiesbaden 1980

MURKEN, Alexander Hinrich
Das Bild des deutschen Krankenhauses im 19. Jahrhundert. Münster 1978

NATZSCHKA, Werner
Berlin und seine Wasserstraßen. Berlin 1971

OHFF, Heinz
Peter Joseph Lenné. Berlin 1989

PAETEL, Werner
Zur Entwicklung des bepflanzten Stadtplatzes in Deutschland. Vom Beginn des 19. Jahrhunderts bis zum 1. Weltkrieg. Dissertation Hannover 1976

PITZ, H./HOFFMANN, W./TOMSICH, J.
Berlin-W. Geschichte und Schicksal einer Stadtmitte, Bd. 1. Berlin 1984

PLESSEN, Marie-Louise (Hrsg.)
Berlin durch die Blume oder Kraut und Rüben. Gartenkunst in Berlin-Brandenburg. Berlin 1985

PRINZ, Dieter
Städtebau Bd. 2. Städtebauliches Gestalten. Stuttgart/Berlin/Köln/Mainz 1980/88

PUNDT, Hermann G.
Schinkels Berlin. Frankfurt a. Main/Berlin/Wien 1981

RAVE, Paul Ortwin
Berlin in der Geschichte der Bauten. o.O. 1966

RAVE, Paul Ortwin
Berlin. Ansichten aus alter Zeit. Honnef/Rhein 1955

RAVE, Paul Ortwin
Karl-Friedrich Schinkel. Lebenswerk. Berlin 1948

REISSE, Christina
Entstehung, Entwicklung und Gefährdung eines städtebaulichen Strukturelementes in den einzelnen Phasen der Berliner Stadt- und Freiraumplanung, untersucht am Beispiel des ehemaligen Luisenstädtischen Kanals. Diplomarbeit am FB 14. TU Berlin, Juni 1987

RIBBE, Wolfgang (Hrsg.)
Geschichte Berlins. München 1987

RIBBE, Wolfgang
Die Geschichte. Berlin 1987

RIBBE, Wolfgang/SCHÄCHE, Wolfgang
Baumeister - Architekten - Stadtplaner. Biographien zur baulichen Entwicklung Berlins. Berlin 1987

RODRIGUEZ-LORES, Juan/FEHL, Gerhard (Hrsg.)
Städtebaureformen 1865-1900. Von Licht, Luft und Ordnung in der Stadt der Gründerzeit. Hamburg 1985

ROETHLISBERGER
Im Lichte von Claude Lorain. München 1983

SCHINZ, Alfred
Berlin Stadtschicksal und Städtebau. Braunschweig 1964

SCHUMACHER, Horst
Der Luisenstädtische Kanal in Berlin-Kreuzberg. Baugeschichtliches Gutachten im Auftrag der S.T.E.R.N. Unveröffentlichtes Manuskript Berlin, Januar 1987

SCHWARZ, Karl (Hrsg.)
Berlin - Von der Residenzstadt zur Industriemetropole. Berlin 1981

SCHWARZ, Karl
Stadtlandschaft, die Entwicklung eines topos. Vortrag, gehalten auf dem Fachbereichstag des Fachbereichs 14 der TUB. Berlin, Juni 1989

SITTE, Camillo
Der Städtebau - Nach seinen künstlerischen Grundsätzen. Wien 1965